数据驱动游戏运营

黎湘艳 著

电子工业出版社

Publishing House of Electronics Industry

北京·BEIJING

内 容 简 介

本书面向游戏运营、市场、研发策划、数据分析、数据挖掘、数据开发以及游戏相关行业的从业者，通过对一款游戏案例近乎全生命周期的拆解，介绍了数据分析是如何驱动运营和市场相关业务的。

本书的特色是以工作中遇到的各种情况为基础，虚构了一个游戏案例，通过对其中各个阶段（立项、封测、内测、公测等节点）问题的拆解，围绕市场、运营和数据工作展开分析，阐述几年间起起落落的过程。本书有故事又有案例，读者如能从中获得数据分析、游戏运营或市场营销的相关知识，便是本书的价值所在。

图书在版编目（CIP）数据

数据驱动游戏运营 / 黎湘艳著. —北京：电子工业出版社，2020.2
ISBN 978-7-121-38356-4

Ⅰ. ①数⋯ Ⅱ. ①黎⋯ Ⅲ. ①网络游戏－产业－运营管理－数据管理 Ⅳ. ①G898.3

中国版本图书馆 CIP 数据核字(2020)第 014978 号

责任编辑：张慧敏
印　　刷：北京虎彩文化传播有限公司
装　　订：北京虎彩文化传播有限公司
出版发行：电子工业出版社
　　　　　北京市海淀区万寿路 173 信箱　邮编：100036
开　　本：720×1000　1/16　印张：18.5　字数：382 千字　彩插：1
版　　次：2020 年 2 月第 1 版
印　　次：2024 年 3 月第 8 次印刷
定　　价：99.00 元

凡所购买电子工业出版社图书有缺损问题，请向购买书店调换。若书店售缺，请与本社发行部联系，联系及邮购电话：(010) 88254888，88258888。

质量投诉请发邮件至 zlts@phei.com.cn，盗版侵权举报请发邮件至 dbqq@phei.com.cn。

本书咨询联系方式：010-51260888-819，faq@phei.com.cn。

　　对于一个项目的成功与否，我们多少都会提到"运气"这个词，项目成功了是"运气"好，项目不成功是"运气"不好，可以说，如果掌握了"运气"，那么做项目的时候几乎可以无往而不利。而这个"运气"如果刻意拆开来看，对做游戏项目的人而言则又包含着运作（市场）、运营的运势（类型的潮流），以及游戏本身的气场（与玩家合不合）、动态（节奏好不好）、时机（上线的时间对不对）。这些事情细细想来也就跟数据分析有着密不可分的关系了。非常有幸能够与湘艳姐一起共事，这本书可以说是作为网络游戏行业数据分析师的第一手观察资料，里面有许多针对"运气"这个关键词所做的各种案例分析及故事，在我们工作室，有时会戏称湘艳姐是"算命"的，这句话绝对不是贬义，虽然她有时"算别人的命更准"，但丝毫不影响项目组的负责人对她的尊敬和感激。

　　早些年许多项目的负责人（包括我在内）更多是通过个人经验以及直觉在做事，这样做更英雄主义，看上去也更酷，随之而来的成功故事也更容易打动人。但其实这并不是在合理地运用"运气"，而是用不确定的谜团去参与一场赌局，基本上最后的结果就是"运气"不佳，进而怪罪于环境。我相信这本书既能够给初入行的朋友一些启发，也能得到行业老兵们的赞同，让数据分析能够为项目运营发挥更大的价值。

沈杰，盛趣游戏副总裁、传奇工作室总经理

序二

很荣幸受本书作者黎湘艳的邀请，为这本十分接行业地气的专业书籍作序。

中国游戏行业发展至今，已经有 30 多个年头了。作为一名玩家，同时也是一名从业人员的我，见证了整个过程：从最开始的街机游戏，到主机游戏、PC 游戏，再到现在主流的智能手机游戏，还有即将到来的云游戏。整个过程，是玩家获取游戏内容的效率不断提升的过程。

在玩家获取游戏内容的效率不断提升的同时，游戏企业与玩家之间的数字触点在不断增多，企业就面临一个新课题：如何以数据为驱动、以用户为导向，为游戏赋能？如何让数据发挥最大价值？配合人工智能、大数据、云计算/游戏、5G 等基础技术的不断成熟与完善，数据分析在游戏行业中发挥着更为强大和决定性的作用，除了常见的事后分析报告，还可利用已获取的数据作为生产材料再投入到生产环节中，贯穿整个游戏生命周期。数据的输入让从业者得以不断地挖掘用户场景、调优游戏，最终成就一款精品游戏。

本书通过精彩的实战案例讲解，内容通俗易懂、深入浅出、分析透彻，涵盖了从基础指标概念、游戏发行预热到上线公测全生命周期的数据分析案例剖析，是初入游戏数据分析的从业人员不可或缺的学习手册，也是游戏数据分析老手的同行案例参考范本，同时也适合运营、市场、研发等不同工作岗位的同行进行学习与参考。

我相信拿到本书的读者，必定能从本书中找到你想要的答案。

陈湘宇，创梦天地科技有限公司创始人兼 CEO

我国游戏行业通过近 20 年的高速增长，已经进入成熟期：增长率逐年放缓，总体规模保持温和增长。进一步考察各细分市场，可以发现端游、页游市场总量饱和，增长率已经趋负，存量竞争加剧；手游市场仍然保持一定的增长。

无论是存量市场的激烈竞争，还是增量市场的一炮走红，增长的逻辑已然改变。提升运营水平，从数据中找寻价值，毫无疑问是当下游戏运营领域的核心趋势。

我从事数据分析工作已有 15 年，目睹并且经历了我国和亚太地区各行业的增长、繁荣、爆发以及部分的衰退。纵观产业史与近十多年来的人类技术繁荣及其所带来的变化，我深深感到，数据以及对数据的运用，已经当仁不让地成为企业的核心竞争力、行业繁荣的发动机、国家与区域经济的推进器。

当今时代的游戏运营从业者，不懂数据分析，犹如盲人骑瞎马，夜半临深池。

而黎湘艳女士的这本书，适逢其时！湘艳是我国网络游戏领域的专家，资深数据分析从业者，她对游戏运营与数据分析的理解非常深刻。在本书中，她结合大量生动翔实的宝贵案例，深入浅出、理论联系实际，成功阐明了数据分析在游戏运营各领域的具体应用及其商业价值。

因为数据获取成本、数据完整性、模型成熟度等各种客观条件的制约，我国网络游戏业数据分析目前正处于以数据展现为主、数学/统计分析为辅的阶段。这一阶段，在数据分析能力成熟度版图上，属于"导入期"，也就是早期阶段。而本书及其姊妹篇《游戏数据分析实战》开市场之先河，为行业赋能，帮同行进步，实在是我国游戏行业数据分析的启蒙力作！

严雪林，JMP 软件亚太区总经理

推荐语

网络游戏行业刚开始的时候，陈天桥就希望且喜欢我们挑战权威，我直到后面才慢慢明白，数据是最好的挑战权威的武器。

回望游戏行业的发展史，可以分为三个阶段：早年的网络游戏抓住机遇就有可能成功；随着游戏数量越来越多，有经验的团队成功的机会更大；而到如今，大数据加上系统的分析和应用数据成果形成的"经验"无论在量还是质上都已经完胜个人多年积累的经验。我相信在未来，数据必将成为驱动运营的绝对力量！

凌海，蝴蝶互动 CEO

一直以来，中国游戏业都以擅长运营和数据分析著称，数据驱动也是决胜于全球化游戏时代的关键技能。《数据驱动游戏运营》是一本帮助游戏人建立正确数据分析思维的工具书，凝聚了作者黎湘艳女士十多年做项目的宝贵经验，阅读此书，能让你理解游戏公司数据分析的经典方法，快速步入游戏运营实战。

洪涛，GameLook 创始人兼 CEO

近年来，游戏行业的盘整加剧，产品精品化、风格化的背后，是整个产业的细节分工、专业化以及数据化。而游戏运营也从之前的"大神拍脑袋"坚决转向了"数据驱动"。先行的企业已经充分享受到了这部分红利。

AI 与大数据已经悄然渗入，游戏产业很快将面临新一轮的升级。Google、Facebook，甚至国内的头条、抖音都已经将此作为自己核心业务的驱动轮。我们，慢了，但还不晚。

之前有幸拜读过作者的《游戏数据分析实战》一书，在游戏行业里，从事理论研究并指导实践的，本就寥寥无几，愿意公开分享出来的更是凤毛麟角。当时那本书被认为是游戏运营人员入门数据洞察的必看书。我在其中受益的同时，也要求发行部门全体人员都去通读。

本书与《游戏数据分析实战》相比，有两个明显的变化：一是针对一个具体案例展开，挖掘游戏产品生命周期中的细节，更加落地；二是不仅面向游戏运营人员，而且游戏行业的其他从业者也可以比较容易地了解一款游戏产品在运营过程中的全貌。

数学进入哪个行业，就将颠覆哪个行业。我们欣喜地看到了以数学为基础的数据分析已经在游戏行业被广泛应用，我们也期待着其从不可或缺到核心驱动的升级。

陈湘，青果灵动合伙人

作为全球 APP 市场数据的提供者，AppAnnie 中国团队与国内各大游戏厂商在数据分析方面有着广泛的沟通。我们看到数据分析在游戏业务的决策中起到越来越重要的作用。同时也发现，不同的游戏公司往往采用不同的思路和方法进行数据分析，各有所长；而业界也缺乏关于数据分析的深入探讨和分享。

盛趣游戏资深数据专家黎湘艳女士将十几年积累的游戏数据分析思路和案例整理成书，为读者提供了难得的机会，从项目内部来了解数据分析的实际执行和价值实现。在其所著《游戏数据分析实战》一书得到行业的广泛认可之后，新著《数据驱动游戏运营》围绕数据分析怎样支持游戏运营这个核心问题，进一步阐述在游戏各个阶段的运营活动中数据分析所扮演的角色和具体的分析思路及方法。

我期待本书的面世能够推动游戏数据分析领域的交流和整体的提升，帮助游戏运营活动有更多基于数据的决策和执行。

戴彬，AppAnnie 大中华区负责人

我的一些好友里，会干活的挺多，有业绩的也挺多，但是能把知识系统化，并且讲得通俗易懂的，黎湘艳无疑是其中之一。

本书剥离项目光环，以虚拟实践讲解游戏数据分析的专业知识，必将隽永长存，历久弥新。

饭大官人

前言

自 2018 年 1 月《游戏数据分析实战》出版以来，我收到了很多读者的消息，得知这本书给很多人的工作和学习带来了帮助，甚至成为大学教材，这让我感受到了分享知识带来的快乐，也让我认识到分享知识是一件很有意义的事情，让我有了继续分享的愿望和动力，同时也让我的个人经验能得到更好的提炼和沉淀。

我在数据分析这个岗位上已经工作了十多年，其间经手了很多游戏，从数据上说，有高有低，有升有降，我也一直在思考，数据分析的价值如何体现？我认为数据分析的价值一方面在于为业务部门提供具备科学依据的数据支持决策，另一方面，数据分析师也应该结合自己的专业知识和业务知识，在必要的时候给出方向性的建议，推动业务的开展。作为数据分析师，自己所做的研究分析报告能够有效推动业务开展，其中的成就感是不言而喻的。

本书正是结合我个人的项目经历，在前一本书介绍的游戏行业常见指标和数据分析方法的基础上，重点讲解通过数据分析驱动业务的过程，在本书中我虚构了一个现实中很少见的高开、低走、潜行、回升走向的游戏产品（巧合的是我们的确有一款这样的产品），为大家详细拆解各个阶段的数据分析工作是如何驱动业务开展的，从业者可以比较容易地了解一款游戏产品在运营过程中的全貌。

本书按业务发展时间顺序，分为 7 章，每章既相对独立，同时又相互联系。第 1 章主要介绍项目背景，该游戏全生命周期中用户研究为游戏服务的框架，以及该游戏的数据分析的流程。第 2 章主要介绍游戏运营立项的框架，数据分析是如何帮助游戏立项的。第 3 章和第 4 章主要介绍数据分析在游戏封测和内测节点的主要工作。第 5 章主要介绍如何使用市场营销方法论并结合数据分析结论，在公测阶段取得阶段性的成功。第 6 章主要介绍游戏公测后人数下滑期数据分析要做的工作。第 7 章介绍项目团队如何针对分析结论制定相应的对策，实现人数和收入的增长，最终出现数据反弹。

当然，一个项目的成功有很多因素，最重要的仍然是游戏本身的品质、运营团队的经验、支持部门的通力配合等。数据分析也只是其中的一支力量而已，我们能做的就是把自己的力量都发挥出来，并且力量能越来越大。

最后，借用我在某游戏公司做分享时讲的一段话与大家共勉。

"对于数据分析，我是始于兴趣，陷于目标，终于成就，平时的工作能和业务紧密结合并且能辅助决策，让我有成就感，并且一直到现在都保持这份工作热情。在这里特别感谢我的领导沈杰，给我们有接触各项业务的机会，在了解业务的基础上得出的分析结论能更好地落地，帮助驱动增长。"

致谢

在此特别感谢我的团队成员（周羽昕、徐文龙、周亚湾、邓雨忻）在工作中的默默付出，在本书编写过程中也给了我很多灵感和支持。

感谢我的领导沈杰、乐逗 CEO 陈湘宇、蝴蝶互动 CEO 凌海、GameLook CEO 洪涛、AppAnnie 大中华区负责人戴彬、青果灵动合伙人陈湘、JMP 软件亚太区总经理严雪林、好友饭大官人（排名不分先后）为本书作序和推荐。

感谢我的同事和好友吴倩倩、柯恒辉、冯钧桓、杨家栋、赵勇，为本书提出了很多修改意见。

感谢电子工业出版社的张慧敏编辑和石倩编辑，对本书进行审核，提出了很多有益建议。

感谢职业路上给过我很大帮助的谭群钊、陈大年、沈杰、郭忠祥、岳弢等领导，《游戏数据分析实战》的热销和你们的推荐密不可分。

勘误和支持

本书的案例均来源于实际工作，其中的部分结论，并不能适用所有游戏，需区分不同的应用场景。

虽然我努力使本书尽量不出现错误，但限于自己的知识和视角，本书难免出现用词不当的情况，一些分析方法和思路也并非最优。在此，请读者不吝指教，您若发现本书存在不足之处，请发送邮件到 lixiangyan@outlook.com，或者关注公众号"数据驱动游戏"后发送消息，帮助我修正不妥之处。

作　者

2020 年 1 月

目录

读者服务

微信扫码回复：**38356**

- ■　获取免费增值资源
- ■　获取精选书单推荐
- ■　加入读者交流群，与更多读者互动

第 1 章

游戏项目的背景

作为数据分析师，最大的成就感莫过于自己的分析报告推动了业务的开展，并在业务开展过程中证实了其合理性，这也正是数据分析师的价值所在。

游戏行业也不例外，数据分析师需要通过与游戏制作人及市场、渠道、运营、研发等部门的深入沟通合作，才有可能提交出真正有业务推动价值的分析报告，从而实现数据驱动业务的目标。

1.1 游戏公司：HOPE 工作室

为便于描述，我们虚构了一个名为"HOPE 工作室"的游戏公司，该公司集研发和代理运营于一身，在行业中属中等规模，其业务部门包含研发、运营、市场、渠道，以及数据分析。该公司已投入或即将投入市场的游戏有如下几种。

- ARPG（动作角色扮演类游戏）：《全民之神》
- 音乐卡牌游戏：《黑暗女王》
- MMORPG（大型多人在线角色扮演游戏）：《烈日纷争》
- SLG（模拟游戏）：《风与雷》
- 休闲竞速游戏：《疯狂跑跑车》

HOPE 工作室的主要人物关系如图 1-1 所示。

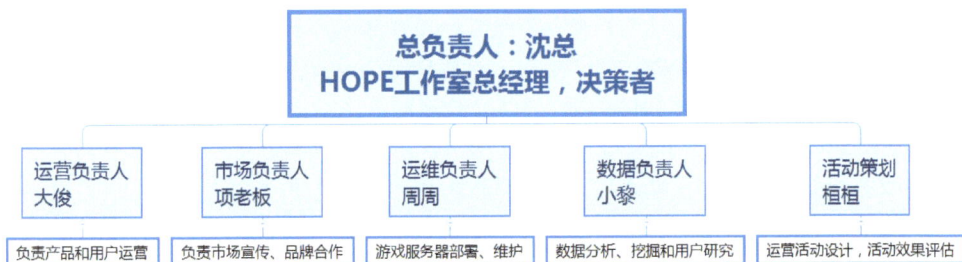

图 1-1

HOPE 工作室的故事将贯穿全书，帮助我们了解游戏行业的数据分析师在推动业务方面可能遇到的挑战，以及应对之道。

2012 年，手游市场刚刚起步，还没有受到各大厂商足够的重视，到了 2013 年，手游进入高速发展阶段，其市场占有率和游戏市场规模均呈高速增长态势，而就在同一年，端游数量达到顶峰后开始逐步下降。就是在这样的市场环境下，HOPE 工作室引进了一款由日本游戏开发商开发的 3D MMORPG 端游——《烈日纷争》，传承 30 年的经典"烈日纷争"系列，采用时长收费模式，由 HOPE 工作室代理国服版本，于 2014 年 3 月封测，2014 年 7 月内测，2014 年 8 月公测。

1.2 游戏项目:《烈日纷争》

《烈日纷争》国服版由具备成功运营大型 MMORPG 游戏经验的沈总担任制作人，公司希望通过《烈日纷争》的成功，提升收入，积累服务优质中高端新用户群体的经验，增加用户资源。

《烈日纷争》在封测和内测中取得了优异的成绩，具体体现在用户留存、激活码的销售速度，以及用户口碑上。因此，项目团队甚至公司对该项目寄予了很高的期待，项目团队对完成立项时的目标很有信心。

作为 HOPE 工作室的重点项目，为确保公测达到预期，公司各大支持中心（计费、支付、运维、市场、数据等）对该项目给予了全方位的支持，通过紧张有序的广告投放、激活码预售，各部门准备充分到位，《烈日纷争》公测期间没有出现大的故障，最高在线人数刚好达到预期。

在公测准备期的激活码预售阶段，已经出现了不太乐观的苗头，而随着广告排期中每天的市场投放金额的减少，新进用户也随之减少，且流失人数大于新进人数，每天的活跃用户也在逐渐减少。在投放用户成本已经较高的情况下，短期内很难再继续加大投入。

在这样的状态下，沈总最关心的是流失用户的特征，以及其与活跃用户的差异，希望通过分析差异的原因，在运营和市场方面采取相应的对策，对用户下降到多少后会稳定下来也有判断的依据。为了增加新用户数量、留住老用户，项目组采取了一些措施，在短期内抑制了用户数下滑的趋势。然而，这些措施并没有停止用户数下滑的趋势，大量的老用户仍在流失。有因为用户太"肝"（代表用户愿意为游戏付出大量的时间和精力），版本消化过快，也有因为版本更新太慢，或用户在游戏中不适应而流失。此外，由于背负指标的压力，道具定价过高导致大部分用户不满，严重影响口碑（事后运营团队为此次活动道歉，对用户补偿后终于平息了这次"动乱"）。

在经历了 6 个月的用户数下滑后，活跃用户降到了一个比较低且平稳的水平。人数终于稳定下来，这固然让运营团队松了一口气，但此时用户数已经滑落到了一个很低的水平。这个结果也和之前预估的核心用户数量很接近，说明剩下的都是核心用户，不喜欢的或玩得不习惯的用户都已经离开了。

活跃用户数的稳定，并不能让运营团队感到轻松。一方面，大家热爱这款游戏；另一方面，在人数跌入低谷、数据低于预期的背后，他们也背负着 KPI 的压力，关服的风险仍然存在。在申请不到市场投放预算，没有其他资源配合的情况下，项目团队对《烈日纷争》不抛弃、不放弃，在微博、B 站和贴吧持续开展了宣传和运营活动。

功夫不负有心人，经过长达 3 年的坚持和努力，随着版本的迭代更新、运营活动的逐步完善，老用户带来新用户，新用户逐步适应游戏环境，用户口碑节节高升，游戏人气持续攀升，终于在 2017 年 8 月 1 日的大版本更新节点爆发，其标志就是活跃用户数出现反弹，提升高达 4 倍。

在 2018 年 8 月的四周年版本更新以及 2019 年 8 月的五周年版本更新期间，人数持续反弹，实现了三级跳式的逆转，已经超越了公测节点最高水平。

这 5 年一路走来，《烈日纷争》项目团队在沈总的带领下，不抛弃、不放弃，关注用户需求，经营口碑，重视数据，采取了数据驱动的运营方式，获得了市场和用户的认可。

本书将围绕《烈日纷争》从立项、封测、内测、公测各个节点的市场、运营和数据工作展开，阐述《烈日纷争》几年来历经高开局、暴增、下滑、上升、维稳、再上升的过程。

1.2.1 几款游戏对比说明《烈日纷争》活跃用户趋势

在我们详细介绍《烈日纷争》之前，先梳理一下常见的游戏活跃用户趋势，其中有代表性的为如下几种。

（1）高开稳走型：起点很高，但下降趋势缓慢，较长时间仍稳定在一个比较高的水平。代表游戏：《全民之神》，为 ARPG 类型，如图 1-2 所示。

（2）高开低走型：起点很高，但是下降趋势很快，很快下降到一个较低的水平。代表游戏：《黑暗女王》，为音乐卡牌类型，如图 1-3 所示。

《全民之神》

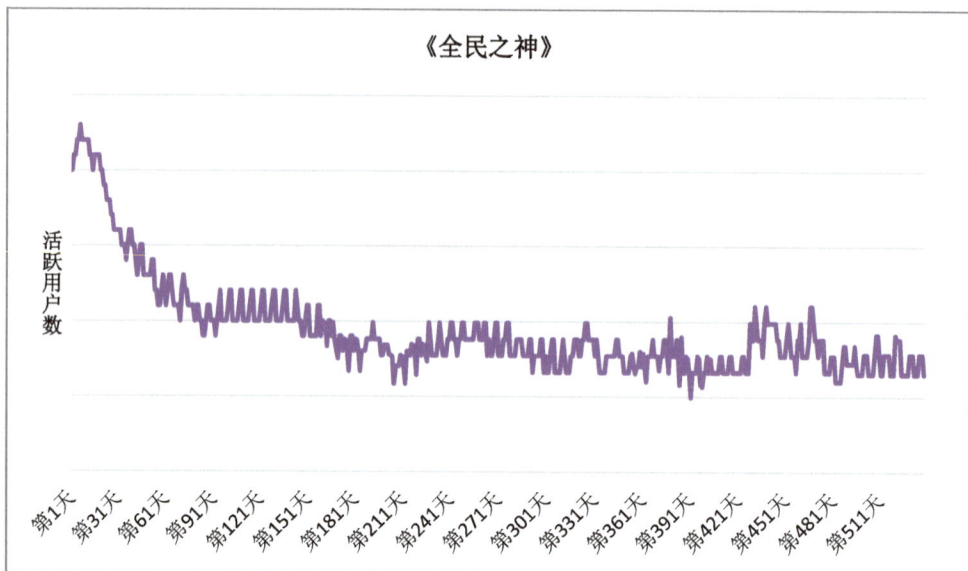

图 1-2

《黑暗女王》

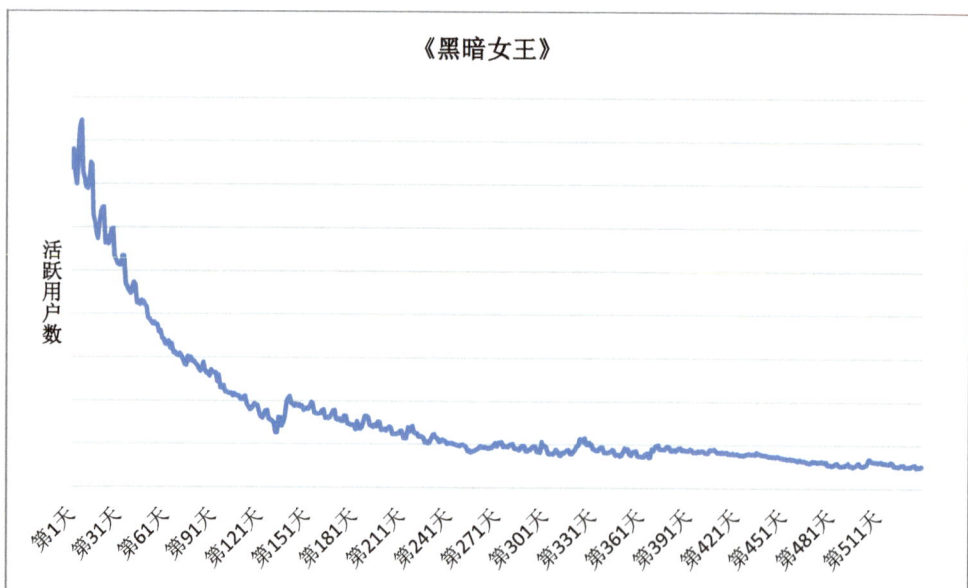

图 1-3

（3）低开稳走型：起点很低，但是数据较稳定，下降幅度很小。代表游戏：《风与雷》，为 SLG 类型（Simulation Game，模拟游戏），如图 1-4 所示。

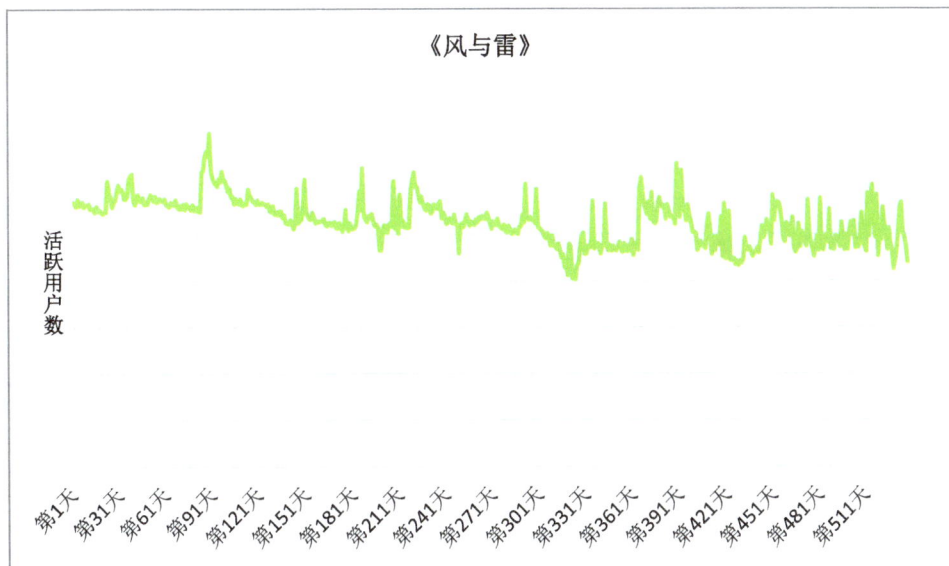

图 1-4

（4）上涨稳定型：上线后呈上涨趋势，上涨至最高点后缓慢回落，用户数和上线之前的差距不大。代表游戏：《疯狂跑跑车》，为休闲竞速类型，如图 1-5 所示。

图 1-5

（5）长尾反弹型：起点很高，但是下降速度快，很快进入长尾稳定期，并在长尾稳定期反弹，其反弹次数可能超过 1 次。代表游戏：《烈日纷争》，为 MMORPG 类型，如图 1-6 所示。

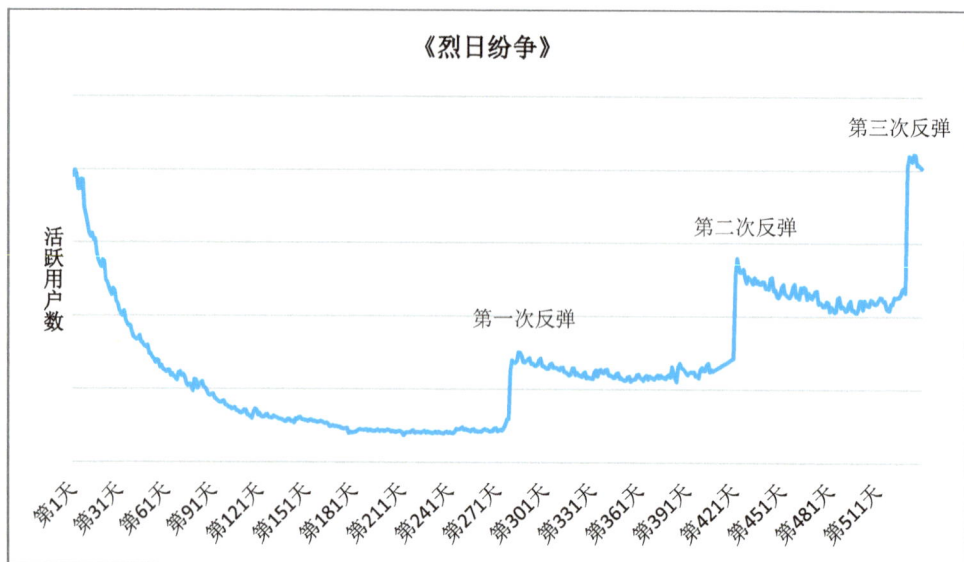

图 1-6

说明：以上是《烈日纷争》上线 5 年的活跃用户趋势，为了和其他游戏对比，此处缩短了长尾稳定期，将数据日期缩短至 511 天。

将以上《全民之神》《黑暗女王》和《烈日纷争》的数据起点统一，将《风与雷》和《疯狂跑跑车》的数据起点统一，进行活跃趋势对比，如图 1-7 所示。

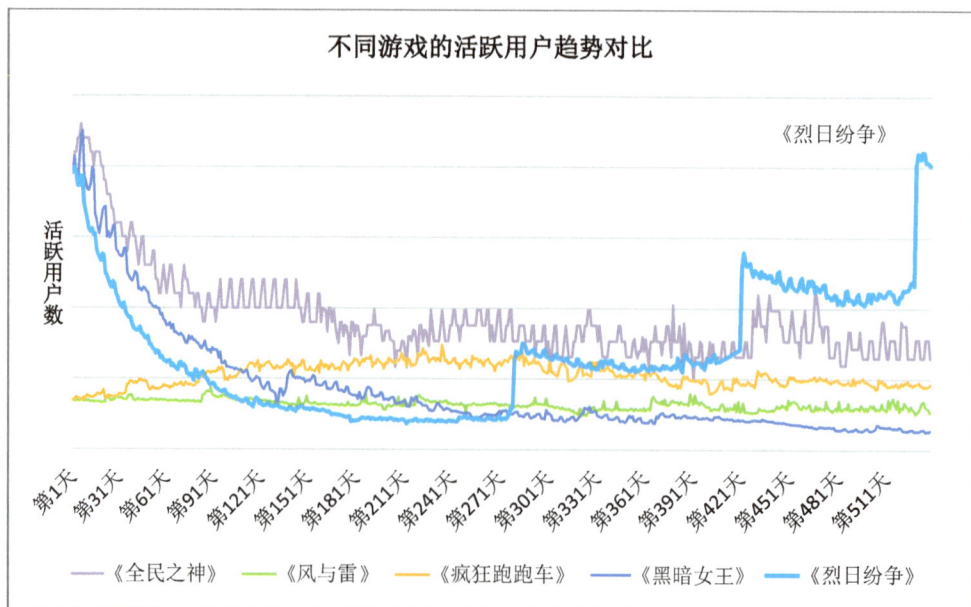

图 1-7

除《烈日纷争》外，其他 4 款游戏的活跃用户趋势图是比较常见的，而《烈日纷争》的活跃用户趋势是比较罕见的，《烈日纷争》的活跃用户数能在长尾反弹，除了国服制作人沈总和项目团队在产品和用户运营方面有独到的见解，更重要的一点是，《烈日纷争》从立项到测试，再到正式上线的过程中，项目团队的每一步决策都参考了数据，而并不是仅靠个人经验拍脑袋做决策，本书将围绕《烈日纷争》各个节点所做的工作来展开分析。

1.2.2　《烈日纷争》的用户研究

《烈日纷争》的游戏运营经历了三个过程：立项→测试→上线，整个过程中需要大量的与市场分析、用户分析和产品内容相关的数据。针对这些业务需求，HOPE 工作室做了大量的用户研究工作，研究工作以整个产品的生命周期为一条线展开，市场营销、产品运营人员根据研究结果制定了对应的行动决策。

（1）用户研究定义。

用户研究简称"用研"，指了解用户的行为习惯、收集用户的偏好、用户的思维想法。并根据用户研究的反馈进行合理的用户需求推演、预测。

（2）为什么需要用户研究。

尽管我们可以用很多种方法来分析用户数据，但是再详尽的用户数据也有其局限性，即便是最为精细的分析也只能告诉我们用户在做什么，而不会说明他们为什么这么做。数据分析师通过用户行为数据能够很容易地推测出某个行为规律背后的原因。例如，当一款 MMORPG 游戏的大量用户在某个等级流失时，你往往能够发现用户在做这个等级的主线任务时出了问题，如果再深入分析数据，或许会发现没有好友的用户的这个任务的完成率很低。但是导致用户流失的其他原因，可能就没有那么容易被发现了，要找出这些原因就需要开展用户调查。换句话说，在进行定量分析的同时，这种定性分析同样重要。

（3）用户研究方法。

用户研究有很多方法，一般从以下两个维度来区分。

一个维度是从定性到定量，比如用户访谈就是定性，是对事物的性质做出判断，它究竟"是什么"；问卷调查就属于定量，是指对事物的数量进行统计，衡量它"有多少"。前者重视用户行为背后的原因，后者通过数据证明用户的选择。

另一个维度是从态度到行为，比如用户访谈属于态度，而现场观察属于行为，从字面上也可以理解，用户访谈是问用户觉得怎么样，现场观察是看用户实际怎么操作。

具体来讲，用户研究的方法主要有 7 种，分别为问卷调查、深度访谈、可用性测试、焦点小组、卡片分类法、影随法、眼动测试，其中前 4 种为最常用的方法。本书案例采用的方法为问卷调查和深度访谈。

（4）在《烈日纷争》全生命周期中，用户研究为其服务的框架如图 1-8 所示。

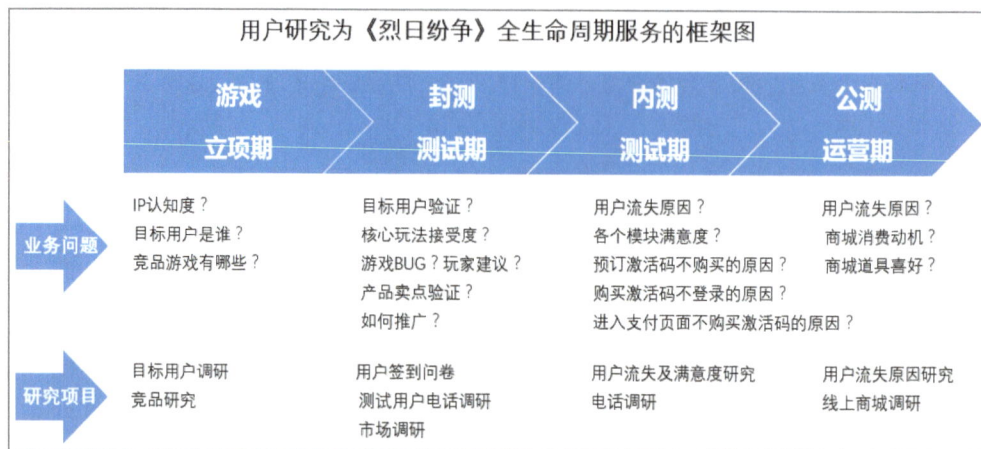

图 1-8

用户研究所获取的数据能支撑这个产品生命周期，以《烈日纷争》为例，不同节点的工作内容及重点解决的核心问题如下。

- 游戏立项阶段：进行粉丝摸底调研和竞品研究，了解 IP 认知度、目标用户画像、竞品游戏情况，只有做到知己知彼，才能指导市场推广工作。
- 游戏测试阶段：在《烈日纷争》运营期间，我们共进行两次测试，此阶段的用户调研十分重要，如果应用得当，则可以用低成本的方法预防大的失误。通过签到问卷、市场调研、用户流失及满意度研究，能验证目标用户、判断版本可用性、诊断产品与优化、分析流失原因等，为后续运营和市场宣传推广提供重要参考。
- 游戏上线阶段：此时最关注的是付费和用户流失问题，结合版本改进做微调。通过线上商城调研，了解用户消费动机、商城道具喜好，为设计适合中国用户的道具提供有利的数据支持。

（4）正确看待用户研究

"业务逻辑先行"原则：研究目的、看数据的逻辑和视角决定结论。

"越聚焦越有效"原则：研究目的和课题越聚焦越容易获得有效结果。

"避免数据陷阱"原则：调研样本和调研方法决定结果，避免被错误的数据误导；在定性调研中，现场观察或电话回访的判断有时比调研报告更直接有效。

值得注意的是，虽然用研能找到用户需求和痛点，也能给出一些建议或分析，但是最终怎么形成策略，则需要运营和市场人员一起去思考，因此用研本身不能代替决策和思考。比如，根据用研找到目标用户的特点，并做对产品进行市场定位，基于这个定位我们就要去想目标用户群下面要做什么样的市场营销策略，以及我们通过什么样的渠道或创意去触达他们，在这里面的每一个环节都会产生对用户的理解，因为只有这样我们才能有针对性地进行营销推广工作。

在第 5 章将详细介绍《烈日纷争》市场团队如何根据目标用户群制定市场营销策略，通过什么样的方式来触达用户。

1.2.3　《烈日纷争》的数据分析流程

图 1-9 是《烈日纷争》游戏运营过程中进行数据分析的流程。

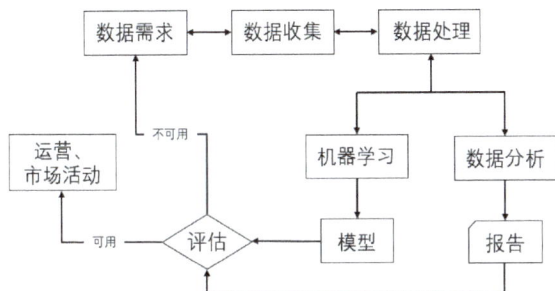

图 1-9

1. 数据需求

数据需求可分为自发需求和外部需求，自发需求是分析师基于对游戏业务的理解和游戏当前状态梳理出的需要分析的业务，外部需求通常是运营、市场、制作人等相关人员提出的要从数据层面解决的问题。接到相关需求后，分析师需要了解分析需求的目的、分析范围、分析时间，从而确定需要分析的内容。

2. 数据收集

收集需求中所要用到的数据。对于游戏数据分析，根据数据来源可以将数据分为两大块。

（1）企业内部数据：又可分为游戏行为数据和问卷调查数据，其中游戏行为数据主要来源于游戏数据库，问卷调查数据来源于问卷后台数据库，在条件允许的情况下，将这两类数据定期同步至数据仓库，提高数据收集的效率，数据同步工作主要由 BI 部门实现。

（2）企业外部数据：当需要做用户画像、舆情监控、竞品、KOL 分析时，需从新闻、论坛、贴吧、QQ 群、视频、直播网站等渠道收集数据，可以通过爬虫工具爬取或者手工导出至本地。

3. 数据处理

数据处理可以分为两步，第一步是对数据进行清洗过滤，确保数据的有效性和可用性；第二步是根据分析需求，对数据进行聚合、关联、合并等操作，使数据符合下一步分析或预测的需要。

在数据处理过程中，常用的技术/工具包括 SQL、Python、Excel、文本处理、R 等，由于数据来源不一，格式各异，数据处理一般都是占用时间最多的步骤之一。如果在数据收集阶段，提前做好数据需求，和研发、BI 等相关部门做好沟通，那么在数据处理阶段就能大大提高工作效率。

4. 两个分支：数据分析/机器学习

（1）数据分析：是通过适当的数据分析方法和工具，应用成熟的分析模型，对处理过的数据进行分析，提取出有价值的信息，形成有效结论。数据分析的成果是一份分析报告。在分析报告中，除用数字表达外，可视化也是必不可少的。

（2）机器学习：通过机器学习算法，实现对数据的分类、预测和聚类等操作。当然，建模后得出的结论也可以写成分析报告。

5. 评估

不论是机器学习，还是数据分析，其结果都要进行评估。

对于机器学习而言，有专门的模型评估方式，再通过可视化把结果表达出来，也是一种重要手段。

机器学习的可视化和分析报告最终由项目团队评估，以制作人为主。

如果评估结论合理、数据可用，那么项目团队会将其作为进行运营、市场活动方案设计的决策参考依据之一。如果不可以用，则分析师需要重新梳理需求，按图 1-9 的过程重新走一遍。

《烈日纷争》的数据分析工作大部分都是符合以上流程的，这也是其能做到用数据驱动业务的原因之一。

第 2 章

运营立项：预期很高，信心十足

在 HOPE 工作室做出代理《烈日纷争》的决定前，运营团队需要对新游戏做定位分析。这包括产品分析、竞品分析、用户群体的定位分析、游戏成本与收益分析、人员需求评估、市场推广方案，以及运营节点计划等。由此制作立项计划书并发起立项流程，公司高层将从游戏性、市场、投资、团队等几个方面去决策立项是否通过，立项申请成功后可获得公司的资金及人员支持。

立项申请及其相关分析材料会对整个项目周期有指导性的作用，为后续的大规模投放提供决策依据，降低公司运营、投资风险。

2.1 运营立项计划书框架

图 2-1 是《烈日纷争》的运营立项计划框架，下面介绍其中主要的几项。

- 游戏介绍：包含游戏类型、商业模式和游戏特色等，游戏世界观、游戏背景故事、游戏角色、操作、美术风格、美术技术和人物设定等。
- 产品定位：围绕用户定位、玩法定位、心理定位、题材定位 4 个方面。其中用户定位是指我们的目标用户群是谁？需要做目标用户分析，区分主要用户、核心用户和潜在用户群体的特点，并构建目标用户画像。
- 项目成本收益分析：包含上线后的在线人数、活跃用户、收入、成本、市场费、利润率和止损点。

本章重点阐述和数据相关的内容，包括用户分析、竞品分析、最高在线人数预估、游戏成本收益分析。

图 2-1

2.2 项目运营计划和节点

运营计划指的是一个项目向正常目标前进所需要制订的有预见性的进程性计划。通过运营计划的认真落实，项目才能达到预期的效果。

2.2.1 项目测试节点

游戏一般要经历封测、内测和公测 3 个节点（见图 2-2）。

封测（简称 CBT1）：是指在很小范围内的测试，一般是几千人，在测试结束后会删档。《烈日纷争》计划在 2014 年 3 月进行封测，主要是测试技术问题和留存问题。如果测试没有达到目的，则还需要增加测试次数。

内测（简称 CBT2）：是指在比较大的范围内测试，一般是上万人，是对游戏的全面测试，在测试结束后一般不删档。《烈日纷争》计划在 2014 年 7 月进行内测，主要测试留存和付费，以及封测中的 Bug 是否修复、版本内容是否完善等。

公测（简称 OBT）：是指产品对公众完全开放测试（不限量、商业化、不删档），当网游的稳定性、游戏性、易用性、功能性和交互性达到一定的要求时，就可以完全开放给所有用户了。《烈日纷争》计划在 2014 年 8 月公测，公测后可以获得更多的用户，获得更高的收入。

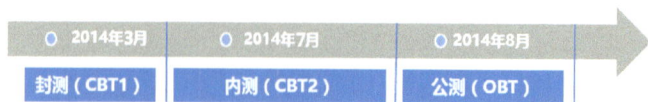

图 2-2

说明：立项期的运营计划和实际情况并不完全一致，因为可能会受版本、服务器等重要因素影响。

2.2.2　项目人员配置

《烈日纷争》项目团队打破了企业内部传统的"筒仓"结构，将数据分析、运营、市场、商务、运维、客服、开发和美术人员凝聚成了一个跨职能通力协作的团队，使该项目能将数据分析、用户运营、技术知识、营销能力高效结合起来，促进各个职能部门直接的合作，同时为团队成员互相理解对方的工作创造了条件。建立起了一套有效机制，为《烈日纷争》项目的上线、推广和运营工作的推进，提供了更具潜力的增长手段。

该项目团队成员共 23 人，项目团队成员构成及主要工作内容如下（见图 2-3）。

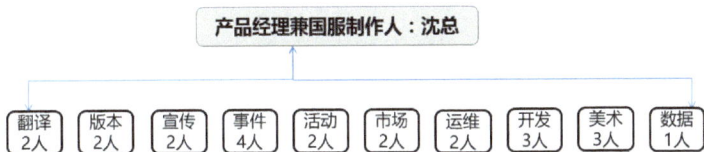

图 2-3

总负责人：沈总，兼任《烈日纷争》的产品经理和国服制作人。其职责是确保项目团队采用合适的运营策略实现产品的增长目标。沈总具备出色的领导能力和一线运营经验，重视数据分析，善于利用数据分析发现有益的改进思路，对游戏优化、市场推广、定价、营销策略和游戏运营也有敏锐的把握能力。

数据：该项目团队的数据分析师熟悉游戏，精通数据的收集、整理与深入精细分析，并能够迅速整理分析结果，从中提取结论，同时具备深挖数据和用户研究的能力，能实现该项目全方位的数据需求，并通过数据分析给出合理的建议。数据分析师的能力及团队运用数据的程度将决定团队是在浪费时间还是在挖掘数据金矿。

版本：版本策划主要是规划版本更新节点，并根据每个版本的用户消化程度，制定相关的策略。

活动：活动策划和版本策划都属于运营策划。主要负责运营活动的设计、活动效果评估。

运维：主要进行运营环境搭建、监控部署、周边产品工具的完善和优化；游戏版本发布、维护；服务器故障和突发事件的响应及处理；版本的测试配合和支持；运营需求的变更（合区、扩容等）。

宣传：分为内宣和外宣，内宣主要负责游戏官网专题和活动的内容设计，这其中包含根据游戏宣传需求，对游戏产品进行包装、提炼游戏版本的宣传亮点关键词、详尽阐述游戏版本的成长线、功能模块、玩法流程、收益等，提出游戏宣传创意和设想。另外，还包含游戏活动的预先告知、游戏公告的及时传达和游戏广告的优秀创意。

外宣人员主要与公司市场团队对接，进行市场活动的策划、宣传，对游戏产品进行包装、提炼游戏版本的宣传亮点关键词，提出游戏宣传创意和设想。

市场：负责管理市场资源预算，根据引流、营收等目标投入资源，并跟踪其使用效果；线上/线下市场活动的策划与执行，把控与宣传相关的新闻/软文/攻略内容的输出，以及提供用于内宣、外宣的素材。

美术：负责游戏官网的设计、编辑、美化，游戏宣传素材制作和广告制作。

开发：负责网站开发，官网是对外宣传的主要窗口，运营人员也经常联系开发，在网站中做运营活动。

事件：7×24 小时服务，统一解答和处理游戏反馈的问题，及时向技术部门反馈并协助处理游戏异常状况，并做好用户的沟通、安抚工作，通过窗口服务了解用户，获取真实需求，及时向上级总结汇报，做好公司与用户之间的沟通桥梁。在维护公司的名誉和形象的前提下，从用户角度对其诉求提供帮助。

关于人员分工，每个团队成员应负责各自擅长的工作，有时需要独立工作，至少在团队成立初期应该如此。比如数据分析师负责目标用户调研、游戏最高在线人数的预测；市场营销人员负责制订市场计划、市场目标；运维人员负责游戏服务器架构分析、架构风险评估、服务器部署。当然，团队成员在更多时候需要密切合作。比如在开发游戏官网时，团队负责不同工作的成员需要就网站的设计和执行等达成统一意见。在做广告投放、地面推广、事件炒作等各种市场推广的过程中，终究是由人员、由团队来完成的。只有及时、正确的沟通，明确清晰的工作目标，才能发挥每一个人的力量。

2.3 目标用户调研

《烈日纷争》是一款代理类大型 MMORPG 端游，使用了《烈日纷争》IP（Intellectual Property，知识产权），为了了解《烈日纷争》IP 的认知度、目标用户的特点，洞察用户需求，构建目标用户画像，帮助产品确立正确的市场定位，需进行目标用户调研。

通过问卷分析，有助于了解目标用户，定位游戏市场，从而让市场人员在制定市场营销策略和推广方案上有例可循，通过恰当的渠道或创意触达目标用户群体。

定量问卷：某平台渠道投放

用户来源：某平台用户（用户群体为互联网大众用户）

问卷时间段：2013 年 1 月 1 日—1 月 7 日

有效样本数：3 000 份

1．IP 认知

《烈日纷争》的认知度比较高，为 60%（玩过+听过），在对比游戏中排名第四。但其中玩过该游戏的用户比例较低，仅为 10%（见图 2-4）。

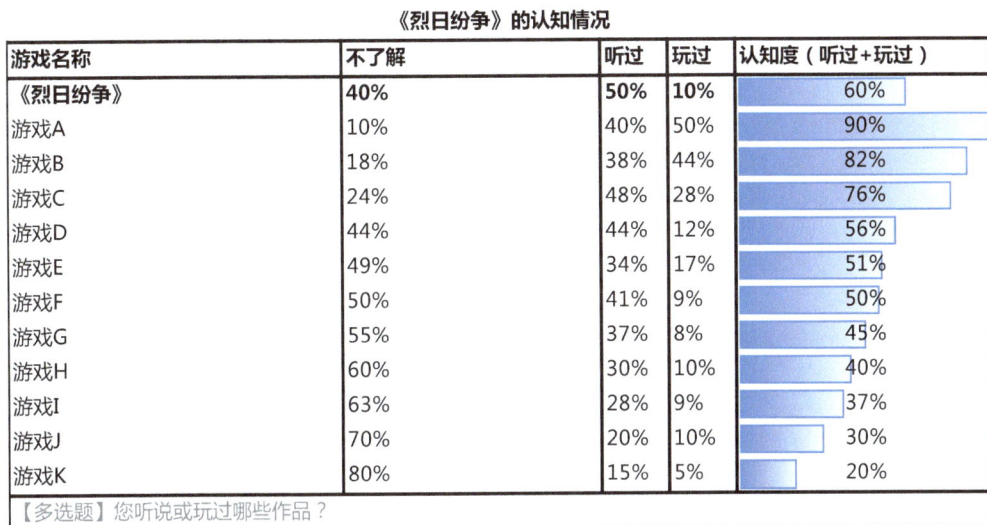

《烈日纷争》的认知情况

游戏名称	不了解	听过	玩过	认知度（听过+玩过）
《烈日纷争》	40%	50%	10%	60%
游戏A	10%	40%	50%	90%
游戏B	18%	38%	44%	82%
游戏C	24%	48%	28%	76%
游戏D	44%	44%	12%	56%
游戏E	49%	34%	17%	51%
游戏F	50%	41%	9%	50%
游戏G	55%	37%	8%	45%
游戏H	60%	30%	10%	40%
游戏I	63%	28%	9%	37%
游戏J	70%	20%	10%	30%
游戏K	80%	15%	5%	20%
【多选题】您听说或玩过哪些作品？				

说明：以上选项的游戏产品与《烈日纷争》类似，至少满足以下其中一个特点：有单机游戏 IP、日本游戏、大型网络游戏。

图 2-4

2．核心用户状态

在玩且高活跃的核心用户占比为 16.8%，其余大部分粉丝偶尔登录或已经不玩了（见图 2-5）。

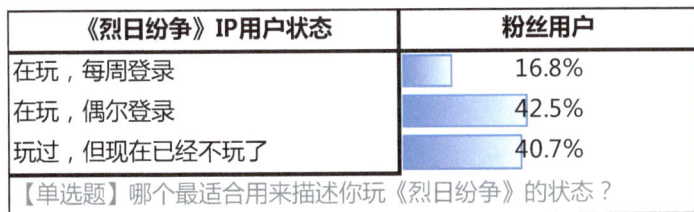

《烈日纷争》IP用户状态	粉丝用户
在玩，每周登录	16.8%
在玩，偶尔登录	42.5%
玩过，但现在已经不玩了	40.7%
【单选题】哪个最适合用来描述你玩《烈日纷争》的状态？	

图 2-5

3．用户画像

（1）将以上两题的用户关联进行交叉分析，对用户分层，结果如图 2-6 所示。

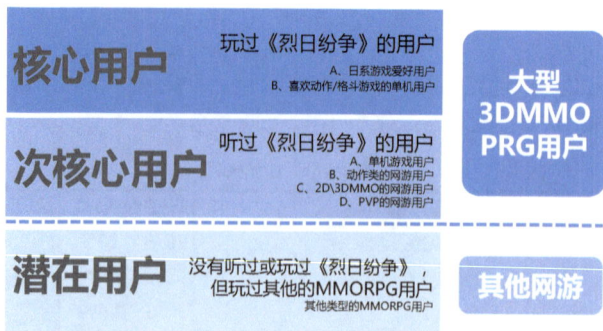

说明：此处省略了用户的游戏经历的详细数据，其数据结果是根据问题"最近一年，你玩过哪些游戏？"的数据进行整理得来的。

图 2-6

（2）核心用户男性比例相对较高，占 83.1%，年龄集中在 23～30 岁之间，以企业职员和大学生为主。月收入 5 000 元以上的比例较高，所在地为上海、广州和深圳的比例相对更高。

4. 游戏市场定位及目标用户群

将 IP 认知度、用户年龄、职业、游戏背景、消费能力各个题目的选项进行交叉分析，从游戏类型维度考虑，得出目标用户的特点，如图 2-7 所示。

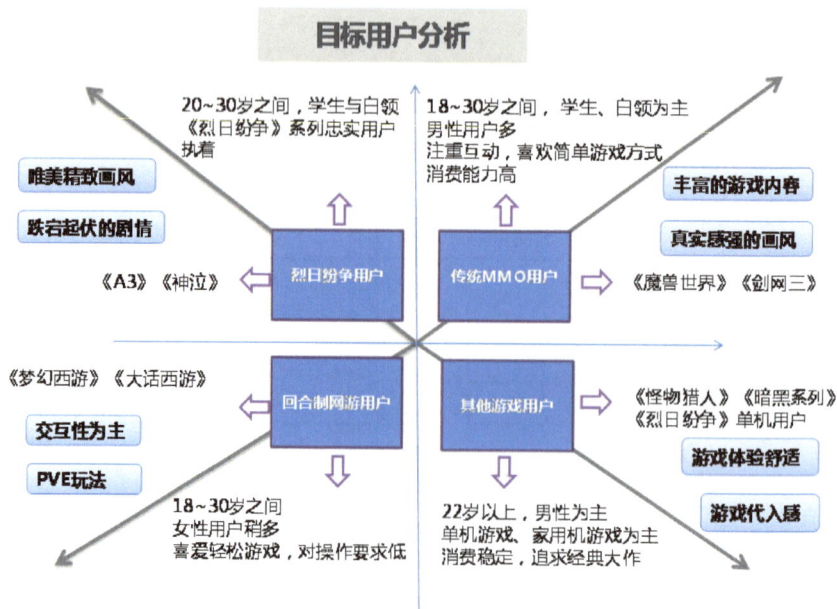

图 2-7

例如：在核心用户中玩过《A3》《神泣》的比例较高，男性比例相对较高，年龄集中在 23～30 岁之间，以企业职业和大学生为主，喜欢唯美精致的画面和跌宕起伏的剧情。

将游戏认知度、用户年龄、职业、游戏背景、消费能力各个选项进行交叉分析，并根据用户反馈进行合理的用户需求推演、预测，进行游戏市场定位，针对不同职业的用户，其宣传策略各有不同，如图 2-8 所示。

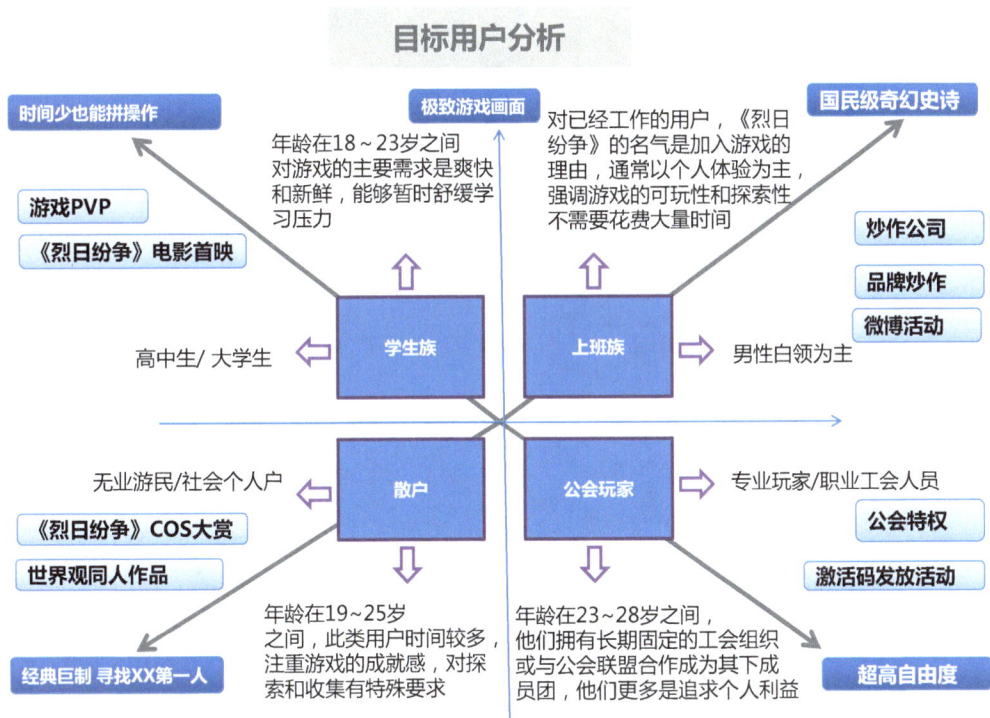

目标用户分析

时间少也能拼操作

游戏PVP

《烈日纷争》电影首映

极致游戏画面

年龄在18～23岁之间对游戏的主要需求是爽快和新鲜，能够暂时舒缓学习压力

国民级奇幻史诗

对已经工作的用户，《烈日纷争》的名气是加入游戏的理由，通常以个人体验为主，强调游戏的可玩性和探索性不需要花费大量时间

炒作公司

品牌炒作

微博活动

高中生/ 大学生　← 学生族　上班族 →　男性白领为主

无业游民/社会个人户　← 散户　公会玩家 →　专业玩家/职业工会人员

《烈日纷争》COS大赏

世界观同人作品

年龄在19～25岁之间，此类用户时间较多，注重游戏的成就感，对探索和收集有特殊要求

年龄在23～28岁之间，他们拥有长期固定的工会组织或与公会联盟合作成为其下成员团，他们更多是追求个人利益

公会特权

激活码发放活动

经典巨制 寻找XX第一人

超高自由度

说明：同人作品是指自创、不受商业影响的自我创作。

图 2-8

我们对目标用户进一步解析后，得出以下结果，如图 2-9 所示。

《烈日纷争》3D MMO 游戏用户是大众用户（占 40%）；"画面控"游戏用户和喜欢日本文化的用户群体主要是学生和宅男/宅女（占 40%）；单机游戏的用户群体主要是宅男（占 10%）；其他用户占 10%，这部分用户来源于其他游戏用户、视频观看者、音乐爱好者、社区/贴吧爱好者/潮流追随者。

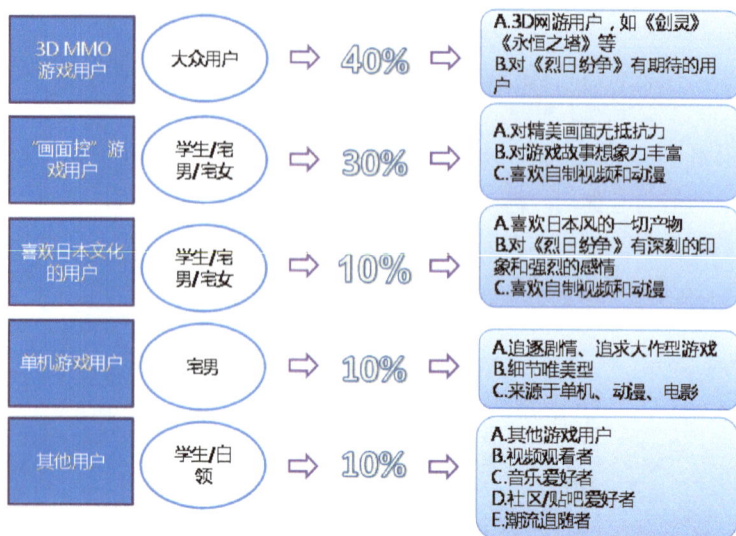

图 2-9

5. 主要结论

（1）品牌认知度较高，达 60%（玩过＋听过），在对比游戏中排名第四，但其中玩过该游戏的用户比例较低，占 10%。

（2）用户画像（按用户核心程度划分）。

- 核心用户：大型 3D MMORPG 用户，同时也是日系游戏爱好者，喜欢动作/格斗游戏的单机用户。
- 次核心用户：大型 3D MMORPG 用户，同时也是单机游戏用户，动作类的网游用户，2D\3D MMO 网游用户，PVP 网游用户。
- 潜在用户：其他类型的 MMORPG 用户。

核心用户中男性比例相对较高，年龄集中在 23～30 岁之间，以企业职员和大学生为主，喜欢唯美精致的画面和跌宕起伏的剧情。

（3）不同类型用户的职业定位。

《烈日纷争》的主要用户群体是 3D MMO 用户，占 40%，其次是"画面控"游戏用户，占 30%。"画面控"游戏用户和喜欢日本文化的用户群体主要是学生和宅男/宅女。

2.4　市场定位分析

1．游戏市场整体环境

2013 年，客户端游戏市场份额比 2012 年下降 10.3%，手机游戏增长 243%。至 2013 年第三季度，PC 出货量连续六个季度下滑，智能手机同比增长 45%。在 2013 年年终百度搜索的 TOP20 游戏中，只有一款《剑灵》是 2013 年新推出的游戏，移动终端的普及正在导致游戏用户的转移（见图 2-10）。

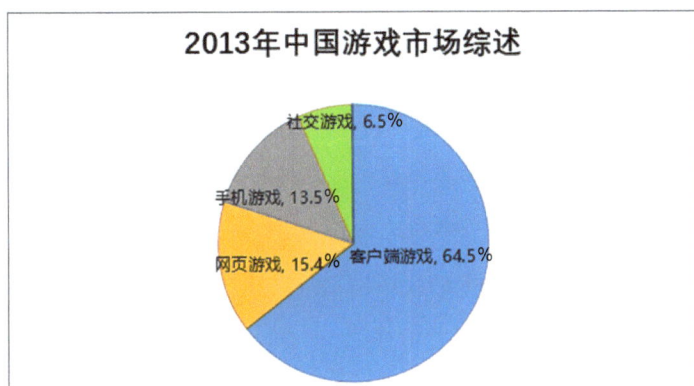

图 2-10

2．国内端游发展史

从 2001 年至 2013 年国内端游的发展历史来看，中国用户喜欢动作、强 PVP 类网游，趋势上是从慢积累到快节奏，主流是免费模式（见图 2-11）。

年份	代表游戏	游戏玩法	消耗时间	收费模式
2001年	《热血传奇》	城战，阵营对抗	慢、注重积累	月卡收费（后免费）
2005年	《魔兽世界》	PVE副本、阵营对抗	慢	按时间收费
2006年	《征途》	国战，阵营对抗	较快	道具收费
2008年	《地下城与勇士》	副本、格斗	较快	道具收费
2008年	《穿越火线》	FPS	开房制，快	道具收费
2009年	《AION》	阵营对抗	较快	按时间收费
2010年	《龙之谷》	副本、动作	开房制，快	道具收费
2011年	《英雄联盟》	DOTA，对战	快节奏、碎片式	道具收费
2013年	《剑灵》	动作	快节奏	道具收费

图 2-11

3. 本土环境分析

对于《烈日纷争》系列游戏，很多人听说过，但很少有人玩过。主要表现在以下几点。

（1）《烈日纷争》系列游戏从未在中国正式公开发售。

（2）根据用户调查结果显示，很多用户表示听说过《烈日纷争》，但并不真正了解《烈日纷争》。

（3）《烈日纷争》系列游戏的很多粉丝主要是单机游戏用户，属于小众用户（2013年单机游戏占有率为 0.9%）。

4. 困境和机会

困境：端游市场遇冷，前期市场热度不足，推广时间短，主流用户接受度较低。

机会：高品质的精品对用户的吸引力依然存在。

但我们依然希望，在 2014 年，中国端游发展史上留下《烈日纷争》的大名。

2.5 竞品分析

目前，市面上的大型 3DMMO 网游主要有《魔兽世界》《时空裂隙》《巫师之怒》《神鬼传奇》《天下 3》《剑灵》《C9》《上古世纪》《洛奇英雄传》《斗战神》《AION》。下面选择最有代表性的两个竞品游戏进行对比分析。

1.《剑灵》

《剑灵》是与《烈日纷争》最为接近的游戏，具有较强的市场竞争力，且都尚未正式运营。

- 产品特色：极致战斗体验、华丽唯美的画面、轻功、修炼、时装。
- 产品定位：动作网游。
- Slogan（市场包装）：Find Your Soul；肆意青春，极致《剑灵》。
- 市场份额：韩国网游在中国本土占 40%，NC SOFT 出品的《剑灵》期待度很高。
- 榜单排名：从 2009 年开始，《剑灵》的 17173 榜单有 4 年占据了前三名。
- 测试节点：《剑灵》不删档前一共测试四次，为期一年。在每一次测试后，《剑灵》不断地调整市场策略（见图 2-12）。

测试时间	测试名称	百度指数	市场内容
2012.8.16—8.26	鉴赏测试	120 523	鉴赏专题 调研问卷 品鉴日志（官方每日汇报，玩家写手） 数据报告 微博大V 鉴赏测试小结
2012.12.5—2013.1.13	极智封测	96 851	将核心玩法战斗内容包装进行单项测试
2013.5.7—7.21	灵动内测	181 000	Find Your Soul 全新品牌主张 主打新版本内容
2013.10.29	不删档内测	426 148	少女时代 主题曲发布
2013.11.28	开放测试	1 063 738	肆意青春 地铁广告

图 2-12

2.《魔兽世界》

在竞品中，目前已在运营的产品除《AION》外，《魔兽世界》的用户流失最为严重，可以作为后期主要目标用户的渠道之一。

3. 竞品差异

在竞品中，大部分产品主打的市场点为画面、PVP、大型世界观、副本、装备体系、天赋体系等内容。《烈日纷争》和其他产品的差异化内容如下（见图 2-13）。

经典传承——30 年的《烈日纷争》系列

职业系统——耐玩的职业体系

画面——真实唯美风格

剧情——独特世界观

收费模式——包月收费制

图 2-13

2.6　市场目标定位

对于市场来说，运营立项的目标主要是确定最高百度指数和最高在线人数。百度指数反映游戏的市场热度，在线人数则是市场热度反映到游戏的实际情况，是市场营销活动落地后的效果体现。

《烈日纷争》市场目标的设定经历以下环节：根据市场分析结果预估投放金额→预估最高百度指数→预估最高在线人数→设定不同节点的百度指数目标→制订市场计划。

2.6.1　最高在线人数预估

《烈日纷争》为 HOPE 工作室的重点产品，因而投入的市场费用较高，对其在线人数也有很高的期待。

服务器的数量要由在线人数估算，太少会影响用户体验，相反，如果准备过多，则会造成资源的浪费。

为了对游戏在线人数做一个合理的预判，合理安排游戏服务器数量，沈总召集运营、市场、运维和数据负责人召开会议，讨论最高在线人数预期。

沈总（总负责人）：虽然现在《烈日纷争》是立项阶段，还没有开始测试，也没有留存率数据来评估这款游戏的品质，但是，对游戏人数我们要有个预判，它一方面有助于我们合理规划服务器的准备工作，另一方面，我们可以根据人数情况预估 ROI。

项老板（市场负责人）：工作室 2010 年上线的一款游戏 A，同为时长收费游戏，投入市场费 5 000 万元，最高百度指数 50 万，最高在线人数超过了 70 万。虽然《烈日纷争》上线晚了 4 年，但我们有 8 000 万元的投入计划，最高在线人数至少也能达到 50 万的量级。

沈总（总负责人）：跟 4 年前相比，现在市场环境变化太大，数据不能作为参考。

大俊（运营负责人）：《烈日纷争》国际服的最高在线人数超过 100 万，中国用户群体庞大，达到国际服一半的水平应该是没问题的。

大周（运维负责人）：如果按最高在线人数 50 万计算，每台服务器最多承载 5000 人，那么至少需要准备 100 台服务器，平均每台服务器成本超过 3 万元，不考虑带宽和网络设备，光是服务器的采购成本就需要 300 万元。如果服务器准备多了，我们暂时也没有其他游戏需要服务器，就会造成很大的资源浪费；反过来，如果在游戏开测、版本重大更新、大量用户涌入的时候，服务器准备不足也会造成很多问题，我没办法在很短的时间内临时准备好服务器。

沈总（总负责人）：服务器成本这么高，你们想清楚，尽量算准一点。

小黎（数据负责人）：我可以根据工作室历史上线游戏的百度指数和在线人数数据，来预估《烈日纷争》上线后的最高在线人数。不过，这需要知道我们最高能做到多少百度指数。

项老板（市场负责人）：投入 8 000 万元市场费用，预计百度指数能突破 50 万。

小黎（数据负责人）：好，那我就先按最高百度指数 50 万来计算。我会根据在线人数和百度指数的关系，结合竞品数据，对《烈日纷争》的最高在线人数进行预测，大家等我的报告。

1. 收集历史数据

根据 HOPE 工作室从 2010 年至 2013 年年初运营的九款游戏的百度指数和最高在线人数数据，形成散点图，X 轴为百度指数，Y 轴为最高在线人数，如图 2-14 所示。

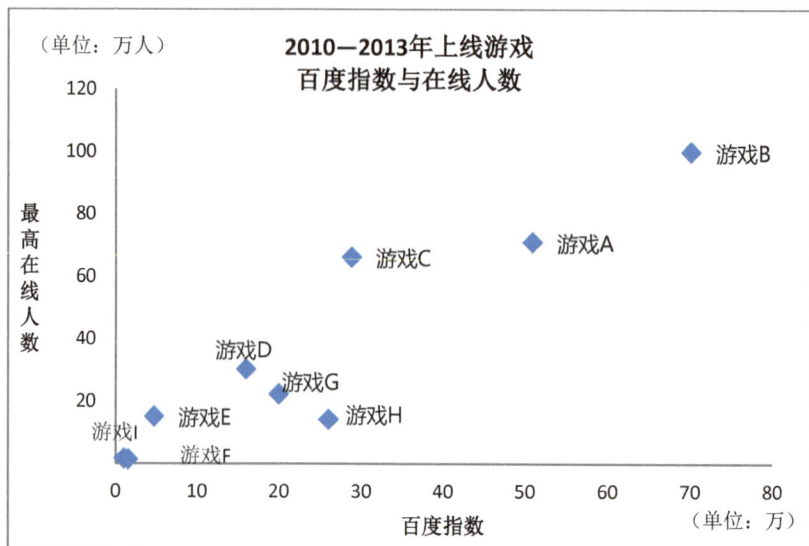

图 2-14

2. 寻找关系

为了寻找百度指数和在线人数的关系，这里列举两种方法。

第一种方法最简单，用最高在线人数除以百度指数，得出比例后，用该比例乘以百度指数就能预估最高在线人数。

但是，从现有数据看，从 2013 年开始，百度指数和在线人数的关系开始减弱。即在相同百度指数的前提下，在线人数减少。

用所有游戏的最高在线人数除以百度指数得出的数据范围较大，在 0.5～3 之间，用该比例预估的人数范围也比较大，因此误差较大。如果按年份来划分区间，那么 2010—2012 年的游戏最高在线人数是百度指数的 2～3 倍，2013 年的游戏最高在线人数是百度指数的 0.5～1 倍。

第二种方法，在散点图中添加趋势线，如图 2-15 所示，得出线性方程 $y = 1.3934x + 1.8678$。

从图 2-15 中可以看出，2012—2013 年上线的游戏均在趋势线的下方且百度指数和最高在线人数均处于较低水平。

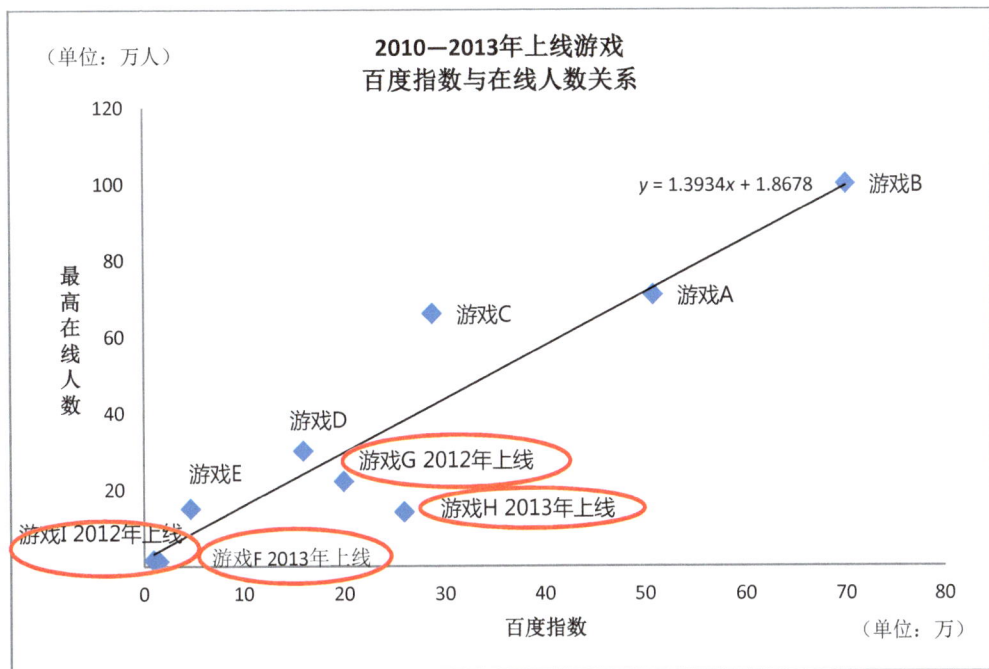

图 2-15

3. 预测结果

由于《烈日纷争》游戏尚未上线，该游戏的百度指数数据暂不能参考，因此参考和该游戏最为接近且具有市场竞争力的产品的百度指数数据，将竞品 A 的百度指数（40 万）代入该方程后得出 $y = 1.3934 \times 400000 + 1.8678 = 557361.9$，即预估《烈日纷争》的最高在线人数为 56 万。

考虑到近一年（2012—2013 年）上线的游戏离趋势线较远（主要是市场环境的变化、移动游戏用户规模增长），用该公式得出的结果可能和实际结果的误差比较大。因此参考 2012—2013 年上线的产品更具有可比性。如图 2-16 所示，通过散点图画趋势线，得出线性方程为 $y = 0.6919x + 1.4457$，将竞品 A 的百度指数，以及市场团队设定的市场推广目标百度指数（均为 50 万），代入该方程后得出 $y = 0.6919 \times 500000 + 1.4457 = 345951$，**即预估《烈日纷争》的最高在线人数为 35 万**。该数据相对来说应该更可靠，但缺陷是样本数据太少，可能存在一定的误差，但是与没有任何数据相比，该方法具有一定的参考性。

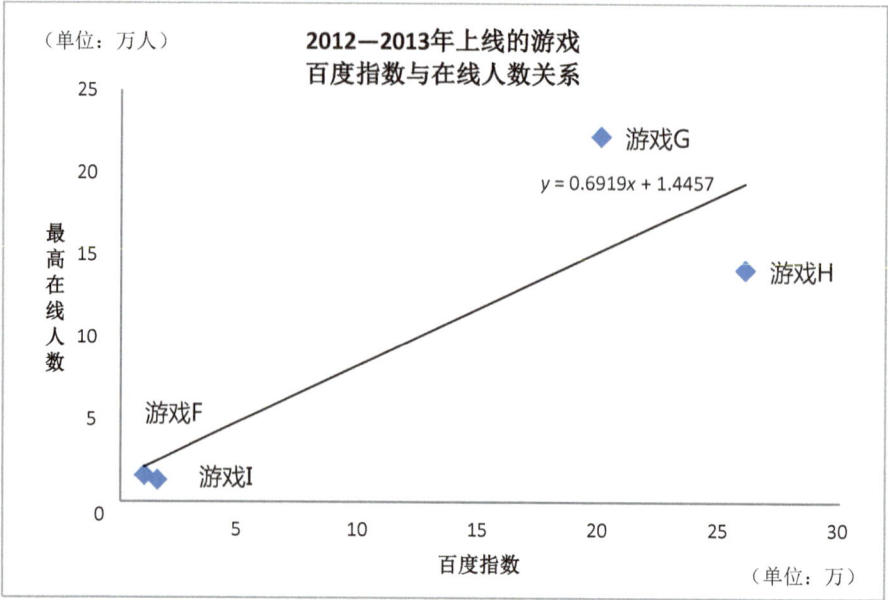

（单位：万人）

**2012—2013年上线的游戏
百度指数与在线人数关系**

$y = 0.6919x + 1.4457$

◆ 游戏G

◆ 游戏H

最高在线人数

游戏F

游戏I

百度指数

（单位：万）

图 2-16

4. 百度指数和在线人数的关系减弱的原因分析

从 2013 年开始，百度指数和在线人数的关系开始减弱，可能的原因有如下几种。

（1）宏观因素：端游用户量下降，具体表现为手游高速增长、端游市场占有率下降（见图 2-17 和图 2-18）。

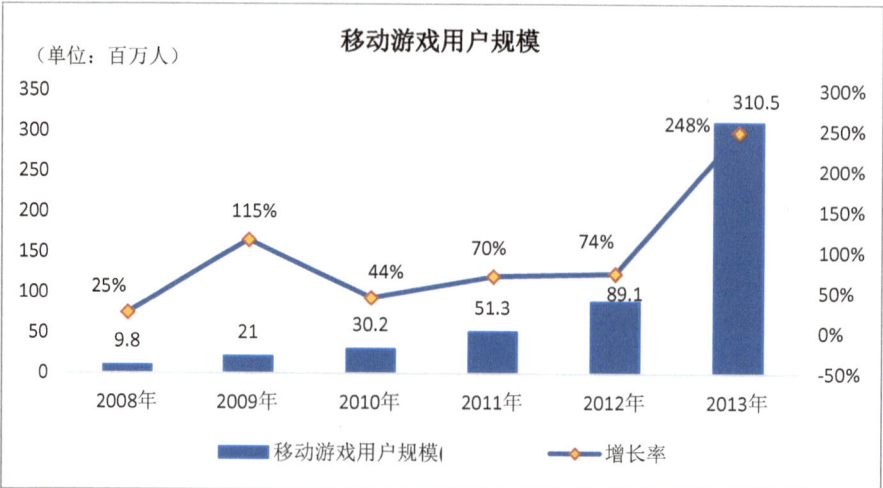

（单位：百万人）

移动游戏用户规模

25%
115%
44%
70%
74%
248%
310.5

9.8
21
30.2
51.3
89.1

2008年　2009年　2010年　2011年　2012年　2013年

■ 移动游戏用户规模　　◆ 增长率

数据来源：GPC IDC and CNG

图 2-17

移动游戏市场占有率

数据来源：GPC IDC and CNG

图 2-18

（2）游戏本身因素：留存率下降、用户流失严重、新用户进入游戏成本增加是其主要原因（见表 2-1）。

表 2-1

游戏名称	上线年份	第1天留存率	第2天留存率	第3天留存率	第4天留存率	第5天留存率	第6天留存率	第7天留存率
游戏 A		35%	48%	43%	37%	34%	32%	30%
游戏 B		54%	45%	40%	34%	31%	29%	27%
游戏 C		76%	69%	65%	61%	58%	55%	53%
游戏 D	2010—2012 年	47%	31%	26%	23%	21%	19%	18%
游戏 E		42%	33%	28%	21%	19%	17%	16%
游戏 G		38%	28%	23%	19%	17%	16%	16%
游戏 I		35%	25%	20%	16%	14%	13%	13%
游戏 F	2013 年	30%	20%	16%	14%	12%	10%	9%
游戏 H	2013 年	28%	20%	17%	15%	13%	12%	11%

5. 主要结论

预估《烈日纷争》的最高在线人数为 35 万。从 2013 年开始，百度指数和在线人数的关系开始减弱，可能的原因如下。

（1）宏观因素：端游用户量下降，具体表现为手游高速增长、端游市场占有率下降。

（2）游戏本身因素：留存率下降、用户流失严重、新用户进入游戏成本增加。

2.6.2　市场费预算

前面有提到，对于市场来说，运营立项的目标主要是确定最高百度指数和最高在线人数。

百度指数是以百度海量网民的行为数据为基础的数据分享平台，是当前互联网乃至整个数据时代最重要的统计分析平台之一，自发布之日起便成为众多企业营销决策的重要依据。百度指数能够告诉用户某个关键词在百度的搜索规模有多大，在一定程度上反映市场热度，可以对比前、中、后期的营销活动的整体效果，也可以对比产品与竞争对手的市场热度。

如果说百度指数反映游戏的市场热度，那游戏在线人数则是市场热度反映到游戏的实际情况，特别是在游戏开测期间，是市场营销活动落地后的效果体现。

通过对目标用户的调研、市场分析及最高在线人数的预估，**市场人员设定的目标为在线人数突破 35 万，百度指数突破 50 万。要达成这一目标，预计需要投入 8 000 万元市场费。**

通常情况下，游戏需要通过多次内测来提升关注热度，根据目前的版本进度安排，《烈日纷争》将在 3 月进行封测，7 月进行内测，8 月进行公测。为了评估市场投放效果，市场人员为每次测试节点制定了百度指数目标。不同节点的百度指数目标和竞品游戏对比的数据如图 2-19 所示。

节点	百度指数			
	《烈日纷争》（目标）	竞品A	竞品B	竞品C
封测（3月）	60 000	9 338	5 945	15 562
内测（7月）	150 000	75 485	69 065	120 523
公测（8月）	500 000	508 520	794 693	1 063 738

图 2-19

《烈日纷争》的百度指数是否达到了设定的目标，以及实际在线人数和预估在线人数的差异有多少，请看后面的章节。

2.7　市场计划

因为版本还没研发好，所以立项计划书可能不需要写市场推广方案，更多是侧重游戏产品的特色。对于代理项目，则需要有一个大概的市场投放计划，一是可以提交给产品研发方，让对方知道代理商对产品的投入力度和目标，帮助其树立对产品上线的信心；二是可以提交给代理运营公司，知道该项目的投入成本，提前预测游戏投入的产出比。

通过立项阶段的目标用户调研找到目标用户的特点，市场人员对目标用户的特点进行解析后，制订市场推广计划。

市场推广计划分为三个阶段：预热期、升温期和爆发期。将通过枫叶之旅、媒体推广和其他推广方式来围绕这三个阶段进行宣传，如图 2-20 所示。

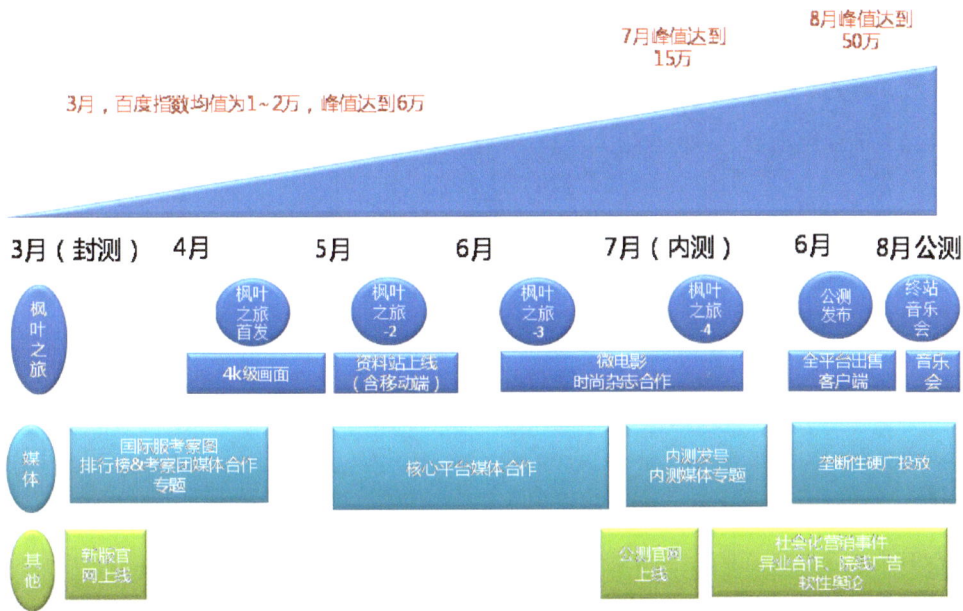

图 2-20

关于市场计划的几点说明：

（1）枫叶之旅：因考虑在广州、成都、西安、北京、青岛、上海 6 站推广《烈日纷争》，在地图上将这 6 个城市连起来，呈枫叶形状，因此称为“枫叶之旅”。在每一站围绕一个游戏特色进行宣传，包含欣赏试玩、用户交流、发布信息等，将游戏特色展现给用户。

（2）社会化营销事件

制作微电影、社会化事件、联手知名快递公司提供小蜜蜂快递服务进行营销。

（3）客户端出售

推出最诚意的收费模式，5分钟就能够买到客户端，用户可以在官网、BTC电商、CTC电商、电玩实体店、各类便利店买到客户端。

说明：以上市场计划是在产品立项运营阶段制订的，在游戏上线后根据用户数据会重新制订市场计划。其各个阶段的预算也会随着节点和市场投放计划的变化而变化。

2.8 游戏成本收益分析

为了评估游戏项目是否盈利，什么时候能盈利，什么时候能止损，在立项前需要做盈亏测算。包含游戏人数、收入、成本、费用、利润等数据。第一年运营数据测算如表2-2所示。

（1）在线人数：根据前面做的最高在线人数预估分析，预估《烈日纷争》上线后最高在线人数为35万，稳定后最高在线人数为25万。

（2）活跃用户数：根据在线人数和活跃用户数的关系（一般活跃用户数是平均在线人数的3~5倍），预估日均活跃用户数为60万。

（3）收入：根据该游戏的商业化模式，将采取点卡或月卡收费，考虑新手限时免费的体验机制，预估活跃用户的ARPU为3元，付费率30%，在首年日均收入180万元（日活跃用户数×ARPU）。

（4）成本：共3.2亿元，包含版权金、销售分成、MG（最低分成金额）、IDC托管费、服务器成本、软件租用费和其他成本。

（5）费用：共1.5亿元，包含人力成本、奖金、市场费用、外包费用和其他费用。

（6）营业利润：预计《烈日纷争》上线后首年盈利1.87亿元，利润率28%，将在上线后第3个月止损，即累计利润大于累计成本和费用。

表2-2

数据项	预估值	备注
开测后最高在线人数（万人）	35	
稳定后最高在线人数（万人）	25	
日均活跃用户数（万人）	60	
ARPU（元）	3	
付费率	30.00%	
平均日收入（万元）	180	
首年收入（万元）	65 700	

续表

数据项	预估值	备注
成本（万元）	32 000	含版权金、销售分成、MG、IDC 托管费、服务器成本、软件租用费、其他成本
毛利（万元）	33 700	
毛利率	51%	
费用（万元）	15 000	含人力成本、奖金、市场费用、外包费用、其他费用
营业利润（万元）	18 700	收入–成本–费用
营业利润率	28%	营业利润/收入
盈利点	第 1 个月	
止损点	第 3 个月	

说明：该表格为首年整体数据估算，此处省去了每月的数据变化趋势，因为详细的利润测算表的内容太细、太多，本书的编排呈现不了完整数据，故没有呈现完整的测算明细数据。

第 3 章
封测：数据火爆，万众期待

在将《烈日纷争》正式投入市场运营前，HOPE 工作室需要验证游戏产品的各方面特性是否已达到正式运营要求（如服务器压力承载、游戏稳定性、游戏功能性等），也需要测试出游戏关键数据指标（如留存率），与工作室、行业内的同类产品进行比较，明确产品在行业中所处的位置。因此，根据版本推出时间及各方面的准备工作，在 3 月份进行了有登录人数限制的小规模封闭性测试（简称"封测"）。

在进行游戏推广的过程中，为了吸引新用户，往往会通过各种途径向用户发放有限数量的特定编码，用户必须使用这些编码激活游戏账号才能登录游戏，这种编码便是激活码。本次测试就是通过发放激活码抽取的。一般情况下，只需要几千人就能满足封测的需求。

《烈日纷争》被 HOPE 工作室评估为 F 计划游戏，寄予厚望，希望能成为一款有高投入、高回报的游戏。F 计划（F=Focus）是指从众多游戏中选择品质优良，并通过前期测试或运营被证明具有较高收益前景的游戏，集中公司各类资源，在一段时间内对该游戏进行全方位的扶植，以帮助该游戏得到更快、更充分的发展，实现既定指标，保证公司整体盈利目标的实现。

随着网络游戏行业竞争的日趋激烈，越来越需要集中优秀的人力资源和市场资源投入到高品质的游戏产品中，在资源优化配置的基础上，产生最大化的市场收益。

同时，F 计划也是公司"让数据说话"精神的体现，从前期的游戏挑选，到项目进行过程的效果监控，以及最后的效果总结，都是用数据来展现和证明的，这是公司在项目运作方面区别于其他公司的特点之一，帮助公司做出更准确、更有效的市场和运营决策。

《烈日纷争》作为 F 计划游戏，深受重视，得到了 F 计划执行小组的全力支持，包含图 3-1 中各方的支持（排名不分先后）。

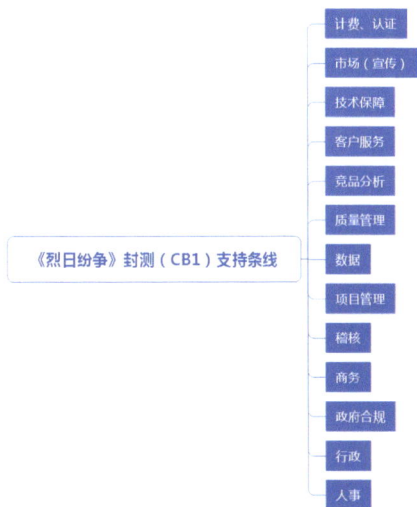

图 3-1

说明：

计费、认证主要负责登录器、防沉迷的功能接入和联调，游戏登录限制及激活码生成，以及实现游戏认证、计费等。

技术保障主要负责服务器准备，服务器端的系统架构分析，网络、系统、Web 安全检查、抗 DDOS（分布式拒绝服务攻击）设备准备等。

数据主要负责数据仓库接入、报表开发等。

政府合规主要负责游戏版号申请、与政府沟通、敏感字检查、图片修改、防沉迷检查、用户协议、健康游戏忠告等。

3.1 封测数据日报

《烈日纷争》在 2013 年 5 月 1 日开启测试激活码预订工作，半年的预订量已超过 100 万，激活码将优先在预订用户中随机发放，抢码活动于 2014 年 2 月 21 日开启，至 3 月 2 日结束，活动持续 10 天，每天限量发放 500 个激活码，用户抢到激活码通过手机号码验证后能登录游戏，用户可以从官网、官方 APP 和官方微信三个渠道参与抢码活动。于 2014 年 3 月 3 日—3 月 9 日开启首次封测（限量激活码），游戏服务器时间于每天 14:00—21:00 开放，游戏等级上限 20 级。

本小节以测试第 8 天（测试结束）的数据日报作为样本供读者参考。

3.1.1 运营数据

1. 数据摘要

如表 3-1 所示。

表 3-1

	百度指数（MAX）	官网 PV（MAX）	官网 UV（MAX）	下载（次）	安装（次）	激活量（个）	新用户（人）	PCU（人）
总计	40 000	1 039 784	164 354	200 000	80 000	7 000	5 600	2 520

说明：总计数据起止日期为 2014 年 2 月 17 日—3 月 7 日。

安装量远低于下载量是由于本次测试是限量激活码测试，大部分用户因无法获得激活码而没有安装客户端。

2. 每日运营数据明细

如表 3-2 所示。

表 3-2

	第 1 天 Mon	第 2 天 Tue	第 3 天 Wed	第 4 天 Thu	第 5 天 Fri	第 6 天 Sat	第 7 天 Sun
总激活码发放量（个）	5 600	6 300	7 000	7 000	7 000	7 000	7 000
总激活量（个）	4 893	5 489	5 950	6 090	6 160	6 268	6 300
总登录账号数（个）	4 221	4 781	5 223	5 415	5 502	5 575	5 600
新登录（个）	4 221	560	442	192	87	73	25
活跃用户数（人）	4 221	3 998	3 592	3 361	3 065	2 636	2 171
PCU（人）	2 520	2 299	1 971	1 931	1 681	1 256	1 056
ACU（人）	2 080	1 848	1 618	1 698	1 483	998	784
平均在线时长（小时）	3.9	4.1	4.3	4.6	4.8	4.9	5.1
PCU 峰值出现时间点	20:27	20:20	20:15	15:39	15:32	20:28	20:18
激活率	87%	87%	85%	87%	88%	90%	90%
激活登录率	75%	76%	75%	77%	79%	80%	80%

3. 激活数据

封测限量发放了 7 000 个激活码，激活率为 90%，激活登录率为 80%（账号激活后登录游戏的比例），如图 3-2 和表 3-3 所示。

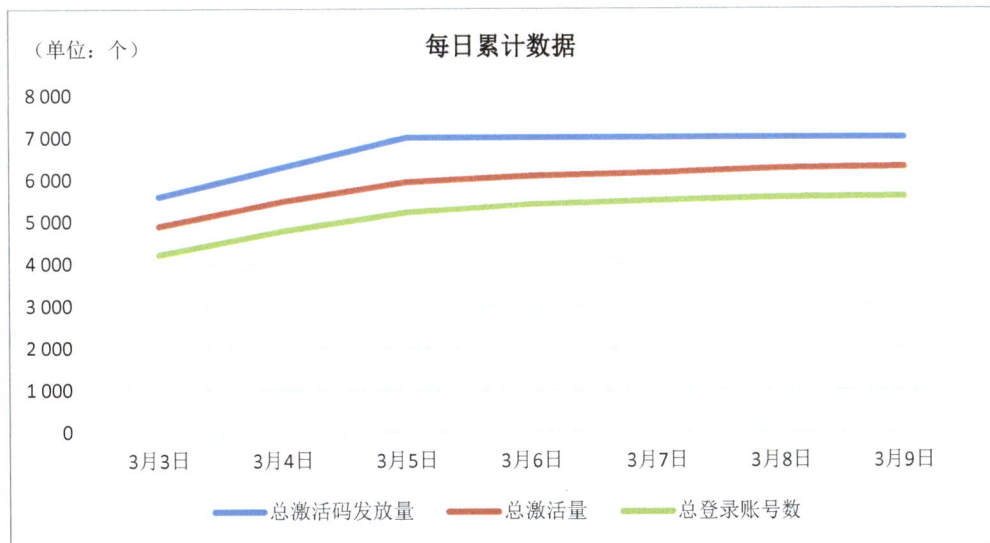

每日累计数据

（单位：个）

图 3-2

激活登录率低于对比游戏，主要因为封测版本不支持 Windows XP 系统，部分账号激活后无法登录游戏。

表 3-3

游戏名	总激活码发放量（个）	激活率	激活登录率
《烈日纷争》	7 000	90%	80%
游戏 A	9 178	84%	89%
游戏 B	4 750	90%	96%
游戏 C	6 870	93%	99%

说明：因游戏 A、B、C 的测试节点、测试性质和《烈日纷争》一致，且用户规模相当，因此将这三款游戏作为横向对比游戏。

4. 活跃数据

《烈日纷争》和游戏 A 的类型和收费模式一样，这两款游戏的活跃用户趋势最为接近，如图 3-3 所示。

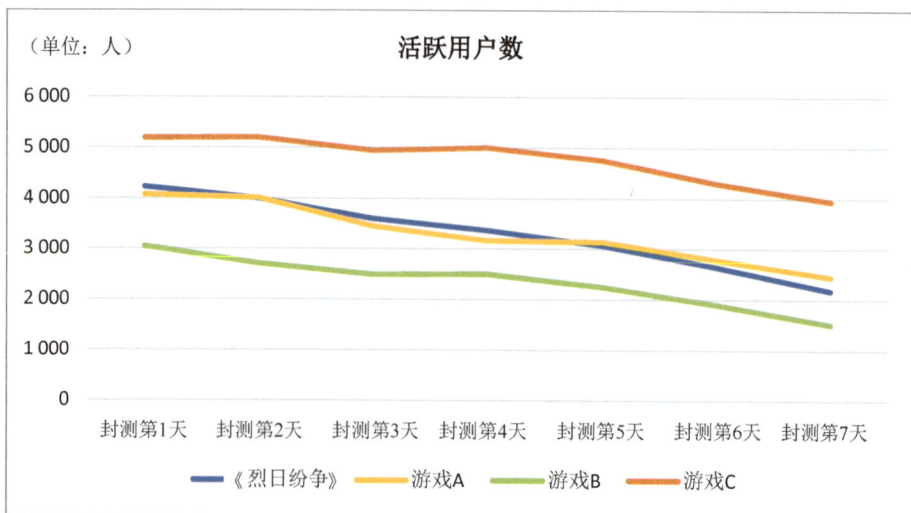

（单位：人）　　　　　　　　　**活跃用户数**

图 3-3

5. 在线数据

在线人数跟随活跃人数趋势的变化而变化，最高在线人数和平均在线人数两条趋势线的空隙没有随着时间的推移而变宽，反而变窄，说明在线时长在增长，如图 3-4 所示。

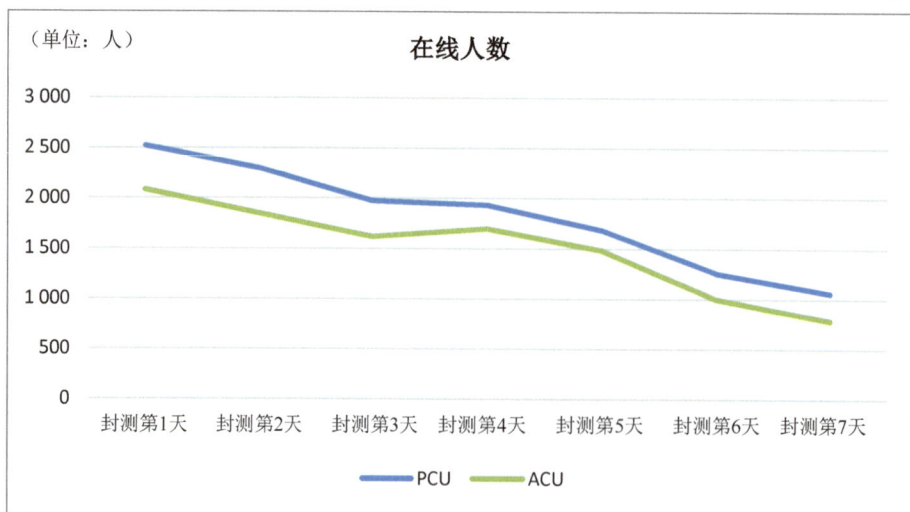

（单位：人）　　　　　　　　　**在线人数**

说明：PCU 指最高在线人数；ACU 指平均在线人数。

图 3-4

每天开服 7 小时，平均在线时长每日递增，从 3.9 小时上升到 5.1 小时。测试 7 天平均在线时长 4.5 小时，如图 3-5 所示。

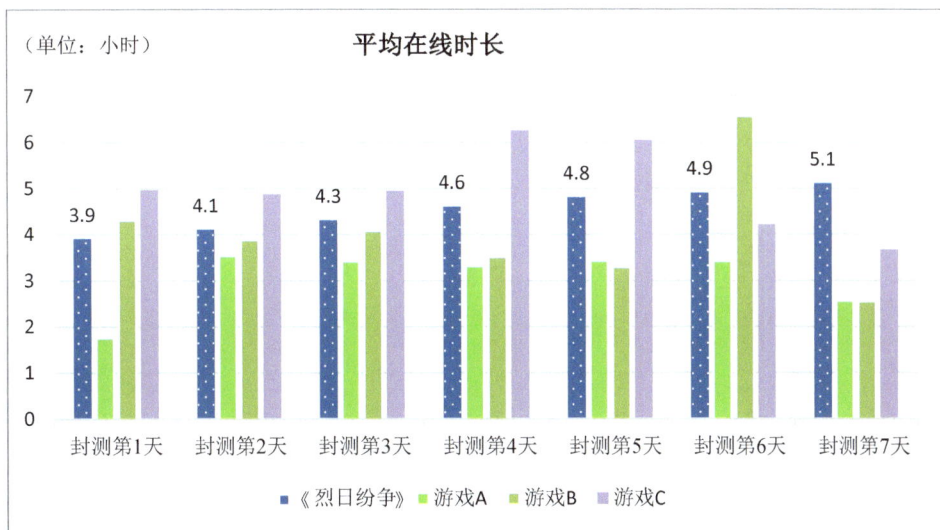

图 3-5

6. 留存率数据

（1）加权留存率和横向对比。

《烈日纷争》的加权第 2 天留存率为 76%，第 7 天留存率为 42%。

用留存率模型评估《烈日纷争》的留存数据为优秀水平，和其他优秀产品相比，该产品处于什么位置，此时需要做横向对比，对比结果如图 3-6 所示。

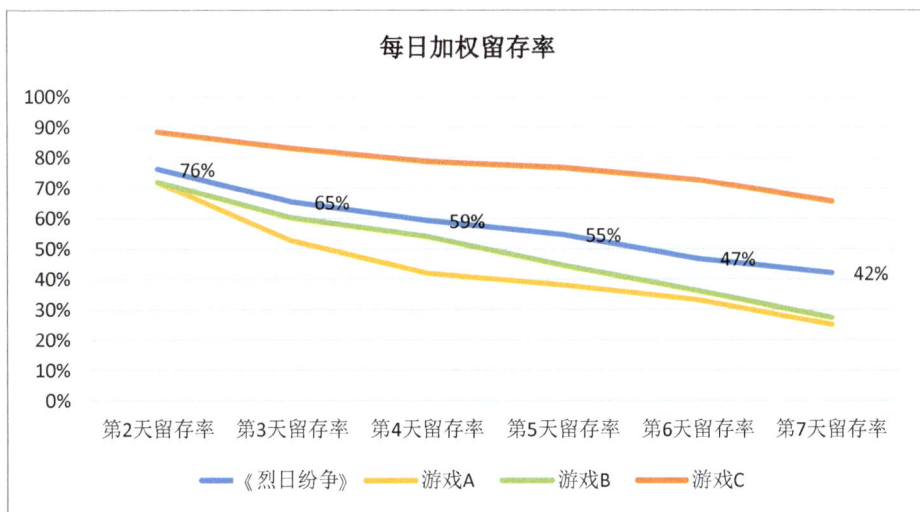

图 3-6

《烈日纷争》留存率低于游戏 C，高于游戏 A 和游戏 B。

关于加权留存率，有以下几点说明。

① 加权留存率指的是某一段时间内（时间段 a）的新增用户在若干天后的另一段时间（时间段 b）的留存数量除以之前那个时间段（时间段 a）的新增用户总量。请详见表3-4。

表 3-4

日期	第 1 天新用户数（人）	第 2 天留存用户数（人）	第 1 天留存率
1 月 1 日	100	50	50.00%
1 月 2 日	10	9	90.00%
留存率均值=（50%+90%）/2			70.00%
加权平均留存率=（50+9）/（100+10）			53.64%
留存率均值−加权平均留存率			16.36%

② 每日留存率和加权留存率的关注点一样，根据留存率数据可以了解到产品对用户的黏性，反映产品品质。

③ 使用加权留存率的原因是，当人数变化大时，数据会产生偏差，加权之后数据更稳定。如：游戏开服 1 天后，用户的导入量逐渐变少，日新增用户数逐步下滑，好像日留存率提高了不少，主要是因为数据基数减少了，导致留存率虚高，如果直接做平均，那么均值出来的留存率也会存在虚高的现象，所以需要对留存率做加权平均。

以表 3-4 为例，第 1 天的加权平均留存率为 53.64%，而留存率均值为 70%，相差16.36%。

（2）所有新用户留存率的明细如表 3-5 所示。

表 3-5

最近登录日期	第 2 天留存率	第 3 天留存率	第 4 天留存率	第 5 天留存率	第 6 天留存率	第 7 天留存率
3 月 3 日	81%	70%	64%	59%	50%	42%
3 月 4 日	**58%**	**51%**	**48%**	37%	27%	
3 月 5 日	67%	55%	43%	36%		
3 月 6 日	60%	45%	26%			
3 月 7 日	54%	32%				
3 月 8 日	36%					

（3）参与封测签到问卷调查的用户和未参与的用户留存率对比。

封测期间，我们在官网上做了封测签到问卷调查，集齐 5 个签到可以保留下次测试的资格（在 3.2 节有详细的分析）。因填写问卷的账号和游戏账号一一对应，所以此处对比参与调查和未参与调查的用户留存率差异，如表 3-6 所示。

参与调查的用户的第 2 天留存率高达 90.00%，未参与调查的用户的第 2 天留存率为 57.30%。

参与调查的用户 7 天总计加权留存率比未参与调查的用户高 1 倍，说明参与调查的用户更核心。

表 3-6

游戏	第 2 天留存率	第 3 天留存率	第 4 天留存率	第 5 天留存率	第 6 天留存率	第 7 天留存率	总计
参与调查的用户	90.00%	79.70%	72.70%	68.90%	58.90%	49.40%	419%
没有参与调查的用户	57.30%	45.30%	38.00%	32.00%	23.70%	21.80%	218%
所有用户	76.20%	65.30%	59.20%	54.60%	46.70%	42.00%	344%

3.1.2　游戏行为数据

1. 职业分布

五大种族用户人数排名：人族、猫族、矮人族、精灵族、高人族，分别占比 34%、31%、22%、10%、3%。

用户喜欢的职业 TOP3：弓箭手、魔法师和铸剑师。

2. 最高角色等级分布

用户最高角色等级分布：1 级角色用户和满级（20 级）用户在所有角色的占比分别为 6% 和 28%，如图 3-7 所示。

3. 流失用户等级分布

从用户流失等级看，6 级、10 级、15 级的流失人数相对较多。累计登录 2～3 天的用户流失等级主要集中在 6 级和 10 级，累计登录 3 天以上的用户流失等级主要集中在 15～16 级，如图 3-8 至图 3-11 所示。

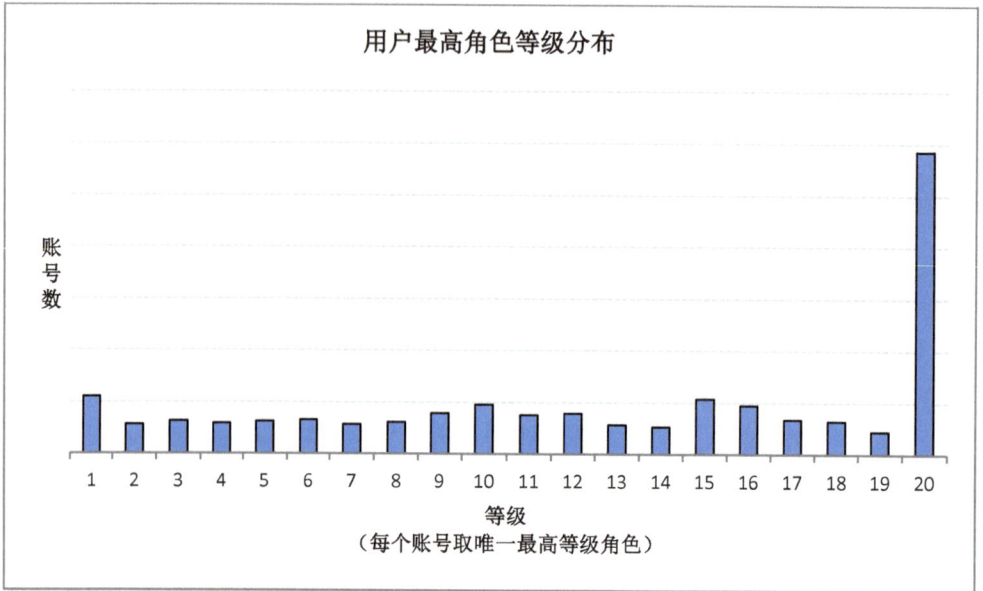

图 3-7

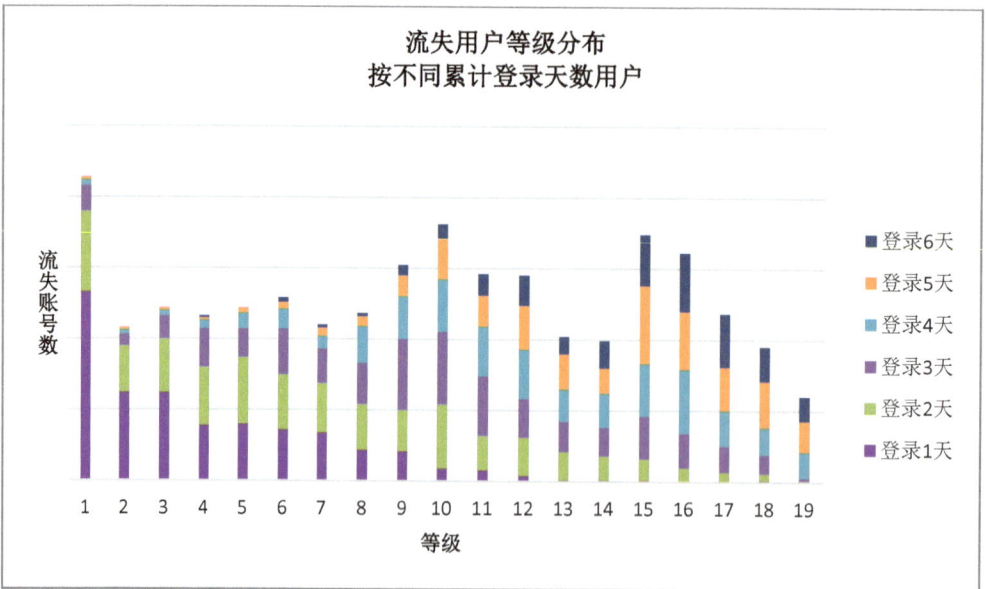

图 3-8

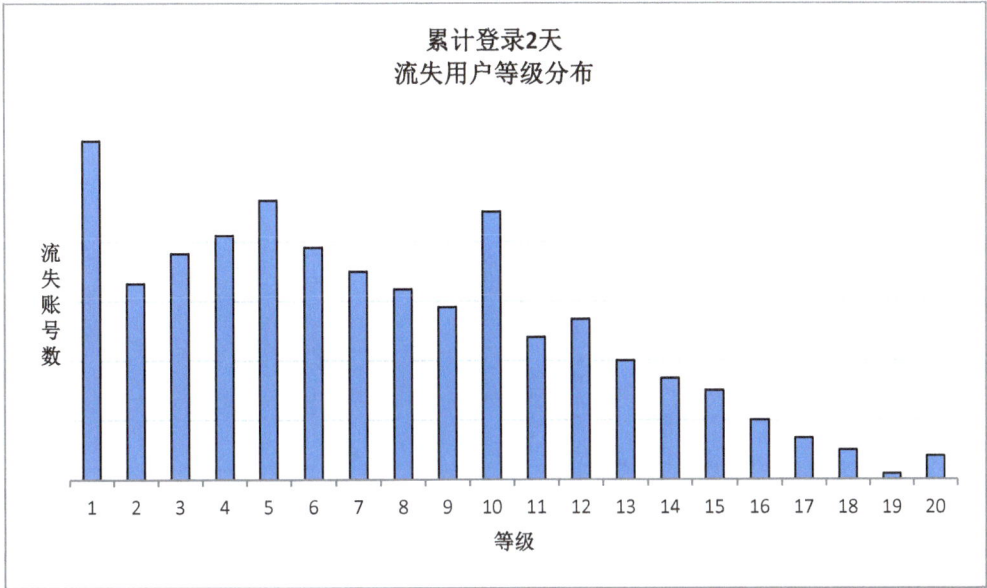

图 3-9

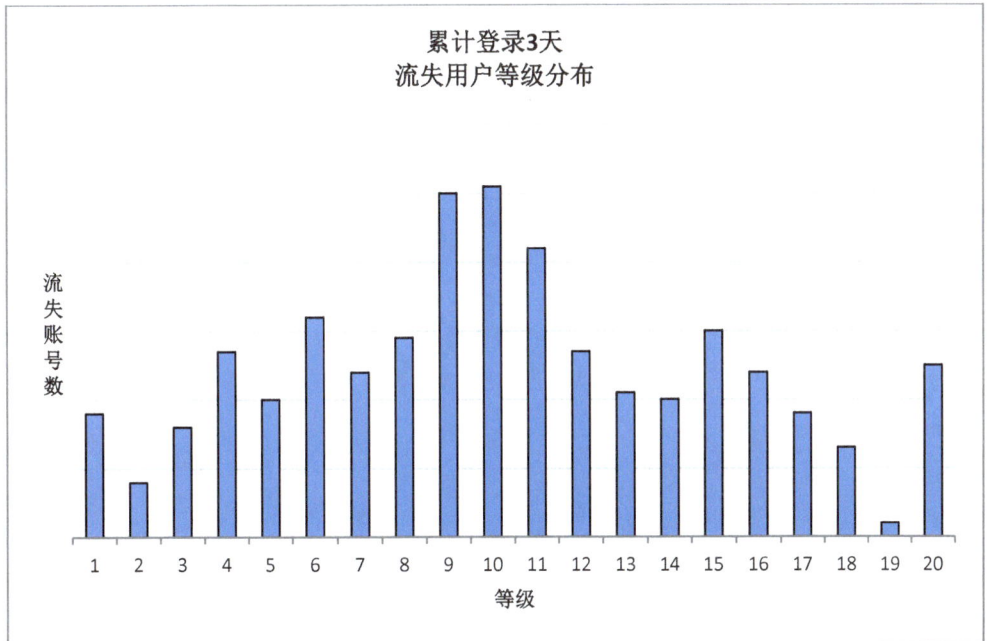

图 3-10

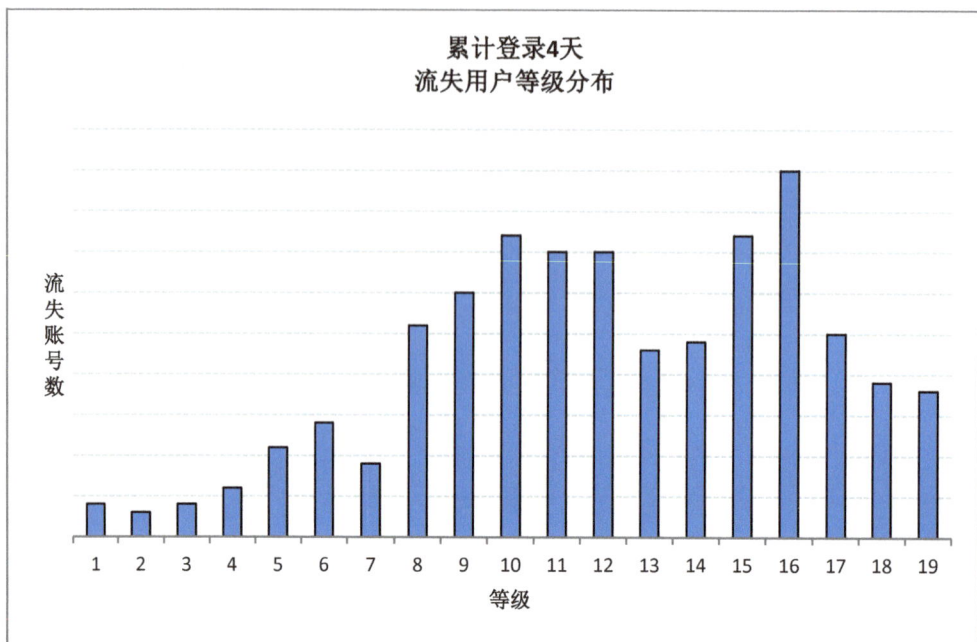

累计登录4天
流失用户等级分布

图 3-11

说明：因封测埋点数据不全，所以本次的游戏行为数据主要通过登录和等级分布数据找到用户的流失等级，将通过用户调查来深入了解用户流失的原因。

3.1.3 市场投放数据

（1）百度专区广告投放。

《烈日纷争》百度专区于 1 月 1 日开始建立，目前累计投放 307 720 元，通过此广告链接带来注册用户 8 184 人，由于本次测试需要激活码才能登录，登录游戏的用户仅 1 125 人，所以 CPR（注册用户成本）较低，但 CPL（登录用户成本）数据偏高，如表 3-7 所示。

表 3-7

媒体名称	投放时间	投放金额（元）	点击量（次）	注册量（次）	注册下载（次）	登录数（人）	CPC（元）	CPR（元）	CPL（元）
百度专区	1月1日—3月8日	30 7720	629 186	8 184	8 836	1 125	0.49	34.83	586.13

（2）百度指数。

《烈日纷争》封测最高百度指数为 5.1 万，高于竞品游戏 A，但低于 6 万的预期值，也低于竞品游戏 B 和游戏 C，如图 3-12 和图 3-13 所示。

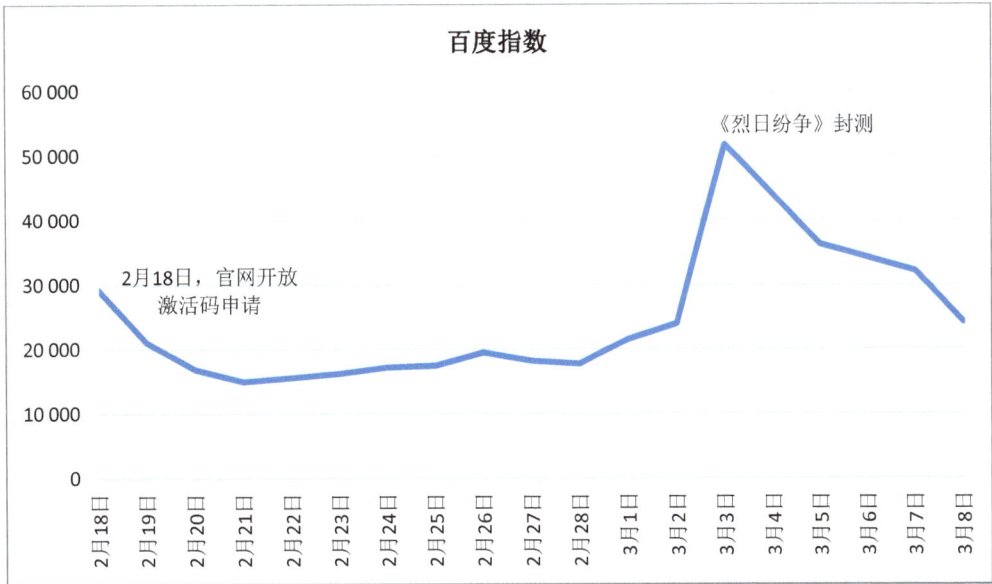

图 3-12

百度指数					
节点	《烈日纷争》（目标）	《烈日纷争》（实际）	竞品A	竞品B	竞品C
封测（3月）	**60 000**	51 644	9 338	5 945	15 562
内测（7月）	**150 000**		75 485	69 065	120 523
公测（8月）	**500 000**		508 520	794 693	1 063 738

图 3-13

（3）官网访问量。

《烈日纷争》封测期间官网 PV 最高 100 万次。平均每个用户访问页面的数量是 11 个，说明用户黏性较高，如图 3-14 所示。

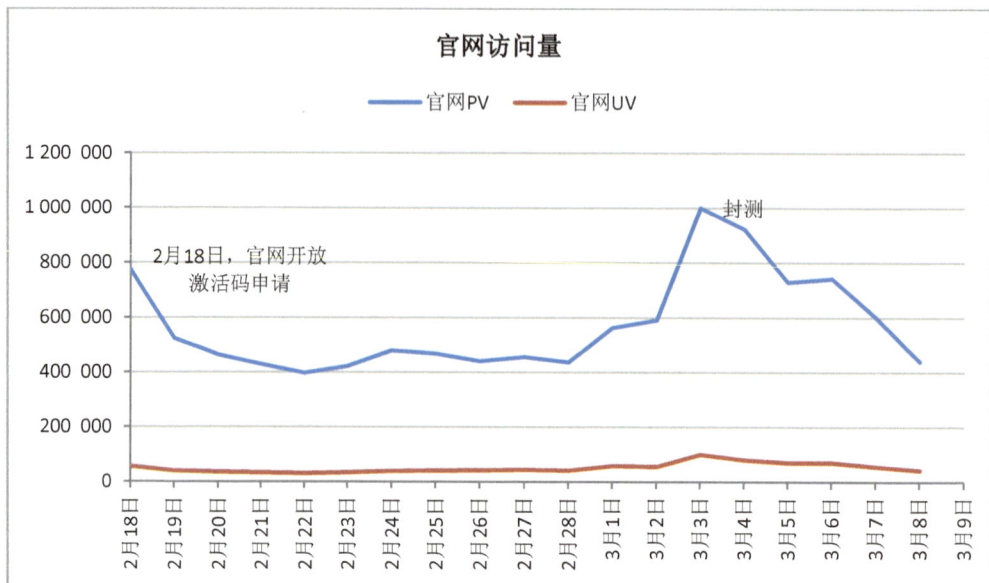

图 3-14

说明：

PV——页面访问量，即 PageView，用户每次对网站的访问均被记录，用户对同一页面的多次访问，访问量累计。

UV——独立访问用户数，即 UniqueVisitor，访问网站的一台电脑客户端为一个访客。

3.1.4 数据总结

《烈日纷争》于 2014 年 3 月 3 日，星期一，14：00 开启首次封测（限时，限量，删档，未商业化），测试 7 天的数据情况如下。

（1）**留存率评分：** 首日新用户次日留存率为 81%，第 7 天留存率为 42%，预计 14 天加权留存率总计为 670%（F 计划的游戏 A 和游戏 B 的 14 天加权留存率总计分别为 820%、520%)，留存率评分为 8 分（满分为 10 分），达到优秀水平。

（2）**激活码激活情况：** 激活码预订量达 180 万个，限量发放了 5 000 个激活码，激活率为 90%，登录率为 80%。激活率、登录率良好。登录率低于对比游戏，主要原因是封测版本不支持 Windows XP 系统。

（3）**游戏用户：** 累计客户端下载量 20 万次，安装量 8 万次，总登录账号数为 5 600 个，最高在线人数为 2 520。

（4）**开服机制：** 每天开服 7 小时，平均在线时长每日递增，从 3.9 小时上升到 5.1 小时，说明用户对《烈日纷争》的接受度较高。

（5）**等级上限：**本次版本等级上限为 20 级，满级用户在所有用户中占比为 28%，15 级以上的用户在所有用户中占比为 70%，对多数用户来说升级障碍较低。

（6）**流失等级：**从用户流失等级看，6 级、10 级、15 级流失的人数相对较多。累计登录 2～3 天的用户流失等级主要集中在 6 级和 10 级，累计登录 3 天以上的用户流失等级主要集中在 15～16 级。

（7）**种族偏好：**用户喜欢的种族 TOP3 为人族、猫族、矮人族，女性用户更青睐猫耳长尾的猫族和身高萌最有爱的矮人族。

（8）**市场投放：**最高百度指数 5.1 万，高于游戏 A，但低于 6 万的预期值，也低于竞品游戏 B 和游戏 C。

说明：

数据日报看上去只是将数据复制出来做成图表，非常简单。但实际上，分析师需要花费大量的时间在数据准备上，其中最重要的就是数据埋点和数据确认，这些工作都要求数据分析师要充分理解游戏，具备数据敏感性；此外还需熟练掌握数据评估方法，合理评估数据，这一切能力最终体现在数据日报上。因此，数据日报可以视为数据分析师的基本功。

数据日报的内容主要包含运营数据、游戏行为数据、市场投放数据三大块。当然，如果能把每天的运营活动、服务器状况、流失原因、用户反馈、建议及竞品游戏风向等信息汇总进来，就更加完整了。这其中的有些数据是没有办法通过游戏内的用户行为数据分析得出的，需要用借助问卷调研获得，在本章后面将介绍封测问卷调研以及运营分析总结。

3.2 封测签到问卷调研

《烈日纷争》封测共进行了三次调研：第一次是针对每日登录用户做的签到问卷，其目的是了解用户在游戏体验过程中遇到的问题、对游戏的评价和建议；第二次是在测试第 3 天开始投放的市场问卷，其目的是了解目标用户的特点，帮助市场人员制定市场宣传策略；第三次是针对流失用户进行电话回访调研，其目的是想了解用户的体会和感受，收集游戏功能性、体验性等方面的意见与建议，总结用户流失原因。

从问卷设计到报告撰写一般有六个步骤，依次为：问卷设计、问卷投放、数据清理、数据分析、数据展示和报告撰写。本节将介绍《烈日纷争》封测签到问卷的问卷设计和分析结论。

签到问卷的一个好处是能及时获取用户提交的信息，了解用户在游戏中的进度并找到用户提交的问题。另一个好处是甄别核心用户群体，用签到打卡保留下次测试资格的方式吸引用户积极参与。

3.2.1 签到问卷设计

《烈日纷争》封测共 7 天，按照每天游戏的常规进度设计了 7 份问卷，关联问卷账号和游戏账号后，根据用户的游戏进度匹配对应的问卷，每份问卷的内容各有不同。以下介绍问卷的导语和主体内容。

1. 导语

导语的作用是引起被调查者的兴趣和重视，从而消除顾虑，激发参与意识，以争取他们的积极合作。

针对《烈日纷争》封测用户的签到天数设计了 7 份问卷，每份问卷的导语都不相同，具体如下。

- 第 1 天：尊贵的冒险者，经过了第 1 天新奇的冒险，暂时放下手中的武器，告诉我您的测试体验吧！听说集齐 7 个签到可以保留测试资格哦。
- 第 2 天：各位冒险者，第 2 天的冒险是否也顺利结束了？有没有交到好朋友呢？
- 第 3 天：经过 3 天的测试体验，《烈日纷争》有达到各位冒险者的心理预期吗？
- 第 4 天：应该陆续有冒险者到达本次测试的满级吧，更广阔的大陆在等着你们的探索哦。
- 第 5 天：采集生产也是冒险生活的一部分，诸位冒险者体验过了吗？
- 第 6 天：和小伙伴一起冒险是网络游戏的精髓所在，游戏的社交系统如何呢？
- 第 7 天：最后一天的测试，真舍不得大家，我们下次见！

2. 主体

主体是问卷的核心部分，它包括了所要调查的全部问题，主要由问题和答案组成。

在《烈日纷争》封测期间，我们根据用户每天体验游戏的正常进度设计的 7 份问卷题目的框架如图 3-15 所示。

说明：因问卷中问题和答案内容过多，本次只展示了问卷的题目框架，供参考。

图 3-15

以上部分游戏内数据（比如等级、角色、时长）可以从游戏中获取，但考虑到问卷内容的完整性，仍然加入了这些内容，可以通过问卷数据分析用户每天在游戏内的成长变化。

在《游戏数据分析实战》一书中，列举了一款射击类游戏测试 5 天的问卷内容，包含职业、画面与风格、人物移动与射击感、引导系统、技能、副本、怪物、PVP、武器、装备、社交功能和游戏总体评价。因为是自研项目，所以针对游戏内的每一个模块都进行了问卷设计，几乎涵盖了游戏的所有内容，问卷得出的结论为研发部门做下一个版本的升级提供了很好的参考。而《烈日纷争》是引进游戏，国际版已经上线近 1 年，版本内容相对稳定，因此设计的问卷和游戏相关的内容相对要少一些，更多是为了了解中国用户对整个游戏进度的把握、游戏体验过程的适应程度，以及游戏本地化后出现的 Bug，游戏问题提供给研发方后改进的效率也要低于自研项目。

3.2.2　签到问卷分析

1. 调查背景

调查时间：2014 年 3 月 1 日—3 月 7 日，共 7 天。

- 调查目标用户：《烈日纷争》封测用户。
- 问卷投放方式：《烈日纷争》官网，采取每日签到的方式，每个用户每天可以参与一次调研，每日的问卷内容不完全相同，参与调查的用户有机会获得下次测试的激活码。
- 问卷数量：共收集问卷 15 320 份，参与调查的用户为 3 590 人（总登录用户数 4 000），参与比例为 90%，人均参与调查次数为 5 次。

2. 用户属性

- 男性和女性用户比例分别为 84%、16%，与立项期调查的数据接近。
- 用户年龄以 80 后、90 后为主，18～30 岁用户占 83%。
- 用户职业主要是上班族，占 53%，学生占 33%，个体经营者和自由职业者占 13%。
- 用户获取激活码的方式主要是通过官网、各大媒体平台和官方 APP，其次是论坛和微信、微博。

3. 用户喜好及体验感受

- 9% 的用户认为新手教程应该更详细。
- 47% 的用户觉得上手轻松、毫无压力，6% 的用户觉得上手很难。
- 30% 的用户认为角色升级速度较慢，4% 的用户认为升级速度太快。
- 23% 的用户认为副本太过简单，6% 的用户认为任务副本太难，5% 的用户认为副本趣味性不足。
- 大多数用户认为游戏内的动画效果华丽。
- 49% 的用户认为游戏内的剧情节奏紧凑，7% 的用户认为没有达到预期。

- 游戏中最吸引用户的地方（按排名列出）：丰富的玩法系统、游戏操作手感、打怪技能华丽、剧情、华丽的 CG 动画、唯美的画面。
- 用户最喜欢的游戏系统（按排名列出）：主线剧情、临危任务、副本系统、生活系统、捏脸系统。
- 27%的用户认为目前游戏内的联系方式（邮差、通信录、悄悄话）不能满足与小伙伴交流的需求，用户希望增加小队语音系统、聊天泡泡、即时邮件系统、弹窗聊天模式等。
- 五大种族用户人数排名：人族、猫族、矮人族、精灵族、高人族。女性用户更青睐猫族和矮人族。

4. 用户建议

- 新手引导相关：新手指引不够完善，对新手来说难度偏高，建议强化新手教程。占比为 5%。
- 地图相关：地图和任务的指引略简洁，新手地图太绕，多数女用户可能不适应，建议 15 级前开放"任务自动寻路"功能，15 级后关闭，这样可吸引更多刚接触《烈日纷争》的用户留下。占比为 22%。
- 配音相关：中文配音较少，建议全程加入语音，保留原版日语语音盒，能让用户选择语音的语言。占比为 15%。
- 任务相关：任务追查系统不够成熟，主线和支线剧情区别不清晰，转职、特职没有明确的任务指引，希望任务的提示尽量详细，通过任务认识其他用户。占比为 21%。
- 技能相关：战斗节奏太缓慢，建议稍微加快战斗节奏，增加可移动释放的技能。占比为 14%。
- 画面相关：画面很美，但捏脸系统太过匮乏，希望捏脸再多样化，幻化装备系统，开装备预览模式。占比为 9%。
- 副本相关：排副本比较难，副本指引、攻略太少，希望副本可以使用社交功能，在排本组合方面能够更快地搭配职业打本。占比为 8%。
- 收费相关：不要开放道具收费或将道具变相收费，希望商城的物品不会影响游戏平衡，如坐骑、小宠物和时装。仅有 1%的用户建议出商城，希望人民币能加速升级。占比为 6%。
- 其他建议。

    a. 希望能支持 Windows XP 系统，因为中国大部分网吧用的还是 Windows XP 系统，如果不支持，则可能会损失一部分用户。

    b. 汉化问题：希望加入字体修改功能，字体感觉别扭。

    c. 希望国服可以接手中文翻译工作。希望国服可以优化 UI 水平，目前国服的效果对比国际服还有一定差距，希望能够严厉打击外挂。

　　　　d. 游戏内用户的交流不够充分，基本还是单机游戏的套路，作为一款 MMO 类型的网游，聊天界面必须做得人性化，现在无法在好友列表中查看好友的捏脸。

5. Bug 反馈

用户反馈的主要 Bug 如表 3-8 所示。

表 3-8

用户反馈的 Bug 内容	反馈次数	反馈人数	反馈人数占用户比例
卡、掉线、不稳定	387	296	9%
进入游戏出现 3002、1000 错误； 无法创建新的游戏角色，错误代码 3102	65	51	2%
黑屏	18	14	0.4%
输入法问题：Windows 8 系统下用必应输入法不能输入； 在游戏界面中对输入法的支持不够全，打字乱码	43	35	1%

用户反馈的其他 Bug 如下。

- 17 级副本，翻译错误。
- 17 级副本单排会跳到 10 级的任务中。
- 15 级主线任务翻译有点问题。
- 翻译不好，希望把翻译的词语，换成易懂的词，例如"治疗术""强效治疗术""顶级治疗术"；要用那些不容易混淆的词语，例如"治疗""救疗"；职业名字方面，最好还是用回日文版，毕竟"暗黑剑士"之类的职业名字已经存在很长时间，比较出名。
- 人物移动到某些地方，如上坡时，会发生人物的半个身子陷入地面的情况，这个情况也存在于与个别 NPC 对话时，比如在食人族进攻长老树剧情前。或与守卫队队长交谈时。
- 表情不能输入。
- 砂之国的国防军老大怎么叫局长啊！不是将军吗？请不要随便给人家降级啊！
- 昨天参加法丽斯的活动，突然掉到水里出不去，望解决。
- 左上角小地图中的城市图标有时会突然放大。

小结：

　　本次调查通过对用户属性、游戏体验内容的评价、游戏 Bug 的反馈、对游戏的建议等信息进行收集整理，与立项期间的用户属性对比进行目标用户验证，并总结出用户喜好及游戏本地化后出现的诸多 Bug，提交给研发方进行修复，调优后的版本将在下一个节点进行测试。

3.3 封测市场问卷调研

《烈日纷争》封测的签到问卷调研和游戏内容相关，而封测市场问卷调研则和市场相关，其目的是更多地了解目标用户的特点。

封测市场问卷调研，希望通过对用户来源、类型、体验感受、爱好，以及对音乐的了解和消费范围等信息进行收集整理，总结出目标用户的特点，并和立项运营阶段调查结论对比，验证目标用户。也希望能协助市场人员对于这款游戏应该在哪里宣传、对谁宣传、什么时候宣传、宣传什么，以及怎么宣传找到合适的切入点。

由于本次市场调研结论对后续市场宣传策略的制定有很大的帮助，本节将详细介绍问卷设计的目的和分析结果。

3.3.1 市场问卷设计

前面主要介绍了导语和主体内容，本小节将主要结合市场需求，介绍每道题目设计的目的，整体上从用户来源、游戏特色、用户画像及娱乐行为这三个方面入手。

1. 用户来源

第1题：您参加《烈日纷争》国服封测多少天了？

A. 1天

B. 2天

C. 3天

D. 4天

E. 5天

F. 6天

G. 没有参加本次测试，但玩过国际服或邀请测试

H. 暂时还没有机会体验（跳转至第8题）

→**本题能区分三大类用户：国服封测用户、没有参与国服封测的国际服用户、潜在用户（没有玩过但关注官网），根据国服用户的封测天数还能区分核心和次核心用户。**

2. 游戏特色

第2题：经过体验后，您觉得《烈日纷争》最吸引您的地方在哪里？

A. 画面及画风（跳转至第3题）

B. 游戏人设形象（跳转至第4题）

C. 探索式的纯正RPG（角色扮演游戏）体验（跳转至第5题）

D. 高品质的游戏制作（BGM、配音、汉化）（跳转至第6题）

E. 纯正MMO（大型多人在线）游戏类型的操作战斗体验（跳转第7题）

→本题能了解游戏特色，并选定游戏特色亮点进行市场推广。

第 3 题至第 7 题，进一步了解游戏亮点，以进行有针对性的市场推广。

第 3 题：您觉得《烈日纷争》画面、画风的吸引之处在哪里？

A. 真实的画面表现（非夸张渲染）

B. 拟真的景色表现（日夜更替、晴雨更替）

C. 唯美的东方风格（非欧美系、非韩系）

第 4 题：您觉得《烈日纷争》的人物设定的特点最吸引之处是哪里？

A. 强大的捏脸体系，可打造个性角色

B. 细腻的人物刻画（发质、声音）

C. 偏日系的人物表现（动作、表情）

第 5 题：您觉得《烈日纷争》RPG 体验纯正在哪里？

A. 引人入胜的剧情

B. 多样化的职业，有角色代入感

C. 生活化的游戏体验和社交体系，有融入感

第 6 题：您觉得《烈日纷争》哪些品质与其他 MMO 游戏有所不同？

A. 随着场景和状态变换的 BGM

B. 有代入感的中文语音配音

C. 高质量的汉化水准

第 7 题：对于《烈日纷争》的操作您有什么看法？

A. 感觉不错，挺传统的 RPG 战斗（其实我是"手残党"）

B. 对比之下更喜欢《剑灵》那样的无锁定战斗

C. 想要再"手残"一点，比如点击就自动打怪、按键就放招模式

D. 还可以，但希望战斗效果能更华丽一点

3. 用户画像及娱乐行为

第 8 题：您觉得自己是什么样的用户？

A. 动漫爱好者（二次元）（跳转至第 9 题）

B. 单机游戏爱好者（跳转至第 10 题）

C. 主流大型 MMO 游戏追捧者（跳转至第 11 题）

D. 小众网络文化爱好者（跳转第 12 题）

E. 泛娱乐潮流追随者（跳转至第 13 题）

→本题能对用户进行定位，通过和第 2 题进行交叉分析，得出不同类型的用户对游戏特色的吸引度的差异。

第9题至第13题，了解不同类型用户的行为习惯，帮助构建更加完整的用户画像。

第9题：您习惯在哪个网络平台上看动漫？

A. 土豆、优酷网等视频网站

B. A站、B站等弹幕网

C. 下载观看

D. IPTV、电视盒子等

第10题：您最近在玩什么单机游戏？

A.《烈日纷争》这类日式RPG（角色扮演游戏）

B.《使命召唤》这种FPS游戏（第一人称射击游戏）

C.《战争机器》这种动作射击类游戏

D.《GTA5》和《神秘海域》这种动作冒险类游戏

E.《机器人大战》这种战略类游戏

F. SLG

G. 其他

第11题：以下游戏中您还在玩的有？

A.《魔兽世界》

B.《剑灵》

C.《激战2》

D.《剑网3》

E. 其他

➔本题能验证竞品游戏，知道《烈日纷争》的种子用户在哪里，可从种子用户的活跃地（比如贴吧）来吸引他们。

第12题：您和朋友平时在什么地方讨论游戏？

A. QQ群

B. 游戏论坛

C. 贴吧

D. 微博

E. 聊天室

第13题：您更喜欢哪种娱乐模式？

A. 看电影

B. 听音乐

C. 看电视剧

D. 看小说

E.　旅游

F.　其他

第 14 题：有没有收集游戏周边产品的爱好？您是哪一类？

A.　手办党

B.　黏土坑

C.　乐高迷

D.　模型控

E.　没钱玩不起

➡**本题通过了解用户对游戏周边产品的收集爱好，为游戏今后的周边产品售卖做准备。**

第 15 题：对游戏音乐的了解程度？

A.　基本熟悉所有游戏音乐

B.　我只知道《烈日纷争》的作曲叫中村××

C.　没有留意过游戏音乐

➡**本题通过了解用户对游戏音乐的了解程度，为游戏今后的音乐会做准备。**

通过和第 8 题进行交叉分析，得出不同类型的用户对游戏音乐的了解程度的差异。

第 16 题：每个月对 ACG 和游戏类的消费在多少范围内您能接受？

A.　1～199 元

B.　200～500 元

C.　500～999 元

D.　1000～4999 元

E.　5000 元以上，请叫我"土豪"

F.　我喜欢免费，不花钱

➡**本题能了解用户的付费能力。**

通过和第 8 题进行交叉分析，得出不同类型的用户付费能力的差异。

3.3.2　市场问卷分析

1.　调查背景

调查时间：2014 年 3 月 3 日—3 月 10 日（在封测开启的第 3 天开始投放）。

调查目标用户：《烈日纷争》官网用户。

问卷投放方式：《烈日纷争》官网。

样本数量：4 652 份。

2. 详细分析

（1）进入游戏的用户是谁？

在本次调查的用户中，有 35%参与了封测。在没有参与封测的用户中，有 20%参加过国际服或邀请测试；剩余 80%的用户暂时没有机会体验游戏，但在官网关注了该游戏。

（2）吸引用户的游戏特色。

a. 探索式的纯正 RPG 体验、画面及画风，以及高品质的游戏制作是吸引用户的主要特色。

b. 用户认为《烈日纷争》RPG 体验纯正，主要是因为：多样化的职业、生活化的游戏体验和社交体系、引人入胜的剧情。三者的分布差别不大。

c. 拟真的景色表现、真实的画面表现、唯美的东方风格是吸引《烈日纷争》用户的主要画面、画风。

d. 51%的用户认为《烈日纷争》的人物设定最吸引之处是偏日系的人物表现（动作、表情）。

e. 74%的用户认为《烈日纷争》与其他 MMO 类型游戏有所不同，是因为随着场景和状态变换的背景音乐（Back Ground Music，BGM）。

f. 45%的用户认为《烈日纷争》的操作感还不错，为传统的 RPG 战斗，44%的用户希望战斗效果能更华丽一点，7%的用户更喜欢《剑灵》那样的无锁定战斗，4%的用户希望采用点击自动打怪、按键放招的模式。

说明：以上图表省略。

（3）用户属性及娱乐行为。

在填写调查问卷的用户中，36%是动漫爱好者，33%是主流大型 MMO 游戏追捧者，22%是单机游戏爱好者，5%是小众网络文化爱好者，4%是泛娱乐潮流追随者，如图 3-16 所示。**动漫爱好者的比例高于 MMO 游戏的追捧者和单机游戏爱好者，说明《烈日纷争》的用户群体以动漫爱好者为主。**

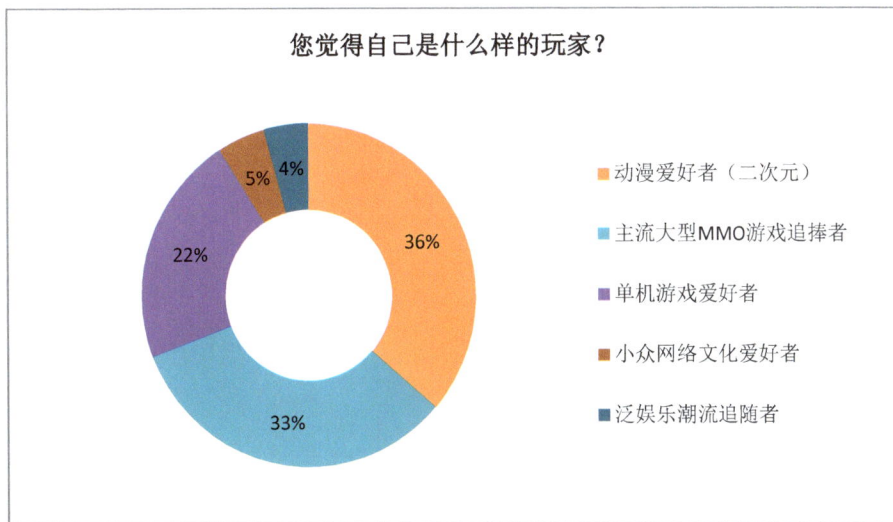

您觉得自己是什么样的玩家？

动漫爱好者（二次元） 36%

主流大型MMO游戏追捧者 33%

单机游戏爱好者 22%

小众网络文化爱好者 5%

泛娱乐潮流追随者 4%

图 3-16

国服用户中主流大型 MMO 游戏的追捧者居多，占比为 40%，而没有参加国服测试的用户中动漫爱好者居多，占比为 38%，如图 3-17 所示。

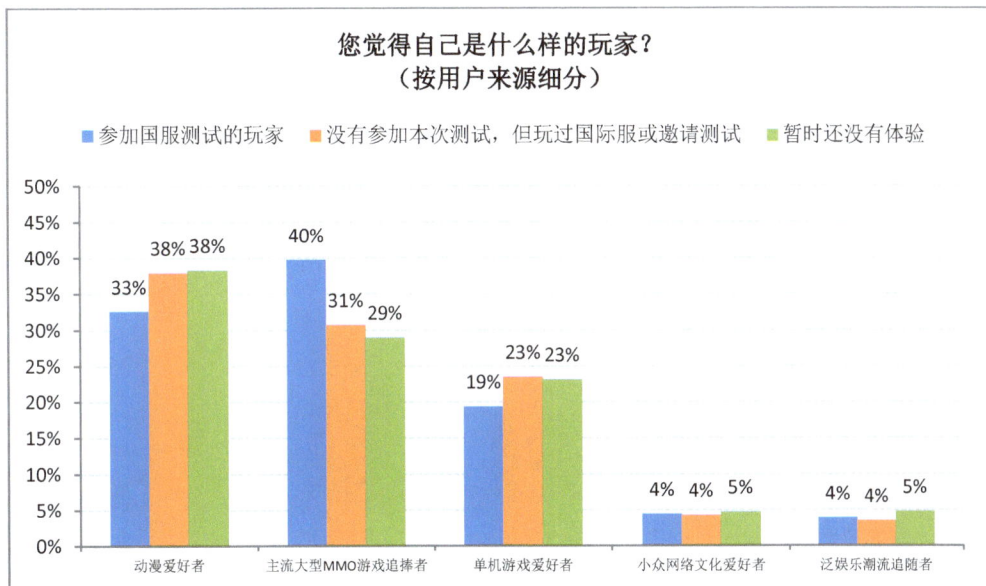

您觉得自己是什么样的玩家？
（按用户来源细分）

参加国服测试的玩家　没有参加本次测试，但玩过国际服或邀请测试　暂时还没有体验

	动漫爱好者	主流大型MMO游戏追捧者	单机游戏爱好者	小众网络文化爱好者	泛娱乐潮流追随者
参加国服测试的玩家	33%	40%	19%	4%	4%
没有参加本次测试	38%	31%	23%	4%	4%
暂时还没有体验	38%	29%	23%	5%	5%

图 3-17

通过调查结果，得出用户类型的细分如下。

- 动漫爱好者：56%的用户习惯在 A 站、B 站等弹幕网看动漫；29%的用户习惯在土豆、优酷网等视频网站上看动漫。

- 主流大型 MMO 游戏爱好者：50%的用户在玩《魔兽世界》，27%和9%的用户分别在玩《剑灵》和《激战 2》。说明《魔兽世界》是《烈日纷争》的主要竞品，其次是《剑灵》。
- 单机游戏爱好者：59%的用户在玩《烈日纷争》这类日式 RPG，19%和11%的用户分别在玩《侠盗猎车手 5》和《神秘海域》这种动作冒险和使命召唤类的 FPS 游戏（第一人称射击游戏）。
- 小众网络文化爱好者：和朋友平时讨论游戏的地方主要在 QQ 群、贴吧和游戏论坛，分别占比为 55%、18%和 10%。
- 泛娱乐潮流追随者更喜欢旅游、阅读小说、观看电影和电视剧。（图表省略）

（4）收集游戏周边产品的爱好。

45%的用户有收集游戏周边产品的爱好，主要收集手办（特指未涂装树脂的模件）和模型，仅一小部分用户喜欢黏土和乐高。其中，动漫爱好者和国际服用户更喜欢收集游戏周边产品，如图 3-18 所示。

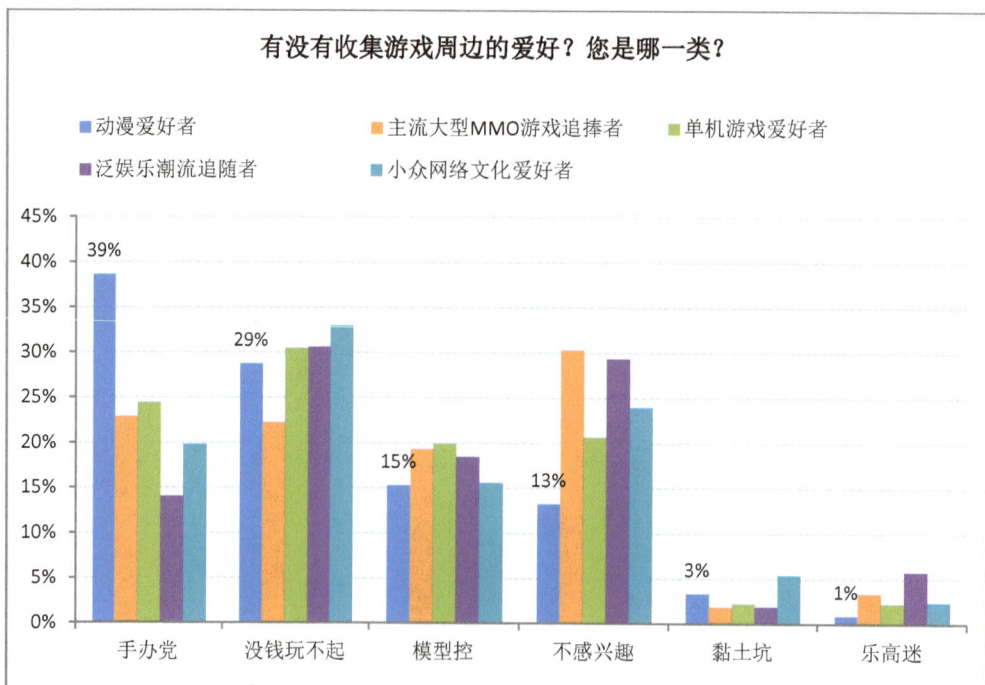

图 3-18

（5）对游戏音乐的了解程度。

51%的用户基本熟悉所有游戏音乐，**国际服用户和单机游戏爱好者相对更熟悉所有音乐，分别占比为 65%、57%**，如图 3-19 所示。

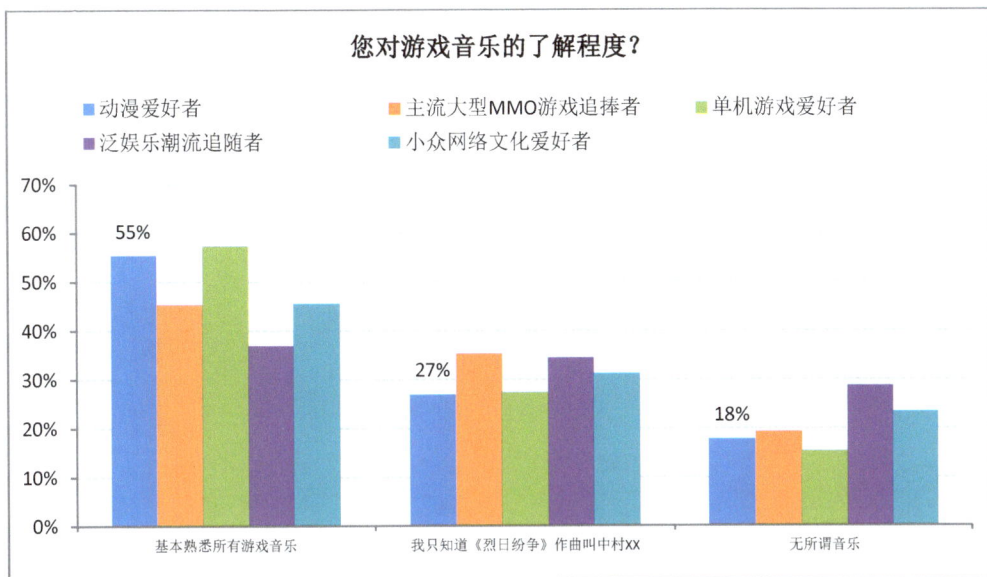

您对游戏音乐的了解程度？

■ 动漫爱好者　　　　■ 主流大型MMO游戏追捧者　　■ 单机游戏爱好者
■ 泛娱乐潮流追随者　　■ 小众网络文化爱好者

图 3-19

（6）对 ACG 和游戏类的消费范围。

每个月对 ACG（Animation Comic Game，是动画、漫画、游戏的总称）和游戏类的消费范围：68%的用户每月消费 500 元以内，14%的用户不花钱，16%的用户每月消费 500 元以上，"土豪"用户（月消费 5000 元以上）占比 3%，如图 3-20 所示。

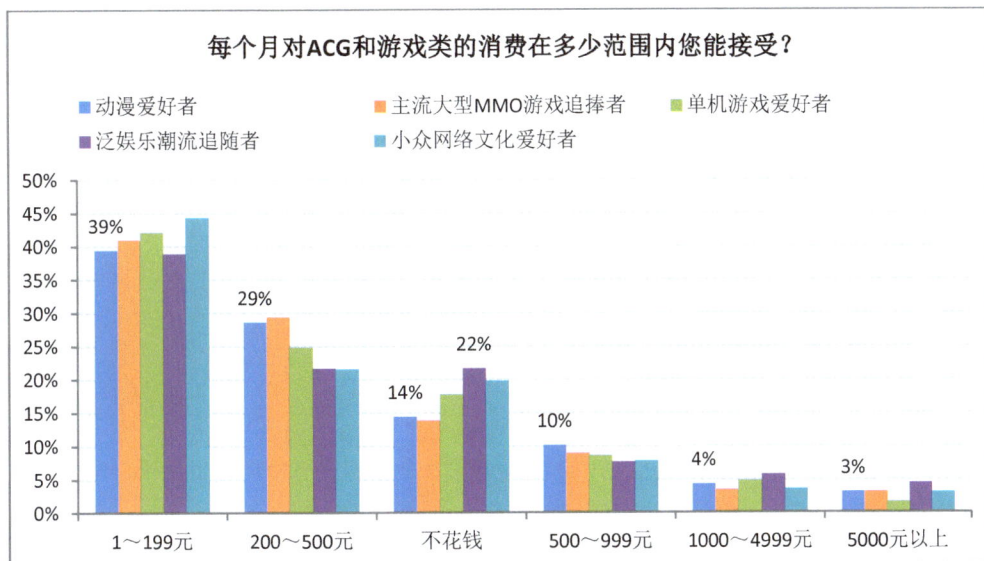

每个月对ACG和游戏类的消费在多少范围内您能接受？

■ 动漫爱好者　　　　■ 主流大型MMO游戏追捧者　　■ 单机游戏爱好者
■ 泛娱乐潮流追随者　　■ 小众网络文化爱好者

图 3-20

3. 主要结论

（1）本次调查的用户分布：35%的用户参与了封测；剩余65%没有参与封测的用户中，有20%参加过国际服或邀请测试；其余80%的用户暂时没有机会体验游戏，但在官网中关注了该游戏。

（2）探索式的纯正RPG体验、画面及画风、高品质的游戏制作是吸引用户的主要特色。

（3）目标用户群体以动漫爱好者为主，其次是主流大型MMO游戏追捧者和单机游戏爱好者，小众网络文化爱好者和泛娱乐潮流追随者较少，分别占5%和4%。其中：

a. 56%的动漫爱好者习惯在A站、B站等弹幕网看动漫。

b. 50%的大型MMO游戏爱好者在玩《魔兽世界》；27%和9%的用户分别在玩《剑灵》和《激战2》。

c. 59%的单机游戏爱好者在玩《烈日纷争》这类日式RPG。探索式的纯正RPG体验更被单机游戏爱好者推崇。

（和立项运营阶段的用户调查结论对比，目标用户中的主流大型MMO游戏追捧者和单机游戏爱好者重合，其差异在于动漫爱好者，可能是因为调查用户来源的关系，参与游戏测试的用户的调查结果更有参考性。）

（4）28%的用户有收集游戏周边产品的爱好，27%的用户没钱玩不起，22%的用户不感兴趣，18%的用户是模型控。

（5）51%的用户基本熟悉所有游戏音乐，30%的用户只知道《烈日纷争》作曲叫中村××，19%的用户对游戏音乐无所谓。

（6）ACG和游戏类的消费范围：68%的用户每月消费500元以内，16%的用户不花钱，16%的用户每月消费500元以上，"土豪"占比为3%。

总结：通过以上调查，我们确定了游戏特色、用户类型和特点。因用户调查报告本身不能代替决策和思考，最终形成什么样的市场推广策略，需要市场人员对问卷的结果进行解析，根据不同用户的特点做针对性的宣传：在哪里宣传、对谁宣传、什么时候宣传、宣传什么，以及怎么宣传。

比如：

（1）动漫爱好者、主流大型MMO游戏追捧者是《烈日纷争》的目标用户群体。市场人员针对这些用户群体做了以下市场投放。

a. 我们在动漫爱好者的主要聚集地A站、B站等弹幕网站进行广告投放，并和KOL（关键意见领袖，Key Opinion Leader）合作做视频节目。

b.《魔兽世界》和《剑灵》是《烈日纷争》的主要竞品，我们在竞品游戏贴吧和相关论坛做了相关广告投放，吸引种子用户。

（2）因大多数用户熟悉游戏的所有音乐，我们举办了《烈日纷争》的交响音乐会，展现游戏特色，引起业内人士和核心用户的关注。

（3）针对游戏特色（游戏画面、剧情、人设和 BGM）制作图片素材和视频广告进行投放，吸引目标用户。

（4）鉴于用户对游戏周边产品的喜好，以及在 ACG 和游戏类的消费实力，引进了该游戏的周边产品（含游戏道具、手办、服装等）在国内销售，聚集了人气，并提升游戏口碑。

（5）旅游是泛娱乐爱好者最喜欢的娱乐模式之一，针对这一特点，我们牵手航空公司打造了动漫主题航班。同时，也根据用户喜好的电影，在电影院和电影开场播放了《烈日纷争》宣传主题片。

市场人员是如何使用问卷调研数据来进行市场营销的，请详见本书第 6 章。

3.4　封测电话调研访谈

因为处于封测阶段，第一次埋点的数据内容并不全面，需要随测试节点的推进而完善，再加上封测限制了每天的登录时间和最高等级，游戏内可分析的数据并不多，所以采用用户调研的方式收集游戏功能性、体验性方面的意见与建议，总结用户流失原因。

此前封测已经做了两次问卷调研，一次是游戏签到问卷，另一次是市场问卷。问卷调研可以在大范围内使用，快速地了解调查对象的想法和意见，主要依靠大量的调查以获得调查结果的准确性，特点是快速、成本低、信息量大、覆盖面广。缺点是问卷只能预设内容信息，像用户的感受、体会等是无法通过问卷精确统计的。而通过电话调研可以更加详细地了解用户对《烈日纷争》的体验和感受，调研的真实性最可靠，缺点是调查对象范围太狭窄，信息量小，调查效率低，人力成本高。

考虑到《烈日纷争》封测的用户量不多，总共 4 000 人，再加上有 F 计划客户服务团队的支持，还是采用了电话调研的方式来了解用户的体会和感受，收集关于游戏功能性、体验性等方面的意见与建议，总结用户流失原因。

3.4.1　针对不同的用户设计问卷

为了区分不同用户的游戏体验差异，我们按最高角色等级对用户进行分层，分层的原则如下。

- 轻度用户：最高角色等级为 1~4 级，共 550 人，占比为 14%；
- 中度用户：最高角色等级为 5~14 级，共 1 528 人，占比为 38%；
- 重度用户：最高角色等级为 15~20 级，共 1 922 人，占比为 48%。

由于测试账号是使用手机号码激活的，本次测试的 4 000 个账号都能提取到对应的手机号码。

由于需要电话调研的人员数量较多，为了使调研更具针对性，我们设计了两套问卷分别针对轻度用户和中、重度用户。轻度用户体验游戏时长短，向其调研的主要目的是从大的方向上了解用户流失的原因，而中、重度用户体验游戏内容相对较深，因此更多是了解用户对操作和战斗方面的体验情况。回访客服人员按问卷设计进行询问和记录，形成可供统计分析的调研数据。

1. 轻度用户的电话调研问题

（1）请您简单说说封测期间您玩该游戏的情况。

先让用户说明自己的游戏情况，对游戏情况进行初步了解，需要问得详细些，如用户不知道从何回答，我们可以从每天大概玩多长时间、每天能玩几次、游戏最高等级、玩过几个角色、玩过什么职业等进行引导。

（2）您当时是因为什么参加测试的？

（3）您是如何得知该游戏的封测消息的？

（4）您觉得《烈日纷争》的整体画面风格如何？是否是自己喜欢的类型？如果不喜欢，则追问喜欢什么类型的风格？可以举例说明。

（5）您中间有几天没有玩该游戏？

根据前面用户的阐述，在具体有几天没有玩前面做下记录。

（6）请问为什么没有继续玩呢？能回忆下具体原因吗？

可以从游戏画面、游戏剧情、新手引导、地图、任务系统等分别引导。

是不喜欢该游戏画面吗？还是剧情太长？是哪儿不太明白还是地图太大？可以根据第（1）题中用户的阐述追问。重点挖掘用户不深入进行游戏的原因。

（7）该游戏中有没有哪儿让您感觉体验特别不好？您觉得是什么原因导致的？

（8）请问您在游戏中是否碰到异常退出，或者登录游戏时出现报错导致不能登录的情况？

如果有，则询问用户的机器配置和网络环境是什么样的情况？还有出现的错误提示是什么？出现是否频繁？

以上的重点题目是第（5）题和第（7）题，设置第（1）题和第（4）题的主要目的是为了过渡，引导用户。

2. 中度、重度用户的电话调研问题

因为中度和重度用户体验游戏的时间较长，电话调研的问题可以针对游戏的具体系统进行深入的了解。和轻度用户的电话调研问题相比，主要增加了以下内容。

（1）请问您关注该游戏的剧情吗？ 是否知晓剧情走向？

如果没有关注，则追问因为什么不关注游戏剧情？（以往玩游戏是否都不关注还是什么原因？）

如果关注，则追问对该游戏剧情的感受？有何建议？

（2）您觉得该游戏的操作如何？是否容易上手？新手引导是否交代清晰？新手引导是否覆盖全面？

如果不易上手，或者有困惑的地方，请用户举例说明。

（3）您觉得该游戏的战斗系统如何？是否符合您的期待？

如果不符合，则追问期待什么样的？期待如何改善？

（4）您在完成任务时，完成顺畅吗？是否有碰到过障碍？

如果有障碍，追问还能回忆是哪儿遇到障碍了吗？感受如何？（是否有受挫感还是更激起挑战？）

如果感觉不好，则追问希望作何调整？

（5）通过您连续几天的游戏，您对该游戏的总体感受如何？有何建议和想法？

例如，觉得该游戏对什么样的人最具吸引人？后续更希望如何推广？采用什么标语？有什么好的点子？

3.4.2　访谈结果分析

针对 3 月 3 日—3 月 9 日参与《烈日纷争》封测的用户进行外呼调研，共回访用户总量为 4 000 名，有效成功联系 2 128 名，成功率为 53.2%，如表 3-9 所示。

表 3-9

类型		轻度用户		中度用户		重度用户	
		数量	占比	数量	占比	数量	占比
外呼情况	外呼总量	550	/	1 528	/	1 922	/
	成功联系	209	38.00%	801	52.42%	1 118	58.17%
	未成功联系　无法接通	202	592	592	47.58%	714	41.83%
	拒绝	139		135		90	

因细节数据过多，有部分结果和签到问卷相似，因此此处省略了每个问题对应的数据结果，而是提炼了电话调研结果中，得出封测轻度用户不玩游戏的原因，中度和重度用户认为游戏中不好的地方、用户不会的地方，以此来判断用户流失或可能流失的原因。

1. 轻度用户

在轻度用户中，**54.55%**的用户表示不玩的原因是因为开放测试时为工作日，没有时间玩游戏。**12.92%**的用户认为操作感觉差、任务复杂、剧情节奏慢，导致了他们放弃游戏，如图 3-21 所示。

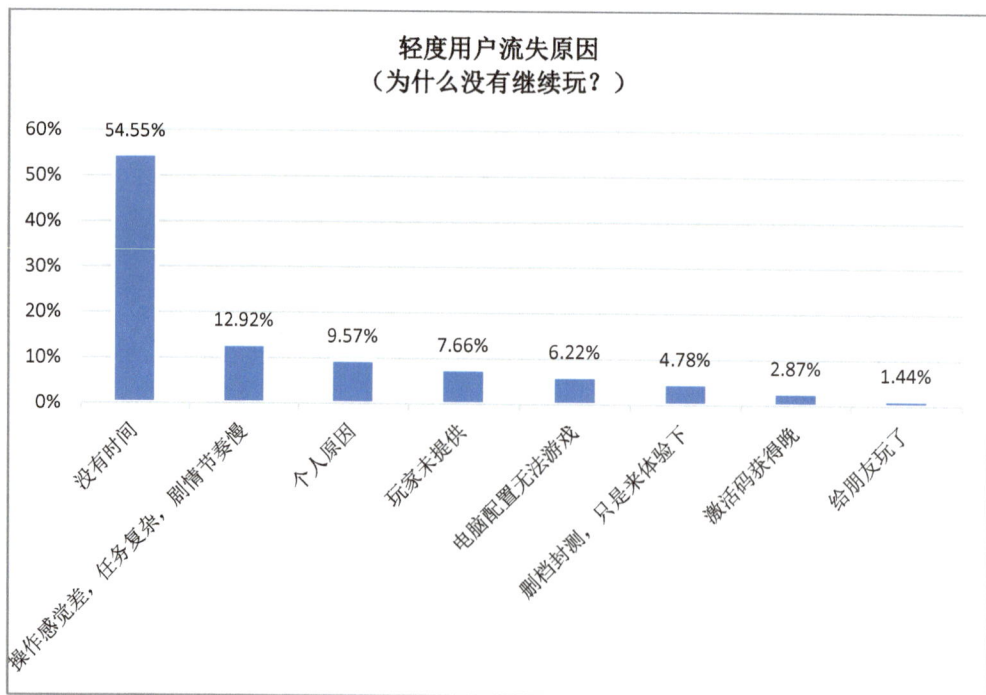

图 3-21

2. 中度、重度用户

根据电话调研问题"您觉得该游戏的操作如何？是否容易上手？新手引导是否交代清晰？新手引导是否覆盖全面？如果不易上手，或者有困惑的地方，请举例说明。"得出：

70%以上的中度和重度用户认为《烈日纷争》的操作容易上手、引导清晰。其余用户认为有些任务地图及 NPC（非用户角色，Non-Player Character）位置指引不清晰，不全面；操作以及界面不习惯；技能公共 CD 时间（Cool Down Time，指技能的冷却时间）太长；地图过大；键盘或手柄操作困难；新手任务指引过长，不能跳过。我们可以认为这些问题是用户不会的地方，也可以以此来判断用户流失或可能流失的原因，如图 3-22 所示。

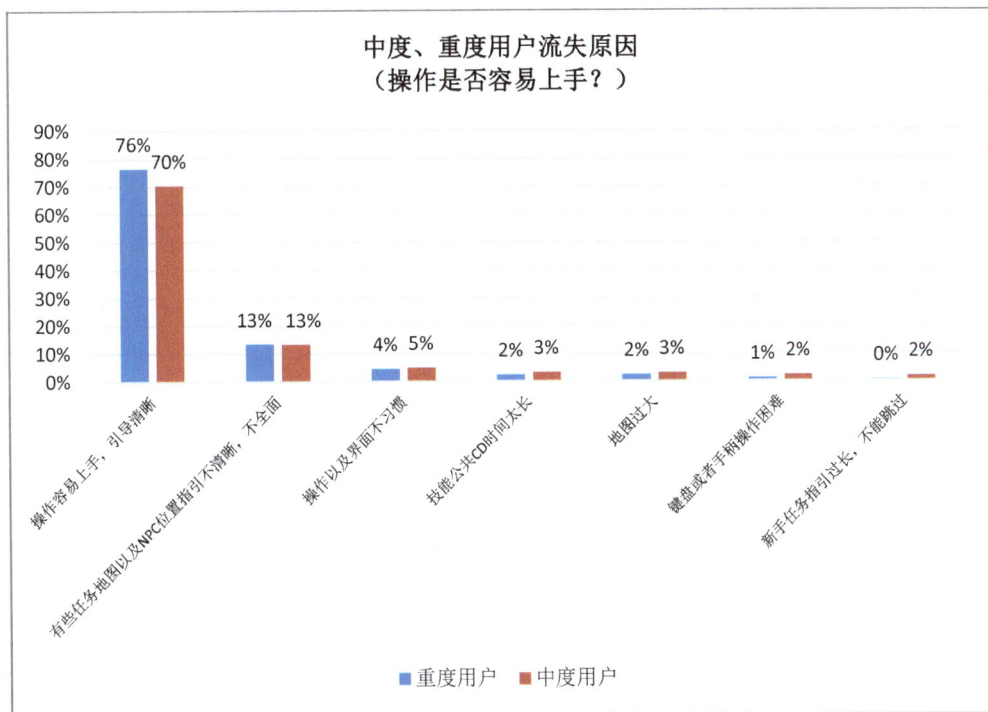

图 3-22

根据电话调研问题"战斗系统是否符合期待？"得出：

中度用户和重度用户认为游戏技能公共 CD 时间过长、节奏偏慢、打怪操作比较单一、战斗不连贯、缺乏打击感，如图 3-23 所示。

我们可以认为这些问题是用户不会的地方，也可以以此来判断用户流失或可能流失的原因。

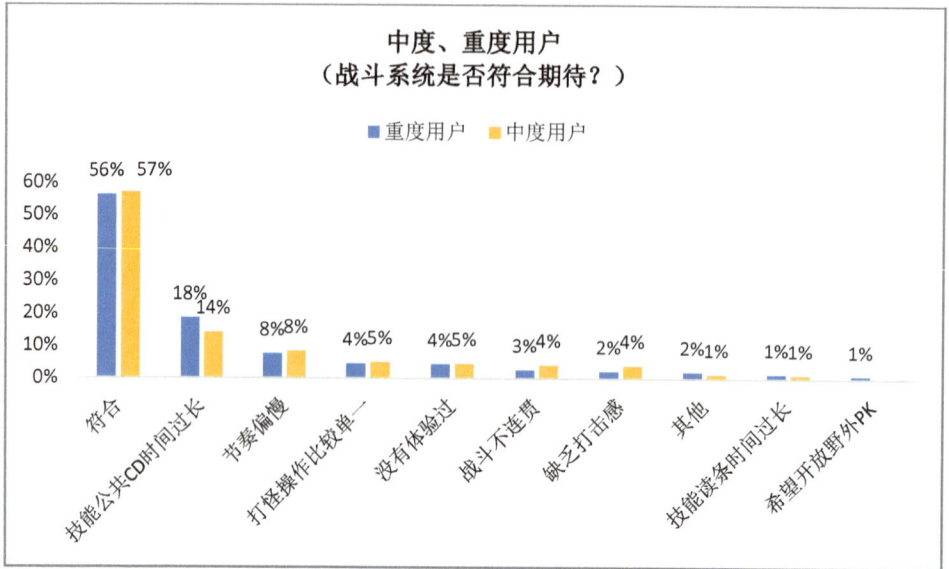

图 3-23

3.5 封测运营状况分析总结

虽然本次测试取得了第 2 天留存率 81%、第 7 天留存率 42% 的好成绩，但是，仍然有改进的空间。游戏运营必须关注用户体验，希望在测试过程中服务器和客户端稳定，不影响用户正常登录；希望新手引导能给用户很好的指引，不会给用户造成困惑；也希望游戏版本能让用户满意，不让用户觉得不好。总结下来简称"三不"，如下。

- 不能：是指不能直接影响用户正常登录。
- 不会：是指不会给用户造成困惑。
- 不好：是指不让用户觉得不好。

下面根据"三不"原则，总结分析用户调研数据、服务器在线人数数据、用户反馈数据，了解我们有哪些地方做得不够好。

3.5.1 不能

我们希望服务器和客户端稳定，不能直接影响用户正常登录，但在封测期中很难做到完美，我们遇到了以下问题。

1. 客户端问题

封测期间遇到的客户端问题有：不兼容 Windows XP 系统；客户端存在加速、瞬移外挂等问题，总共 9 个 A 类 Bug、19 个 B 类 Bug。

（1）不兼容 Windows XP 系统的影响分析。

在 2014 年，Windows 7 和 Windows 8 是 Windows XP 操作系统的升级版本，但是 Windows XP 因上市时间早、用户使用习惯等原因，仍然比较流行。

《烈日纷争》封测版本不支持 Windows XP 操作系统，官方建议使用 Windows 7 64 位系统，为了解其影响，即有多少用户仍在使用 Windows XP 操作系统，我们做了以下分析。

对 HOPE 工作室 2014 年的所有游戏客户端的操作系统的数据统计后，发现当前主流的系统仍为 Windows XP 操作系统，其使用率为 65%、Windows 7 使用率为 33%，其余系统的使用总占比为 2%，也就是说，如果 HOPE 工作室的用户要正常安装《烈日纷争》，则至少有 65%的用户需要升级至 Windows 7 操作系统，如图 3-24 所示。

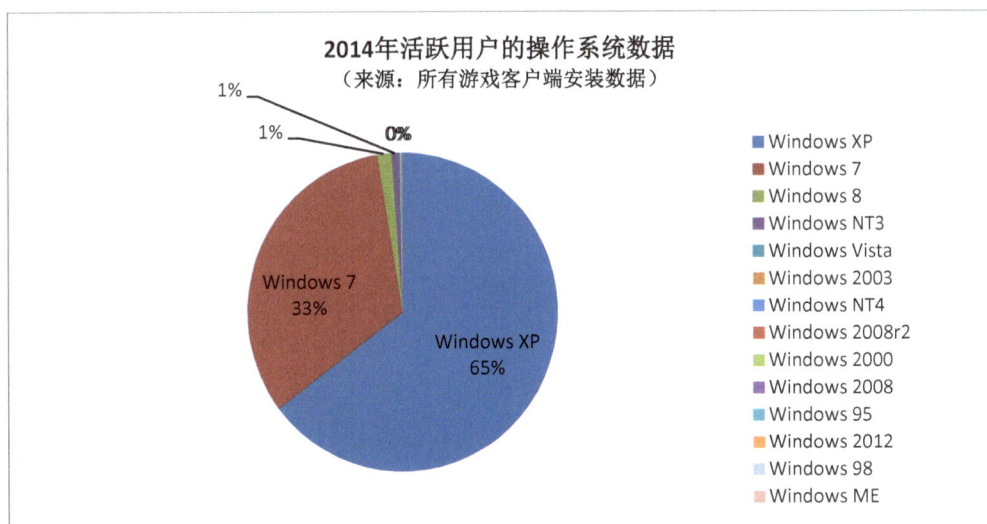

说明：以上数据的样本数超过 5 000 万份。

图 3-24

我们进一步了解参与《烈日纷争》封测的用户的操作系统分布，发现和所有用户的差异很大，Windows XP 操作系统仅占 0.11%，说明参与封测的用户已经升级好操作系统，做好了体验游戏的准备，仅 23 人（Windows XP+Windows 2003 用户）在体验游戏过程可能会因为操作系统遇到问题，如图 3-25 所示。

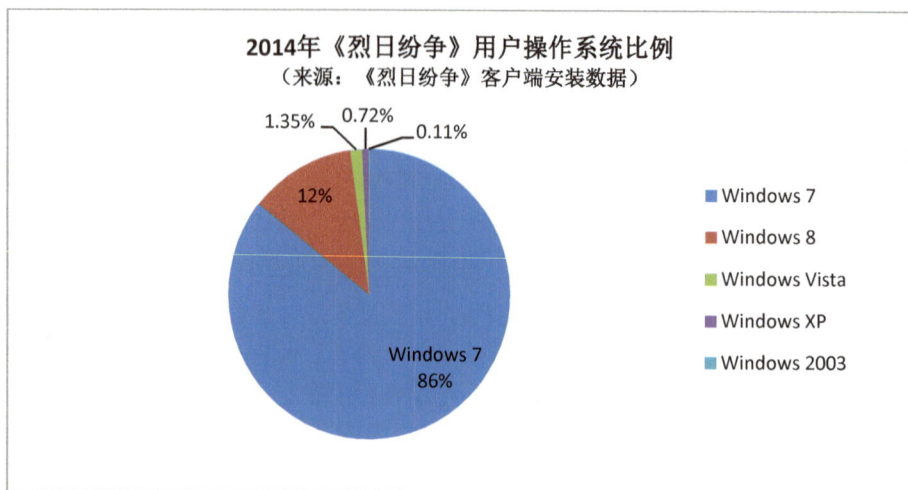

图 3-25

（2）客户端存在加速、瞬移外挂等问题，总共 28 类 Bug，此处省略详情。

2. 服务器端问题：承载性能、登录掉线

在封测第 1 天，因为服务器承载性能问题，出现了用户排队、登录掉线的情况。可以通过在线人数的变化趋势观察到该问题的影响。

对比测试期间的在线人数趋势，第 1 天 14：00—14：14 的在线人数低于其余天数，但总登录人数高于其余天数，说明登录人数越多对在线人数的影响越大，如图 3-26 所示。

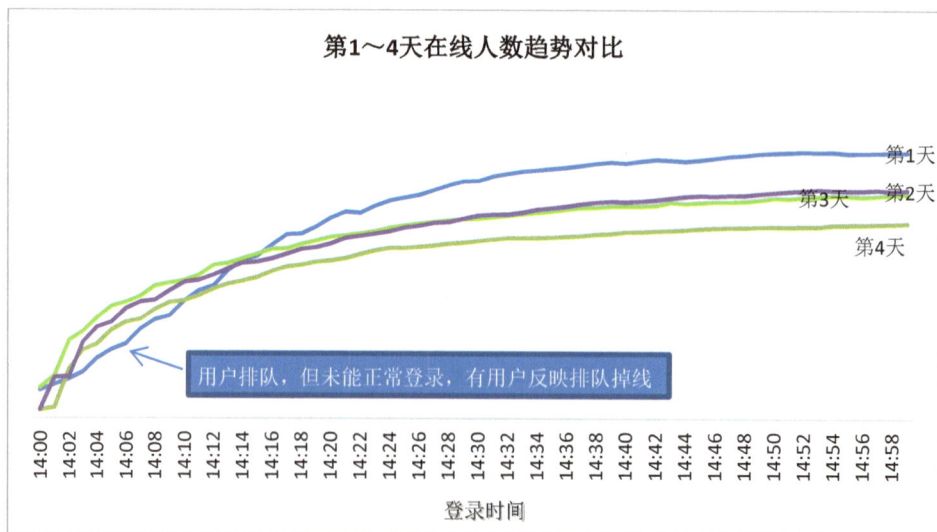

图 3-26

出现该问题，是因为游戏限制了每分钟登录超过 25 人时，排队系统打开。在每天开测后半个小时内，有用户反映排队掉线的问题，虽然不是很频繁，但是现象存在，需要研发方再进行深入调查。

另外，通过客服、论坛和贴吧收集到了用户反馈的一些问题，比如：

- 登录游戏，一直停在加载界面（黑屏，load 状态）；
- 用户登录游戏，提示"游戏退出未处理完成，报错 1111"；
- 有用户报告一个角色经常掉线，另外的角色可正常游戏；
- 测试当天用户有某些特定错误提示。10000、4003 错误的提示；
- 测试结束当天 GM 在城市里面刷怪活动中，用户显示有掉线、延迟、卡顿的现象（最高单地图 382 人）；
- 测试期间有排队用户掉线的问题；
- 一些低画质显卡运行游戏时严重卡顿，影响用户正常体验，主要有 ATI1650GT、AM HD 5450、NV9600GT、8600GT 等型号。

3.5.2　不会

我们希望新手引导能给用户很好的指引，不会给用户造成困惑。但是，根据电话调研问题"用户认为游戏上手不易，或者有困惑的地方"统计出用户可能不会的地方有：任务地图及 NPC 位置指引不清晰、操作界面不习惯、技能公共 CD 时间太长、地图过大、键盘或手柄操作困难、新手任务指引过长，不能跳过（见图 3-22）。

3.5.3　不好

我们希望游戏版本能让用户满意，不让用户觉得不好。但是，根据封测签到问卷问题"用户对游戏内容的建议"统计出《烈日纷争》的功能缺陷分布，如图 3-27 所示。

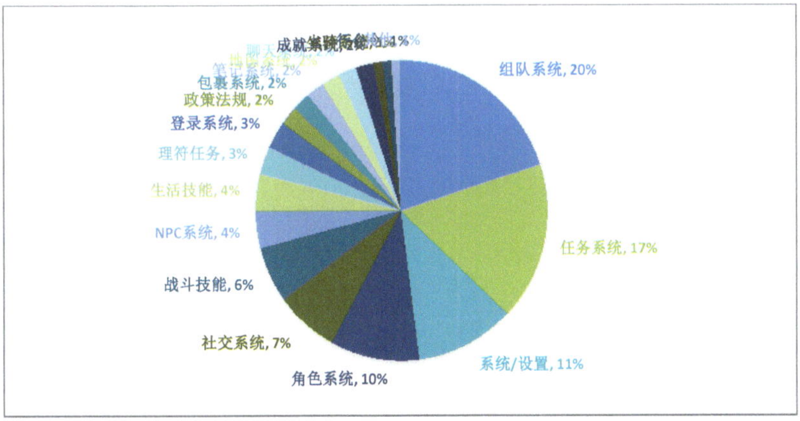

图 3-27

说明：因为内容太多，此处省略每个系统对应的功能缺陷的明细。

用户认为功能缺陷排名前五的模块是：任务系统（占比 20%）、系统和设置（占比 17%）、角色系统（占比 11%）、社交系统（占比 10%）、战斗技能（占比 7%）。

根据电话调研问题"战斗系统是否符合期待"，中、重度用户认为游戏不好的地方有：

游戏技能公共 CD 时间过长、节奏偏慢、打怪操作比较单一、战斗不连贯、缺乏打击感（见图 3-23）。

封测结束后，运营团队将以上的运营状况反馈给了研发厂商，包含客户端兼容性问题、A 类/B 类 Bug、客户端加速、瞬移外挂、服务器端承载性能、登录掉线、游戏上手慢、战斗系统缺陷，以及游戏功能缺陷等问题。希望研发方能对此进行调优，在下一次测试的版本中得以修复。

第4章

内测：万人抢码，8秒秒杀

《烈日纷争》在 3 月的封测取得了第 2 天留存率 81%、第 7 天留存率 42%的好成绩，不论是从 HOPE 工作室内部还是整个游戏行业来说，表现都算优秀。封测结束后用户意犹未尽，何时开启内测一直是广大用户关注的焦点。项目团队也在紧锣密鼓地准备下次测试的工作。

在做好各项工作准备后，《烈日纷争》于 7 月开启了内测，测试用户规模较大，开启付费功能，不删档，行业内称之为"内测"。其中，测试的留存率数据用来进一步判定游戏品质，为后续的市场资源调配提供参考。开启付费功能是为调通支付、计费等接口，验证新版本中是否已经修复了封测发现中的 Bug，为公测的顺利运行做准备。

不同于其他大多数游戏的测试模式，参与《烈日纷争》内测需要先购买通行证（后面统一称为"激活码"），激活码限时、限量发售，用户只有购买到激活码且在官网激活后才有资格参加内测。为了实现这个功能，从制订运营计划到预售，再到开启内测，项目团队和 F 计划小组做了精心而全面的准备工作。

本章将带你了解《烈日纷争》内测的运营计划、数据情况，以及用户满意度和用户流失原因的研究。

4.1 运营计划

在封测结束后，制作人沈总主持并召开了准备开启内测的会议，由《烈日纷争》所有项目人员和 F 计划支持员参加，制订了内测运营计划，主要包含：确定预售和内测的时间节点；预售渠道、预售数量、不同渠道的发放计划、不同用户购买方案；宣传、版本、活动、市场在内测前要准备的工作和完成时间，这些内容都与业务相关，如图 4-1 所示。

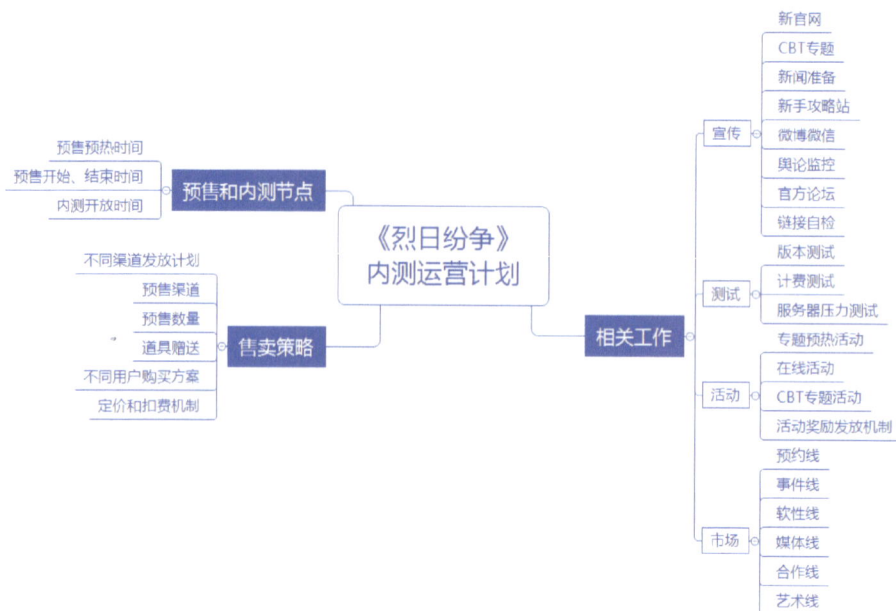

图 4-1

下面我们就一条一条地说明每一个分支。

4.1.1 预售和内测节点

在此次会议中，首先确定了预热、预售、内测的时间节点，如图 4-2 所示。

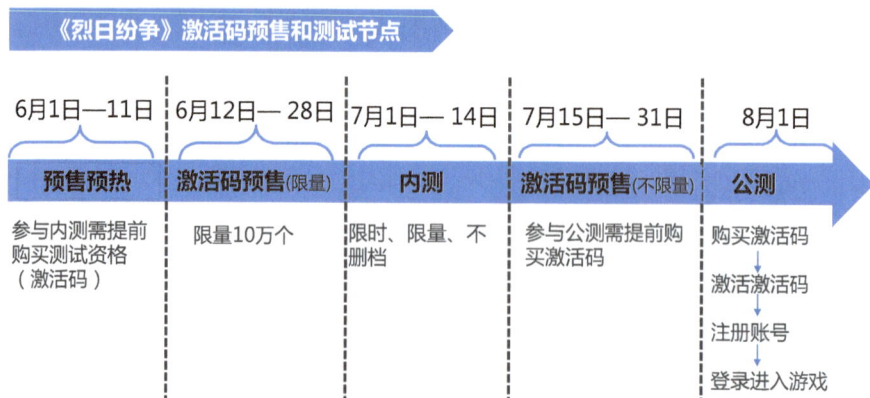

图 4-2

- 内测激活码预售：内测激活码的对外名称为"欧亚大陆通行证"；预售规则公布
  时间为 6 月 1 日；6 月 1 日—6 月 11 日对预售进行预热；6 月 12 日 13:00—6 月
  28 日 13:00 进行内测激活码预售。

- 内测：测试命名为"勇士测试"，测试开放时间为 7 月 1 日 9:00—7 月 14 日 22:00，测试期间每周三为服务器维护时间。
- 公测激活码预售：7 月 15 日—7 月 31 日。
- 公测时间：8 月 1 日。

4.1.2　测试资格售卖策略

测试资格售卖的整体思路是限时、限量发售，对于封测激活用户、预订用户和全新用户有不同的购买方案。

1. 激活码发放计划

确定售卖渠道有三个，分别为游戏官网、游戏官方 APP 和第三方平台（天猫、京东）。

游戏官方 APP 为首次预热渠道，对预订用户开放。

每周二和每周五 13:00 补充官方渠道中"欧亚大陆通行证"的数量，6 月 23 日—6 月 28 日每日增发，总售卖数量为 10 万个，如表 4-1 所示。

表 4-1

渠道	PC 官网（个）	第三方（个）	官方 APP（个）
6 月 12 日			8 000
6 月 13 日	13 000	8 000	
6 月 17 日	17 000	8 000	6 000
6 月 20 日	8 000	8 000	3 000
6 月 23 日—6 月 28 日	12 000（2 000 个/日）	6 000（1 000 个/日）	3 000（500 个/日）
合计	50 000	30 000	20 000

2. 道具赠送

要保证首批官方渠道的激活码以最快速度销售完成，运营需配合预售的广告投放，再通过特别道具赠送、数量分配等方式提升首批激活码的价值。首批（6 月 12 日 13:00—6 月 17 日 13:00）购买的用户赠送道具"坐骑"，之后（6 月 20 日 13:00—6 月 28 日 13:00）购买的用户赠送道具"迷你宠物"。

3. 不同用户购买方案

总售卖数量为 10 万枚，6 月 12 日（第 1 天）13:00 开放预订用户抢先购买，限量 8 000 个，抢先购买渠道为官方 APP。售卖仅针对预订用户在官方 APP 渠道开启。

（1）封测签到用户。

封测的用户参与签到问卷，签到 5 次或 5 次以上可获得激活码，可以享受与购买激活码的用户完全一致的福利，包括时间折返和道具赠送。

（2）预订用户。

在 6 月 11 日 13:00 之前预订的用户，6 月 12 日 13:00—7 月 4 日 13:00 绑定官方 APP 账号即可获得提前购买机会，附赠道具和时间折返与官方同步。

（3）全新用户（未预订，非封测签到用户）。

可在官方渠道和天猫渠道购买激活码，根据购买时的规则获得对应的礼包，每账号每个大区限激活一次。

4. 定价和扣费机制

激活码定价 35 元，按《烈日纷争》时长收费标准每小时 0.7 元计算，对应游戏时长 50 小时，本次测试期间不会对用户账户进行扣费，在用户的账户内显示的游戏剩余时间，为测试所用，测试结束后删除。

同时也推出了 70 元的礼包，同样具备激活码的功能和特点，包含 100 小时时长，赠送的道具和 35 元的激活码不同，可以满足一部分对道具有追求的用户。

5. 注意事项

- 首批激活码售完之后，只公布下一个根据计划制订的发放节点。
- 放出首批内测激活码时，附加说明赠送道具只限首批名额，为之后更换道具留有余地。
- 如果销售情况不理想，例如销售周期 2 天内未出货 50%，则人工递减剩余数量，营造热销气氛。

4.1.3 内测准备工作

在第 2 章的 2.2.2 节中，我们提到了《烈日纷争》项目团队打破了企业内部传统的"筒仓"结构，将数据分析、运营、市场、商务、运维、客服、开发和美术人员凝聚成了一个跨职能通力协作的团队。在内测的运营计划中，就需要各个职能部门的合作，为《烈日纷争》项目的上线、推广及运营工作的推进，寻找更具潜力的增长手段。下面我们来看看职能部门在《烈日纷争》内测期间要做的主要工作。

1. 宣传

宣传分为内宣和外宣，本阶段以内宣为主，主要工作内容有新官网的设计、CBT2（内测）专题新闻、新手攻略站的建立、微博/微信营销、舆论监控、论坛维护、官网各个页面的链接检查等，如图 4-3 所示。新官网的相关工作在 5 月 31 日之前完成，其他工作在 6 月 15 日之前完成。

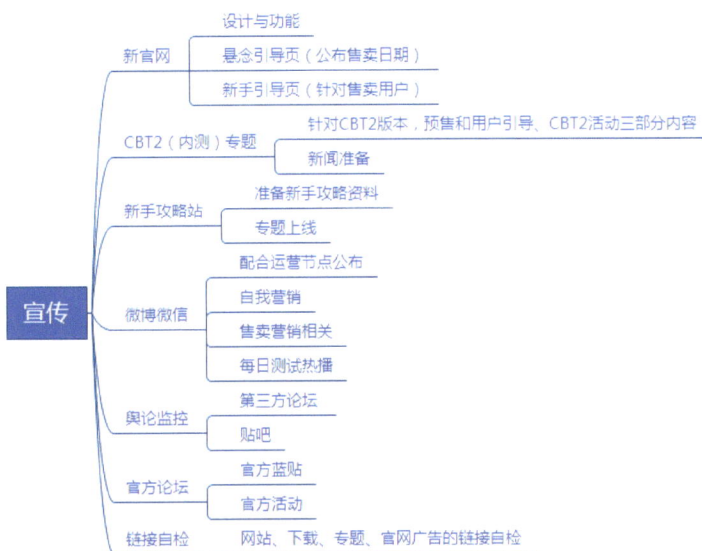

图 4-3

其中 CBT2 专题的新闻准备内容包含如下几项。

- 配合公布 CBT2 节点。
- 准备预售新闻：每条预售新闻都加上 CBT2 的时间，尽可能让用户记住 CBT2 时间，降低已经购买激活码的用户在 CBT2 期间未登录游戏的比例。
- 售罄新闻：安抚用户，给予用户期待。
- 售卖的 FAQ、客户端下载 FAQ。
- 公布准确的开服时间并提醒用户激活和购买；准备准确的维护时间和维护内容；准备开服推迟的道歉新闻。
- 开服前向用户发送"测试须知"，提醒各类用户进入游戏的方法。
- CBT2 结束，对于 CBT2 数据的分享和感谢。

2. 版本

版本相关工作主要是由版本策划人员来执行，包含版本测试、计费测试和服务器压力测试三块内容。如图 4-4 所示，相关工作在 6 月 15 日之前完成。

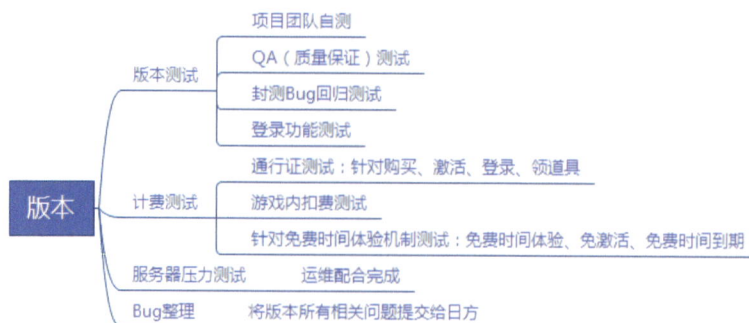

图 4-4

3. 活动

活动策划和版本策划都属于运营策划，内测节点需要准备的活动如图 4-5 所示。

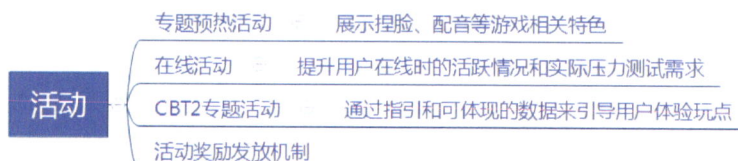

图 4-5

4. 市场

内测阶段，市场人员的工作分别从各个工作线来进行准备，分别有如下几个（见图 4-6）。

- 预约线：官方 APP 中游戏激活码预订、官方 APP 中游戏资讯更新、预售抢购活动。
- 事件线：音乐会、枫叶之旅、微电影合作。
- 软性线：新闻排期&产出、社会化营销、知识营销、素材产出、公关软性、公关软性。
- 媒体线：日常新闻推荐、媒体排行榜、媒体预订、视频推荐、合作媒体专区建立。
- 合作线：客户端出售铺设合作、显卡品牌合作、耳机品牌合作、鼠标键盘品牌合作、奶茶品牌合作、咖啡品牌合作、饮料品牌合作、航空公司合作、快递公司合作、网吧合作、便利店合作、代购网站合作。
- 艺术线：广告设计与制作、宣传视频制作、官网&专题设计与制作。

因为各条线路的工作较多，而且筹备周期较长，项目团队 4 人编制无法落实全部的工作，因此这块内容得到了 F 计划市场团队的大力支持。

图 4-6

5. 客服

项目团队人员中原有 4 人 7×24 小时进行客服工作，但是，因内测用户规模较大，且在测试阶段，用户反馈的问题也比较多，原有的 4 人无法支持这么多用户量的需求，因此，F 计划客服团队帮助处理如图 4-7 所示问题。

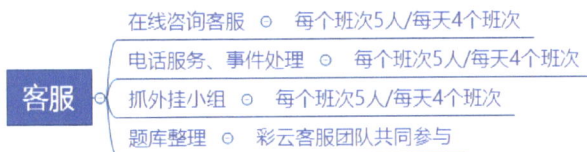

图 4-7

6. 数据分析

数据分析人员对 CBT2 所有产生数据的活动进行分析，包含运营、市场、用户、版本等。测试期间对数据日报的时效性要求比较高，比如预售数据，要求留存数据能细分到每小时的粒度，汇报实时结果。对于前一天的数据，一般是要求在上午能看到数据日报。因此，在数据报表工具还不完善的前提下，对数据分析师的工作效率的要求，是一项挑战。本章会提到部分数据报告（见图 4-8）。

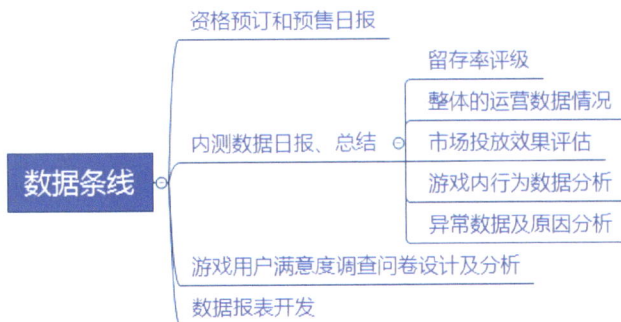

图 4-8

当然，在内测阶段，除了以上和业务相关的工作内容，还有很多技术方面的工作，比如服务器采购和架设、网站开发、计费接口调试等技术相关的工作，因篇幅有限，此处省略。

4.2 内测数据日报

《烈日纷争》在 2013 年 5 月 1 日开启测试激活码的预订工作，截至 2014 年 7 月，累计预订量 300 万个。于 7 月 1 日 9:00 正式开启内测（限时、限量、不删档），7 月 14 日测试结束，新开两个区，10 组服务器，最高等级限制为 40 级。

根据本次测试的规则，涉及的数据有预订、预售、激活、登录的过程，因此数据日报中包含了这些数据。

4.2.1 预订数据

《烈日纷争》激活码预订于 2013 年 5 月 1 日开启，截至 2014 年 7 月，累计预订量 300 万个。预订用户特征如下。

（1）预订量在枫叶之旅开启后有明显增长，并在封测和内测期间开始爆发，分别占预订总量的 25%、29%，说明游戏测试节点是预热的最好方式。预订量主要集中在公测前 4～6 个月，占总预订量的 80%以上（见图 4-9）。

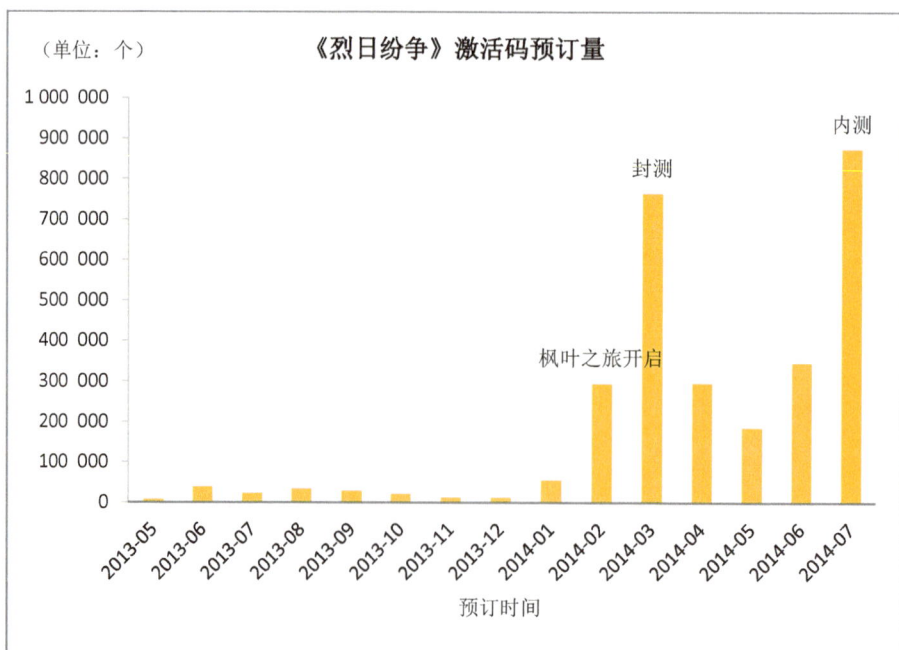

图 4-9

（2）各城市中，广州的预订用户居多，占比 9%，其次是上海、北京，各占 5%。广州用户多与广州的 Cosplay（是英文 Costume Play 的简写，指利用服装、饰品、道具及化妆来扮演动漫作品、游戏或古代人物的角色）爱好者多有一定关系。该数据为项目团队做线下活动选择城市提供了很好的参考（见图 4-10）。

图 4-10

4.2.2　预售数据

1. 预售计划

根据 CBT2 拟定的测试资格限量发售策略，每天在各渠道上架的激活码数量如表 4-1 所示。

2. 预售数据

原计划激活码的总售卖数量为 10 万个，各个渠道销售火爆，因订单并发而出现了销售量大于限定量的情况，实际卖出 12.6 万个，总销售金额 441 万元。在官方渠道创下最快 8 秒秒杀，平均每秒卖出 1 000 个的纪录。项目团队原本担心销售数据不理想，也做好了人工营造热销的准备，但最终却实现了"秒杀"活动的效果，远远超过预期。

销售数据如表 4-2 所示。

表 4-2

渠道名称	限定量（个）	销售量（个）	销售金额（元）
官方 APP	20 000	24 345	¥852 075
游戏官网	50 000	58 984	¥2 064 440
第三方（天猫、京东）	30 000	38 640	¥1 352 400
公会	/	3 274	¥114 590
公司员工购买	/	800	¥28 000
合计	100 000	126 043	¥4 411 505

3. 预售用户构成

在《烈日纷争》预售用户中，48%来自 HOPE 工作室其他游戏的老用户，52%来自《烈日纷争》注册的新用户，其中广告带来的新用户占 5%（见图 4-11）。

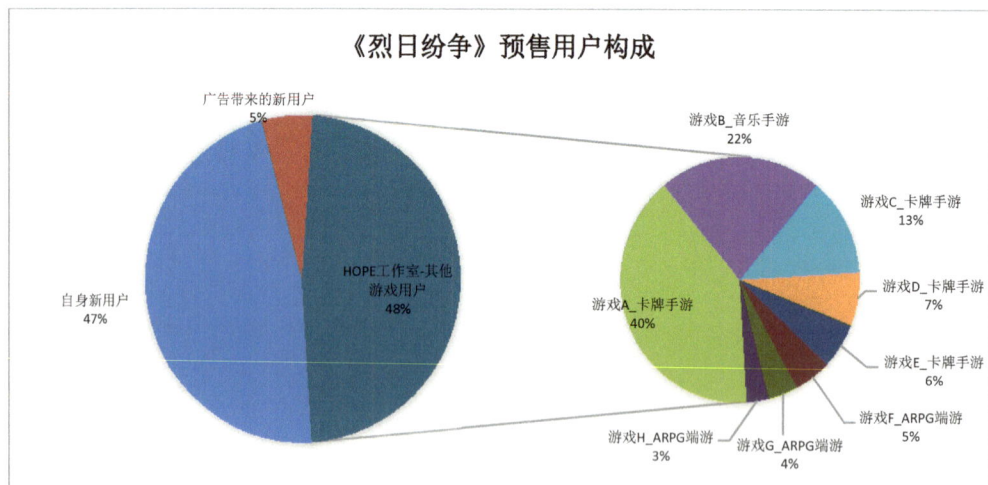

图 4-11

4.2.3 运营数据

1. 数据摘要（见表 4-3）

表 4-3

	百度指数（MAX）	官网 PV（MAX）	官网 UV（MAX）	预售（个）	激活量（次）	下载（次）	安装（次）	首安（次）	登录量（个）	PCU（个）	激活率	激活登录率
合计	130 000	2 506 873	301 256	126 043	123 522	305 717	283 508	262 927	117 346	31 667	98%	95%

说明：首安是指首次安装，安装量大于首安，推测是因为有部分用户卸载后重新安装。

因为客户端是免费下载的，而登录游戏需要购买定价为 35 元的激活码，下载量高于预售量属于正常现象。

2. 激活数据

预售账号数 126 043，激活账号数 123 522，登录账号数 117 346，激活率 98%，激活登录率 95%。本次测试的激活登录率较封测有明显的提升（封测激活码登录率为 80%），主要是吸取了封测的经验教训，官方从多个渠道强调了《烈日纷争》不兼容 Windows XP 操作系统，对于用户来说，可以先确认好自己的操作系统再参与测试（见图 4-12)。

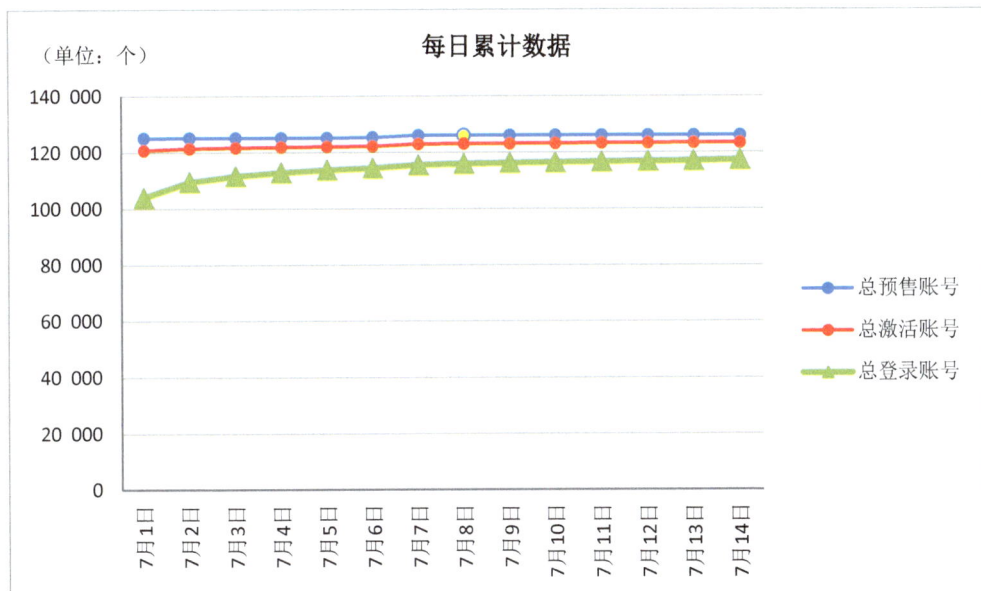

图 4-12

3. 活跃数据

累计新登录用户数为 11.7 万，最高日活跃用户数 10.4 万，最低日活跃用户数 5.4 万，日均活跃用户数 7.4 万，因测试期间不售卖激活码，没有新的用户导入来源，之前购买激活码的用户在第 1 天登录后，后续登录的人数逐渐减少，活跃用户也随着人数流失而减少（见图 4-13)。

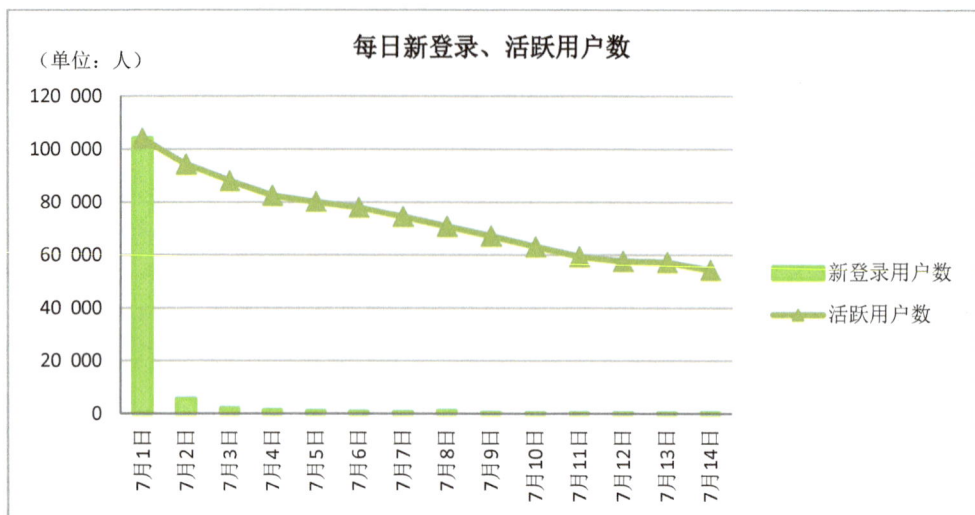

图 4-13

4. 在线数据

和封测数据类似，最高在线人数和平均在线人数两条趋势线的空隙没有随着时间推移而变大，反而变窄，说明在线时长在增长，用户对游戏的黏度较高。测试最后一天，因服务器于 21:00 关闭，关服时间早于在线人数峰值时间，所以最高在线人数趋势线和平均在线人数趋势线的空隙变大（见图 4-14）。

图 4-14

平均在线时长 6.4 小时，比封测（CBT1）多两小时（封测每天开服 7 小时，影响在线时长）。和其他游戏对比，仅低于游戏 A，如图 4-15 所示。

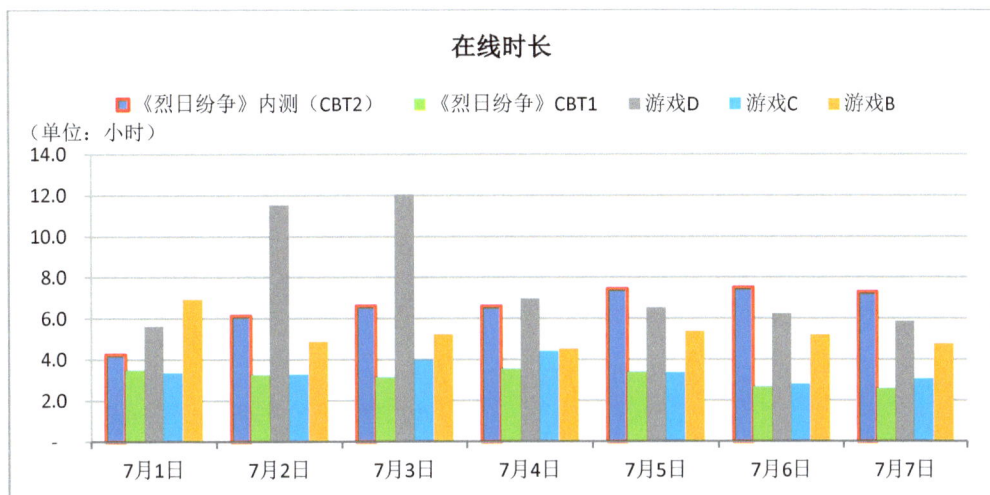

图 4-15

5. 留存数据

《烈日纷争》本次测试加权次留为 84%，第 14 天留存率为 53%，预计 14 天加权留存率为 880%，高于对比游戏。比《烈日纷争》CBT1 的 14 天加权留存率总计值（670%）高 210 个百分点（见图 4-16）。

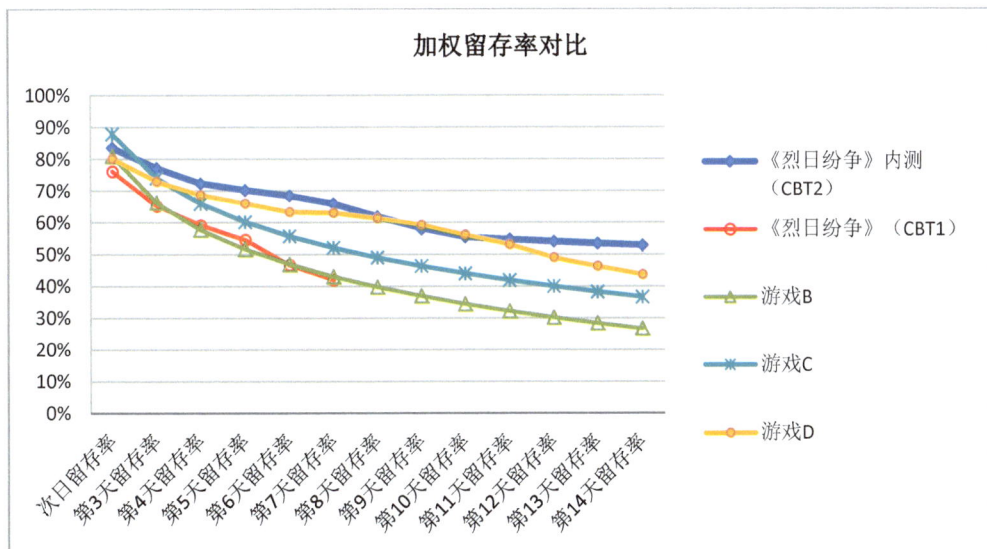

图 4-16

6. 开服情况

电信一区 3 服至 7 服最高在线人数接近阈值，测试当天已关闭角色创建功能，当人数低于阈值时会自动打开（见图 4-17）。

区	Launcher选区界面		编号	第1天		第14天	
	服务器状态	标记		PCU	ACU	PCU	ACU
电信一区	●【繁忙】	【新】	1 服	1972	809	1358	589
			2 服	3141	1250	2051	878
			3 服	4503	2100	3261	1483
			4 服	4418	2161	3262	1462
			5 服	4352	2288	3470	1559
			6 服	4439	1856	3369	1377
			7 服	4178	1951	3122	1001
			8 服	3313	1130	2378	969
			9 服	3178	1321	2132	891
			10 服	2013	835	1268	545
网通一区	●【流畅】	【新】	1 服	3085	1452	2315	1023
			2 服	3341	1278	2400	1007
			3 服	2356	1078	1600	699

↑
负载情况

阈值：5000

图 4-17

4.2.4 游戏内数据

1. 最高角色等级分布

用户最高角色等级分布：1 级角色用户 23 535 人，满级（40 级）用户 26 891 人，分别占所有角色比例的 19% 和 22%（见图 4-18）。

2. 流失用户等级分布

从封测的流失用户等级看，6 级、10 级、15 级流失的人数相对较多。累计登录 2～3 天的流失用户等级主要集中在 6 级和 10 级，累计登录 3 天以上的流失用户等级主要集中在 15～16 级。

本次测试 14 天，流失用户等级主要集中在 6 级、10 级、15 级，和封测相似。另外，在 30 级也有一个小高点，需要引起关注（见图 4-19）。

最高角色等级分布
（取账号最高等级的角色）

（单位：个）

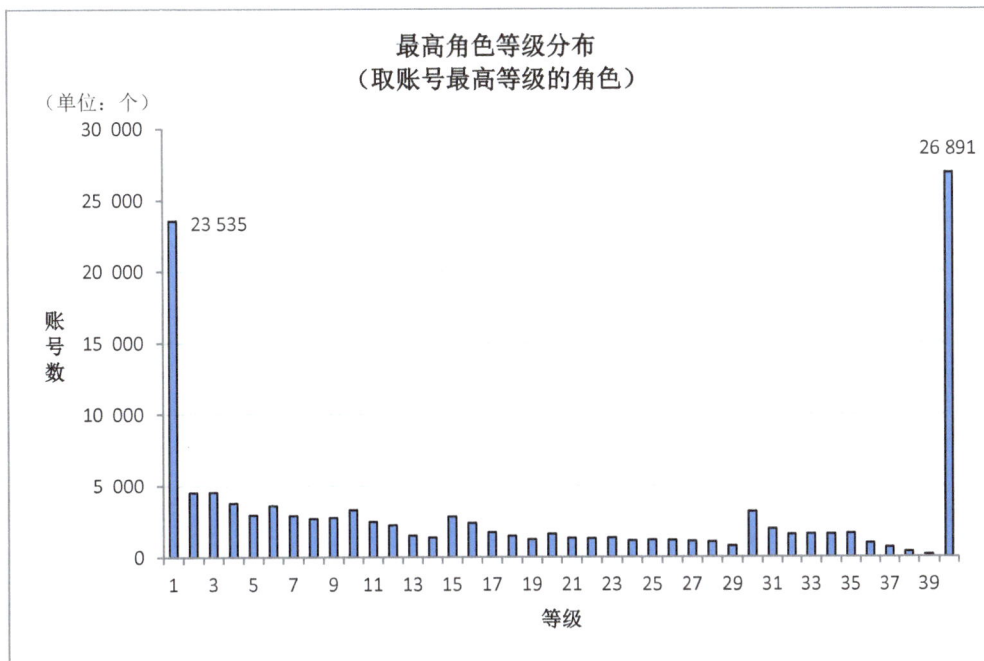

图 4-18

流失用户等级分布

（单位：个）

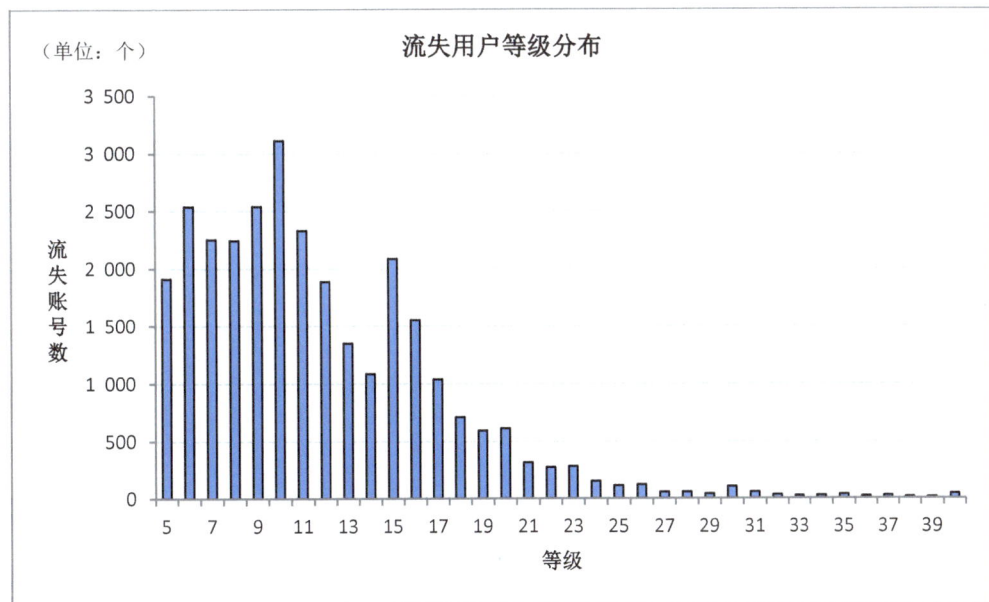

图 4-19

流失用户定义：登录天数 3 天内（≤3 天），且 5 级以上的用户。

3. 任务持有量

持有量最多的任务分别为：任务 A 和任务 B。

- 6 级用户主要持有任务 A，任务 A 需要在一个较隐蔽的区域和一个 NPC 对话才能进入，用户比较难找。
- 15 级用户主要持有任务 B，为用户的第一个副本，因前期 DPS（Damage Per Second，每秒输出分量）职业较多，辅助少，部分用户没有耐心等候职业匹配后进入副本。

4. 升级时长

15→16 级的升级时长相对较长，主要因为主城任务跑地图耗时较长。

30→31 级平均升级时长为 4 小时，是 29→30 级升级时长的 2.3 倍，因为 30 级为用户职业转折点（特职），完成职业进阶任务需要较长时间（见图 4-20）。

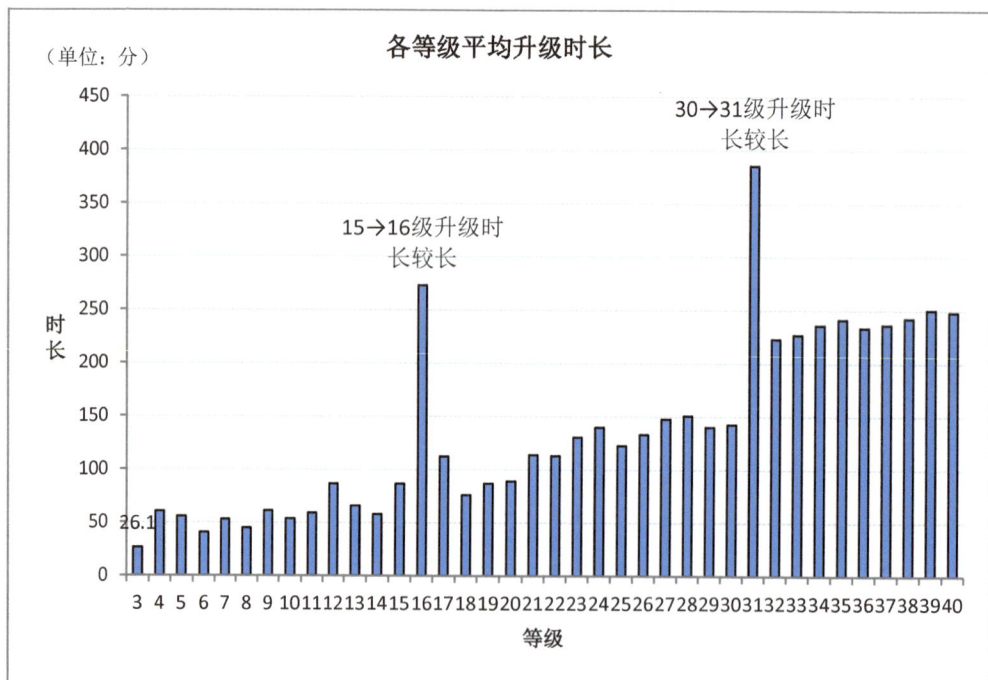

各等级平均升级时长
（单位：分）

15→16级升级时长较长

30→31级升级时长较长

时长

等级

图 4-20

5. 种族、性别分布

- 用户选择种族 TOP5：人族、猫族、矮人族、精灵族和高人族。
- 用户选择角色性别的男女比例为 51：49。

4.2.5　市场投放数据

1.　百度指数

《烈日纷争》内测时百度指数最高 13 万，高于竞品游戏 A，但低于 15 万的预期值（见图 4-21 和图 4-22）。

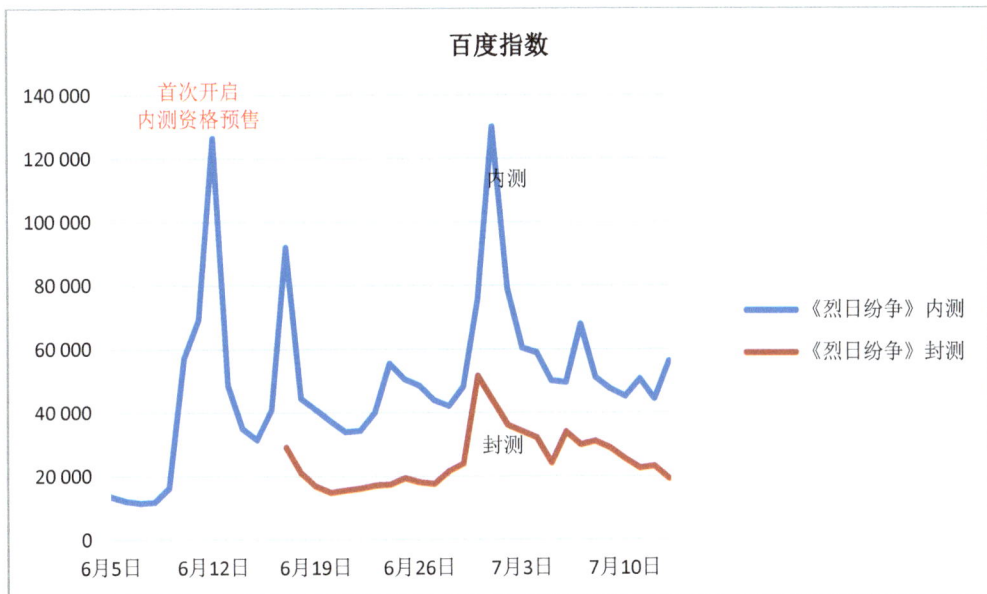

图 4-21

百度指数					
节点	《烈日纷争》 （目标）	《烈日纷争》 （实际）	竞品A	竞品B	竞品C
封测（3月）	**60 000**	51 644	75 485	69 065	120 523
内测（7月）	**150 000**	134 310	100 002	154 321	384 543
公测（8月）	**500 000**	/	508 520	794 693	1 063 738

图 4-22

2.　官网访问量

《烈日纷争》封测，官网 PV 最高为 200 万次。

在内测资格开启第 1 天，平均每个用户访问页面的数量为 11.4 个，说明测试资格销售火爆，吸引很多用户抢购。

4.2.6　内测数据总结

《烈日纷争》内测于 7 月 1 日，星期一，9：00 正式开启（限时、限量、不删档、未商业化），本次测试新开两个区，10 组服务器，最高等级限制为 40 级，测试 14 天的相关数据如下。

（1）**留存率评分**：新用户加权次留为 84%，预计 14 天加权留存率为 880%，高于对比游戏，留存率属于优秀水平（《烈日纷争》CBT1、游戏 A 和游戏 B 的 14 天加权留存率分别为 670%、727%、826%）。

说明：由于《烈日纷争》本次测试为提前预售激活码限量测试，用户相对核心，因此留存率较高。

（2）**预售及登录情况**：预售账号数 126 043，激活账号数 123 522，登录账号数 117 346，激活率 98%，激活登录率 95%。

（3）**游戏用户数**：日均活跃用户数 7.4 万，PCU 为 5.8 万人，ACU 为 3.8 万人，平均在线时长 6.4 小时，在线人数稳定，在线时长较前一天下降 1.5 小时，这和多数用户等级较高，40 级前的游戏内容已体验完成有关。

（4）**等级上限**：满级（40 级）用户占总人数的 22%。

（5）**流失原因**：流失用户等级主要为 10 级、15 级，流失原因：10 级任务薰衣草苗圃的繁花屋地图复杂，用户比较难找；15 级任务挑战沙斯塔夏之人，为用户的第一个副本，因前期职业不平衡，部分用户没有耐心等候职业匹配后进入。

（6）**异常问题**：

- 开测当天，4 个服的最高在线人数接近阈值，当天已关闭角色创建功能，当人数低于阈值时会自动打开。
- 开测第 8 天 6:00 开启对所有服务器的更新维护，修复部分用户的地图掉线、退出客户端时报错的问题，以及对部分游戏内的文字进行修正。

4.3　用户满意度和用户流失研究

在封测结束后，我们对用户进行了电话调研，了解到用户不玩游戏的原因，30%以上用户的答复是"工作比较忙、没时间"，用户的没时间，我们可以理解为是我们的游戏还没有达到能吸引这些用户投入时间的水平。

因此，为了了解用户对游戏的满意度，找出用户流失原因，为《烈日纷争》今后的改进和运营提供用户数据支持，我们在内测期间再进行一次用户调研。

调研的目的主要是想了解内测用户的基本信息及游戏行为特点；用户对游戏系统设

计、运营方面的体验及需求；游戏中哪些设计或运营方面的细节问题最终导致了用户的流失。最后总结用户反馈及调研数据，形成对《烈日纷争》的运营建议。

4.3.1　研究方法

采用定量分析法，定量研究是指确定事物某方面量的规定性的科学研究，就是将问题与现象用数量来表示，进而去分析、考验、解释，从而获得意义的研究方法和过程。

调查时间：2014 年 7 月 8 日—7 月 14 日，共 7 天。

样本回收情况：实际回收样本数，4 760 份；有效样本数，4 562 份；留存用户数，4 410 份；流失用户数，199 份。

样本筛选条件：收入、学历、职业与年龄不符的用户；对产品评分全部是 1 分或全部是 10 分的用户。

分析方法：用 GAP 模型可分析具体是哪个环节出了问题，以便后续改进。用 GAP 分析法可以分析出如下 4 个缺口（见图 4-23）。

（1）认知缺口：产品经理不知道用户想要的是什么。若出现了认知缺口，则首先是让产品经理清楚知道用户流失的真正原因。

（2）执行缺口：产品经理知道用户想要什么，但实际做出来的产品与设计中的不一致。若出现了执行缺口，则要了解具体哪个执行步骤出现问题，是资源的欠缺还是技术难以实现。

（3）传递缺口：产品的宣传和指引不能让用户对产品真正地认知了解，若出现了传递缺口，则要了解用户现在的感知是怎么样的，在哪些宣传和指引上出现了问题。

（4）流失缺口：用户体验到的产品和期望的不一样。

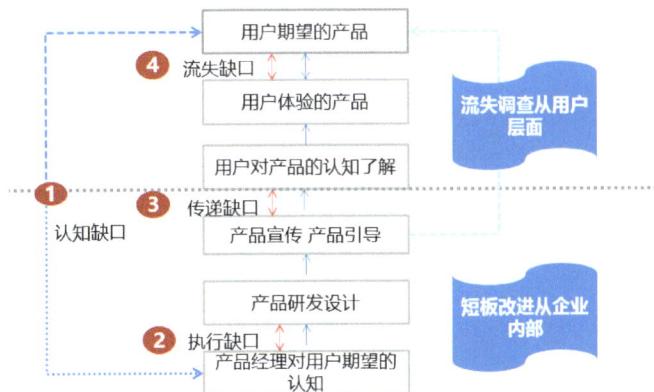

图 4-23

4.3.2　用户构成

1.　等级分布

被调研用户在 31～40 级的占比最高，流失用户的等级相对低于留存用户的等级（见图 4-24）。主要原因如下。

（1）自然流失的用户（等级较低）已经不会回来参与问卷调查了，他们不再关心游戏的好坏；

（2）留存用户是最有可能回流的用户，等级较高，对游戏既爱又恨，恨的偏多。

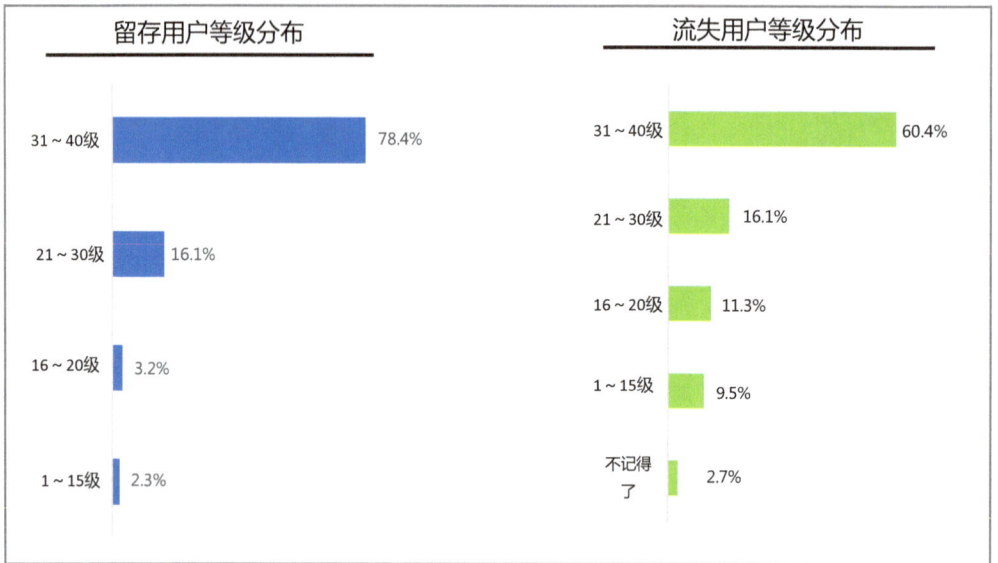

留存用户等级分布

- 31～40级　78.4%
- 21～30级　16.1%
- 16～20级　3.2%
- 1～15级　2.3%

流失用户等级分布

- 31～40级　60.4%
- 21～30级　16.1%
- 16～20级　11.3%
- 1～15级　9.5%
- 不记得了　2.7%

图 4-24

2.　用户游戏偏好

用户首先还是偏爱 MMORPG 类游戏，其次是动作类游戏，偏爱动作类游戏的用户最容易流失（见图 4-25）。

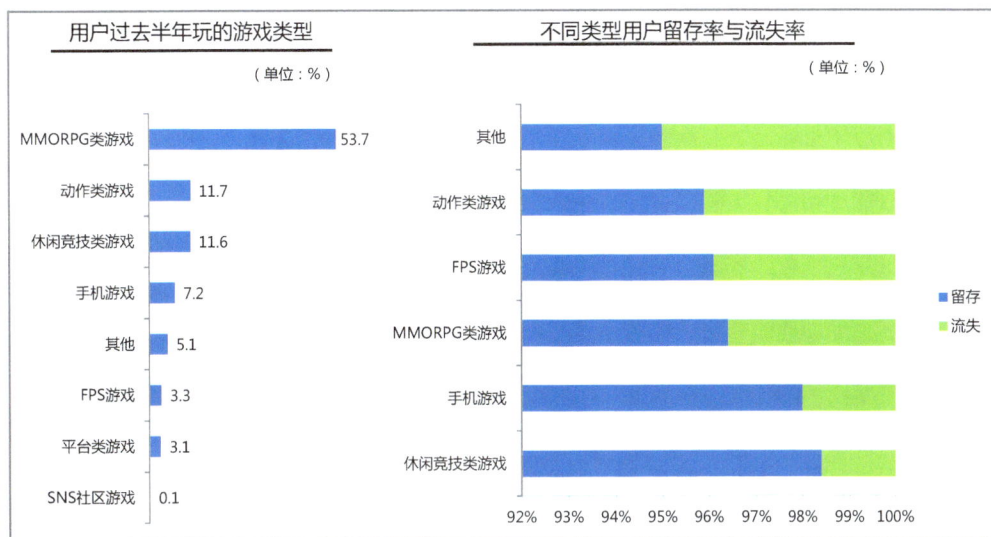

用户过去半年玩的游戏类型

（单位：%）

MMORPG类游戏	53.7
动作类游戏	11.7
休闲竞技类游戏	11.6
手机游戏	7.2
其他	5.1
FPS游戏	3.3
平台类游戏	3.1
SNS社区游戏	0.1

不同类型用户留存率与流失率

（单位：%）

留存
流失

图 4-25

4.3.3　用户满意度和用户流失分析

1. 用户满意度评估指标体系

本次研究从以下 11 个方面衡量用户对《烈日纷争》的整体满意度情况，下面为 11 个一级指标。标红部分活动系统和地图表示此部分对满意度很重要，但满意度得分较低，是需要项目组重点关注的地方（见图 4-26）。

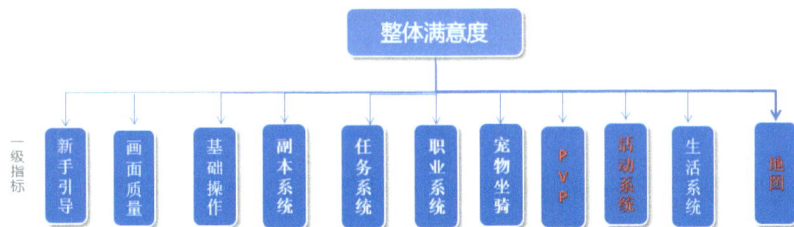

整体满意度

一级指标　新手引导　画面质量　基础操作　副本系统　任务系统　职业系统　宠物坐骑　PVP　活动系统　生活系统　地图

图 4-26

2. 整体满意度评价

用户对画面质量的满意度最高，用户对 PVP（用户对战用户）、活动系统和地图评价较低，特别是流失用户评价更低（见图 4-27）。

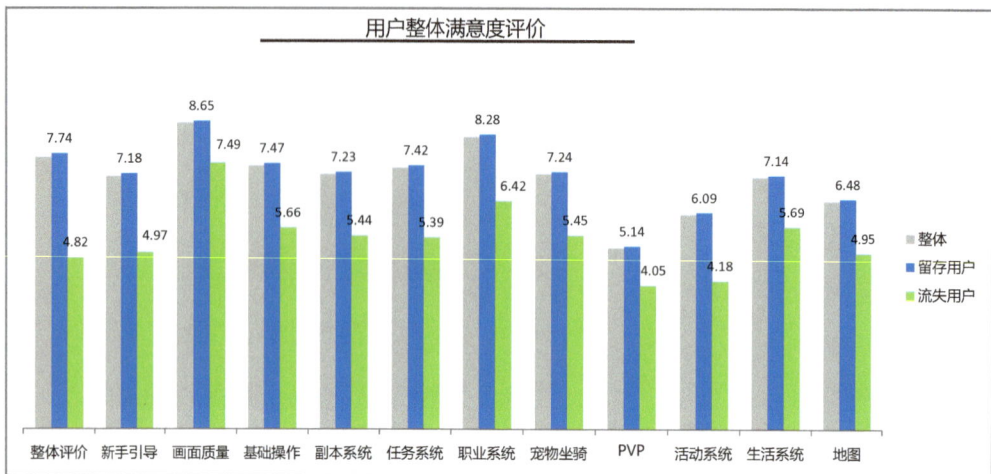

图 4-27

3. 四象限图的定义和解释

通过对满意度与相关系数进行四象限图分析，相关系数越高，表示与满意度的关联越强，对满意度的影响就越大，需要重点关注（见图4-28）。

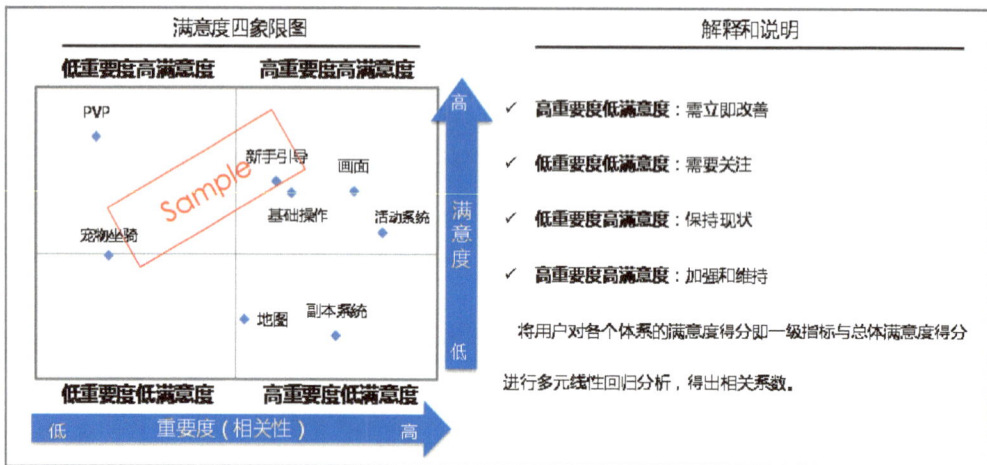

图 4-28

4. 留存和流失用户四象限图

活动系统和地图与整体满意度高度相关，但其满意度最低，这也是导致用户流失的原因，PVP 虽然整体满意度得分最低，但是重要性也较低，需要关注。急需改善的是活动系统和地图，如果未改善，则会继续加速用户流失（见图4-29）。

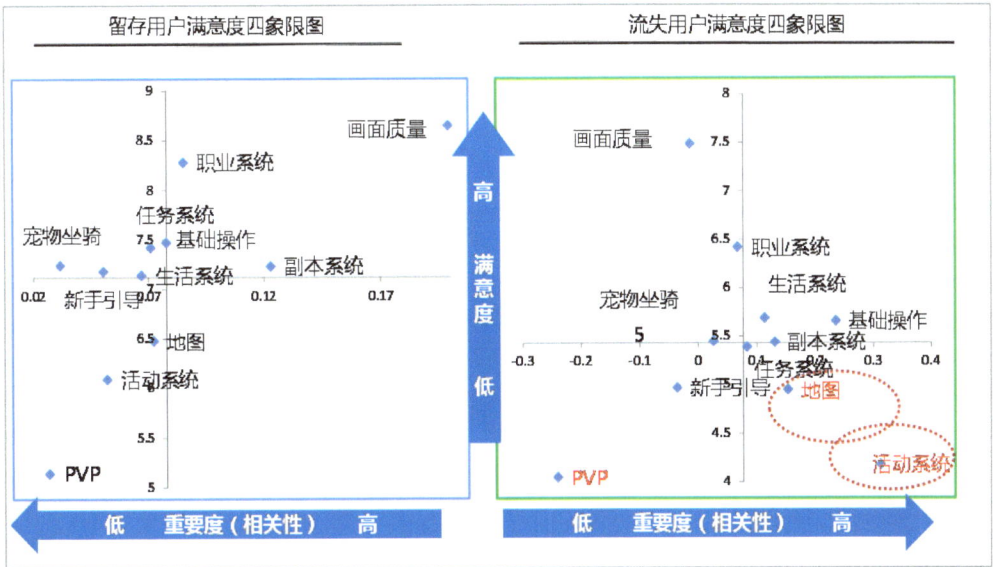

图 4-29

5. GAP 模型分析

通过前面的结论可以看出，用户对 PVP、活动系统和地图的满意度明显最低，但是结合重要程度来讲，活动系统和地图却是重要程度高但是满意度低的环节，PVP 虽然满意度最低，但是不如活动系统和地图重要。因此活动系统和地图是重点改进方向。

根据 GAP 模型，找出活动系统、地图上用户的期望和实际体验间的缺口十分重要（见图 4-30）。

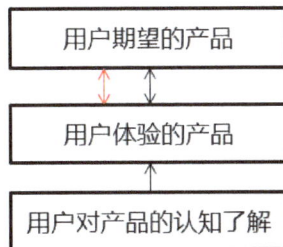

图 4-30

6. 地图

"地图"是用户提及率（用户主动提及占项目总提及）最高的内容。其中，指出地图不够友好的用户占比高达 41.5%（读图慢，地图间不能无缝衔接等抱怨最大）；认为地图清晰度不够的用户占 27.6%（上下层、室内分不清）；认为地图引导性不明确（缺乏箭头指向）的用户占22%（见图4-31）。

用户期待的地图是无缝的、友好的、清晰的、引导性明确的、图文并茂的。

图 4-31

用户之声：

（1）上下层次完全体现不出，建议借鉴《魔兽世界》的地图标识，比如在下层或建筑里的 NPC/任务用暗淡的标记。现在这个传送地图没有详细名字可以对应，要自己去记住，太"坑"了。

（2）地图系统非常不友好，特别是对新手来讲（我花了很长一段时间去理解整个地图的运作和描绘的方式），尤其是没有任务图标的三维指向，在楼层直接寻找目标需要很长时间。

（3）地图传送过于频繁，消耗大。

（4）地图标示最好再人性化一点，比如各传送 NPC 的名字最好能显示出来，地图上任务地点范围的圆圈颜色可以和地图本身对比强烈一点，有时候开着地图跑的时候会看不清楚。

7. 其他突出问题

其他用户抱怨较多的如用户互动少、公共 CD 时间过长，以及外挂多、虚假信息多等问题（见图4-32）。

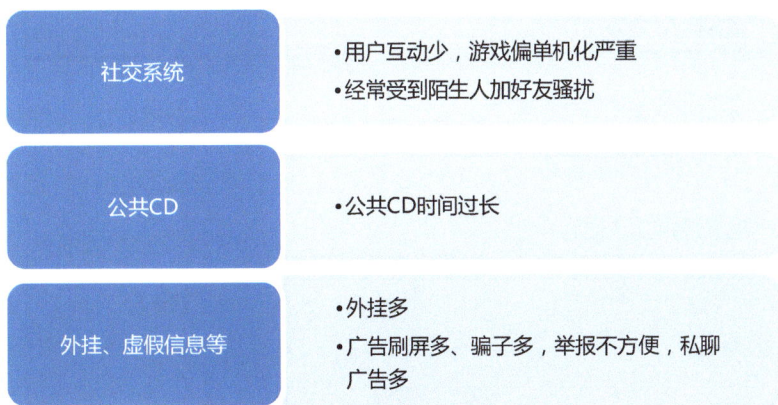

图 4-32

用户之声：

（1）升级速度慢，与其他用户互动较少。

（2）社交元素太少了，有种单机的感觉，频道设置了很多，却没有人用。

（3）公共 CD 时间过长，技能释放有些不连贯，移动时施法，会莫名其妙地被打断。

（4）外挂和工作室太多！请加大审查力度！

（5）各种外挂、欺诈密语，游戏里有太多骗子发消息过来。

（6）修改举报系统，建议可以直接单击鼠标右键举报。

4.3.4　人口属性

流失用户中男性占比更高（见图 4-33）。

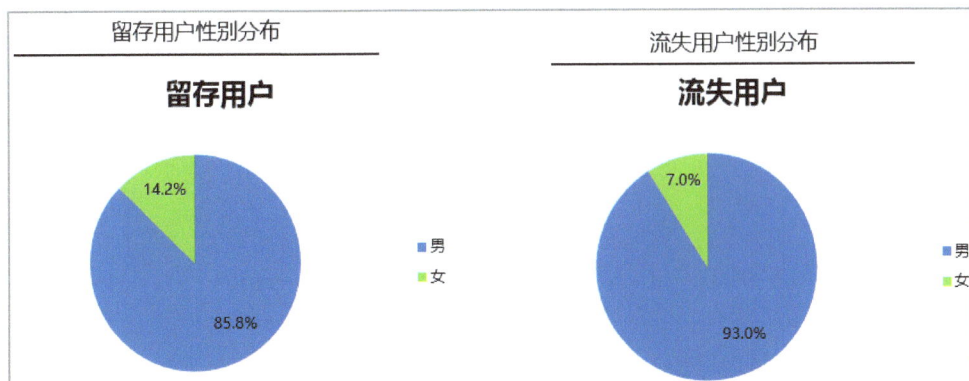

图 4-33

29~33 岁年龄段中，流失用户的占比高于留存用户（见图 4-34）。

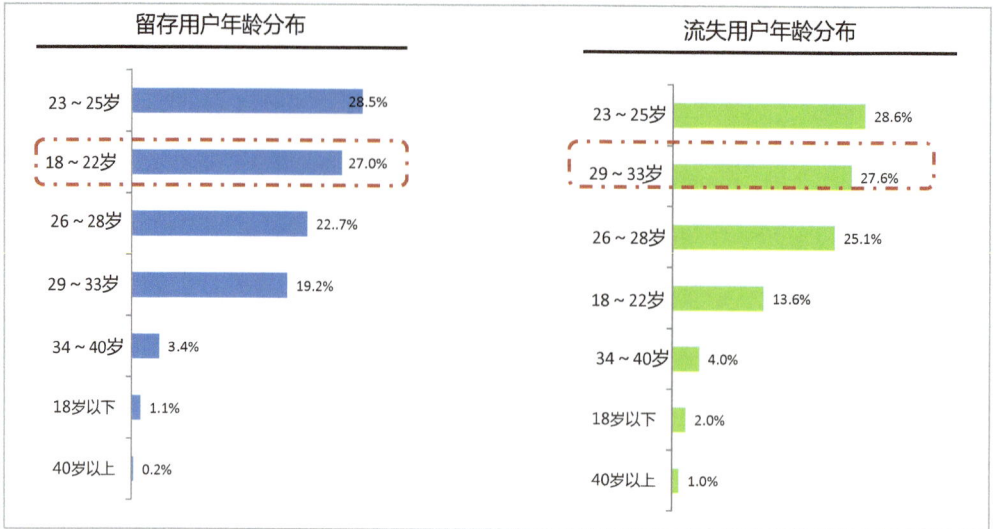

图 4-34

流失用户在学历上和留存用户的区别不大（见图 4-35）。

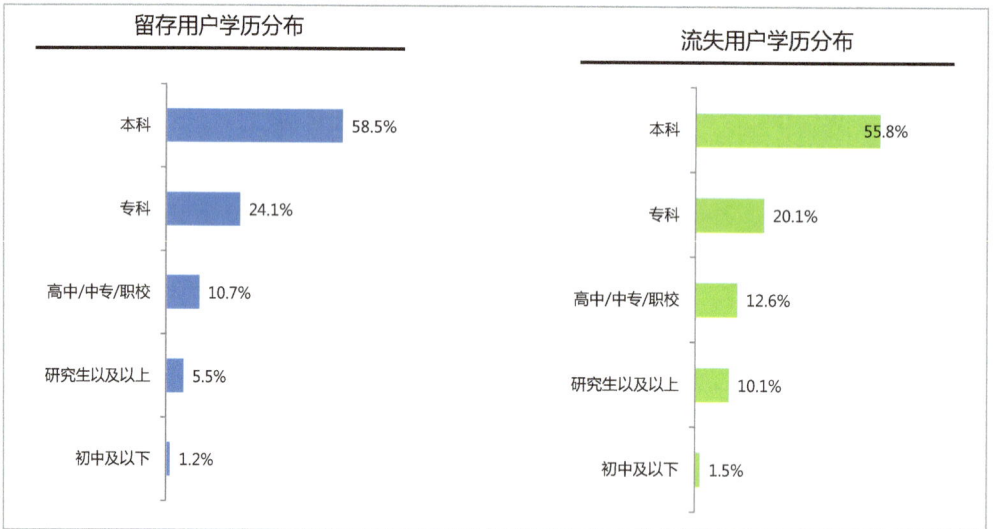

图 4-35

流失用户和留存用户相比，未婚单身的相对较少（见图 4-36）。

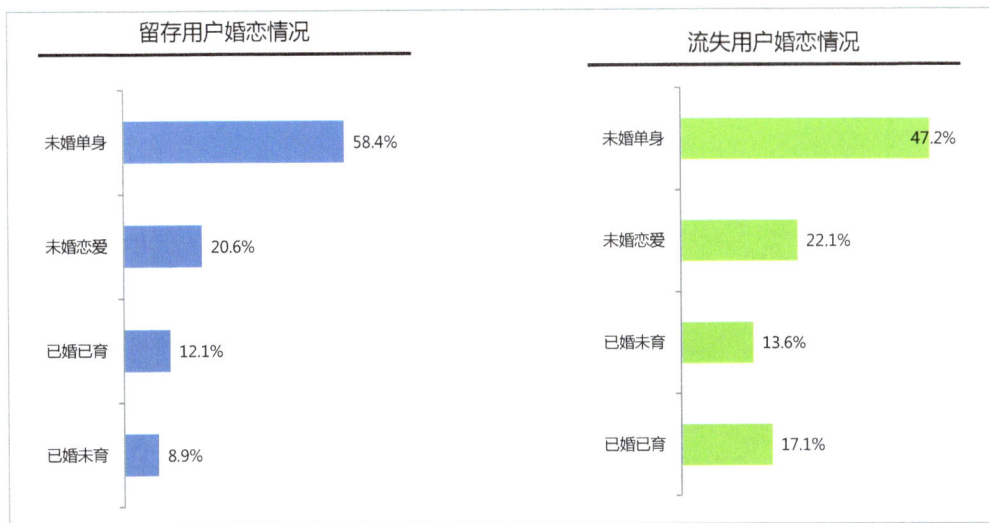

图 4-36

流失用户和留存用户相比，月收入上万元的占比明显居多（见图 4-37）。

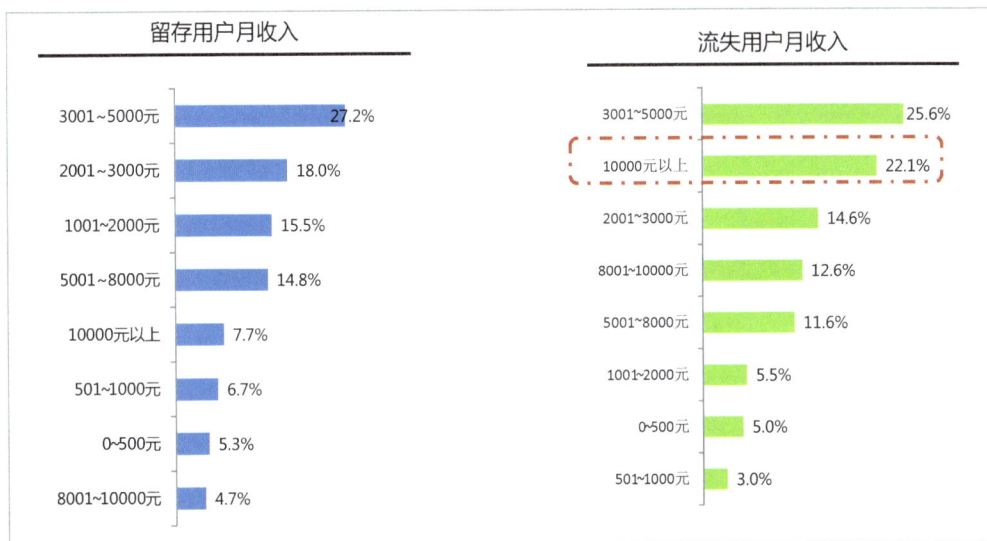

图 4-37

4.3.5　小结

- 偏爱动作类游戏的用户流失率最高。
- 所有用户对画面满意度最高，用户对 PVP、活动系统和地图评价较低，特别是流失用户对比评价更低。

- 通过对满意度与相关系数进行四象限图分析，活动系统和地图与整体满意度高度相关，但其满意度最低，这也是导致用户流失的原因，PVP 虽然整体满意度得分最低，但是重要性也较低，需要关注。急需改善的是活动系统和地图，如果未改善，会继续加速用户流失。

- "地图"是用户提及率（用户主动提及占项目总提及）最高的内容。其中，指出地图不够友好的占比高达 41.5%（读图慢，地图间不能无缝链接等抱怨最大）；认为地图清晰度不够的用户占 27.6%（上下层、室内分不清）；认为地图引导性不明确（缺乏箭头指向）的用户占 22%。用户期待的地图是无缝的、友好的、清晰的、引导性明确的、图文并茂的。

- 其他用户抱怨较多的如用户互动少、公共 CD 时间过长，以及外挂多、虚假信息多等问题。

- 流失的用户更多是男性，恋爱或者已婚，月收入过万元的相对较多。

项目团队将本次调查的结果提交给研发团队，为后续的版本调优提供了很好的数据依据。

第 5 章

公测：市场投放，一炮打响

《烈日纷争》从立项到公测，沈总多次召开公司各条线的动员会议，在产品推广过程中，带领市场推广团队与运营团队联动配合，最终在各部门的通力协作下，《烈日纷争》取得了空前的市场热度，在公测初期实现了市场热度和人数目标，取得了阶段性的成果。广告投放在为产品带来大量用户的同时，《烈日纷争》项目也创下了 HOPE 工作室项目广告投放的纪录，节点广告访问量达到公司投放历史最高值。在软性推广过程中，有效地控制现有咨询门户媒体的同时，也将 SNS 传播提高到一个新的高度，将产品更直接地推送到用户面前。

《烈日纷争》的市场投放经历了四个阶段。

- 第一阶段，舆论上高调出击，提出"让游戏回归游戏"。
- 第二阶段，将产品"神话"，冠之以"纯正的 MMORPG 游戏"，冲击用户认知。这两个阶段对应从封测开启至内测之前这段时期。
- 第三阶段对应内测期间，通过激活码限量发售的形式，产生市场热点，吸引大量用户关注，提升用户，特别是专业用户的参与愿望。
- 第四阶段则处于公测期间，针对广泛网游用户，主要利用品牌获得加分。

在封测和内测的市场调研和测试中，数据分析师通过用户调研和数据分析找到了目标用户群，确定了广告要"对谁说"。又通过竞品分析找到了自己所处市场的定位，市场人员制订了详细的市场计划，明确了广告投放的目的就是要把产品诉求点有效传到目标市场（目标用户群），确定了"说什么"。市场人员根据游戏的测试节点，通过硬性广告（俗称硬广，以区别于软性广告）、SNS、线下活动、明星助阵、异业合作等方式进行推广，全面覆盖目标市场，实现对广泛网游用户曝光告之，确定了"什么时候说"和"怎么说"。

本章将阐述《烈日纷争》是通过什么样的市场营销方法和市场活动提升并保持市场热度的，不断升温用户的期待度，引爆公测节点，完成指标并创下百度指数第一等诸多好成绩的。

5.1 市场营销方法论

《烈日纷争》在公测期间取得阶段性的成功,离不开 HOPE 工作室有一套成熟的市场营销方法论,可以概括为抓住产品、用户洞察、市场定位、击穿用户、资源触达、数据分析,如图 5-1 所示。

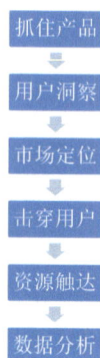

图 5-1

《烈日纷争》是如何运用这套方法论来进行市场营销的呢?

5.1.1 抓住产品

1. 产品特点

通过封测的市场问卷调研结果,了解到经典传承、职业系统、画面、剧情、点卡包月、副本、装备等是《烈日纷争》的产品特点,如图 5-2 所示。

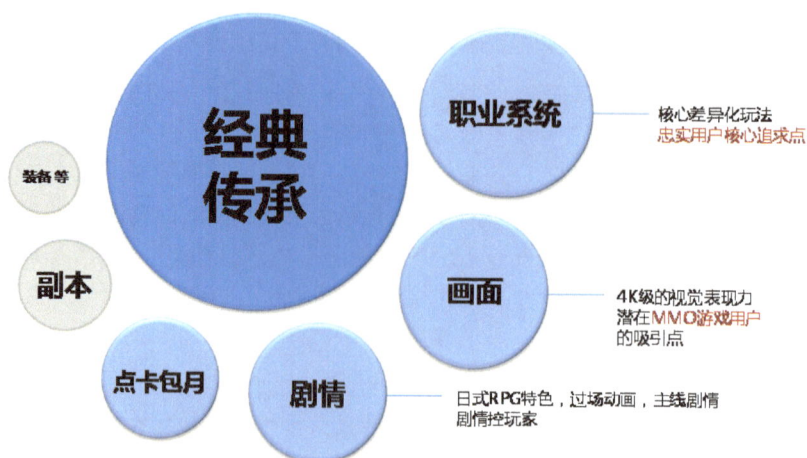

图 5-2

2. 不同维度的产品特点

从封测用户调研结果、研发者观点、封测媒体评价和立项阶段的竞品对比这四个维度，推导出的产品特点如图 5-3 所示。

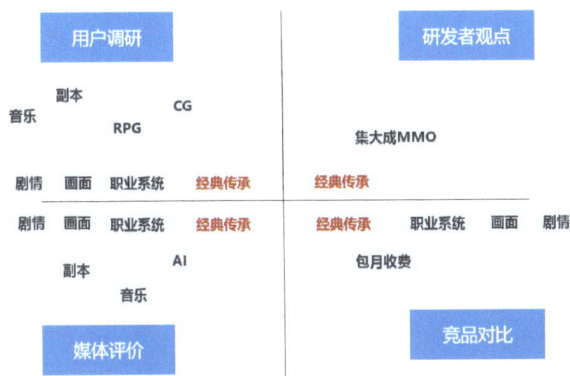

图 5-3

5.1.2 用户洞察

认识用户可以洞察用户需求，帮助产品确立正确的市场定位，验证创意和营销渠道的有效性，提升营销质量。以下是我们从多个维度了解到的《烈日纷争》用户特点。

1. 核心用户是什么样的?

通过封测市场问卷调查，了解到核心用户主要是动漫爱好者、主流大型 MMO 游戏的追捧者、单机游戏爱好者。泛用户是小众网络文化爱好者和泛娱乐爱好者（见图 5-4）。

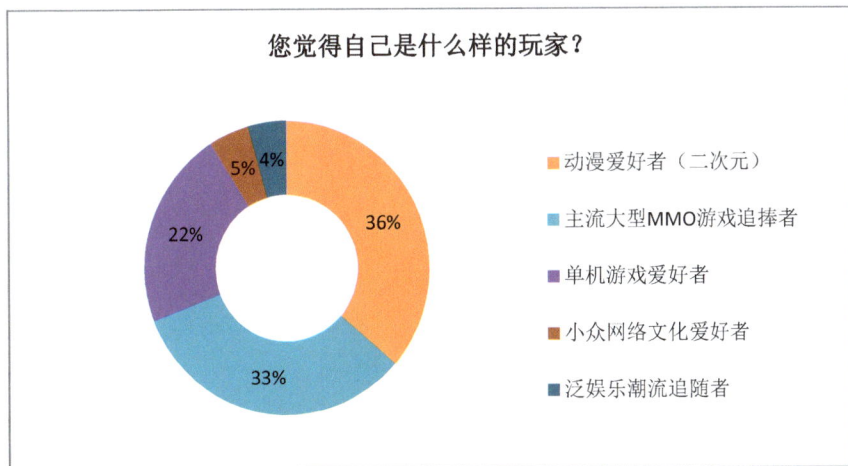

图 5-4

2. 用户为什么喜欢？

市场人员对封测市场问卷调查的结果进行解析，了解到用户为什么喜欢《烈日纷争》，核心用户群关注的点是经典传承、RPG、画面、剧情和 CG（见表 5-1）。

表 5-1

为什么喜欢《烈日纷争》	占比
经典传承	24.15%
纯正的 RPG	18.36%
唯美的画面	14.37%
游戏品质	12.97%
华丽的 CG 动画	7.58%
剧情	6.79%
丰富的职业系统	6.59%
精美人设	4.19%
游戏操作手感	2.20%
打怪技能华丽	1.60%
游戏周边产品文化	1.20%

3. 用户在不同的游戏体验阶段的感受

市场人员结合封测的测试数据、签到问卷分析和市场问卷调查分析，分析不同体验阶段的角色成长过程及不同的体验感受（见图 5-5）。

（1）初体验期间（对应等级 1～10 级）。

这个阶段的用户在意游戏画面、品牌继承感带来的感官冲击。具体表现：

- RPG 游戏，剧情、CG（Computer Graphics，是通过计算机软件所绘制的一切图形的总称）较强。
- 画面精细，场景宏大。每个场景都有自己独有的一套视觉动态特效验算方式，给用户带去不同的视觉震撼。
- 飞行鸟、音乐等游戏元素带来较强的系列继承感。

（2）中体验期间（对应等级 10～30 级）。

这个阶段的用户在意职业系统、剧情和团队操作。具体表现：

- 剧情代入感强，游戏的核心玩法角色系统体验。
- 用户不仅仅只是升级，还开始体验到不同的职业带来的角色扮演角度的切换，体验角色、副本，以及休闲玩法带来的自由度。

（3）后期体验：在意社交性、游戏慢节奏和虚拟生活。具体表现：

- 用户花心思可以把所有的职业都练满，体验的是那种虚拟世界的真实生活。
- 更多时间花在角色的养成和生产系统。

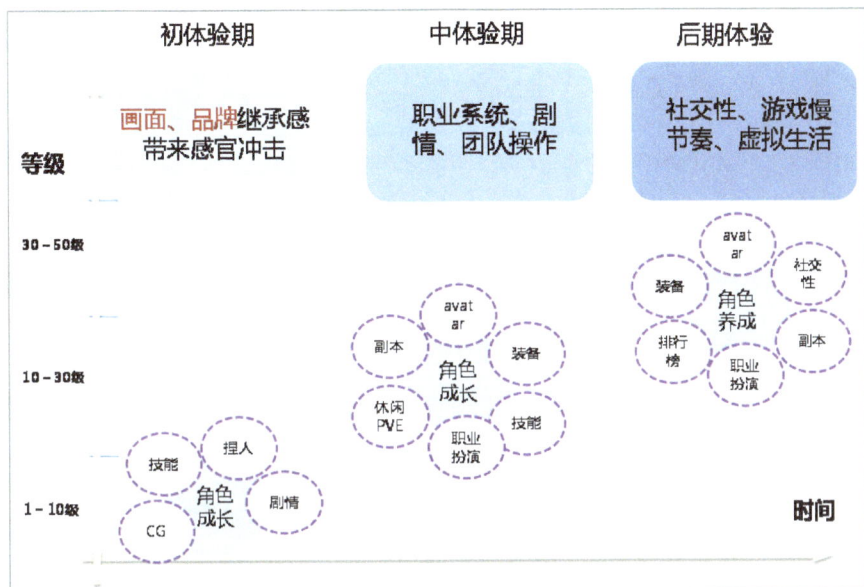

图 5-5

5.1.3 市场定位

定位是基于对用户需求的洞察，明确产品满足哪个用户群体，满足何种需求，并提供功能或情感利益点的过程。定位是一切营销工作的起点。

根据立项阶段的目标用户分析，我们了解到很多人听说过《烈日纷争》，但其中大部分都没玩过。

通过立项阶段的市场环境分析及对中国端游发展史的研究，我们已经知道，2013 年移动终端的普及正在导致端游玩家的转移，中国玩家喜欢的是动作、强 PVP 类网游，游戏节奏正在经历从慢积累到快节奏的转变，免费模式是主流。因此，《烈日纷争》并不具备中国大众玩家喜欢的特征。

在这样初看比较不利的环境下，《烈日纷争》在宣传上采取的策略应该是在承认自己与众不同的同时，还要让用户了解到自己的不同是因为自己是最好的。

《烈日纷争》的优势在于精美的画面、剧情、悠久的历史及长期以来的业界口碑，因此我们打动用户的应该是情怀和品质（见图 5-6 和图 5-7）。

图 5-6

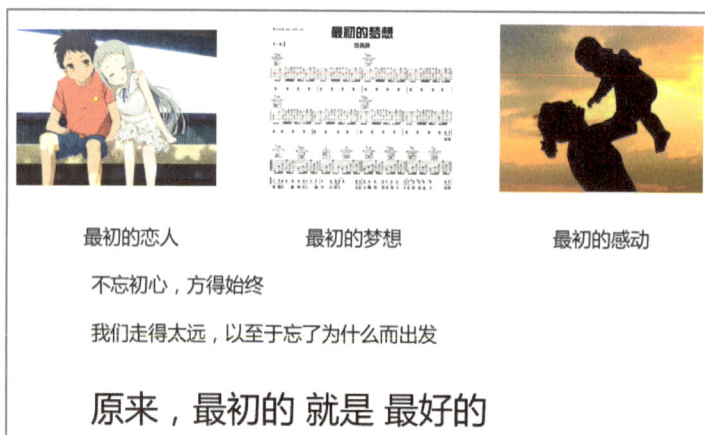

图 5-7

最初我们投入感情，如今的游戏我们只投入金钱

最初我们关注剧情，如今的游戏只有自动寻路和自动打怪

最初我们享受过程，如今的游戏我们只在乎输赢

最初时间收费人人平等，而现在游戏已经成为人民币玩家的天下

最初的烈日纷争，让游戏回归游戏

以上就是《烈日纷争》的 Slogan，也就是基于用户核心诉求制定的市场定位。

Slogan 是能传递产品特色或品牌特色，用于阶段性宣传的口号。其作用是诠释产品特色或品牌定位。

5.1.4　击穿用户

击穿用户是指打破用户心理防线让他们真正接受这款产品，是根据定位而推导出的对创意发展和营销渠道资源运用的方向性对策，是实现用户对产品的了解→吸引→问询→行动→拥护的过程。

从封测数据和用户口碑来看，我们的封测用户来源于《烈日纷争》核心用户。

从百度指数来看，封测 3 月 3 日当天的爆发力不够，指数热度有下降趋势。

那么，市场人员是如何击穿用户、打破下降趋势、完成 50 万的百度指数和 35 万的最高在线人数指标的？这里离不开市场人员按传播逻辑制定的策略，即"我是谁？对谁宣传？什么时候宣传？宣传什么？在哪宣传？怎么宣传？"（见图 5-8）。

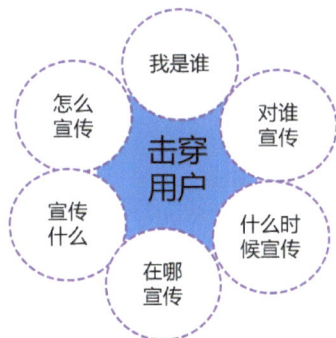

图 5-8

1. 我是谁？

在一切传播行为开始之前的第一步就是搞清楚"我是谁"。

在 5.1.1 节抓住产品中，我们就知道了"我是谁"——经典传承、职业系统、画面、剧情、点卡包月、副本、装备等是《烈日纷争》的产品特点，从调研结果、研发者观点、封测媒体评价和立项阶段的竞品对比这四个维度了解到了产品特点（见图 5-9）。

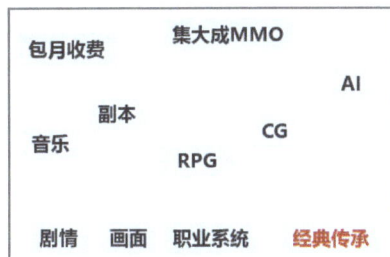

图 5-9

2. 对谁宣传?

对谁宣传?就是宣传的对象,可以理解为我希望把信息传递给哪些用户。

5.1.2 节用户洞察,就是"对谁宣传"——核心用户主要是动漫爱好者、主流大型MMO 游戏追捧者、单机游戏爱好者。泛用户是小众网络文化爱好者和泛娱乐爱好者。市场人员根据目标用户的特点解析后,确定了宣传对象(见图 5-10)。

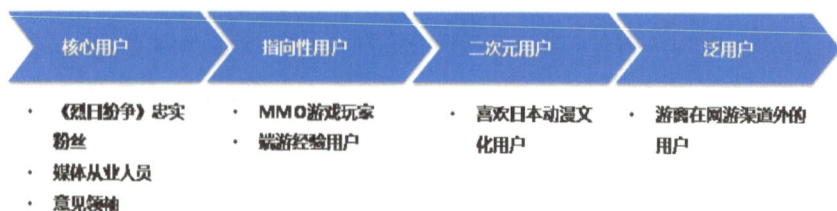

图 5-10

(1)《烈日纷争》的忠实粉丝、媒体从业人员和意见领袖是《烈日纷争》的核心用户;

(2)大型 MMO 游戏玩家、有端游经验的玩家是《烈日纷争》的指向性用户;

(3)二次元用户是喜欢日本动漫文化的用户;

(4)游离在网游渠道外的用户是主要的泛用户。

确定"对谁宣传"是后续"宣传什么"的基础,如果我们搞不清要传达的目标,就不能提炼出他们的诉求点,无法推进,如果弄错了目标群体,则会导致导入用户成本过高,ROI 过低,投入产出不成正比。因此,确定"对谁宣传"非常重要。

3. 什么时候宣传?

什么时候宣传是确定宣传效果最好的时间点或时间段。《烈日纷争》的市场宣传分为四个阶段(见图 5-11)。

图 5-11

(1)第一阶段。

舆论上高调出击,宣传时间为 5 月~6 月中旬。抛出概念"让游戏回归游戏",树立标杆,引爆游戏品牌。

(2)第二阶段。

对核心用户、指向性用户、二次元用户的冲击波,宣传时间为 5 月初至 6 月下旬。

将产品"神话"，冠之以"纯正的 MMORPG 游戏"，冲击用户认知。

（3）第三阶段。

对核心用户、指向性用户、二次元用户进行饥渴营销，如何才能玩到游戏，宣传时间为 6 月底至 7 月底（激活码售卖和内测期间）。

（4）第四阶段。

对广泛网游用户曝光告知：《烈日纷争》来了，梦想成真。宣传时间为 7 月中下旬至 8 月底（公测节点）。该阶段声势浩大，引领潮流，拉新引爆点，游戏正式上线为品牌加分。

4. 在哪宣传?

在明确了我是谁、对谁宣传、宣传什么、怎么宣传的前提下，就要考虑在哪宣传了。在哪宣传分为线上宣传和线下宣传，线下宣传一般是通过目标用户的聚集地选择开展活动的城市，比如枫叶之旅的城市参考了《烈日纷争》的活跃用户分布。线上的宣传一般是选择官方和外部渠道。

不同渠道传播方式和效果不一样，因此，需要结合产品和用户特点选择合适的渠道。《烈日纷争》主要在以下 7 个渠道进行宣传（见图 5-12）。

官网　微博　哔哩哔哩　贴吧　微信　知乎　半次元　垂直媒体　……

图 5-12

（1）官网。

游戏官方网站不仅有宣传推广（广告到达页的承接、活动及其他广告发布）的作用，还有品牌塑造、官方发布、资料查询、用户服务的作用，是用户获得第一手游戏相关资讯的门户网站，相当于游戏的门面。

（2）微博。

微博是当前不可替代的主流传播渠道，精准度不高但是受众广泛，且十分开放，适合全范围的讨论。因此，《烈日纷争》在微博中做了大量投入，比如：制造热门话题和微博广告进行整合投放，热门话题可以让这个内容在同时段被更多人看到，这是目前通过微博投放最好的方式。

（3）哔哩哔哩。

俗称 B 站，是当前最大的互动视频社区之一，以二次元（ACG）内容为主，是推广二次元产品的不二之选。《烈日纷争》虽然不是二次元产品，但是二次元用户是其目标用户，因此，在 B 站进行了视频投放，增加在二次元人群中传播的概率。

（4）贴吧。

贴吧的本质是 BBS 论坛，微信和微博对其有一定的流量冲击。但是，贴吧有一个封闭的圈子，比较适合做精准营销。《烈日纷争》和百度官方合作建立官网，并且在竞品贴吧举办有奖活动，争取竞品用户。

（5）微信。

微信的用户量当前仍处于上升阶段，也是较主流的传播渠道，最为精准，内容呈现形式也最为丰富，受众广泛。《烈日纷争》和微信的合作主要以 KOL 内容合作为主（KOL 意为关键意见领袖，常是某行业领域的权威人士或相关群体，他们拥有更多、更准确的知识和信息，且被接受或信任，并在相关群体里有较大影响力）。

（6）知乎。

知乎是当前最普及的问答平台，用户范围广泛，内容质量较高。但是商业化内容流量较小，且需要以软性的第三方角度引导。《烈日纷争》和知乎的合作内容为 KOL 回答和专栏文章。

（7）半次元。

半次元是同人（由漫画、动画、游戏、小说、影视等作品甚至现实里已知的人物、设定衍生出来的文章及其他如图片、影音、游戏等）向内容产出的主流平台，二次元属性强。原创内容的产出能力强，是二次元产品的必争之地，非二次元产品 UGC 素材内容产出的不二之选。《烈日纷争》和半次元的合作内有绘画比赛、Cosplay 比赛。

（8）垂直媒体。

17173 是当前中国游戏第一的垂直门户网站，是玩家可以获得游戏资讯、交流沟通的网站，也是游戏供应商的宣传平台。《烈日纷争》和市场上主要的垂直媒体合作，曝光产品和宣传视频，并介绍游戏特色，以吸引广大游戏用户。

5. 针对不同的对象，宣传什么？ 怎么宣传？

宣传什么就是指宣传的内容，重点是要了解产品的特点。简单来说就是人无我有，人有我优的内容。另一种思路是瞄准我们的目标人群来宣传，他们的核心诉求是什么？他们想知道什么？他们在乎什么？我们就响应他们的想法。

在前面提到的市场营销方法论的第二点：用户洞察，了解到用户为什么喜欢《烈日纷争》。市场人员针对不同的人群给出了对应的市场宣传方案，明确了"宣传什么"，在"宣传什么"的同时，仍有"怎么宣传"的策略，比如，在枫叶之旅每一站中，用不同的方式来传达游戏特色。因此，此处将"宣传什么"和"怎么宣传"放在一起来介绍对不同用户的宣传策略（见图 5-13）。

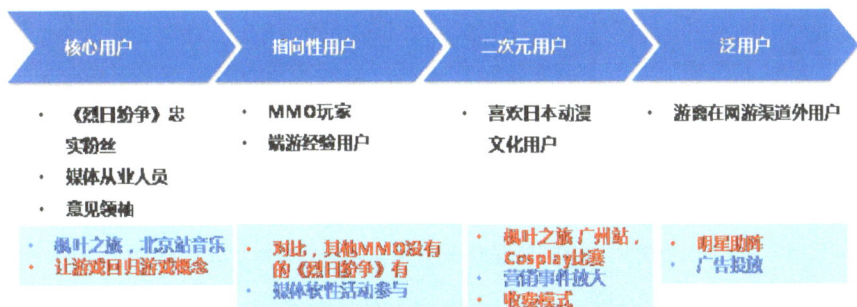

图 5-13

（1）核心用户：指《烈日纷争》的忠实粉丝、媒体从业人员和意见领袖。

主要通过枫叶之旅、北京站音乐会来触达这些用户，传递让游戏回归游戏的概念。其中：

- 在北京举办的交响乐团现场演奏《烈日纷争》音乐会活动，展现游戏特色，并以不同条线的传播进行事件发酵，进一步扩大游戏特色传播范围，并增加游戏"音乐"层面的传播，触及相关用户，提升用户期待，吸引业内人士、核心用户的关注。
- 在广州、成都、西安、北京、青岛、上海 6 站推广《烈日纷争》。因为在地图上将这 6 个城市连起来，呈枫叶形状的路线，所以称为枫叶之旅。在每一站围绕一个游戏特色进行宣传，包含欣赏试玩、用户交流、发布信息等。将游戏最真实的画面、最感动的剧情、最纯粹的职业、最动听的音乐、最诚意的收费展现给用户，和市场定位"最初的烈日纷争，让游戏回归游戏！"呼应。如图 5-14 所示。

图 5-14

（2）指向性用户：指大型 MMO 游戏玩家、端游玩家。

主要通过媒体软性活动、枫叶之旅和广州站的 Cosplay 等触达。其中：

- 以 17173 为代表的垂直媒体为主要阵地，使用核心素材展示游戏特色，在种子用户群体中形成发酵。
- 基于《烈日纷争》的二次元用户群体及喜好，再加上广州用户较多，邀请知名 Cosplay 团体扮演游戏中的人物，参加游戏宣传展会，并举办广州 Cosplay 大赛。

通过落地展会在 ACG 人群中扩大品牌认知及影响力，辐射更多二次元用户，进一步扩大目标用户的品牌认知，扩大《烈日纷争》的影响力。

- 通过 ChinaJoy 等展会面对面地推广，吸引目标用户，并在已有用户中建立口碑，在树立品牌形象的同时，累积潜在用户，吸引新用户朝游戏用户转化。

（3）二次元用户：喜欢日本动漫文化的用户。

KOL 红人传播、营销事件放大和收费模式是触达该群体的主要方式。其中：

- KOL 红人针对核心素材、游戏特点进行解读曝光，强化"纯正的 MMORPG"。加强用户对《烈日纷争》品牌及"世界观"和剧情的认知。
- 根据时长收费模式，邀请微博红人和意见领袖炒作并发酵话题"完全没期待"，在 COSER、声优、二次元、游戏、明星、电竞圈子以及"宅"社区进行广泛传播，吸引端游用户，并辐射泛娱乐群体用户。

（4）泛用户：指游离在网游渠道外的用户。

广告投放、明星助阵和异业合作是触达该群体的主要方式。其中：

- 公测期间进行几乎垄断性硬广投放，进行强曝光宣传造势，吸引游离在网游渠道外的用户。
- 和饮料、超市、显卡、电视机、键盘、鼠标、网吧品牌进行异业合作。分享不同行业中企业的市场营销资源，增强市场竞争力，触达更多的泛用户群体。
- 邀请明星助阵音乐会、发布会，并从公司角度面对行业发声，树立并拔高品牌，吸引明星粉丝。

6. 针对不同的阶段，说什么？怎么说？

《烈日纷争》的市场投放经历了如下 4 个阶段（见图 5-15）。

图 5-15

（1）第一阶段。

对舆论的高调出击，宣传时间为 5 月初至 6 月中旬。抛出概念"让游戏回归游戏"，树立标杆，引爆游戏品牌。

① 宣传预期。

深化"最初的烈日纷争，让游戏回归游戏"的 Slogan，抛出"纯正的 MMORPG"的理念，将游戏最真实的画面、最感动的剧情、最纯粹的职业、最动听的音乐、最诚意的收费展现给用户，让用户了解《烈日纷争》是何种格调的游戏。

② 宣传手法。

- 发布制作人语录 ：《烈日纷争》是一款功能完善、集大成的 MMORPG，它拥有 MMO 游戏的主流玩法，并且做到了行业内顶尖的标准。贯彻始终，不盲目追求创新，不迎合用户口味。
- 建立《烈日纷争》游戏概念站，宣传四个最初："最初我们投入感情，如今的游戏我们只投入金钱；最初我们关注剧情，如今的游戏只有自动寻路和自动打怪；最初我们享受过程，如今的游戏我们只在乎输赢；最初时间收费人人平等，而现在游戏已经成为人民币用户的天下"。
- 制作"四个最初"的静态电影素材。
- 媒体专题、微博话题（编辑怎么看，用户怎么看）。

（2）第二阶段。

对核心用户、指向性用户、二次元用户的冲击波，宣传时间 5 月初至 6 月下旬。强调"纯正的 MMORPG 游戏"，冲击用户认知。

① 宣传预期。

让目标用户充分了解《烈日纷争》的游戏特色；放大《烈日纷争》与竞品及传统MMO 游戏的差异化内容；营造期待——什么是纯正的 MMORPG。

② 宣传手法。

- 媒体特色对比专题（《烈日纷争》与传统 MMO 游戏对比）。
- 游戏特色视频（差异化内容解说）。
- 竞品论坛渗透（比韩系游戏更正统，是东方的《魔兽世界》，解说日系游戏比韩系游戏更正统的理念）。
- 游戏如何回归游戏，最初的是什么（邀请名人解说）。
- 媒体、官方活动（感召用户回忆最初的感受）。
- 针对二次元用户进行枫叶之旅广州站的高曝光。

（3）第三阶段。

对核心用户、指向性用户、二次元用户进行饥渴营销，如何才能玩到游戏，宣传时间为 6 月底至 7 月底（激活码售卖和内测期间）。

① 宣传预期。

收费价格成为议论话题，人人都在买《烈日纷争》的 CDKEY（激活码），《烈日纷争》成为端游用户的主要话题。通过激活码限量发售的形式，产生市场热点，吸引大量用户关注。

② 宣传手法。

- 公布收费模式和价格（良心价）。
- 与媒体合作销售 CDKEY（激活码）。
- 异业合作的高曝光。
- 回归时间收费的软性话题曝光（媒体、业内）。
- 内测广告和付费活动的曝光。
- 新版本解析。

（4）第四阶段。

对广泛网游用户曝光告知，《烈日纷争》来了，梦想成真，宣传时间为 7 月中下旬～8 月底（公测节点）。该阶段声势浩大，引领潮流，能拉新引爆点，游戏正式上线，为品牌加分。

① 宣传预期。

- 游戏主题歌广泛传播。
- 视频传播，话题扩散，营造出"《烈日纷争》无处不在""人人都在玩《烈日纷争》"的火爆气氛。
- 强曝光，为宣传造势，展现游戏特色，加强用户的感知印象，游戏人气爆发，引领潮流，引爆游戏圈。

② 宣传手法。

- 枫叶之旅终站——上海
- 公测发布会
- 公测音乐会
- 飞机音乐会
- 嘉年华
- 微博话题
- 院线广告
- 大规模的硬广投放

5.1.5 资源触达

《烈日纷争》总投放金额 8 000 万元，各个阶段的预算分配如图 5-16 所示。

阶段预算表

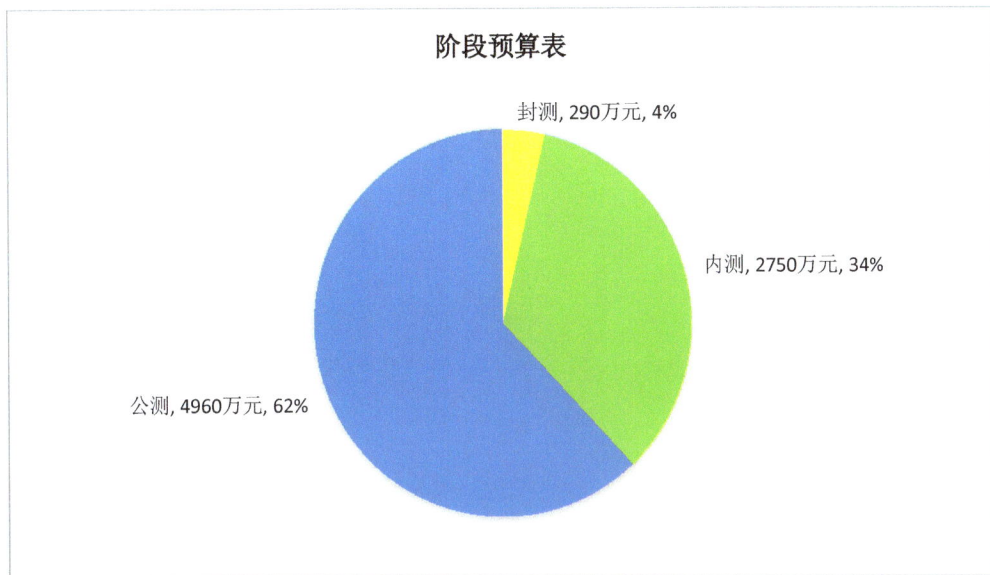

封测, 290万元, 4%

内测, 2750万元, 34%

公测, 4960万元, 62%

图 5-16

《烈日纷争》的市场投放涉及 6 项，各项金额分配如表 5-2 所示。

表 5-2

大项	小项	投放金额（元）
公关传播	公关线：行业新闻（自媒体、游戏媒体、二次元媒体、动漫媒体） 产品线：产品新闻（垂直媒体） 品牌线：视频推荐、微信 KOL、微博 KOL、微博话题、同人等	10 000 000
媒介投放	百度专区、百度贴吧、CBT 节点、预售节点、公测节点等	40 000 000
物资采购	短信、手办、Cosplay 服装、T 恤、活动奖品、客户端制作、贴纸等	5 000 000
线下活动	公测发布会、枫叶之旅、公测音乐会、飞机音乐会、电影院宣传、ChinaJoy、广州 Cosplay、明星助阵等	20 000 000
异业合作	饮料、超市、显卡、电视机、键盘、鼠标、U 盘、网吧、杀毒软件等	2 000 000
素材制作	海报、宣传视频、同人在线漫画、微电影等	3 000 000
总计		80 000 000

5.1.6　数据分析

数据化效果评估市场活动有以下 3 个重要作用。

- 评价市场营销工作的成效。
- 及时调整和优化市场策略和资源投入。
- 积累历史经验数据库，为后续营销提供效果预测和评估市场活动效果的评估主要有如图 5-17 所示的 5 个维度。

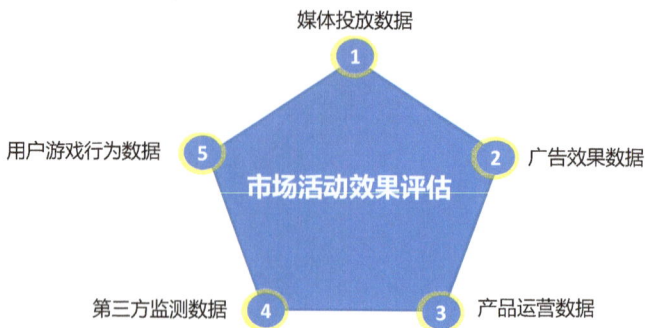

图 5-17

1. 媒体投放数据

媒体投放的数量、投放渠道、投放金额是评估效果的基础数据。

2. 广告效果数据

广告效果数据是最直接的评估维度，评估广告投放的指标主要有 CPM、CPC、CPA、CPL、激活率、转化率、ROI 等。值得注意的是，在评估广告的效果时，要结合媒体投放数据综合评估，我们不能光看绝对数量，也不能光看比例，两者结合才是最客观的分析方法。

但是，不是所有的广告都能监控到用户转化的相关数据，比如新闻类、资讯类和视频类媒体的广告投放。此时，需要考虑一下其他维度的数据来评估其效果。

3. 产品运营数据

市场活动期间，如果能提升产品的运营数据，则是最有效的投放方式。运营数据包含新增用户、活跃用户、在线人数、留存率、收入等。

4. 第三方监测数据

除了广告本身和游戏运营数据，还有第三方监测数据可供参考。比如百度指数、游戏排行、网吧监测数据等。

比如，分析《烈日纷争》的枫叶之旅、音乐会、漫展等线下活动的效果，可能因为游戏未正式上线以及限时、限量测试的原因，我们无法直接从产品运营数据中分析出效果。但是可以从百度指数或其他排行榜中获得当前市场活动的热度。

5. 用户行为数据

如果说产品运营的数据是评估游戏活动的宏观指标，那么用户行为的数据则是微观指标。用户行为数据可以通过用户的游戏时长、登录次数、消费情况、等级，以及社交行为等数据来评估。

5.2　硬性广告投放

硬性广告俗称硬广，其实就是广告，称之为硬是相对软性广告的模糊性，它更直接和明确。广告是快速打开市场知名度的利器，也是传递品牌与创意信息最重要的方式之一。广告具备投放方式标准化、投放效果可衡量和数据驱动投放决策的特点。在市场投放预算中，广告往往是市场预算最大的部分，《烈日纷争》的广告预算占到总体市场预算的 80%。

广告的种类主要有 Banner 广告、富媒体广告、平面广告、视频广告。

- Banner 广告：主要有 Flash 格式和静态格式；
- 富媒体广告：一般以视频弹窗和浮层流媒体方式为主；
- 平面广告：通常有静态电影（网络）、报纸杂志广告、公交车车身/候车厅、地铁站灯箱/墙贴；
- 视频广告：比如传统电视广告、楼宇液晶电视、户外液晶电视。

5.2.1　广告投放计划

《烈日纷争》项目在媒体投放计划过程中，经过多次专项会议，由运营人员结合产品特点和推广主题，制订媒体投放需求；市场人员向运营人员推荐媒体组合及强势广告位，数据分析师提供各媒体的历史效果数据，根据数据筛选出优质媒体并推荐合理的预算分配，最终制订媒体投放计划，并微调至媒体配送的广告位，目的是必须保证满足产品前期强曝光和广告长停留的要求。

经过运营和市场各部门的多方沟通，形成了一个闭环式的多方沟通模型，打破了原有的线性工作流程，将集体的智慧力量发挥至最大。

1. 媒体投放组合

《烈日纷争》公测投放分别选取门户资讯类、搜索导航类、软件工具类、视频类、文学类、网盟类这 6 大类别，市场人员根据历史经验、数据人员根据数据效果，选取了流量与用户质量较优秀的 43 家媒体进行投放。各媒体预算分配比例如图 5-18 所示。

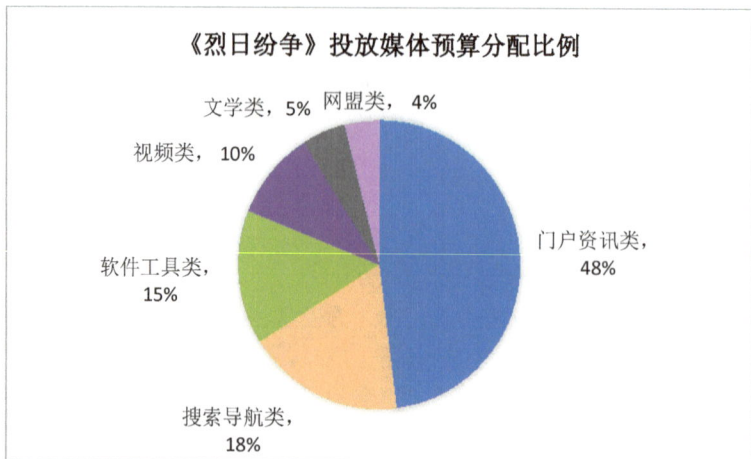

图 5-18

2. 媒体的选取策略

（1）强曝光，为宣传造势

根据产品上线节点，需进行强曝光，为宣传造势，媒体预算分配比例在门户资讯类占到较大的比重，接近 50%，为《烈日纷争》各类节点的新闻发布推荐争取强有力的配合。

（2）展现游戏画面特色。

选取业内排名前 10 位的视频类网站进行合作，除广告投放外，更加强了对视频类媒体的软性合作需求，定期进行视频推荐传播，发挥《烈日纷争》游戏画面绚丽的优势。分别以真人剧、活动直播等形式，进行多方位宣传。

（3）品牌推广及保护。

为保证《烈日纷争》品牌，选择了百度专区、17173 的首页文字链等高价位醒目的广告，用来配合门户类媒体强曝光带来的用户边际影响。同时为了保护产品，避免外挂、竞品恶意攻击等负面消息的影响，对各大论坛进行了公关维护。

（4）用户吸引。

在进行用户调研之后，选择专业类媒体中用户接触较多的几家，广告形式为高曝光的同时，尽量选择转化率较高的广告位，以吸引新用户为主要目的。选取广告位以强曝光后的长停留广告，用以加强用户的感知印象。

3. 百度专区建设

由于《烈日纷争》前期进行了大量的宣传口碑营销工作，经历了两次限号测试，营造出了一号难求的氛围。在公布公测时间节点之后，配合广告的投放，搜索类媒体毫无疑问地将成为新手玩家寻找游戏的主要途径。百度作为国内最大的搜索媒体，合理利用百度的资源，便于打通用户与游戏之间的通路。

除了对百度关键字竞价排名投放，百度品牌专区的建设也是相当重要的。百度品牌专区按游戏官网的 PV 和搜索情况进行定价，对热门产品来说，尽早确定品牌专区的投放，可以有效地节约广告成本。

百度专区内的图片素材，新闻素材保持一周更新一次的频率，让用户能在搜索到《烈日纷争》的同时，可以及时了解到产品最新的动态。

（1）定制主题广告素材。

《烈日纷争》作为用户极其期待的网游作品，在不同节点上，制作了多版宣传素材，以充足的准备，应对各种不同的宣传需求。

节点投放广告位总量 120 个，分别制作 3 款不同内容，出具广告方案 40 份，总体素材数目 400 个以上（不包含广告公司制作素材数目），统一经过媒介人员外发。

（2）广告素材内容。

8 月 1 日，《烈日纷争》开放性测试节点：开测节点前期，每日更新素材，以倒计时的形式增强用户的期待度。

广告主题：让游戏回归游戏。

表现点：公测测试客户端下载、8 月 1 日开放测试节点宣告、公布发布会仪式启动。

（3）搜索关键词方案的优化。

本次搜索引擎投放分别购买了百度品牌专区和百度关键词组，根据 7 月内测节点的百度投放情况，对关键词组进行了优化。

通用类广告词，消耗较大，展现量一般，后期暂停了通用词；竞品游戏类、活动类、明星类，消耗较低，展现量也比较大，故加入了对竞品词等非常用关键词的投放。

5.2.2　整体投放效果

通过前期有效的媒体筛选组合、详尽的宣传策略，得到了比预期更理想的宣传效果。搜索类媒体是本次用户导入的最直接途径，但这与整体选择的媒体组合投放，以及事件营销、宣传工作是密不可分的。相关数据如图 5-19 所示。

节点投放种类有 6 个，广告位总量 150 个，投入金额最多的是网媒类，17173 排名第一（中国第一游戏门户网站），占总投入金额的 21%。效果最好的是搜索类媒体，其中 360 专区的用户成本最低且 ROI 最高，CPL 为 3 元，ROI 为 817%，乐视网投放的用户成本最高且 ROI 最低，CPL 为 20 160 元，ROI 为 0.11%。

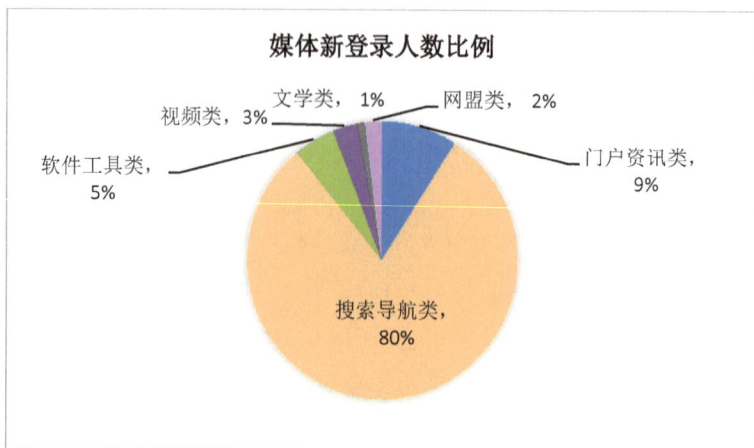

图 5-19

乐视网为视频类网站，广告投入金额 504 000 元，点击量 326 312，点击成本 1.5 元/次，下载游戏并注册的用户 230 个，CRP 为 2 191 元，登录游戏的用户 25 个，CPL 为 20 160 元，在游戏中充值 536 元，ROI 为 0.11%。从广告监控效果数据看，视频类媒体相对其他类型来说用户转化率较低，但品牌宣传效果高于其他类型的媒体。比如：有不少用户在贴吧、微博中反馈他们是因为看到了视频广告才了解到该游戏并体验的，但提到其他媒体类的用户极少，说明视频类媒体对用户的影响可能不会马上生效（点击广告→下载游戏→注册账号），而是潜移默化地让用户逐步熟悉后转化，因此出现转化低但口碑好的情况。

相关数据如图 5-20～图 5-22 所示。

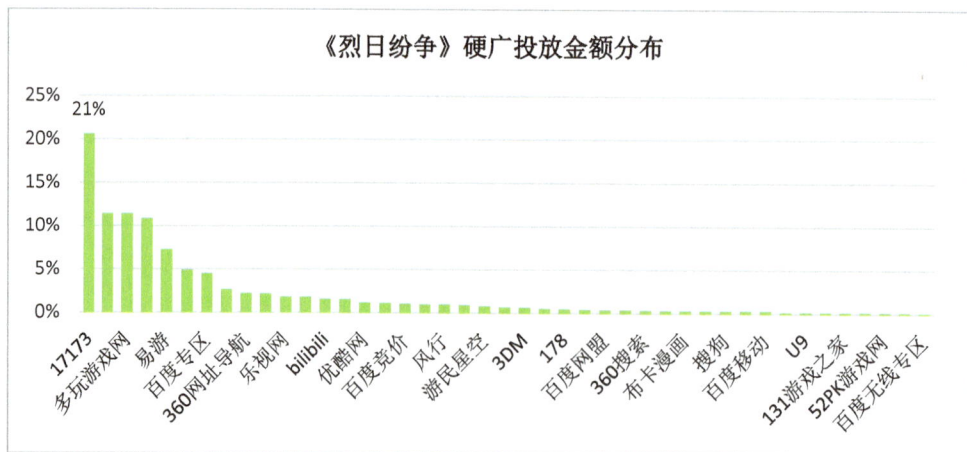

图 5-20

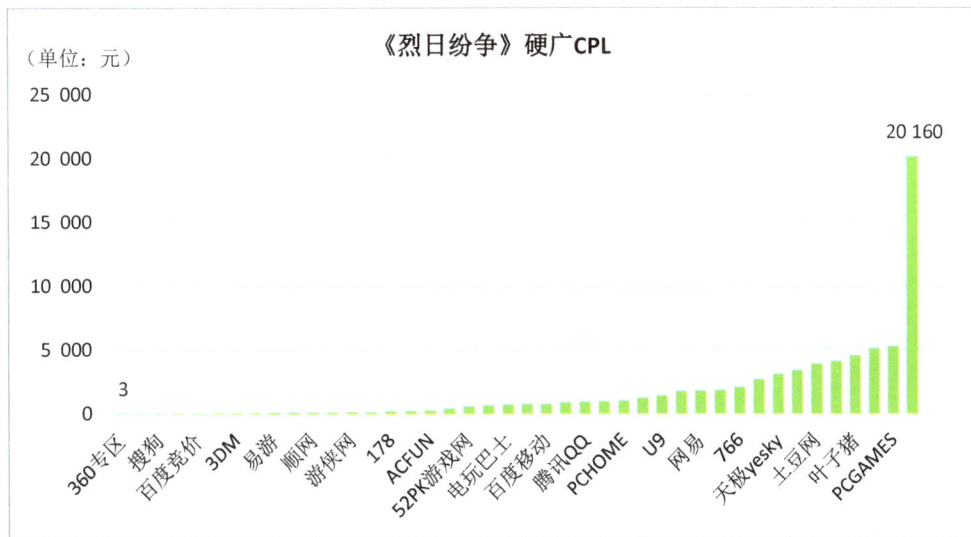

图 5-21

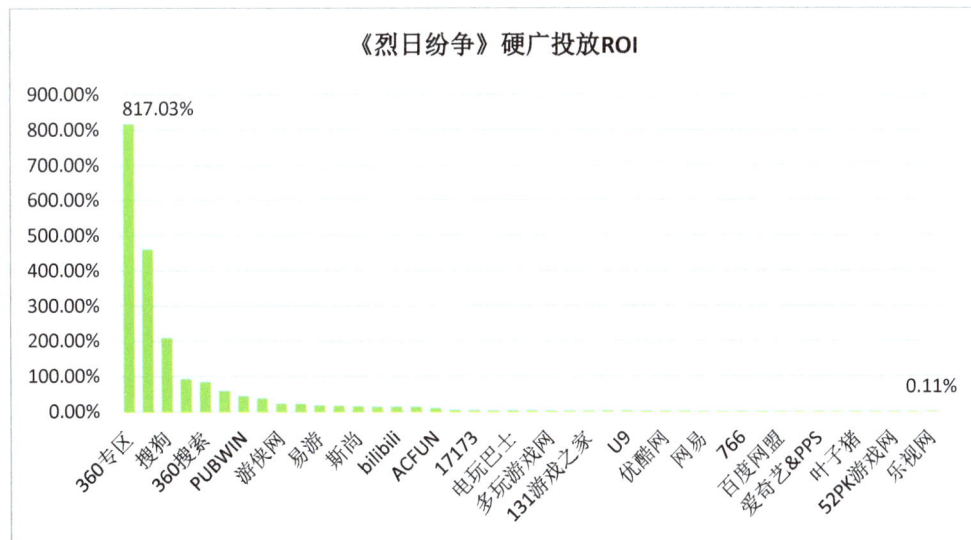

图 5-22

5.3　软性广告推广

软性广告是相对于硬性广告而言的，其主要特点是作为素材用于介绍用户感兴趣的主题，相对来说更容易被接受，最终也达到类似广告的效果。软性广告常用的表现形式有软文、视频软性广告、电子书软性广告等。

软性广告是目前市场上的流行趋势，也是消费者更乐意接受的广告形式。消费者研究表明，用户已逐渐对硬性广告失去了兴趣。

5.3.1 媒体要闻推荐

市场人员为《烈日纷争》前期宣传预热做好了充分的准备，从 6 月激活码预售开始，至 8 月公测，平均每天发送软文 10 篇，同时保证 4 大游戏门户网站每天均有推荐软文。保证了《烈日纷争》推广期间的软性攻势，弥补了广告投放不能覆盖到的日期内产品的持续曝光。

官方外发软文累计 508 篇，外发配合的一线、二线媒体总计 80 家以上。

5.3.2 视频传播推广

从公测前两周开始，每周均有视频制作和外发推荐，充分从画面、剧情、声音、游戏性的展示上吸引用户的关注度。视频涉及的题材广泛，包含版本介绍、游戏捏脸视频、趣味改编、真人情景剧等。

公测节点前期外发视频多为游戏性宣传为主，加强用户对游戏的期待度。后续增加了各种游戏周边产品的视频宣传，PK、捏脸、MV 等，增加了趣味性。同时推动媒体和用户自主制作视频，增加用户之间的互动交流。也配合 SNS 社区的传播效果，增强了"人拉人"的传播效果。

从公测前两周至公测后第 2 周，共计对外发布视频数 191 个，播放总量达 1 337.7 万次，评论总量为 3.5 万个（见表 5-3）。

表 5-3

视频传播	视频数（个）	播放总量（次）	评论总量（个）
传播总量	191	13 377 820	35 286

对各大视频网站，以《烈日纷争》为关键词进行视频搜索结果统计，总计视频数量达到 57 872 个（见表 5-4）。

表 5-4

媒体名称	视频存量（个）
B 站	11 109
优酷	44 837
土豆	1 133
新浪	793

5.4 SNS 社区互动传播推广

SNS 专指社交网络服务，包括了社交软件和社交网站。通常所说的 SNS，其含义还远不止"熟人的熟人"这个层面。比如根据相同话题或主题进行凝聚（如贴吧、微博、豆瓣），根据爱好进行凝聚（如人人网、抖音、快手）等，都被纳入 SNS 的范畴。

SNS 社区推广有三大主要优势：推广成本低、用户信息接受度高、传播爆发力强。

自《烈日纷争》公测前一个月开始就在 SNS 互动社区（主要是微博）通过发帖和转帖来开展营销推广活动。通过各种生动有趣的内容或者时事热点的讨论，吸引用户在好友之间互动传播，然后将植入在内容中的《烈日纷争》元素，展示在用户眼前，营造出"《烈日纷争》无处不在""人人都在玩《烈日纷争》"的火爆气氛。一周发帖数量千篇，7 天内达到千万级的互动与浏览量。

5.4.1 选择微博投放的原因

游戏行业的 SNS 相对整个互联网来说比较窄，以微博为主。历史上做微博投放的游戏并不多，即使有，其投放的金额也比较低，究其原因主要是对微博投放的效果没有信心。《烈日纷争》选择在微博投放，且投放金额在百万元之上，主要有以下 4 个原因。

（1）微博作为辅助曝光的平台，不能把它想成效果型媒体，做品牌不是轻松简单地做一做就能看到收效，微博是一个话题为王、内容为王的平台。

（2）微信的月活跃用户数虽然接近 4 亿，但并不能完全替代微博进行推广，因为在微信不能投硬广，只能通过朋友圈、公众号转发，意义并不是很大，纯游戏的内容并没有网民愿意帮忙转发。

（3）近两年微博的活跃用户量呈下降趋势，但用户规模仍然较大（月活跃用户数约 2 亿），微博话题这块的市场推广也找不到其他类型的平台来替代，鉴于《烈日纷争》这样量级的产品，加之有 8 000 万元的市场费用，推广应该尽可能全面覆盖。

（4）配合热门话题和微博广告进行整合投放，让有影响力的人进行微博、微信分享，并发布话题引起讨论。热门话题可以让这个内容让同时段被更多的人看到，配合微博广告是一个效果的落地，是目前通过微博最好的投放方式。

综上所述，微博话题这块的市场推广目前没有其他平台可以替代，微博是目前 SNS 最适合做游戏投放的平台之一。

5.4.2 微博推广方式

整个 SNS 的推广计划排期一个月，在公测节点的前后 15 天进行，公测前以网络红人、意见领袖的体验分享为主，公测期间以视频传播、话题扩散为主，制造网络话题。

1. 投放对象

市场人员搜索了游戏行业所有的微博红人和意见领袖，通过粉丝数的排名，筛选了300 个 UP 主，包含 Cosplayer、漫画家、声优、二次元媒体、游戏频道、国内知名"宅"社区、游戏知名博主、知名编辑、段子手、"草根"、明星、电竞博主等。

2. 推广文案

一般来说，具备可炫耀、能攀比、好看、有"梗"、能衍生、可交互特点的文案是用户愿意传播的。因此，市场人员在设计推广文案时尽量满足了这些特点，如下。

- 推广话题：#烈日纷争开测#
- 槽点：开宝箱；极品装备加 13 点属性；小学生；自动寻路；VIP 等级；道具商城；消费排行榜。
- 梗：完全没期待。

3. 文案实例

推广文案分正面向和"吐槽"向。

（1）正面向。

正面向文案的微博由官方合作伙伴、官方微博、部分媒体发布，从游戏品牌、画面、剧情、音乐方面进行推广。

例如：

- 官方合作伙伴（正面向）

#烈日纷争开测#27 年的等待，年度 MMORPG 大作《烈日纷争》今日开测。剧情、画面、音乐三驾马车，带你进入《烈日纷争》的奇幻世界。沉浸到纷争大陆的冒险旅途中。

- 官方微博（正面向）

#烈日纷争开测#今日 9:00，《烈日纷争》开放性测试正式开启。这预示烈日系列诞生 30 年后终于在中国上市了。《烈日纷争》是一款正统的按时长收费的 MMORPG 游戏，拥有 4K 真实画质、史诗剧情及绝赞音乐三大支柱特色。现在，你只需注册账号进行预充值就可以登录游戏体验到这款大作。

- 媒体（正面向）

#烈日纷争开测#27 年的坚持，"烈日纷争系列"带给一代游戏用户难以忘怀的记忆。今天，《烈日纷争》开测了，这也是该系列首次正式登录中国。按时长收费、原汁原味，体现满满的诚意。我们相信这款正统 MMORPG 大作一定能深受中国用户喜欢，让游戏回归游戏，《烈日纷争》值得体验。

（2）"吐槽"向

"吐槽"向微博文案由部分媒体、草根、段子手、电竞红人、网剧明星、二次元红人发布。所有文案必须带#烈日纷争开测#和#完全没期待#两个话题。

- 媒体

#烈日纷争开测#如此一款 MMORPG 到了中国竟然没有被本地化，不开免费、不开商城、不开爵位，不能砸+15 的宝石，也没有炫酷的翅膀。这让习惯了那些"大作"的用户们如何期待？感觉再也不会爱了。#完全没期待#

- 草根文案

#烈日纷争开测#严重抗议这种侮辱"土豪"的游戏！不能花钱开宝箱、买装备就算了，连花钱买 VIP 特权的功能都没有，让"土豪"们怎么突出这里被我承包的气势啊！#完全没有期待#

- 段子手文案

#烈日纷争开测##完全没期待#这个游戏太堕落了，根本不为我们"土豪"着想，像我这种开宝箱到手抽筋、抽道具抽成植物人，五块钱一朵的玫瑰花满世界撒的拉风男孩，根本就没有玩的欲望。不过听人说这个游戏里可以结婚，而且不限性别，我的心思又活络了……

- 电竞文案

记得最早玩"烈日纷争系列"是在大学同学电脑上玩的，听说#烈日纷争开测#定在 8 月 1 日，我的硬盘已经饥渴难耐了！

- 网剧明星文案

#烈日纷争开测#这个游戏没有酷炫贵 VIP，没有十全大补经验丹，没有专属会员屠龙刀，我简直不开心了，#完全没期待#我在中东有一块油田专门就是用来给游戏冲钻石用的，你没这些元素我还怎么体现我的富可敌国！

- 二次元文案

#烈日纷争开测##完全没期待#一寸光阴一寸金，早已习惯鼠标轻轻一点便坐地升级，高踞全服排行榜，笑看云淡风轻。如今要我一步步打怪接任务，心中已经万马奔腾，习惯飞翔的我怎么落下凡间和普通人公平竞争？

5.4.3　SNS 社区推广总结

SNS 作为近几年兴起的互动社区，已经逐渐成为用户获取信息、与好友亲人互动的重要渠道之一。游戏行业对 SNS 的传播效果也越来越重视，如何有效运用 SNS 社区也已成为许多项目期望解决的问题，本次《烈日纷争》的推广选择合适的爆发时间段，与广告及其他软性宣传节奏配合，在适当的时候营造产品的火爆气氛，提升用户的优越感。同时推广中也有一些问题需要我们去完善和解决。

- 如何直接将用户引导至游戏官网，进而转化为游戏内的用户。
- 能否将微博上的用户信息，进行有效的收集，用于进一步更直接的用户信息传达。
- 需要我们与 SNS 平台官方及第三方团队在更多的案例操作中去发现和解决，将 SNS 社区转化为传播的利器。

5.5　异业合作

异业合作是指不同行业的企业通过分享市场营销资源，达到降低成本、提高效率、增强市场竞争力的一种营销策略。可以用两个很简单的词来总结，就是取长补短和强强联合，在市场氛围和客户群体扩展上达成 1+1>2 的效果。

《烈日纷争》的异业合作主要是利用自身资源（包括游戏虚拟资源、媒体宣传资源以及市场费用等）与其他行业的厂家开展合作，争取合作方的资源投入，以拉动新用户、提升游戏知名度为目标，进行推广宣传。

5.5.1　异业合作的基本方式

在进行异业合作方面，首先要考虑合作的目的，是要销量还是要做品牌推广，目的不同选择的行业方向肯定也不相同。比如软件行业，更好的合作就是与硬件厂商捆绑，会在销售上取得明显的效果。

除了捆绑产品资源，渠道资源的捆绑销售也是一个良好的途径，所谓渠道之间的合作，就是合作双方或其中一方开放自己的渠道资源帮助合作方扩大产品销售和推广面，使得合作双方都能获得产品销量和市场口碑的提升。

一般来讲，异业合作的基础是目标消费群体部分或者全部重合。若没有交集，那一切都无从谈起。

游戏行业开展异业合作的基本方式主要有以下几种（见图 5-23）。

图 5-23

（1）激活码（或兑换码）与合作伙伴的产品做捆绑结合（夹带或内置卡片，产品包装中加入游戏形象），通过合作伙伴的销售渠道，直接面向消费者。消费者可通过购买合作伙伴产品获得游戏的激活码（兑换码）、注册账号、登录游戏、赢取相应的游戏内部的奖励或周边产品。）这对合作双方来讲是各取所需、互利互惠。

（2）联合进行全国性或区域性的地面市场推广活动，例如：与网吧、校园联合推广，以及大型商超门前或人流量较为密集的地方开展路演等。

（3）联合进行广告宣传推广，包含电视媒体、平面媒体、户外媒体、网络媒体等宣传。例如，新游戏或是游戏的新版本在推广时有大量对外广告的投放，可以在广告中带上合作伙伴的相关信息，那么同样，合作伙伴在广告投放中也可以带上我们的游戏，大家共同分享广告资源。

（4）游戏举行具有规模性的线上/线下活动，合作伙伴以现金或是等价的实物奖品冠名活动的方式与游戏进行合作。

（5）游戏与特定的组织、赛事、协会等拥有一定知名度的机构达成某种战略上的合作，双方可以相互授权，提供出一部分资源供对方使用；这种方式的合作对于游戏的好处主要是知名度上的提升。

（6）游戏举行具有规模性的线下展会活动，合作伙伴以冠名、赞助的方式与游戏进行合作。

（7）游戏与银行推出联名信用卡，对于游戏推广是一个很好的机会，而对于银行而言，借助游戏本身，对自身业务拓展也是重要的基点。

《烈日纷争》对外合作的行业合作伙伴有：IT 硬件厂商（键盘、鼠标、显示器、U盘）、快速消费品（可乐、奶茶、红茶、快餐）、网吧、杀毒软件、银行卡等。合作的基本形式包含：游戏激活码与产品捆绑销售、地面推广、比赛奖品赞助、银行联名信用卡、线下展会活动。

5.5.2　经典异业合作案例

2014 年 6 月至 9 月，《烈日纷争》成功与某著名快餐公司旗下品牌的新产品联手，开展了大型的异业推广合作。HOPE 工作室与该快餐公司在各自领域都具有丰富的行业经验与独有的优势，两款产品也都具有很高的市场期待度，深受用户欢迎，双方的共同理念可以给我们的用户带来虚拟和现实两方面的、更为全面的快乐体验，双方拥有共同的消费群体与经营理念，使得此次合作非常成功。

1. 项目时间及背景

某知名快餐品牌计划在 2014 年 6 月至 9 月与知名的网络游戏合作进行产品推广。与 HOPE 工作室的《烈日纷争》游戏暑期推广计划相切合，通过积极接触和沟通，即达成合作。

2. 项目内容及形式

《烈日纷争》与该快餐品牌联手推出总价值为两千万元的有奖活动，在限定时间内购买该快餐品牌指定套餐，即可获得《烈日纷争》游戏的特殊坐骑兑换码。购买用户可以打开游戏官网活动页面参加活动，凭兑换码兑换特殊坐骑。

该快餐品牌的活动宣传中体现《烈日纷争》游戏的 LOGO、游戏人物形象和官方网站，并在各家连锁门店进行广告宣传。《烈日纷争》则利用自身公司资源同步对该快餐品牌活动进行宣传，引导用户购买参与。在广州、成都、西安、北京、青岛、上海 6 个城市开展全国枫叶之旅活动的同时，张贴该品牌的海报，开展了声势浩大的活动赞助。

快餐品牌为本次双方的合作拍摄了广告并进行投放，长度为 15 秒（包含《烈日纷争》游戏的游戏形象及公司 LOGO）。

鉴于该快餐公司投入的合作资源，作为合作方，《烈日纷争》游戏研发方设计并在游戏中植入了该快餐的专属游戏道具（专属道具只能通过购买该快餐品牌的指定套餐获得）。

3. 合作效果

经过和快餐品牌的合作，创造了高效的营销模式，共同提升了品牌价值；同时也提高了资源利用率，给用户更多产品附加价值和丰富体验。另外，也衍生出了许多新的、好玩的"梗"，通过用户自愿传播，帮助游戏进行了宣传。

5.6　院线广告投放

5.6.1　市场调研

《烈日纷争》是一款表现优秀的产品，加之有 8 000 万元的市场费用预算，推广应该做全面的覆盖。该游戏的特色之一是全面支持 4K 分辨率的画面技术，为了让更多用户近距离感受到 4K 赋予《烈日纷争》那种独特的视觉震撼力，市场团队希望通过投放电影广告，给予大众直观的 4K 体验。

电影广告投放资金量需求很大，在决策是否投放之前，市场人员非常谨慎，因此数据分析师配合市场人员做了以下相关的调研和分析。

1. 封测调研

在封测市场调查用户中，已了解到 4% 的用户是泛娱乐潮流追随者，其中有 18% 的用户喜欢电影。虽然在所有调查用户中选择"看电影"的用户比例不是很高，但是考虑到该题目的选项是单选，可能会有部分电影爱好者选择了其他选项。

- 封测问卷相关题目：

8. 您觉得自己是什么样的用户？（单选）

A. 动漫爱好者（二次元）（跳转至第 9 题）
B. 单机游戏爱好者（跳转至第 10 题）
C. 主流大型 MMO 游戏追捧者（跳转至第至第 11 题）
D. 小众网络文化爱好者（跳转至第 12 题）
E. 泛娱乐潮流追随者（跳转 13 题）

13. 您更喜欢哪种娱乐模式

A. 看电影
B. 听音乐
C. 看电视剧
D. 看小说
E. 旅游
F. 其他_____

- 封测问卷数据结果（见图 5-24）：

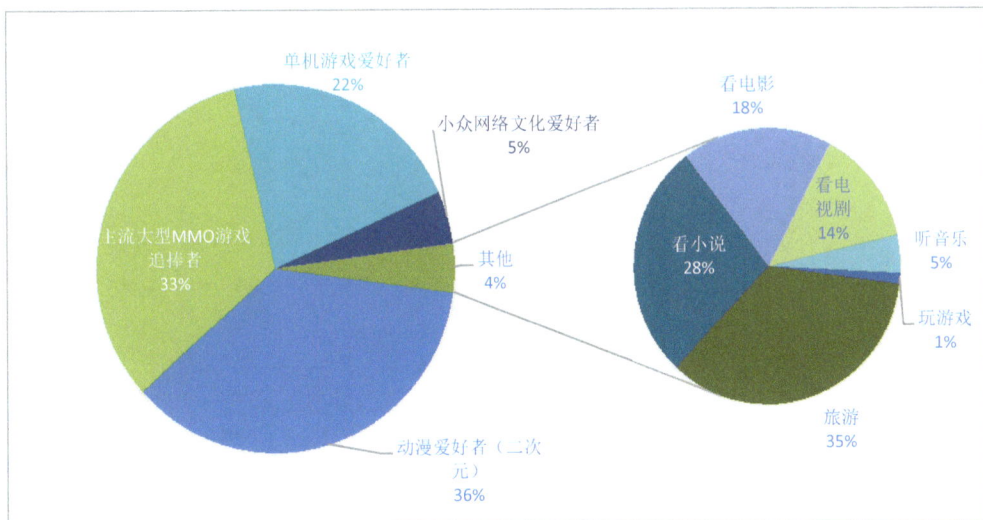

图 5-24

2. 内测调研

为了进一步了解用户中电影爱好者的比例，在内测的问卷调研中准备了两道和电影相关的题目，为了避免出现和封测类似的情况，本次对用户爱好的题目选项设置了多选，希望尽可能调研到用户中电影爱好者的比例。

根据调研结果得出，《烈日纷争》用户中有 17%喜欢看电影，其中有 51%的用户喜欢在电影院看电影。

根据该数据可以做一个估算，假设《烈日纷争》的目标用户有 100 万人，那么，如果在电影院投放广告，通过电影院广告投放能触达到的用户最高为 8.67 万人（假设所有用户在电影院都能看到广告，等于 100×17%×51%），电影院线广告的投放金额大约需要1 000 万元，则最低的用户触达成本为 115 元（=1 000/8.67）。

当然，以上计算方式有些过于理想化，因为我们不确定有多少用户能看到投放的广告。调查问卷的数据只是让我们有所参考，告诉我们游戏用户中电影爱好者的比例，但要预测电影院线广告的投放实际能触达多少用户，还需要获取更详细的数据进一步分析。

- 内测问卷相关题目：

您的爱好是？（多选）

A. 看电影
B. 购物
C. 听音乐
D. 动漫（二次元）
E. 单机游戏（主机游戏）
F. 主流大型 MMO 游戏
G. 其他_____

您习惯在什么地方看电影？（单选）

A. 电影院
B. 家
C. 网吧
D. 其他_____

- 内测问卷数据结果（见图 5-25）：

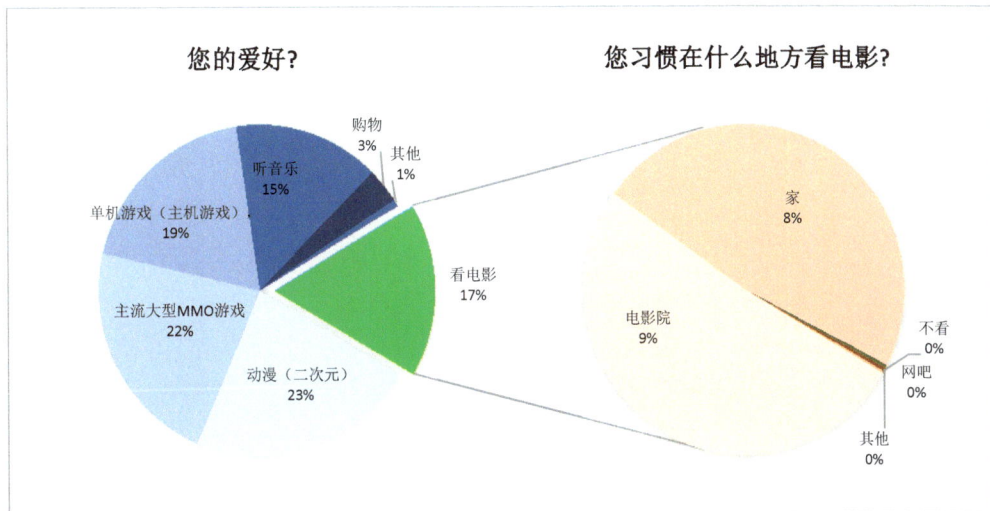

您的爱好？

您习惯在什么地方看电影？

图 5-25

5.6.2　电影和游戏用户的重合度

为了获得更精准的数据，为电影院线广告的投放做决策参考，市场人员与电影院在线售票网站合作，将上海地区近 1 年内电影票的购买数据与公司游戏用户比对获得了必要的信息。

数据分析师利用这些数据对购票情况进行分析，主要有以下结论（见图 5-26）。

（1）《烈日纷争》用户购买电影票的比例为 30%。

（2）《烈日纷争》用户最喜欢观看科幻类的电影，其次是魔幻类、喜剧类。购票人数最多的电影前 5 名：《变形金刚 4：绝迹重生》《X 战警：逆转未来》《哥斯拉》《明日边缘》《美国队长 2》。购票人数最多的动画电影：《冰雪奇缘》。

（3）在《烈日纷争》购票用户中，1 年内人均购买电影票的次数为 2.3 次，人均购买金额为 278 元。说明游戏用户在电影方面的投入较高。

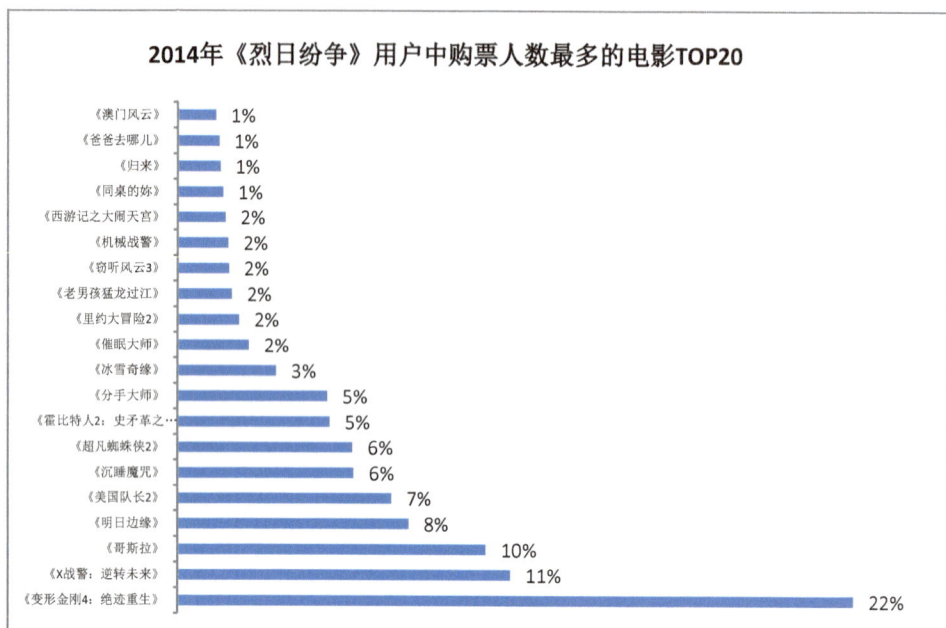

2014年《烈日纷争》用户中购票人数最多的电影TOP20

图 5-26

5.6.3 投放决策

鉴于以上的分析结果，市场人员认为《烈日纷争》游戏用户中喜欢看电影的比例较高，样本数据中达到30%，值得在电影院线进行广告投放，能在一定程度上吸引到该游戏的目标用户。根据用户喜欢看的电影类型，可以选择近期上映的科幻类电影进行投放。具体的投放策略如下。

- 投放时间：公测前 7 天。
- 投放城市：北京、上海、深圳、重庆、广州等，覆盖全国 12 个城市，上百家影院。
- 投放预算：1 000 万元。
- 官方微博活动：在电影院和《烈日纷争》的宣传海报合影，上传照片至微博并@《烈日纷争》官方微博及 3 位好友，有机会获得《烈日纷争》主题 T 恤一件。

5.6.4 投放效果

因为电影院投放和硬广投放不一样，我们没有办法生成广告链接，不能直接监控到有多少用户是因为看了电影院的广告才进入游戏的。但是，基于前面的数据，我们可以做以下假设，来预估其能吸引多少用户进入游戏，并计算出登录用户的成本。

电影院线的广告投入总共花费 1 000 万元，在 120 个院线的一部热门科幻电影播放

片头广告,投放周期为7天,平均每天播放电影4场 ,每场观影用户50人,总共有168 000
人可以看到该电影。

　　根据上面分析的数据，《烈日纷争》用户 1 年内购买电影票的比例为 30%，同时 1
年内看一部热门科幻电影的比例是 22%，则观看电影的 168 000 人中有 **7%**的比例会转
化为《烈日纷争》游戏的用户。基于这个逻辑，得出院线电影投入能带来 11 088 个游戏
用户，平均获得每个用户的成本为 902 元。

　　902 元一个用户的成本，和硬广投入相比较贵，但是其带来的品牌效应无法直接评
估。从百度指数的变化趋势看，整体上呈现 45°角的上涨趋势。当然，影响这个趋势的
原因还有很多其他渠道在公测节点前进行宣传（见图 5-27）。

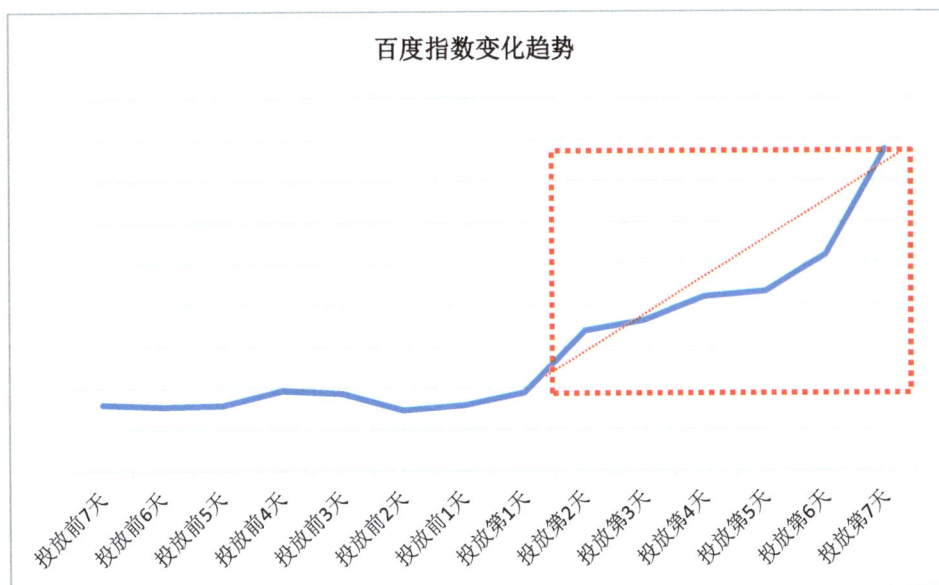

图 5-27

　　院线广告投放后，用户在微博、贴吧等平台和媒体评论中纷纷给予了较高评价，用
户表示已经有幸观赏到《烈日纷争》CG 宣传片，给出了"画面超赞""比电影正片都好
看""让后面的电影情何以堪"等评语，被评为史上最震撼的游戏动画。

　　小结：

- 市场营销没有标准答案，只有更好，没有最好。
- 市场理论并不能确保绝对成功，只能帮助提高营销成功的概率。
- 营销强调实战主义，高成功率的营销往往基于强大的营销经验和数据积累。
- 市场营销工作，往往要依靠团队来完成，而不是个人英雄主义。

　　一个完整的市场营销方案包含：产品信息→竞品分析→用户分析→SWOT→市场定

位→市场策略→具体执行→目标达成。

成功之处：前期准备工作充足，部门之间沟通及时到位，同时在计划制订完成后，各项工作落实到个人，严格监督工作进度，执行到位。

不足之处：枫叶之旅线下活动、院线广告、公测的连续性传播，理论上在各节点应该保持有节奏的连续性爆发，但由于事件策划点过多，时间节点安排过于紧凑，导致执行工作繁重，未能达到开测节点前的预期。

第 6 章

公测：人数爆发，但流失严重

《烈日纷争》内测于 7 月 14 日结束，按照内测的运营计划，在测试结束后第 1 天（7 月 15 日）立即开启了不限量的激活码预售，售卖渠道有官方网站、天猫和京东，其售卖策略也是按照内测期间的运营计划执行的，并将在 8 月 1 日正式开启公测。

从预售前 3 天的数据趋势来看，已经发现形势不容乐观，因此运营团队采取了一些挽救策略，希望能达到立项预期。

公测正式开启，在此期间，HOPE 工作室投入了大量的人力、物力和财力试图吸引更多用户来体验《烈日纷争》，尽管取得了空前的市场热度，在公测初期实现了市场热度和人数目标，而事实上这款游戏并不受大众用户喜欢，有时甚至不被目标受众所接受，因而造成了大量用户的流失。

公测节点大规模投放带来的新用户留存率却低于封测节点，新用户数量随着广告投放金额的减少而减少，再加上后期投入带来的用户成本增加，新进用户数量和流失用户数量的差距越来越大，造成活跃用户整体呈下滑趋势，一直到上线半年后才止住了下跌的趋势。

每款游戏都有用户流失的情况，只是多少的区别，然而一般情况下，我们只能看到结果，但是如果能定位到原因，就会有办法调整。在活跃用户下滑的过程中，沈总与项目团队交流时也表达了担忧，提出了一些想法，数据分析师结合这些思路从多种角度分析和定位了用户流失的原因，为项目团队进行有针对性的运营调整提供决策参考。

本章将重点阐述《烈日纷争》从公测前的激活码预售到公测期间的数据情况总结，并给出流失用户分析、用户画像和运营对策案例。

6.1 公测前 17 天，激活码提前预售

在公测前开启售卖，一方面是想知道《烈日纷争》的核心用户量有多少，后面可以根据这个人数情况，进行服务器准备、市场投放资源分配、收入预期等。另一方面，在实现广告投放落地的同时，提前开启售卖机制可以缓减激活码售卖时的服务器压力，避

免影响活跃和在线用户的体验。

在公测前的售卖激活码阶段，还没有大规模宣传，但是已经投入了一定资源进行阶段性的宣传，分别是第一阶段对舆论的高调出击，第二阶段对目标用户的冲击，第三阶段对目标用户进行饥饿营销，并且线下活动枫叶之旅 6 站已经进行了 5 站，一定程度上触达了核心用户、目标用户和广泛玩家群体。

售卖阶段，数据分析师需要每天发送售卖数据日报，其中涉及的内容可以归纳为以下问题。

- 每天的售卖量、售卖收入有多少？
- 根据当前的实时售卖量预计每天总的售卖量有多少？
- 实时售卖曲线是否有异常，如果有异常，异常的原因是什么？
- 各个渠道、各种激活礼包的售卖数据有多少？
- 每天投入多少市场费？广告带来的激活用户成本是多少？

......

沈总和项目市场人员非常关注以上数据，因为通过售卖量能大概了解到该游戏上线后的水平。

6.1.1　激活码预售数据

1. 实时售卖量

预售第 1 天的激活码售卖量是 91 161 个，成绩较为理想，但是在第 2 天，以上午 10:00 的实时数据统计结果发现，同比第 1 天下降了 63%。截至上午 10:00 的 63%下降幅度是否能代表这一天相比前一天的下降幅度呢？

继续观察，发现到中午 12:00，售卖量达到了一个较高的位置，第 2 天累计售卖量同比第 1 天下降 62.4%。

再继续观察，到 17:30，累计下降 62.7%，如图 6-1 所示。且 12:00—17:30，每半小时同比前一天的下降幅度在 60%～67%之间，平均值为 63%。可以将售卖量曲线视为在线人数曲线，虽然每天总的人数有变化，但工作日或周末用户的登录习惯接近，因此不同天的曲线走势相似，每分钟的人数变化幅度接近。

将 12:00—17:30 的平均下降幅度 63%视为 17:30 之后每半小时的下降幅度，计算预售第 2 天 17:30 之后的售卖量，如图 6-2 所示，预测这一天的实时售卖数量，为 33 821 个，比前一天下降 62.9%。

数据分析师预测数据后将结果汇报给了沈总，沈总要求数据分析师寻找售卖量下降的原因，请详见 6.2 节。

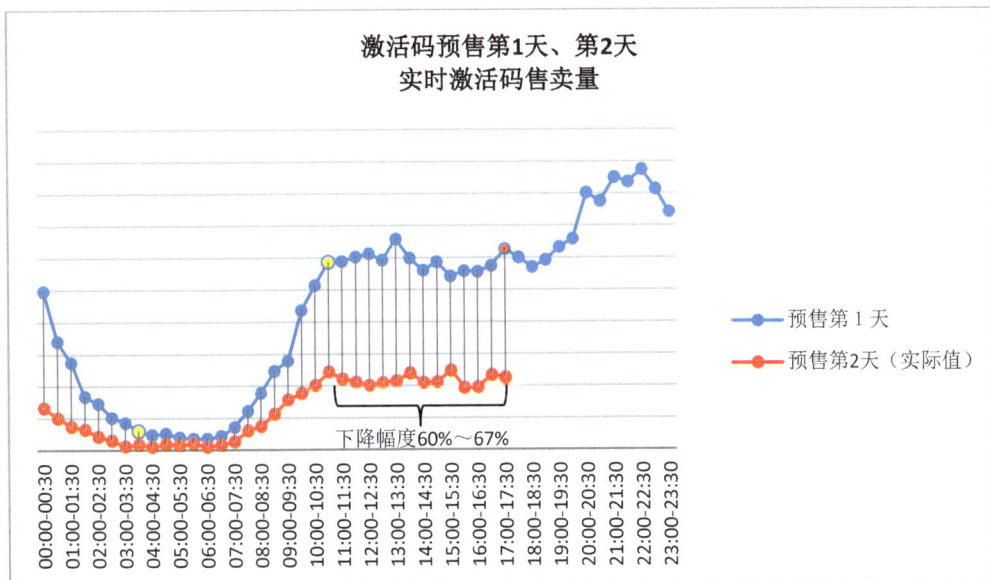

图 6-1

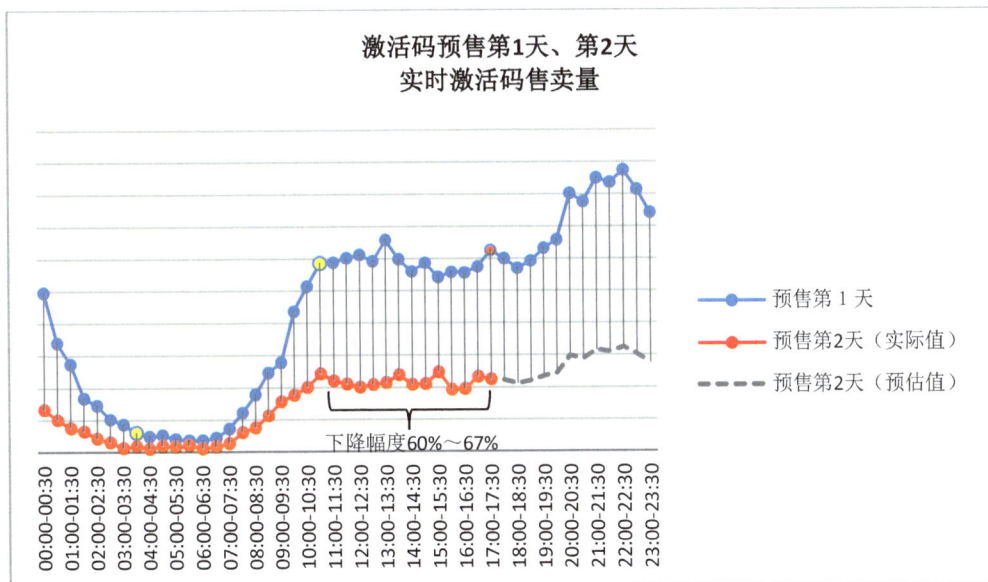

图 6-2

在售卖第 3 天，有了第 2 天的实际数据，需要验证预估数据的准确性。因此将第 2 天售卖量的实际值和预估值进行对比，实际值为 32 818 个，相比前一天下降 64%，预估值（33 821 个）比实际值高 3.1%，如图 6-3 所示。

因误差较小，确认了按上面的方法预估的数据比较准确。也经过后面多天的数据验证，发现该方法的确有一定的可行性（除公测第 1 天有大规模投放之外）。

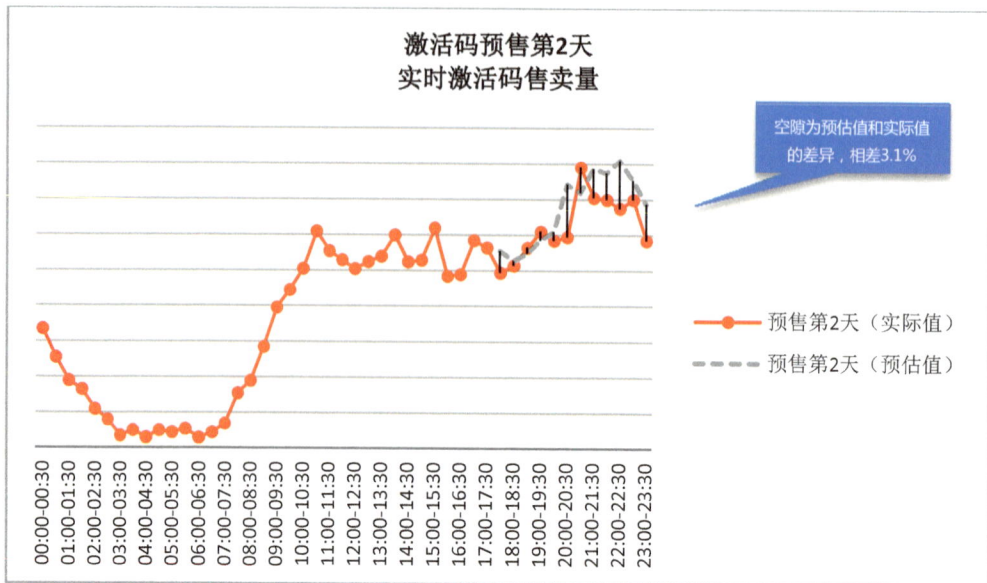

图 6-3

2. 总体售卖量

《烈日纷争》内测限量售卖激活码 12.6 万个，公测前 17 天不限量售卖 45.3 万个，公测前累计售卖 57.9 万个。虽然该数量和免费网游的新用户数量相比，并没有明显优势，但是对于一款需要花 35 元才能进入的游戏，再加上未进入公测阶段，该售卖数据算是比较乐观了。每日激活码售卖量如图 6-4 所示。

3. 渠道售卖量

除了监控每小时的激活码售卖数据，各个渠道的售卖数量也是需要关注的，从官方和第三方渠道的售卖数量看，两者的比例是 46∶54。在第三方渠道中，天猫的售卖量是京东和百度的 2 倍。

4. 35 元和 70 元礼包售卖情况

35 元和 70 元礼包总体售卖的比例是 7∶3，各个渠道的比例接近。

《烈日纷争》每日激活码售卖量

图 6-4

6.1.2　广告投放情况

激活码提前售卖期间，投入硬广的费用为 1 000 万元，**总售卖量 45.3 万个**（含第三方渠道），总 CPP 为 22 元。

硬广的点击量为 1 421 万次，广告点击成本为 2.1 元/次。

广告带来的用户在官网登录的用户数是 25.5 万，官网单个登录用户成本 39 元（单个登录用户成本=投放金额/官网登录量）。

广告带来的用户在官网登录且购买激活码的用户数是 13 万，官网单个购买用户成本 77 元（见表 6-1）。

表 6-1

硬广投放金额	广告点击量（次）	总售卖量（个）	广告用户在官网登录量（人）	广告用户在官网购买量（人）	广告用户激活量（人）	CPP（总）	CPP（广告）	登录→购买转化率	激活率
¥10 000 000	14 213 312	453 171	254 556	129 824	124 631	¥22	¥77	51%	96%

说明：
- CPP（总）=硬广投放成本/总售卖量，指所有渠道单个用户的售卖成本。
- CPP（广告）=硬广投放成本/广告带来用户购买量，指广告带来且在官网购买的单个用户售卖成本。由于部分广告投放数据无法监控，CPP 数据硬广监控不到。
- 登录→购买转化率=广告带来的用户在官网购买量/广告带来的用户在官网登录量。

以上数据中总的售卖量包含所有渠道，由于跟踪不到广告带来用户在第三方的购买数据，只能跟踪到用户在官网登录、购买和激活的数据，因此以上总 CPP 仅供参考。

其中广告投放金额不包含软性广告的投放金额。

6.2　激活码预售量下降的原因分析

在激活码预售的第 2 天，分析师根据第 2 天的实时数据相比第 1 天的差异预计了当天的总售卖量，向沈总汇报后，他认为公测节点的人数难以达到预期，要求数据分析师寻找售卖量下降的原因，沈总想知道：

售卖量低是用户在购买过程中遇到了什么问题吗？

如果是，那具体是哪个环节出现了问题？为什么会出现这样的问题？

如果不是，那是市场投放减少了还是投放效果变差了？

……

当然，数据也引起了市场和运营人员的关注。对于市场人员来说，投入了市场费用，结果带来的用户却很少，如果是因为用户在购买过程中遇到问题，那这就给市场投放的效果打了折扣。

数据分析师首先对比了这两天的市场投放金额，发现第 2 天的市场投放金额比第 1 天只降低了 20%，但是预售量却下降了 64%，因此认为和市场投放金额减少没有明显的关系，有可能是因为最核心的用户集中在第 1 天购买。因此本次分析不能单看第 2 天的售卖量下降，而是要从整体上观察和分析，比如：激活码购买漏斗、广告位吸量、官网访问路径和用户调研，项目团队收到分析结果后可以进行有针对性的调整。

6.2.1　点击广告→购买激活码的转化漏斗图

分析师获取用户"点击广告→登录官网→购买→激活"的数据，得出如图 6-5 所示漏斗图。

从总体上看，用户从点击广告到登录官网的转化率为 1.8%，登录后购买激活码的转化率是 0.91%，购买后激活账号的转化率是 0.88%。假设有 1 000 人点击广告，大约只有 9 人购买激活码且激活。

- 环节转化率：用户从点击广告到登录官网的转化率为 1.8%，登录后购买激活码的转化率是 51%，购买后激活账号的转化率是 96%。

用户"点击广告→购买激活码"漏斗图

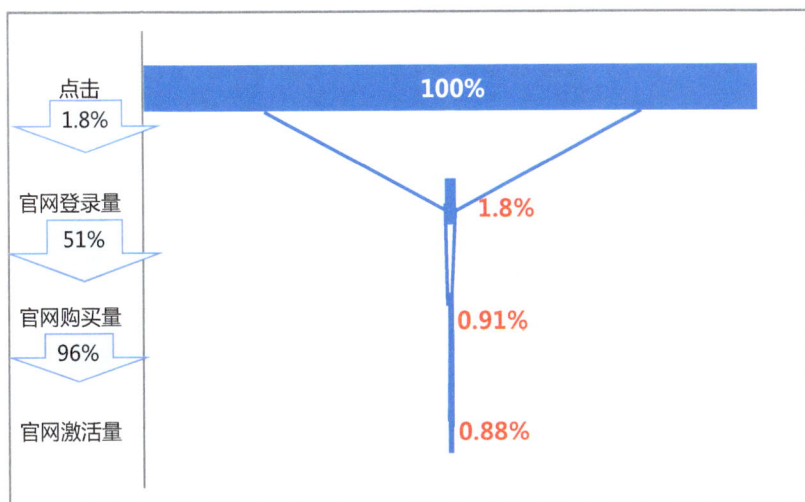

图 6-5

说明：

● 数据来源——广告监控平台、网站监控平台。

● 用户需要在官网注册游戏账号并登录后才能购买（如果有老账号，则不需要再注册）。

● 官网激活量是指购买测试资格后进行激活操作，账号激活后才可以登录游戏。

6.2.2　广告吸量情况

从 6.2.1 节的分析得知：用户从点击广告到登录官网的转化率为 1.8%。点击转化率偏低，其原因可能是广告吸量的问题，也有可能是官网路径转化的问题。

数据分析师首先对比相同广告位的点击情况，看广告吸量的情况。

与相同广告位投放的游戏 A 相比，在相同曝光时长下《烈日纷争》的点击量均低于游戏 A，如图 6-6 所示。

两者均为时长收费游戏，主要差别是付费门槛和公测时间。游戏 A 没有购买激活码的门槛，于 2014 年上半年正式上线，而《烈日纷争》有 35 元购买激活码的门槛，于 2014 年下半年上线。

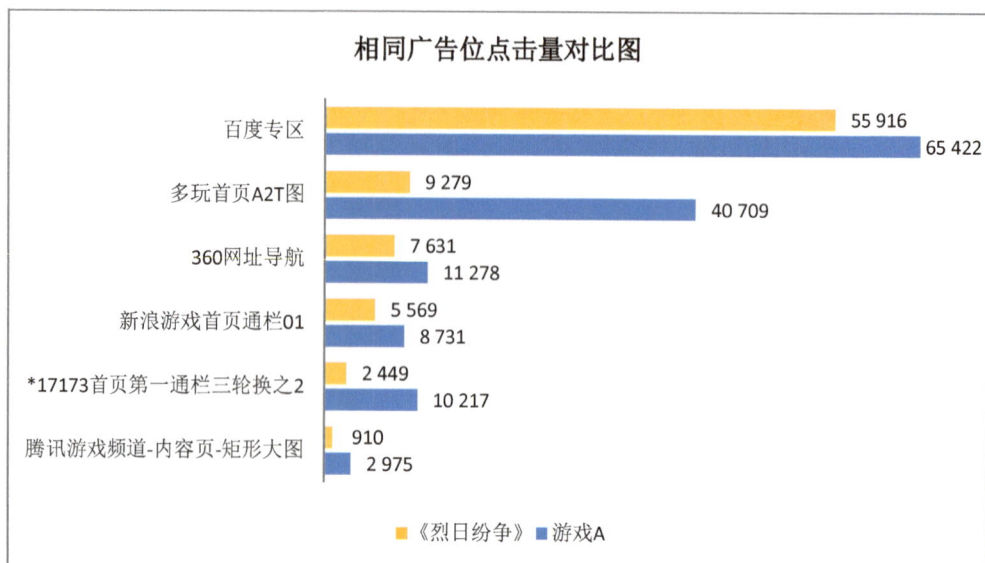

相同广告位点击量对比图

广告位	《烈日纷争》	游戏A
百度专区	55 916	65 422
多玩首页A2T图	9 279	40 709
360网址导航	7 631	11 278
新浪游戏首页通栏01	5 569	8 731
*17173首页第一通栏三轮换之2	2 449	10 217
腾讯游戏频道-内容页-矩形大图	910	2 975

■《烈日纷争》 ■游戏A

图 6-6

通过以上的对比数据发现，两款同类型的游戏在同一年上线投放广告，相同曝光时长的点击量差异巨大，也许半年内的市场环境和用户习惯有所改变，但应该不至于导致点击量有这么大的差异。因此我们可以怀疑是付费门槛阻挡了部分用户的点击，对于一些喜欢免费游戏的用户来说，《烈日纷争》35 元激活账号的广告对他们没有吸引力。

通过进一步分析，对不同素材的广告数据监控，发现有 35 元激活的广告素材的"曝光→点击"的转化率远低于没有 35 元激活的广告素材。

6.2.3　用户访问官网路径

1. 用户在官网的访问路径数据来源

数据分析师调取了用户访问《烈日纷争》官网各个页面的 PV、UV 数据，来分析用户访问官网的路径。

以某一天的数据为例，《烈日纷争》售卖页面的 PV 为 250 万次，UV 为 60 万次。用户访问官网的主要路径图省略。

2. 用户在官网购买激活码漏斗图

因用户访问官网路径的各个站点的分支较多，下面将通过《烈日纷争》官网日志中各 IP 地址和网站路径，进行汇总分析，得出如图 6-7 所示漏斗图。

- 总体转化率：用户从官网引导页到进入官网的转化率为 70%，再进入激活码售卖页面的转化率为 19%，支付购买激活码的转化率为 9%。假设有 1 000 人打开官网引导页，则只有 90 人购买激活码。

- 环节转化率：用户从官网引导页到进入官网的转化率为 70%，再进入激活码售卖页面的转化率是 27%，支付购买激活码的转化率是 45%。

用户"打开官网引导页→购买激活码"漏斗图

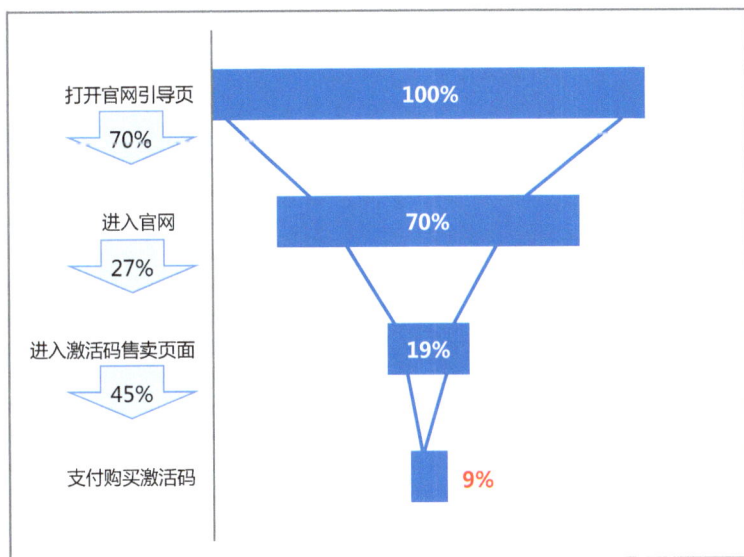

图 6-7

说明：

- 用户需要在官网注册游戏账号并登录后才能购买（如果有老账号，则不需要再注册）
- 官网激活量是指购买测试资格后进行激活操作，账号激活后才可以登录游戏。

6.2.4　5A 模型应用

"现代营销学之父"菲利普·科特勒在《营销 4.0》中提出了"5A 客户行为路径"，对应评估受众接收内容后的五重反应——**了解（Aware）、吸引（Appeal）、问询（Ask）、行动（Act）、拥护（Advocate）**。

将用户从官网购买激活码漏斗图和 5A 模型对比，我们发现该漏斗图符合 5A 模型的前 4 个。如图 6-8 所示，分别如下。

Aware（了解）：用户打开官网引导页，表示"我知道"。

这个行为是用户通过广告或者其他营销传播接收到了《烈日纷争》的相关讯息，是进入整个用户购买体验路径的大门，也是品牌知名度主要的来源。

Appeal（吸引）：用户从官网引导页进入官网，表示"我喜欢"。

进入该环节的用户可能是被《烈日纷争》吸引。但是，用户从官网引导页进入官网的环节，有30%的用户离开，未进入官网，可能是用户从某个广告点击到官网引导页，但看了游戏名称和页面风格，并不是自己所喜欢的，没有被吸引到，不想进一步了解，因此没有点击进入官网。

Ask（问询）：用户从官网引导页进入激活码售卖页面，表示"我被说服"。

进入该环节的用户是受到好奇心驱使，积极跟进吸引他们喜欢的《烈日纷争》，从官网中获取进一步的信息，从而进入激活码售卖页面。此场景和科特勒的理论稍有不同的是，在官网购买激活码的用户决策时间较短，可能用户在进行该行动之前，已经跟家人、朋友、媒体获取了足够的信息，被吸引进入售卖页面。

但是，从官网进入激活码售卖页面，有73%的用户离开，说明有大部分的用户没有购买需求。也就是没有从"我喜欢"到"我相信"的转变。当然，也存在部分网游垂直用户（比如360）进入官网后，官网的购买页没有足够的产品介绍，用户对《烈日纷争》的了解还不够多，还没有达到"我喜欢"的程度，导致用户没有点击到售卖页面，使得转换效果极差。

如果在广告投放页面直接上线广告到达页面（点击广告即进入激活码购买页面），则能省去前面两个环节。虽然该方法能提升售卖页面的进入人数，但是不一定能促进购买量。

Act（行动）：用户在激活码售卖页面购买激活码，表示"我要买"。进入该环节的用户在获得足够量信息后，做出购买选择，通过购买激活码和登录《烈日纷争》进行进一步的产品交互。

但是，用户从激活码售卖页到购买激活码，有55%的用户离开，可能是因为有部分用户想了解购买详情，但是没有做好购买的准备，也有可能是当天没想好，或者可能打算到第三方平台购买。

因为 **Advocate**（拥护，表示"我推荐"）这一步的数据无法获取，因此没有体现在漏斗图中，从《烈日纷争》整体数据趋势来看，**Advocate** 对游戏的影响非常大，随着时间的推移，用户越来越忠于品牌，并反应在留存率、再次购买率、推荐给其他人购买、以及最终的品牌拥护上。在后面的章节会详细讲解《烈日纷争》的口碑传播。

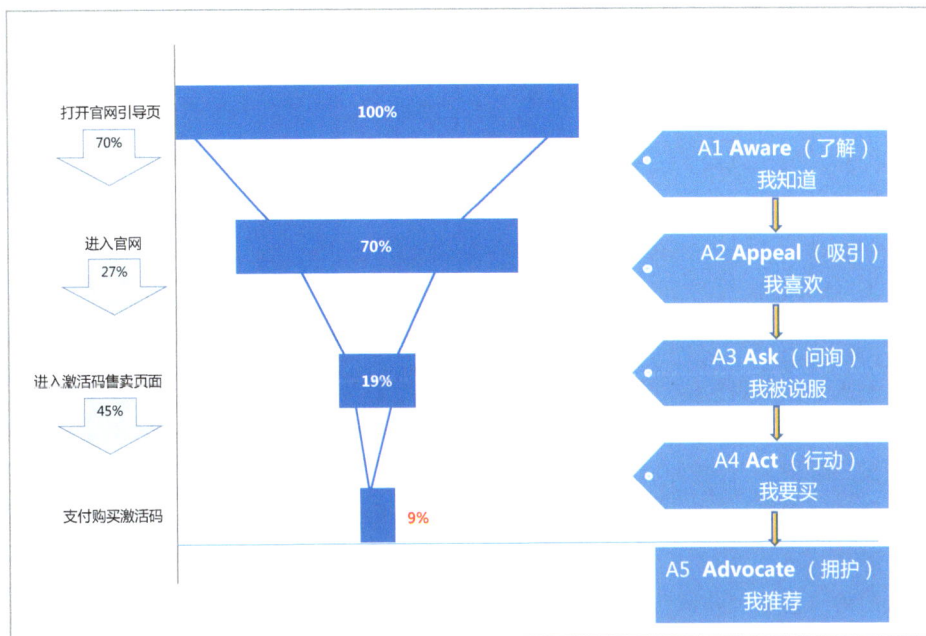

图 6-8

6.3 提高激活码售卖量的对策

通过 6.2 节的分析，我们得出激活码预售量下降的原因主要有如下几个。

- 用户从官网进入激活码售卖页面的转化率低，有 73% 的用户离开。
- 用户"进入激活码售卖页（已经登录）→购买激活码"的转化率低，有 55% 的用户进入了官网支付页面，却没有购买激活码。
- 广告位吸量较低。
- 付费门槛阻挡了部分用户的点击。

针对这些问题，项目团队采取了以下对策。

（1）从官网进入激活码售卖页面，有 73% 的用户离开：为了降低这部分用户的转化损耗，市场人员在做广告投放时直接上线了到达页，即用户点击广告后直接到跳转到官网售卖页面。

（2）用户"进入激活码售卖页（已经登录）→购买激活码"的转化率低：对这些用户，客服人员进行了回访，希望从用户的心理层面找出不购买激活码的原因，通过人工干预，提升激活码够买量。

（3）广告位吸量较低：为了提高广告点击量，市场人员通过比较各种素材的转化数据,选择了转化率相对较高的素材来进行投放,并且根据转化情况,每隔 3～15 天替换新的素材,通过多样性的画面特点和文字宣传可以吸引更多的用户点击广告,只有先点击了广告,看到游戏官网,才有可能进一步了解游戏,才会有购买的可能性。

(4)付费门槛阻挡了部分用户的点击:既然付费门槛会阻挡部分用户的点击,那么也可能阻挡部分用户的购买,因此,沈总策划了限时降低门槛活动。

本节将重点介绍限时降低门槛和人工干预对策。

6.3.1 限时降低门槛

在每天的激活码售卖日报及市场日报中,沈总最关注的指标是今天花了多少钱,卖了多少激活码,预售第 1 天激活码售卖量接近 10 万个,但从第 2 天开始迅速下滑,经验表明,后续如果不做一些活动干预,在保持相同市场费用的前提下,售卖量不会再有增长。从目前的数据看,市场热度达到预期,但要达到在线人数预期,则需要提升售卖量。

从广告点击量、官网购买转化率、用户调研的结果 ,沈总了解到游戏的付费门槛把一部分用户挡在了门外。因此,运营团队决定临时对付费问题增加一系列活动,**活动限时 7 天**,以此来吸引一部分免费用户进入,缩小和目标之间的差距。方案上线后,根据用户的数量和质量再决定该方案是否长期使用。

在激活码预售第 3 天,沈总召集运营、市场、开发、运维、计费和数据人员,召开激活码售卖策略会议,其策略方向是在 35 元激活码的基础上,增加 0 元门槛原则、10元体验原则、35 元早买有优惠和 70 元多买有优惠原则。由各个中心和部门配合,在 8月 1 日公测当天上线。其主要策略如图 6-9 所示。

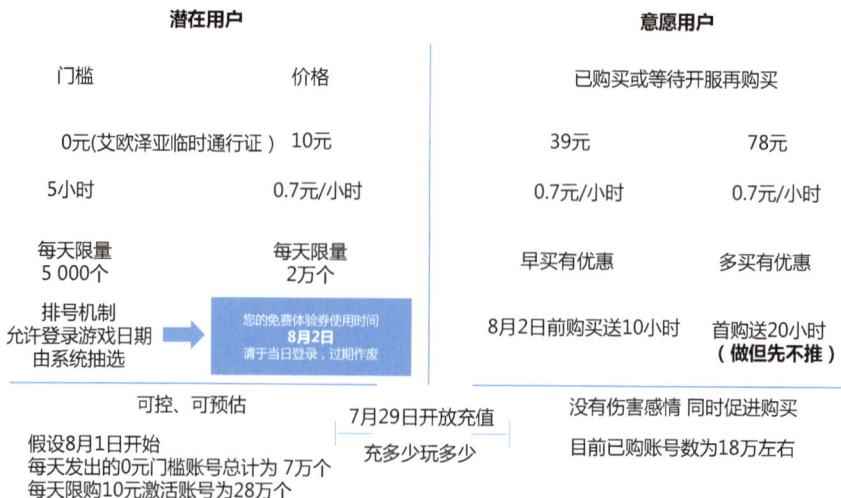

潜在用户		意愿用户	
门槛	价格	已购买或等待开服再购买	
0元(艾欧泽亚临时通行证)	10元	39元	78元
5小时	0.7元/小时	0.7元/小时	0.7元/小时
每天限量5 000个	每天限量2万个	早买有优惠	多买有优惠
排号机制允许登录游戏日期由系统抽选	您的免费体验券使用时间8月2日请于当日登录,过期作废	8月2日前购买送10小时	首购送20小时(做但先不推)
可控、可预估	7月29日开放充值充多少玩多少	没有伤害感情 同时促进购买	
假设8月1日开始每天发出的0元门槛账号总计为 7万个每天限购10元激活账号为28万个		目前已购账号数为18万左右	

图 6-9

首先，针对潜在用户推出了 0 元门槛原则和 10 元体验原则，通过降低门槛来吸引更多潜在用户。详情如下。

1. 0 元门槛原则

（1）只针对没有激活及有充值记录的新账号。

（2）0 元门槛账号允许用户使用 10 元、35 元，以及未来设置的额度激活除 0 元激活外的游戏大区。

（3）已经使用 10 元、35 元，以及未来设置额度激活的用户不能参加 0 元临时激活码活动。

（4）0 元临时激活指定登录时间，原则是当天抽取到的优惠只能用于除当天外 3 天内的某一天，且过期无效（如该用户在 8 月 1 日抽到了临时激活码，一般会让该用户在 8 月 1 日之后 2～3 天内的某一天登录。）

（5）0 元只限定登录时间的激活属性，但不限定游戏时间，假设用户在允许登录的当天的 23：59 登录，游戏时间未消耗完毕的情况下仍然允许用户继续游戏。如用户在过程中掉线且已经是后一天，则用户不能再登录游戏。

（6）过期（含 5 小时的体验完毕）的 0 元用户不能再次参加领取临时激活码活动以及其他所有类似的活动。

0 元激活码发放的后台需要能够控制每天发放数量和设定登录时间区间，以及允许激活的游戏大区，并提供监控数据（数量、对应的登录日期）

2. 10 元体验原则

（1）只针对没有激活及有充值记录的新账号。

（2）7 月 29 日开放充值后，首次充值限定 10 元以上。

（3）10 元体验允许用户使用 35 元以及未来设置的额度激活除 10 元激活外的游戏大区。

（4）已经参加 10 元体验活动的用户不能参加 0 元临时激活码活动。

（5）消耗时间完毕的 10 元体验仍包含激活属性。

10 元体验的后台需要能够控制每天发放的数量以及允许激活的游戏大区，并提供监控数据。

针对意愿用户推出了 35 元早买有优惠和 70 元多买有优惠原则。通过优惠吸引意愿用户早日购买。

3. 35 元早买有优惠原则

（1）针对已经激活和未激活账号。

（2）已经激活的账号，系统将补送 10 小时时长。

（3）在 8 月 2 日（公测第 2 天）之前激活的账号，系统将赠送 10 小时时长。

35 元早买有优惠活动赠送的 10 小时时长需要在开测当天返还。

4. 70 元多买有优惠原则

（1）针对已经激活和未激活账号。

（2）已经激活的账号，系统将补送 20 小时时长。

（3）在 8 月 2 日（公测第 2 天）之前激活的账号，系统将增送 20 小时时长。

70 元多买有优惠活动赠送的 20 小时时长需要在开测当天返还。

5. 限时降低门槛效果

从购买数量上看，7 天内领取了 3.5 万个 0 元临时激活码（限时限量），售卖 14 万个 10 元体验券（限时限量）、50 万个 35 元激活码和 8 万个 70 元激活码。因为 0 元临时激活码和 10 元体验券数量有限，所以整体的数量并不高。但从每天的领取情况来看，限定数量均无剩余，说明满足了一部分免费用户的需求。

从购买正式激活码的转化数据看，领取 0 元临时激活码用户中有 1750 人购买正式激活码，付费转化率为 5%。购买 10 元体验券的用户中有 7 万人购买正式激活码，付费转换率为 50%。

若不考虑 35 元早买有优惠和 70 元多买有优惠活动的参与人数，限时降低门槛活动参与人数 141750 人，激活码购买转化率为 4.94%，带来收入近 300 万元。

6.3.2 人工干预

在 6.2 节激活码售卖量下降的原因分析中，我们通过激活码漏斗分析知道了用户进入官网购买激活码的转化率较低，且有一部分用户进入了官网支付页面，却没有购买激活码。对这些用户，沈总要求客服人员进行回访，希望能一方面从用户的心理层面找出不购买激活码的原因，另一方面，通过人工干预，提升激活码售卖量。

针对沈总提出的需求，数据分析师提取了 7 月 15 日—7 月 17 日期间，登录了官网支付页面，但没有购买激活码的用户的联系方式，提供给客服人员进行电话回访，对回访结果进行整理分析得出这些用户最终没有选择购买的原因，并制定干预挽留策略。考虑到回访人数较多，电话回访的效率较低，如果要回访所有用户，耗时较长，因此，本次电话回访仅选择了手机号码归属地为上海的用户作为回访样本，调研报告如下。

- 调研目标：登录《烈日纷争》支付页面后未购买激活码的上海用户。
- 回访用户数量：10 000 个有手机号码的用户。
- 调研目的：了解这些用户未购买激活码的原因，干预用户，刺激购买，提高转化。
- 调研问题：

（1）看到您登录了《烈日纷争》官网激活码售卖支付页面，但是没有购买，请问您本来预计什么时候购买?为什么没有购买?

（先让用户自己发挥，如果实在回答不上来，可以从几个可能的原因引导：a. 是不是太忙，忘记了；b.觉得有点贵，不值得买吗? c. 因为没有玩过，不知道好不好。）

如果用户说已购买、没时间、会购买、不知道不限量，则转到第（5）题；

如果用户说价格贵，则转到第（2）题；

如果用户说暂时不会够买，在玩其他游戏，则转到第（3）题；

如果用户说没有玩过《烈日纷争》，则转到第（4）题。

（2）请问您认为多少价格合适?

（先让用户自己发挥，如果回答不出来，则可以问是 35 元激活码的价格贵还是每小时 6 毛的价格贵呢? 您建议多少价格合适? ）

（3）请问您最近在玩哪款游戏?

（4）《烈日纷争》拥有世界一流的游戏画质和CG，剧情也非常不错，您也可以通过官网了解《烈日纷争》的相关信息。

（5）8 月 1 日马上公测了 ，以前限量，以后不限量了，请叫上您的朋友一起来玩吧。

- 调研结果：

（1）回访整体数据。

本次调研 10 000 名用户中，成功联系到的用户占 39.78%，未成功联系到的用户占 60.22%，主要是因为用户拒绝参与调研以及关机、停机、无人接听等（见表 6-2）。

表 6-2

类型		数量	占比
外呼情况	外呼总量	10 000	/
	成功联系	3 978	39.78%
	未成功联系　无法接通	5 500	60.22%
	未成功联系　拒接	522	

（2）具体调研情况。

在 3 978 名成功联系的用户中，有 25% 的用户表示公测时间还早不急着购买，15% 的用户表示还在了解观望，考虑是否购买，9% 的用户表示支付宝钱不够、出错或遗忘操作，未购买成功，9% 的用户表示目前在官网已购买成功，7% 的用户表示已经在其他渠道购买成功，3% 的用户表示以前没有玩过，不知道好不好玩，2% 的用户则表示 35 元门槛太高。2% 的用户不清楚每小时的价格，1% 的用户表示反正不限量，早买晚买都一样。另外 26% 的用户是其他原因，因较为分散，此处不展现详情（见表 6-3）。

表 6-3

序号	用户选择	数量	占比
1	其他	1 047	26.33%
2	公测时间还早不急着购买	995	25.00%
3	了解观望，考虑是否购买	584	14.67%
4	支付宝钱不够、出错或遗忘操作，未购买成功	371	9.33%
5	目前在官网已购买成功	365	9.18%
6	其他渠道购买成功（淘宝、京东）	296	7.43%
7	以前没有玩过，不知道好不好玩	106	2.67%
8	35 元门槛太高	86	2.15%
9	不清楚每小时的价格	76	1.91%
10	反正不限量，早买晚买都一样	53	1.33%

说明：因电话调研时间比数据统计时间晚，所以存在部分账号在数据统计时未购买但在调研过程中已经购买的情况。

- 人工干预效果：

在电话回访结束的第 3 天，数据分析师对回访过的账号再次进行了统计，发现回访成功的 3 978 人中有 2 653 人购买了激活码，转化率为 70%。其中，反应"公测时间还早不急着购买"的用户转化率高达 90%。

从转化率数据看，客服人工干预的效果较好，但电话回访的效率低，每天大约仅能完成 1 000 人的电话调研，再加上用户从进入官网到登录支付页面的转化率较低，因此通过该方式干预的效果在整体的购买数据中起到的作用非常有限，只能尽可能地影响能够干预到的用户。

6.4 公测开启，14 天数据达到预期，但用户流失较严重

《烈日纷争》在内测期间的激活码销售策略采用限时、限量的营销模式，这种营销策略的确能激发用户的购买欲望，放大品牌的号召力，3 秒秒杀激活码让我们对该产品

有了非常高的预期，在有 35 元付费门槛的前提下，在公测开启前激活码累计预售达 57.9 万个，取得了不俗的成绩。

《烈日纷争》于 8 月 1 日 9:00 正式开启公测，在封测、内测和公测期间提交数据日报是数据分析师重要的工作职责之一，通常会以 14 天为一个周期，对游戏的整体数据进行点评，因为经验告诉我们，14 天的数据基本能确定用户的游戏习惯。在公测期间大规模市场投放的背后，公测 14 天卖了多少激活码？进入了多少新用户？用户质量如何？最高在线人数和收入有多少？是否达到了当初的立项预期呢？本节将一一阐述。

6.4.1　预订用户购买激活码情况

1. 预订用户数量

在第 4 章的内测数据日报中我们总结过，《烈日纷争》激活码预订于 2013 年 5 月 1 日开启，2014 年 7 月结束，累计预订量 300 万个，如图 6-10 所示。

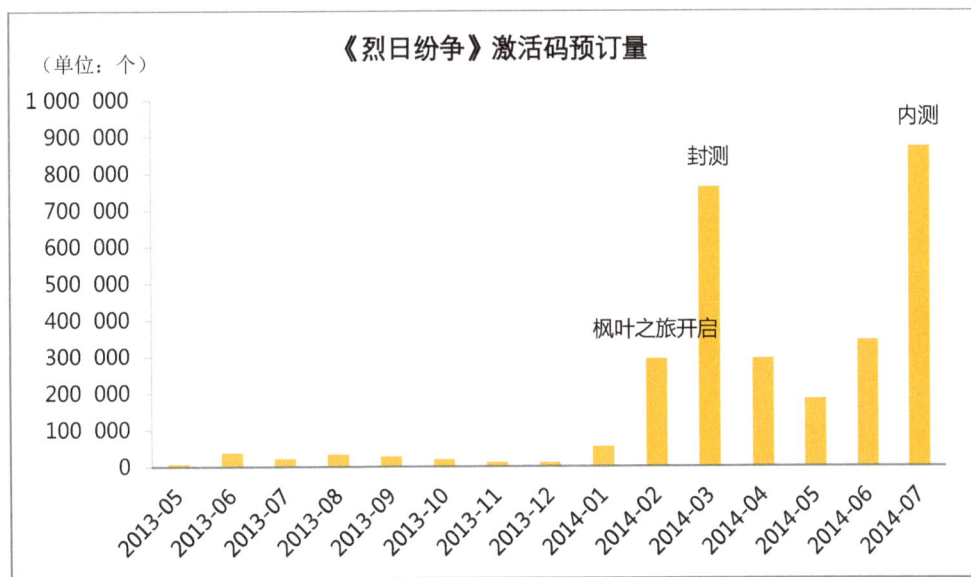

图 6-10

2. 预订用户购买激活码情况

《烈日纷争》预订用户购买激活码的比例为 14.5%，即 300 万的预订量中有 44 万人购买激活码。

从图 6-11 可以看出，2013 年 5 月的预订用户转化率最高，达到 28%，说明最早预订的用户中核心用户比例最高。2013 年 6 月至 12 月，在没有市场投放的前提下，登录比例相对平稳，在 22%～24% 之间；2014 年 1 月至 5 月，伴随投放市场和封测节点，预订量上升，但登录游戏的比例呈现整体下降趋势，最低降至 4%，说明市场投放带来的预订用户比自然预订用户的质量要低。2014 年 6 月至 7 月临近开测，预订用户转化率明显上涨。

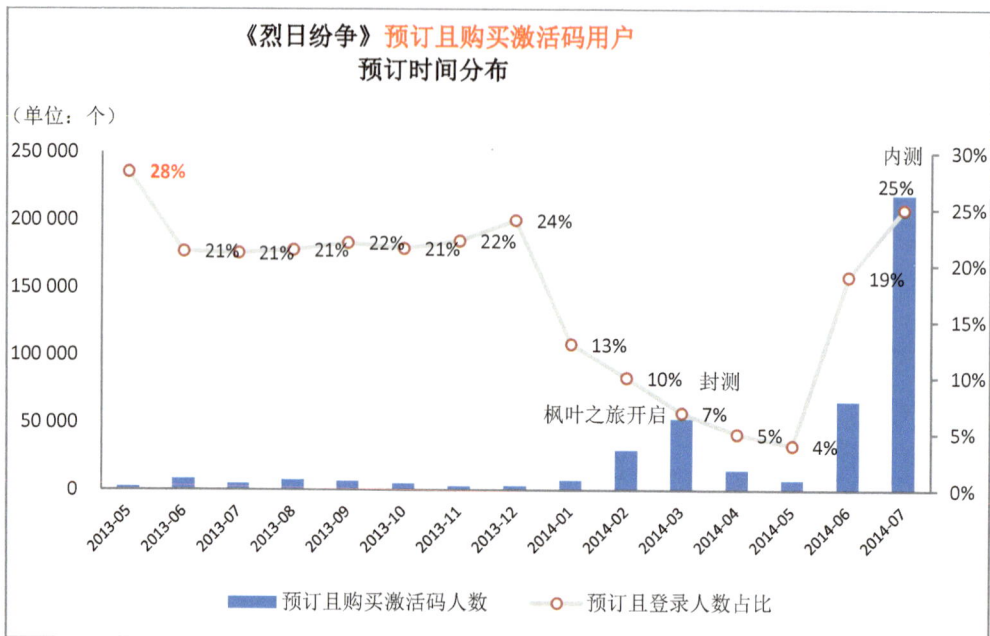

图 6-11

3. 预订且购买激活码的用户登录游戏的情况

公测 14 天内，预订且购买激活码的用户登录游戏的比例为 80%。即 44 万个预订且购买激活码用户中有 35 万人登录游戏。

6.4.2 激活码售卖情况

激活码售卖共经历了三个节点，内测限量预售 12.6 万个，公测前 17 天预售 45.3 万个，公测 14 天内售卖 77.1 万个，累计售卖激活码 135 万个。

1. 每日售卖趋势

公测当天的售卖量近 20 万个，为预售第 1 天的 2 倍。一方面是因为在前一天开始进行了大规模的广告投放，《烈日纷争》在业内取得了空前的市场热度；另一方面是限时降低门槛、早买早优惠、多买多优惠的活动促进了售卖量的增长。在公测初期完成了市场热度和人数目标，取得了阶段性的成果。

虽然公测当天有爆发式的增长，但是其后下降幅度较大，公测第 3 天的售卖量比第

1 天下降近一半，第 7 天下降近 82%，第 14 天下降 88%。考虑到第 5 天至第 7 天的售卖量比较稳定，且 10 元体验券和 0 元账号领取量下降到比较低的水平，可以认为该活动带来的增长红利已经逐步消失，因此，在该数据基础上结束 7 天限时促销活动也相对**安全**。在公测第 8 天，该活动停止后并没有导致售卖量的大幅下滑，说明 7 天限时活动基本已经把潜在用户吸引进来了，免费、10 元体验券对目前未进入的用户的吸引力不大。每日售卖量如图 6-12 所示。

图 6-12

说明：图 6-11 不包含 0 元和 10 元体验账号数，但包含在体验后购买正式激活码（35 元）的账号。

《烈日纷争》为时长收费，登录有激活码购买的门槛限制，也就是用户要登录游戏，就要先购买激活码。因此，若购买激活码的用户 100% 登录游戏，则售卖量等于新用户数。

2. 不同类型用户数量的分布

从数量上看，7 天内领取了 3.5 万个 0 元临时激活码（限时限量），售卖 14 万个 10 元体验券（限时限量）、50 万个 35 元激活码和 8 万个 70 元激活码。虽然 0 元临时激活码和 10 元体验券数量有限，整体的数量并不高。但从每天的领取情况来看，限定数量均无剩余，说明满足了一部分免费用户的需求。

3. 激活码购买转化率

从购买正式激活码的转化数据看，3.5 万个 0 元临时激活码中有 1 750 人购买正式激活码，付费转化率为5%。14万个10元体验账号中有7万人购买正式激活码，付费转换率为50%。10元体验用户的转化率是免费用户的10倍，说明《烈日纷争》35元的激活码的付费门槛虽然挡住了部分免费用户，但是，这些免费用户继续体验游戏的意愿并不强烈。说明该游戏的时长收费机制对免费用户来说并不适应，也验证了35元付费门槛的必要性（见图6-13）。

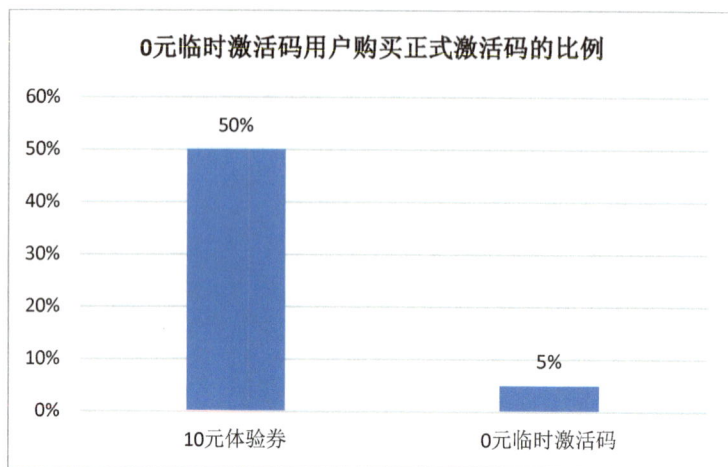

图 6-13

4. 不同类型用户留存率对比

从图6-14可以明显看出付费金额越高，留存率越高，反之亦然。说明该游戏的付费门槛保证了用户质量。

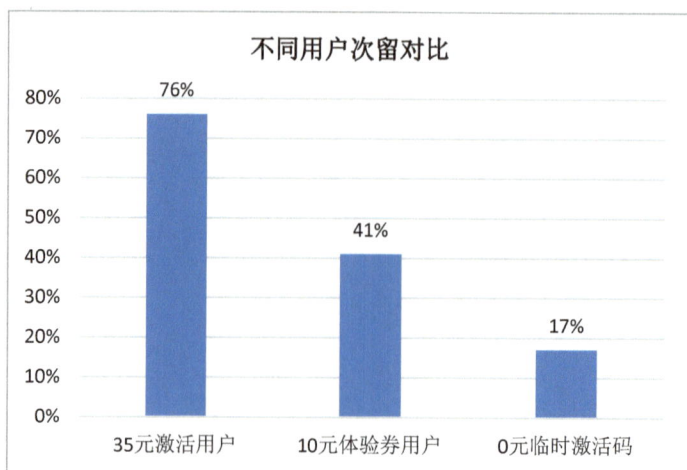

图 6-14

6.4.3　公测运营数据

1.　数据总览

公测 14 天内，最高百度指数 55 万，总下载量 200 万次，预售激活码 135 万个，登录游戏用户数为 127 万，最高在线人数 36 万（立项阶段预估的最高在线人数为 35 万）。百度指数和最高在线人数均达到预期。

因为客户端是免费下载，而登录游戏需要购买 35 元激活码，下载量高于预售量属于正常现象。

和内测数据相比，激活率和激活登录率均卜降了 1%，可能因为和样本量变大有关。样本量变大后，购买激活码未激活，激活后未登录的用户数也变大了。从该数据来看，购买了游戏资格但没有激活的用户有 4 万人（预售量—激活码量），激活了但没有登录游戏的有 4 万人（激活量—登录量），总共有 8 万人购买了测试资格但没有登录游戏（见表 6-4）。

表 6-4

公测	百度指数（MAX）	官网 PV（MAX）	官网 UV（MAX）	下载量（次）	安装量（次）	预售量（人）	激活量（人）	登录量（人）	PCU（人）	ACU（人）	激活率	激活登录率
总计	550 000	33 498 391	1 764 027	1 998 289	1 852 105	1 350 969	1 310 440	1 269 911	362 832	172 777	97%	94%

2.　人数趋势

公测 14 天加权留存率为 748%，相比 CBT2（内测）低 98%。说明样本数量增大后，留存率也有下降，如图 6-15 所示。

售卖量和新增用户逐步下降，随着市场投入金额的逐渐减少，后面每天的新增用户仍然将呈现下降趋势。第 8 天 0 元、10 元体验活动结束，活跃用户数有小幅下滑，如图 6-16 所示。

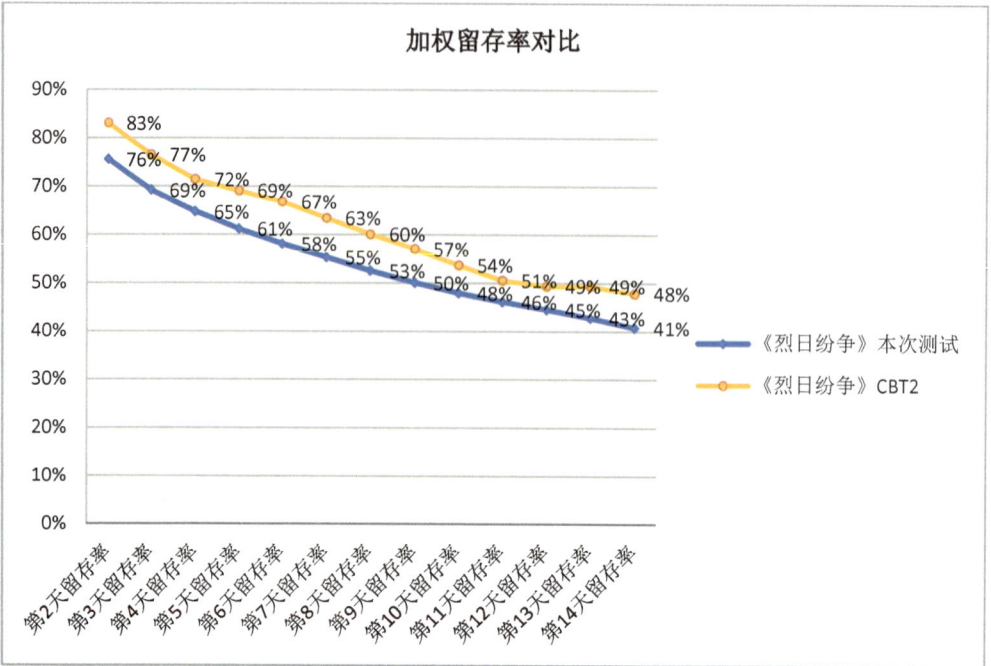

图 6-15

说明：14 天加权留存率等于第 2 天至第 14 天加权留存率总和。

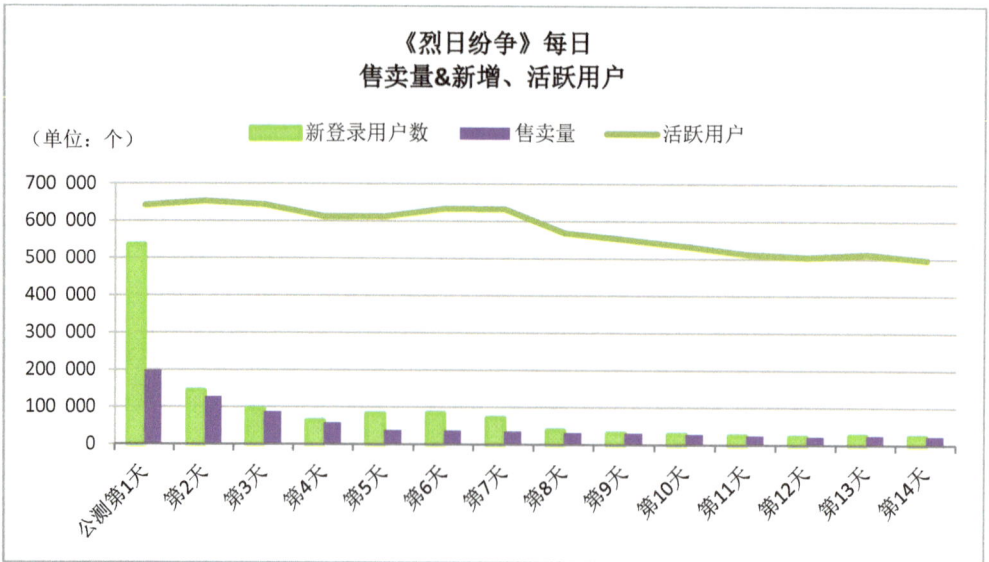

图 6-16

周末的平均在线人数比周五上涨 16%，如图 6-17 所示。

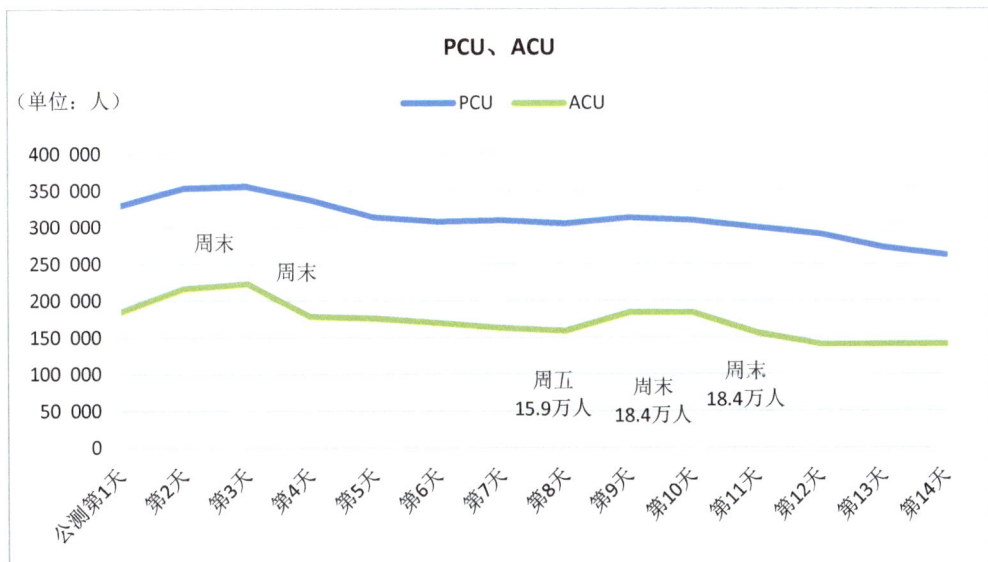

PCU、ACU

（单位：人）
—— PCU —— ACU

图 6-17

6.4.4 广告投放情况

激活码提前售卖期间，投入硬广费用为 4 000 万元（不含软性投放），总售卖量 45.3 万个（含第三方渠道），总 CPP 为 59 元，即平均每售出 1 个激活码的成本为 59 元。硬广点击量 6 707 万次，广告点击成本为 0.6 元。

广告带来的用户在官网登录且购买激活码的用户 59 万人，官网单个购买用户成本 97 元。和预售阶段相比，单个广告用户成本增加了 20 元，总的用户成本增加了 37 元。说明越早进入的用户越核心，对于核心粉，可能不需要广告，用户会主动关注资讯，主动购买。而对于泛用户，需要多次广告宣传，多次影响，才会转换购买。随着时间的推移，后面投入吸引泛用户的成本只会越来越高。

公测 14 天内用户平均充值金额为 40 元，其中首充门槛为 35 元，部分用户在首充后进行了二次充值，因此平均充值金额高于首充金额。

公测 14 天内总 ROI 为 68%，暂时未回本。

对比激活码预售期间的 CPP，因广告带来的用户成本更高，且用户质量很低（付费、留存更低），因此其 ROI 更低，如果后续再加大广告的投放，则收回成本的机会可能越来越低。

（1）公测后 14 天广告投放带来的激活码数据如表 6-5 所示。

表 6-5

总投放金额	广告投放金额	广告点击量（次）	总售卖量（个）	广告用户在官网购买量（个）	广告用户激活量（个）	CPP（总）	CPP（广告）	激活率	所有用户14天充值ARPPU	14天总ROI
¥80 000 000	¥40 000 000	67 074 432	1 350 969	412 371	400 000	¥59	¥97	97%	¥40	68%

说明：以上数据不包含 0 元临时激活码和 10 元体验账号。

（2）公测前（激活码预售期间）广告投放带来的激活码数据，如表 6-6 所示。

表 6-6

预售期间硬广投放金额	广告点击量（次）	总售卖量（个）	广告用户在官网购买量（个）	广告用户激活量（个）	CPP（总）	CPP（广告）	激活率
¥10 000 000	14 213 312	453 171	129 824	124 631	¥22	¥77	96%

说明：

CPP（总）=硬广投放成本/总售卖量，指所有渠道单个用户的售卖成本。

CPP（广告）=硬广投放成本/广告带来用户购买量，指广告带来且在官网购买的单个用户售卖成本。由于有部分广告投放的数据无法监控，CPP 数据硬广监控不到。

"登录→购买"转化率=广告带来的用户在官网购买量/广告带来的用户在官网登录量。

ROI=激活码售卖带来的收入/总投放金额。

以上数据的总的售卖量包含所有渠道，由于跟踪不到广告带来的用户在第三方的购买数据，只能跟踪到广告带来的用户在官方登录、购买和激活的数据，因此以上总 CPP 仅供参考。

以上广告投放金额不包含软性投放。

（3）百度指数。

《烈日纷争》在 8 月公测，软硬广告全面铺盖，一炮打响，百度指数最高 55 万，达到预期，如图 6-18 所示。

百度指数

节点	《烈日纷争》（目标）	《烈日纷争》（实际）	竞品 A	竞品 B	竞品 C
封测（3 月）	**60 000**	51 644	75 485	69 065	120 523
内测（7 月）	**150 000**	134 310	100 002	154 321	384 543
公测（8 月）	**500 000**	550 000	508 520	794 693	1 063 738

图 6-18

6.5 用户流失原因分析

《烈日纷争》上线第 14 天的活跃用户较第 1 天下降了 22%。

随着广告投放金额的减少，新进用户数量也随之减少，在用户流失趋势不变的情况下，当新进用户数量逐渐低于流失用户的数量时，活跃用户必然减少。就好比一个水池，当流出去的水大于流进来的水时，水池的水位就会越来越低。

根据市场投放数据，广告带来的用户成本越来越高，通过硬广带来的用户成本已经无法收回成本。如果新用户方面我们暂时没有办法突破，那么尽可能地留住老用户就是我们努力的方向。

留住老用户，首先要定位到用户流失的原因，定位到原因就有调整的办法，项目团队可以有针对性地采取措施，挽留用户。

在阅读运营数据日报时，沈总最关注的三个数据是新进、活跃和收入。每天来了多少人？和前一天相比是上升还是下降？每天的活跃用户是多少？是不是还在持续下跌？什么时候才能稳定？作为时长收费游戏，目前没有道具拉高用户的 ARPPU，用户减少，收入也会随之减少，后续该怎么突破？

沈总希望数据分析师通过分析流失用户的特征，找出用户流失的原因，还原用户在流失前体验游戏的场景和心理感受。最后，结合客观事实和业务理解形成落地的解决方案，尽可能地减少用户流失。

6.5.1　分析思路

数据分析师接到这个任务后，开始构想怎么做这份用户流失分析报告。

（1）最直接的想法是看流失用户的等级分布，可以知道用户主要在哪几个等级流失。但是这个结果过于简单，且无法知道用户为什么在这个等级流失。

（2）为了了解用户为什么在这个等级流失，需要结合相应等级的任务，看是否因为做某个任务、副本或者没有朋友而流失。

（3）如果定位到了某个具体的任务，则需要再进一步了解用户是因为不会做任务，还是任务太琐碎无趣而流失。

（4）这款游戏是时长收费模式，会不会是因为用户把余额时长用完了，因为没有时长而不再登录了。

（5）最后，还需要定位是哪些人流失了，按游戏里面的职业来区分比较容易，但要定位是哪些用户群体则相对比较困难。目前唯一的线索是用户调研数据中包含游戏账号、职业信息，是否能根据这些样本用户的登录习惯找出所有用户的规律，则需要尝试用聚类算法去验证。

基于这个思路进行数据准备和分析，并不断补充和修正，到最后整理报告时进行总结，将会发现关于这款游戏流失了多少用户，在哪里流失、什么"人"流失、什么时候流失、为什么流失的部分规律，并给出挽回策略建议。具体如下。

- 发生了什么（What），指用户流失了。本案例中的分析是在游戏公测 14 天后进行的，因此数据上针对 7 天流失用户进行分析，即公测第 1～7 天登录游戏，第 8～14 天未登录游戏的用户。
- 在哪里流失（Where），主要指用户在哪个地图、哪个地域流失。
- 什么"人"流失（Who），是新用户流失，还是老用户流失；是学生，还是上班族的用户流失，游戏中哪个职业更容易流失。本案例主要定位流失用户在生活中的职业和在游戏中的职业。对于用户的生活职业，我们采用用户调查数据和游戏行为数据相结合的形式，对用户进行聚类分析，将用户分为上班族和学生两大类。
- 什么时候流失（When），是新手期、中期还是高级期。这三个阶段的定义可以按等级来划分，不同游戏的划分方法各不相同，本案例中的新手期是 1～30 级，中期是 31～49 级，50 级是高级期。
- 为什么流失（Why），是因为游戏有卡点？任务不会做？还是副本打不过？或是社会关系薄弱，没有朋友一起玩？本节主要从任务、游戏职业和好友这三个维度入手，并结合电话调查结果来进行分析。

以上的分析思路其实就是 5W1H 分析法。5W1H 分析法也叫六何分析法，是一种思考方法，是对选定的项目、工序或操作，都要从原因（Why）、对象（What）、地点（Where）、时间（When）、人员（Who）、方法（How）等六个方面提出问题进行思考。

如果在分析之前就了解 5W1H 分析法，则可能会少走一些弯路，但是，如果之前不知道，那也没有关系，因为当思路到位以后，自然就能和 5W1H 分析法贯通。

流失分析的 5W1H 分析法如图 6-19 所示。

图 6-19

6.5.2 详细分析过程

7 天流失用户能较大程度地反映真实流失用户的特征，因此，在游戏公测 14 天就可以开始着手流失用户分析，本次流失分析主要从用户等级、职业、在线时长、任务、副本、公会、好友 、群体、地域、余额数据入手，并观察每日数据的变化情况，找出流失规律。

分析目录如下：

7 天流失用户

1. 流失用户情况一览

2. 等级分布

3. 各职业流失情况

4. 登录和在线时长变化情况

5. 任务持有情况

6. 加入公会、好友、参与副本情况

7. 参与"活动副本 A"情况

8. 用户账号余额

每日流失用户

1. 每日流失用户和新用户导入关系

2. 每日流失用户的职业类别和地域

3. 每日流失各等级人数情况

首先，我们分析 7 天流失用户的特征，分别从以下 8 个方面来进行。

1. 流失用户情况一览

《烈日纷争》公测 14 天，7 天用户流失率为 35%，流失用户中，参与过内测（CBT2）的老用户占 7%，新用户占 93%，如图 6-20 所示。

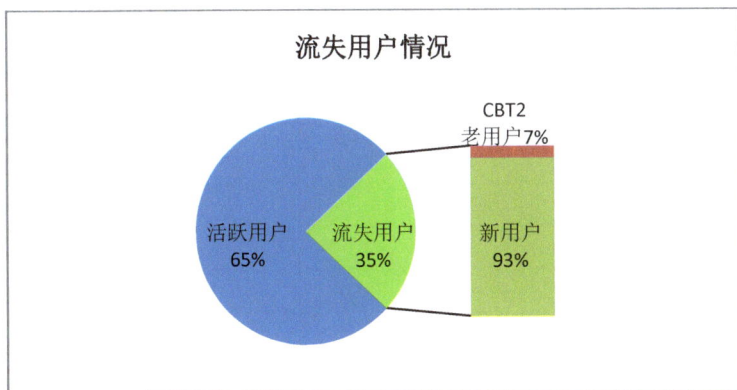

流失用户情况

活跃用户 65%　流失用户 35%　CBT2 老用户 7%　新用户 93%

图 6-20

说明：7 天流失率的定义是，第 1 天至第 7 天登录，第 8 天至第 14 天流失的用户比例。

2. 等级分布

在所有用户中，各等级的用户活跃情况如下（每个账号下仅取最大等级角色）。

按照"7 日内活跃"标准来定义流失，各等级角色 7 天未登录游戏的用户占该等级角色总量的百分比如图 6-21 所示。

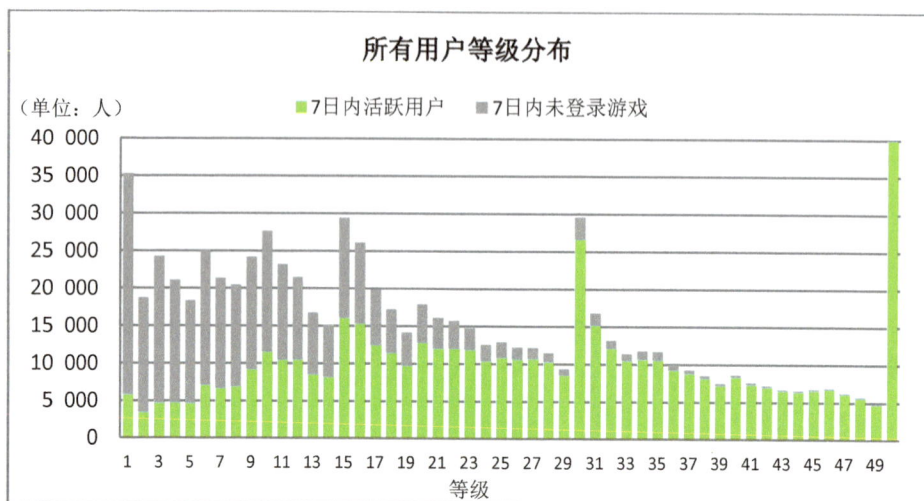

图 6-21

根据图 6-22 所示，7 日未登录游戏的 1～30 级用户占到了总用户数的 96%。因此，近期活动应加大对此级别用户的偏向性，包括形式、奖励……

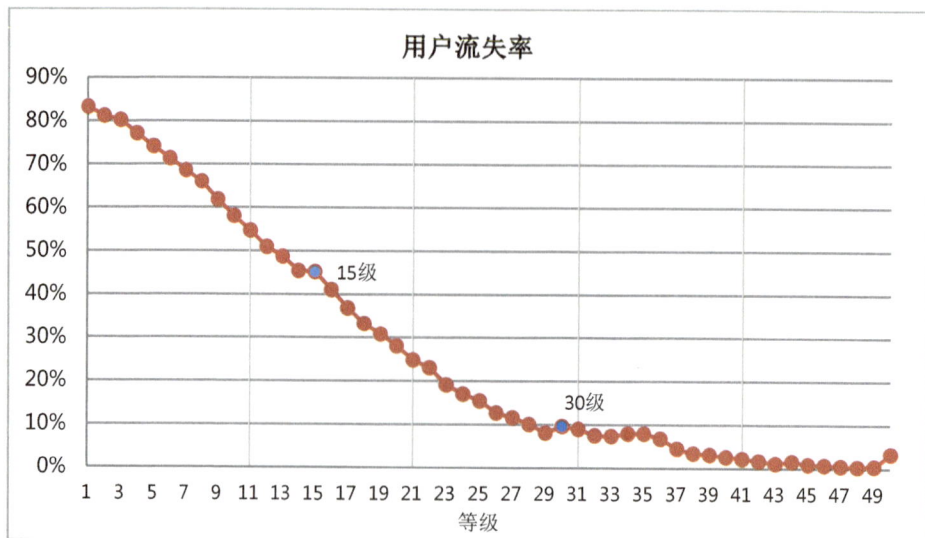

图 6-22

15 级、30 级的流失率较前一个等级有较小波动，和该等级的任务、升级时长有关。

50 级的流失率比前一个等级高，和满级人数有关。

3．各职业流失情况

通过各职业的流失率数据对比可以看出，职业 1 的流失率最高，为 35%，其次是职业 2，为 34%，如图 6-23 所示。

职业 1 的流失率高可能是因为作为"T"类职业，相对职业 3 来说，防御能力较弱。职业 2 的流失率高是因为该职业对站位的要求较高。

输出类职业占所有职业的 66%，流失人数占所有职业为 67%。

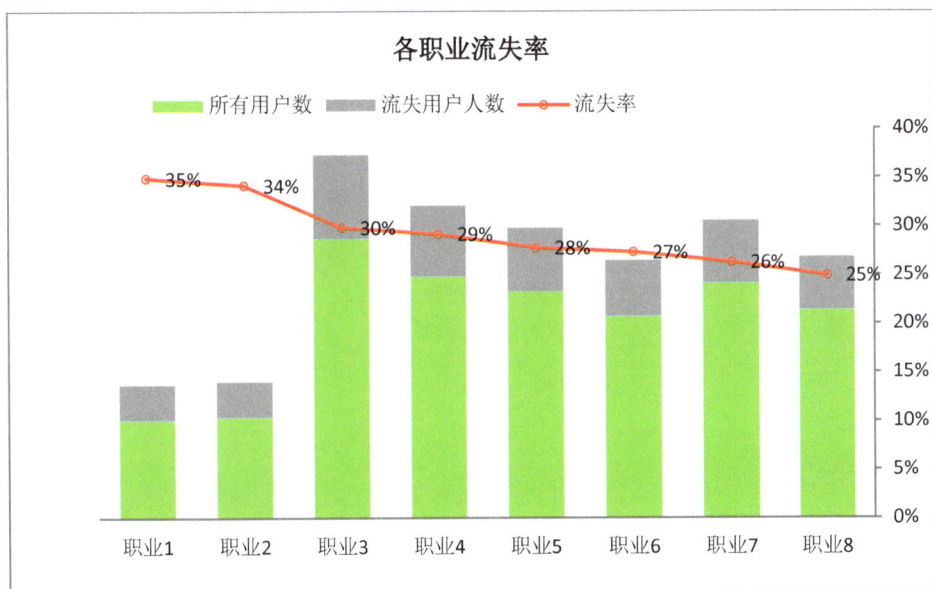

图 6-23

4．登录和在线时长变化情况

1～30 级用户流失前平均每天登录次数逐渐减少，如图 6-24 所示。

1～49 级用户流失前的每天在线时长呈下降趋势；50 级用户每天在线时长波动较大。如图 6-25 所示。

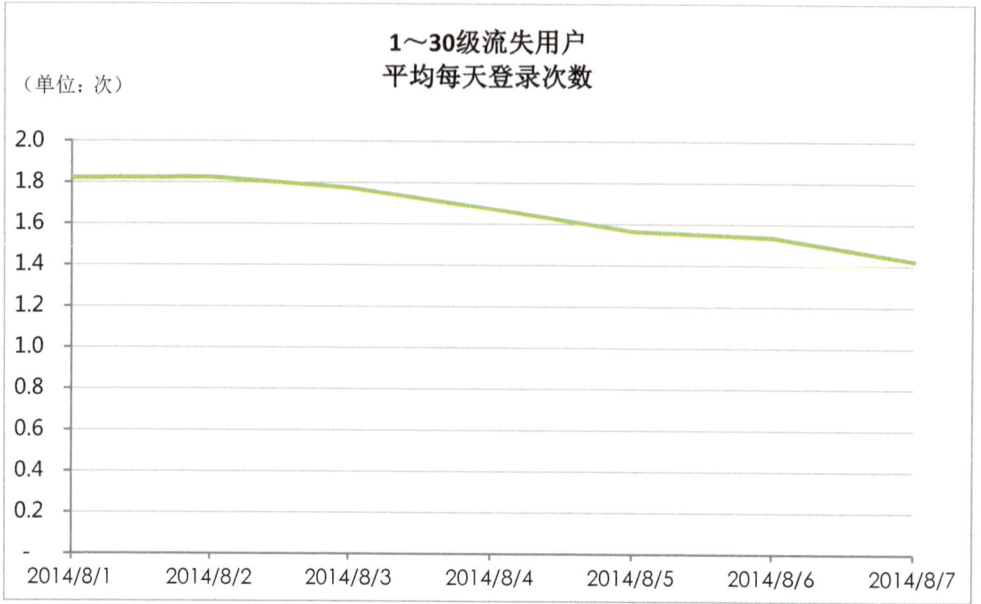

图 6-24

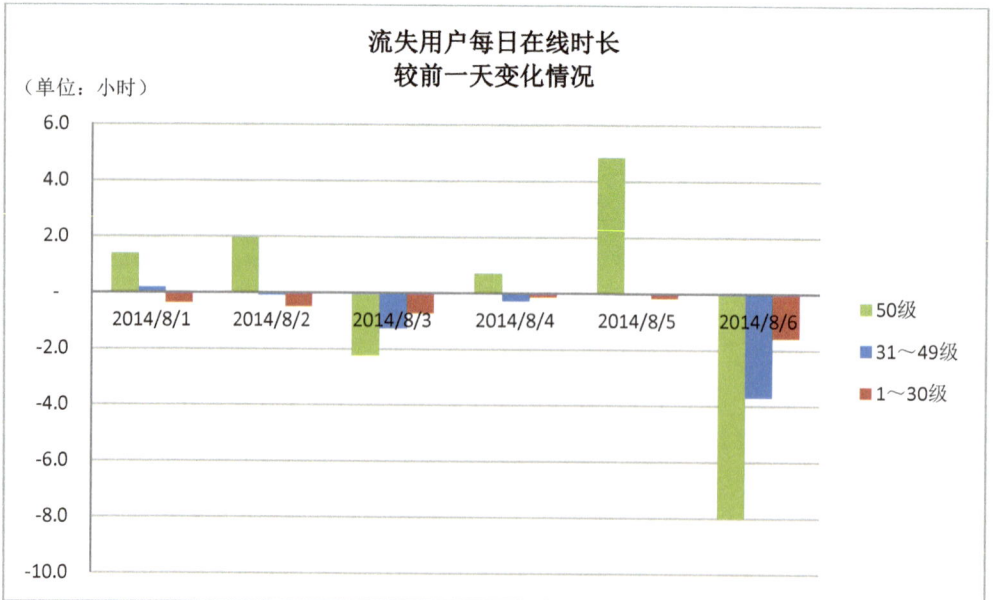

图 6-25

5. 任务持有情况

流失用户中持有最多的主线任务是任务 A，持有率为 11%；其次持有任务 B，持有率为 9%。如图 6-26 所示。

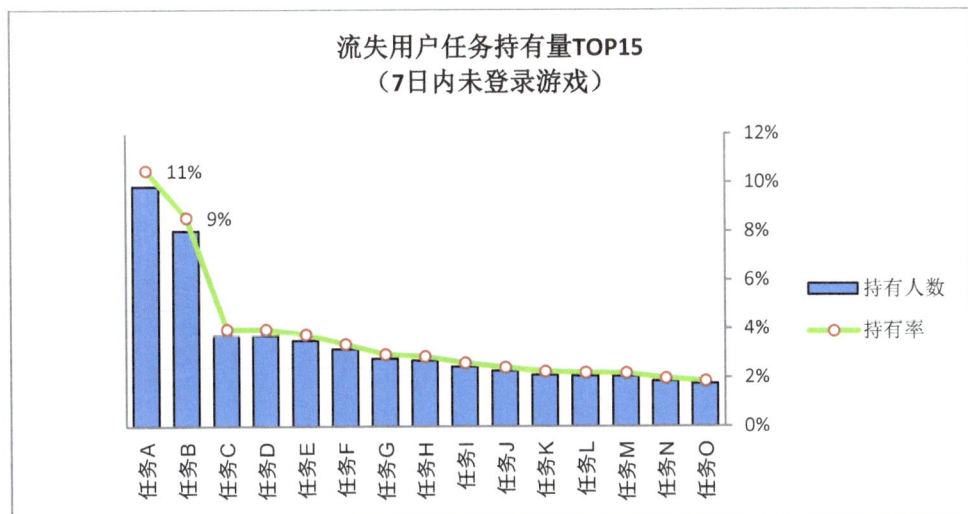

图 6-26

　　任务 A（5 级主线）持有原因：用户不知道怎么获取道具，甚至有用户支线任务做到 20 级，但仍没找到该任务所需要的道具，如图 6-27 所示。

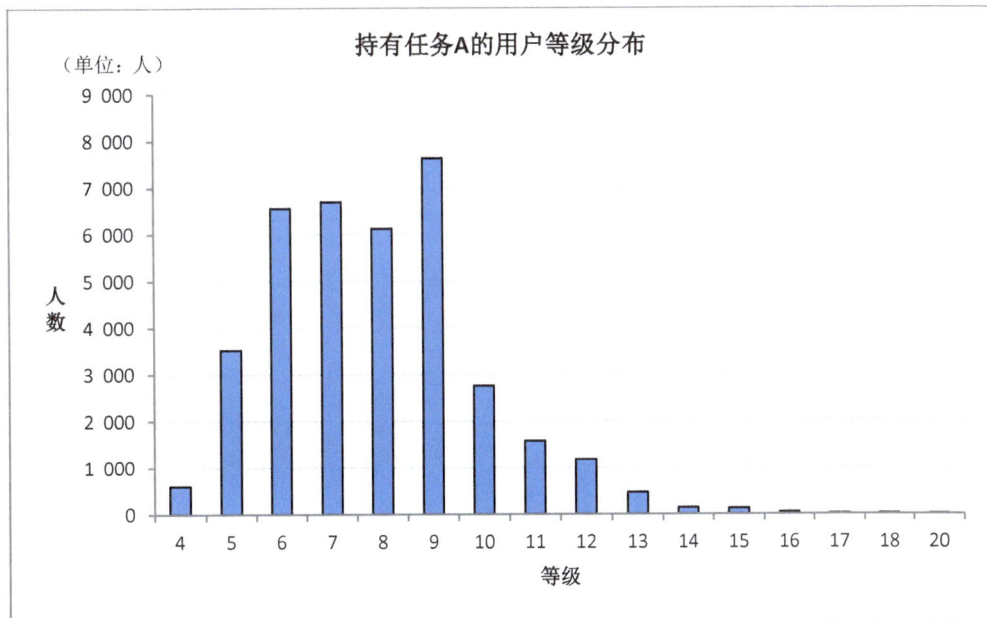

图 6-27

　　任务 B（15 级主线）持有原因：一方面是需要和 NPC 对话进入副本所在地图，因

NPC 头上没有特别标记，部分用户没有找到 NPC（NPC 所在地图为海盗地图）进入跳转地图；另一方面，用户找到副本后，因职业不平衡排队时间过长，未能完成副本。

　　用户接受任务 A 后又继续登录游戏，但一直未完成的人数是 7 854 人，占该任务总持有量的 38%，高于其他任务，说明该任务对部分用户造成了一定的困扰，如图 6-28 所示。

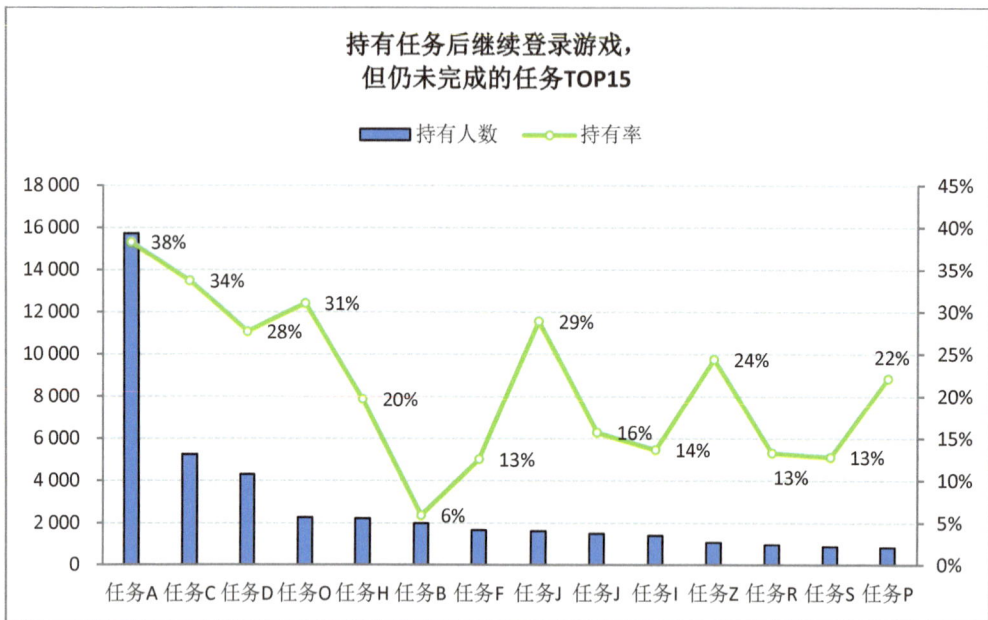

图 6-28

6. 加入公会、好友、参与副本情况

　　50 级以上流失用户参与副本比例为 85%，参与比例较低。好友流失率为 30%。如表 6-7 所示。

表 6-7

流失用户类型	加入公会比例	平均有好友个数	好友流失率	参与副本比例	活跃用户参与副本比例	活跃用户加入公会比例
10~30 级新手期用户	19%	2.0	/	/	/	/
31~49 级中期用户	77%	5.4	/	78%	85%	85%
50 级高级期用户	75%	8.9	30%	85%	100%	100%

7. 参与"活动副本 A"情况

10 级前，流失用户参与"活动副本 A"的比例高于活跃用户。

20～33 级，流失用户参与"活动副本 A"的比例略低于活跃用户。

33 级之后，流失用户"活动副本 A"的比例明显低于活跃用户。

可能因为活跃用户比流失用户更懂得玩游戏，在前期升级过程中以做任务为主，较少参与活动副本 A。

33 级以后，活跃用户人均参与"活动副本 A"的次数高于流失用户 60 次，同样说明活跃用户比流失用户更懂得玩游戏。

如图 6-29 所示。

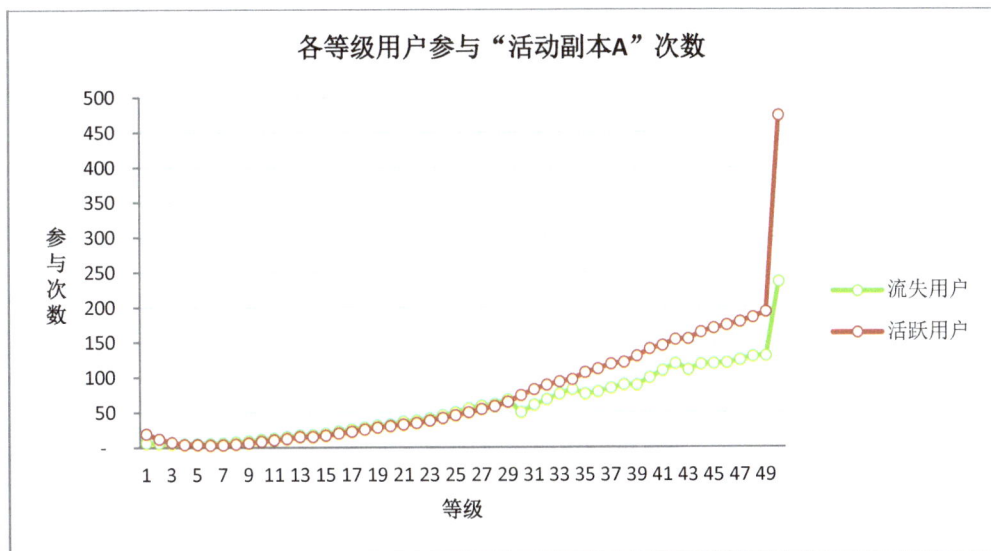

图 6-29

8. 用户账号余额

97% 的流失用户余额高于 20 元，比活跃用户高 24%，流失用户账号余额较充足，说明用户不是因为余额不够而流失的，如图 6-30 所示。

账号余额

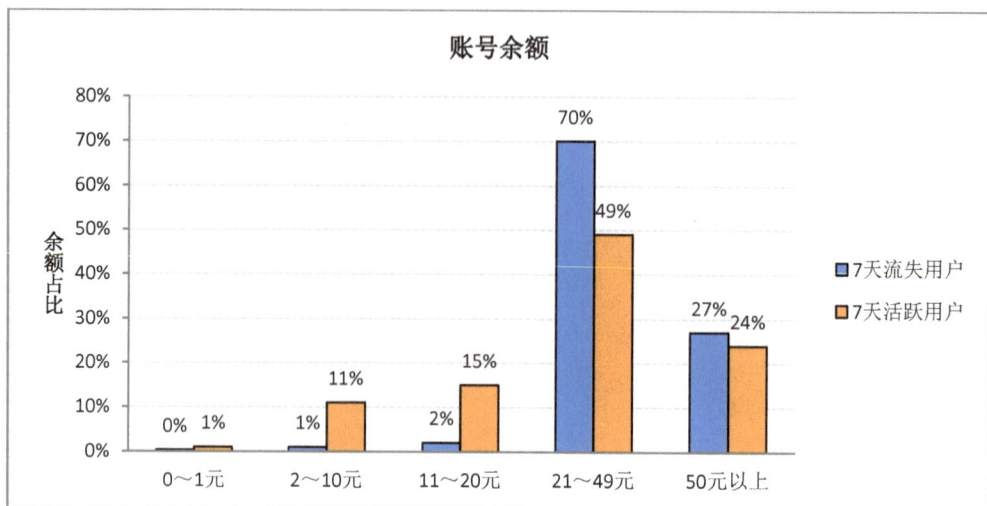

图 6-30

我们从以上 8 个方面的数据对 7 天流失用户的特征进行了分析，下面进一步了解每日流失用户的特征，将从 3 个方面入手。

1. 每日流失用户和新用户导入关系

从图 6-31 可以看出，每日导入的新用户越少，流失用户数越多。说明新用户的增加在带来游戏人气的同时，还能提高用户的游戏黏度，降低流失。

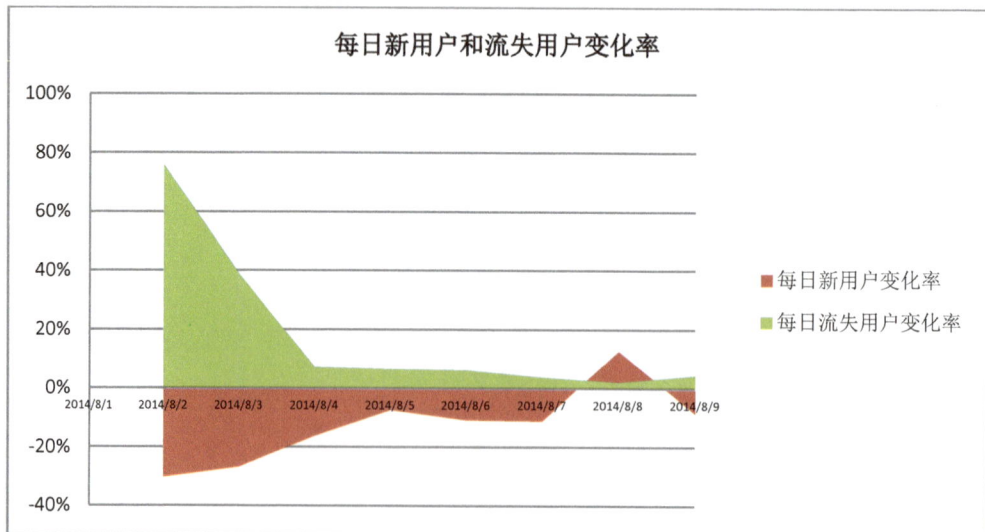

图 6-31

说明：以上"每日流失用户"指每天未登录游戏的用户。

每日新用户变化率=（当日新用户数量–前一天新用户数量）/前一天新用户数量

每日流失用户变化率=（当日未登录游戏用户数量–前一天未登录游戏用户数量）/前一天未登录游戏用户数量

2. 每日流失用户的职业类别和地域

由于无法直接区分游戏数据中的账号是学生还是上班族的，故在分析流失用户群体前，先对获取该数据的来源和思路做说明如下。

该游戏在开测时做了问卷调查，其中人口属性问题中包含用户职业，总样本量超过 3 万个，结果如图 6-32 所示。

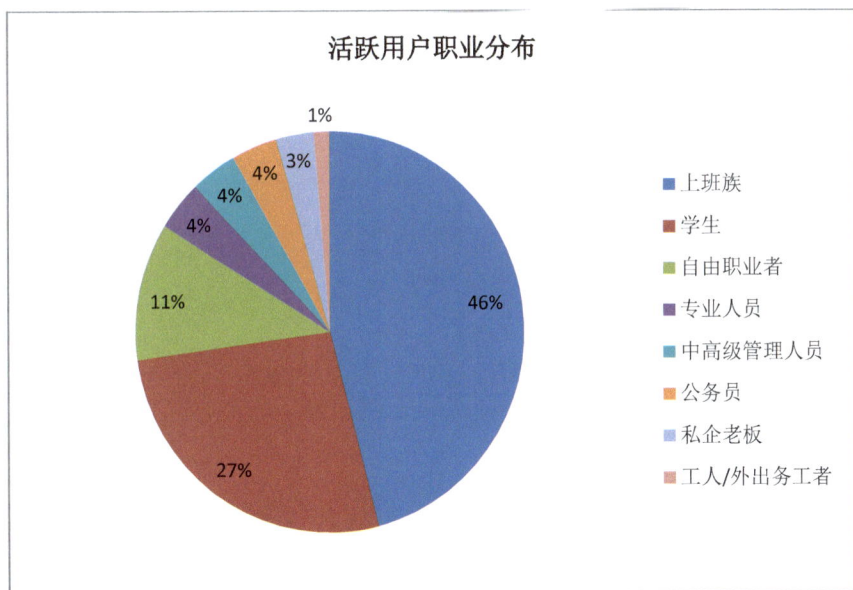

活跃用户职业分布

- 上班族 46%
- 学生 27%
- 自由职业者 11%
- 专业人员 4%
- 中高级管理人员 4%
- 公务员 4%
- 私企老板 3%
- 工人/外出务工者 1%

图 6-32

因用户填写调查问卷时必须已登录游戏账号，所以能将用户账号和游戏登录日志匹配，并区分工作日和周末，得出不同群体用户的登录习惯。

通过对比不同群体的用户上线习惯数据，发现上班族、专业人员、中高级管理人员、公务员、私企老板登录习惯相近，因此可以将这些用户归为一大类，此处统一归为上班族，而学生、自由职业者、工人/外出务工者的登录习惯相近，此处统一归为学生。

根据图 6-33 和图 6-34，可以看出不同职业用户的上线习惯。

上班族的上线时间受工作时段影响较大。在"工作日"白天和晚上的**上线高峰时间点分别在 12:00 和 20:00**。"周末"的上线高峰时间点虽和"工作日"一样，但是白天和晚上的人数差距明显缩小。

　　学生没有明显的工作时段和非工作时段，因学生在周末不受上课影响，"周末"的上线高峰时间点和上班族一样。

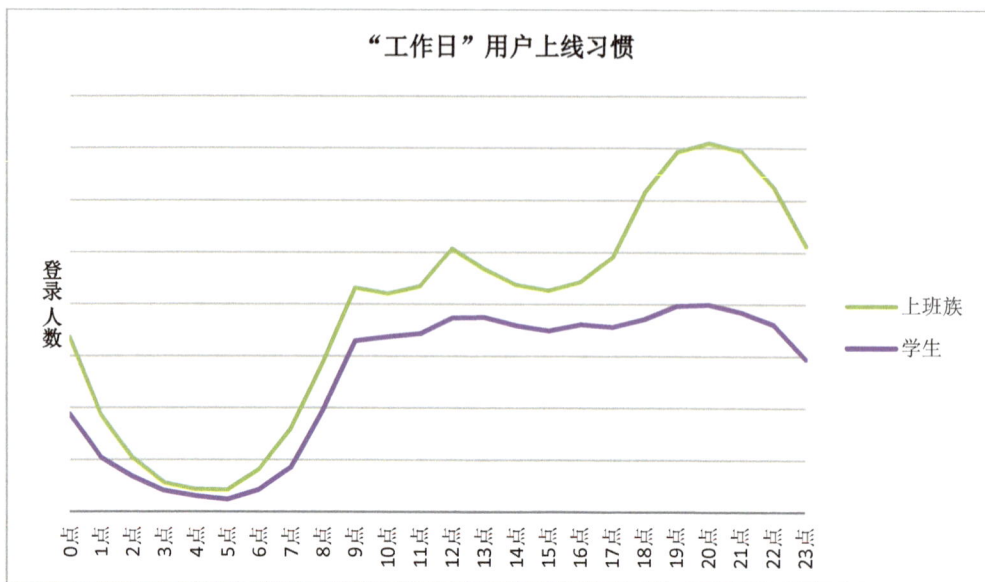

图 6-33

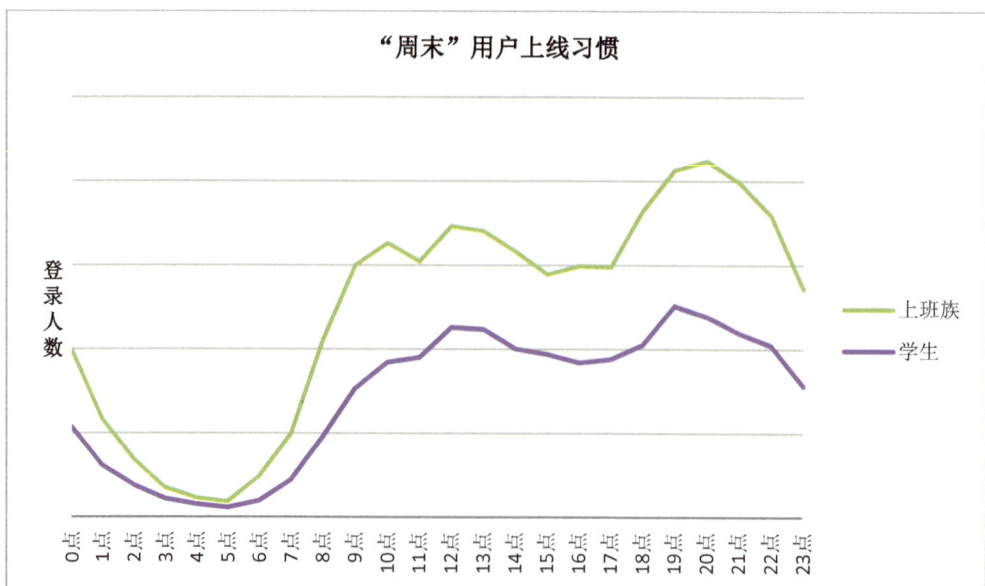

图 6-34

说明：工作日为周一至周五；周末为周六和周日。

我们先选取 3 万个调查用户中学生和上班族的登录日志作为样本，选取登录日志为观察指标，区分工作日和周末，使用 K-means 算法，找到学生和上班族上线时间的重要特征，根据该特征，应用到游戏内所有流失用户，按上线习惯分为上班族和学生。得出图 6-35 所示结果。

在流失用户群体中，上班族和学生的比例为 55：45，其分布基本和活跃用户一致。

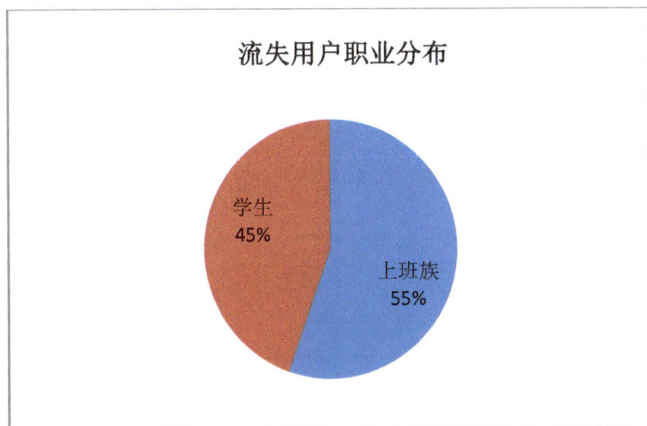

流失用户职业分布

学生
45%

上班族
55%

图 6-35

说明：以上聚类分析的方法在《游戏数据分析实战》一书中的第 6 章 "活跃用户细分" 中有详细的介绍，因此在本次案例中省去了用 SPSS 的 "K-均值聚类" 功能将用户分为学生和上班族的操作步骤。

将用户类型和地域数据结合，得出上班族中上海用户流失率最高，为 75%，这也和上海的上班族用户多有关，如图 6-36 所示。

各地区流失 "上班族" 用户比例

图 6-36

将用户类型和每天的登录日志结合，得出上班族在周末的流失率较工作日减少 3%。说明上班族在周末有更多时间玩游戏。而学生群体的流失比例受周末的影响不大，如图 6-37 所示。

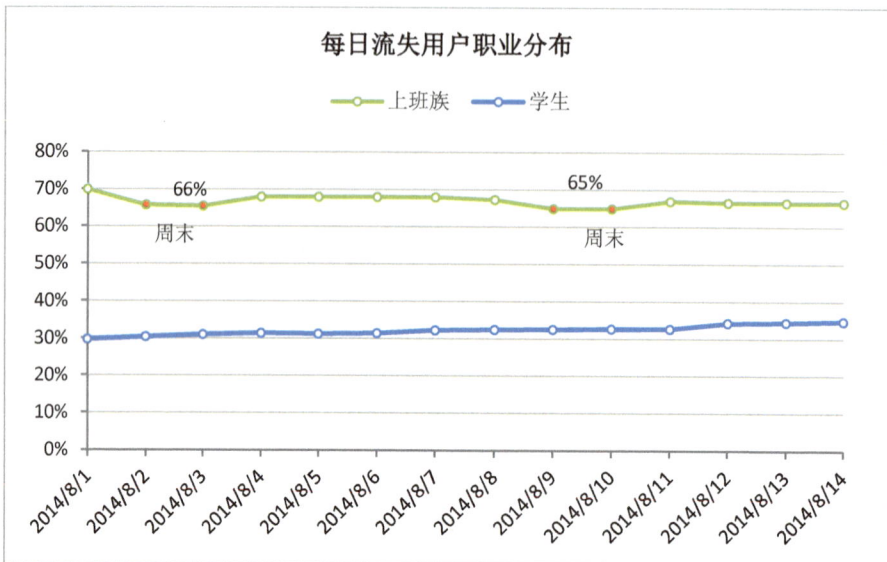

每日流失用户职业分布

图 6-37

3. 每日流失用户各等级人数情况

30 级用户流失数量相对 21～29 级流失用户数上升较快，如图 6-38 所示。

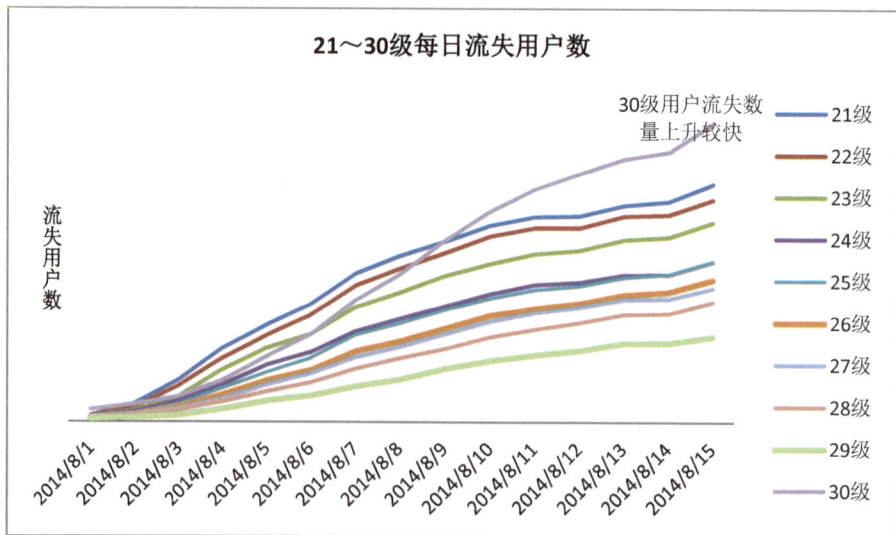

21～30级每日流失用户数

图 6-38

从 8 月 5 日开始，每日未登录的 50 级用户量陡升，尽管 50 级用户人数在不断增加，每日不登录不一定真正流失，近期也应密切关注 50 级用户的游戏情况，如图 6-39 所示。

图 6-39

因第 1～20 级每日流失用户数趋势无异常，此处的图表省略。

流失用户电话调查结果

为了进一步了解用户流失的原因，筛选上海地区 7 天流失用户的手机号码给客服进行电话回访，共成功回访用户 807 名，其中上班族占了 80%。

（1）1～30 级用户流失原因：

① 地图太复杂，占 24%。

② 打击感太弱、战斗节奏太慢、操作不流畅，占 8%。

③ 任务太烦琐、任务目标指引不清晰，升级较慢，占 6%。

④ 任务不会做，占 5%。

（2）31～55 级用户流失原因：

① 任务太多，地图复杂，没有 PVP，占 8%。

② 没有朋友一起玩、游戏技能 CD 时间太长，副本排队时间太长，各占 5%。

（3）用户主要建议：

① 希望地图指引更清晰，组队系统更加明确。

② 到 50 级之后没有什么可做的事情了，希望多出一些 50 级的活动。

③ 希望版本尽快跟上国际服，另外针对工作室和第三方软件要加大打击力度。

6.5.3 分析结论及对策

《烈日纷争》于 8 月 1 日进行公测，7 天用户流失率为 35%，通过用户行为数据分析，得出以下主要结论。

（1）新手期用户：第 1～30 级流失用户占总流失用户的 96%，新手期流失较快。流失等级主要集中在 6 级、15 级，分别持有任务 A、任务 B。7 854 个用户接受任务 A 后多次登录游戏，但仍未完成，说明该任务对部分用户造成了一定困扰。

（2）中期用户（第 31～49 级）：游戏体验相对顺畅，无明显流失点。

（3）高级期用户（第 50 级）：参与副本和加入公会的人数比例分别比活跃用户低 15%、25%，可能和好友流失，游戏热情降低有关（好友流失率为 30%）。近期每日流失用户中 50 级用户陡升，应密切关注。

（4）用户较容易流失的职业：职业 1 和职业 2。主要因为职业 1 防御能力较弱，职业 2 对用户站位的要求较高。

（5）每日流失和新用户导入关系：每日导入的新用户越少，流失用户数越多。

（6）流失用户特征：

① 流失用户 7 天内回归的比例为 15%；流失用户中 CBT2 老用户占 6%。

② 流失用户群体分布基本和活跃用户一致。上班族中上海用户流失率最高，为 77%，和上海的上班族用户多有关。

③ 第 1～30 级用户流失前平均每天登录次数逐渐减少；第 1～49 级用户流失前的每天在线时长呈下降趋势；第 50 级用户每天在线时长波动较大。

④ 第 30～55 级，流失用户人均参与副本活动 A 的次数低于活跃用户 60 次，说明活跃用户比流失用户更懂玩这款游戏。

⑤ 流失用户账号余额高于活跃用户，79% 流失用户余额为 21～49 元，说明用户不是因为账号余额不够而流失的。

（7）根据客户电话回访回访结果显示，用户流失的原因主要如下。

① 第 1～30 级用户流失原因：

- 地图太复杂，占 24%。
- 打击感太弱、战斗节奏太慢、操作不流畅，占 8%。
- 任务太烦琐、任务目标指引不清晰、升级较慢，占 6%。

- 任务不会做，占 5%。

② 第 31～50 级用户流失原因：

- 任务太多，地图复杂，没有 PVP，占 8%。
- 没有朋友一起玩、游戏技能 CD 时间太长，副本排队时间太长，各占 5%。

（8）用户建议：

① 希望地图指引更清晰，组队系统更加明确。

② 到 50 级之后没有什么可做的事情了，希望多出一些 50 级的活动。

③ 希望版本尽快跟上国际服，另外针对工作室和第三方软件要加大一下打击力度。

以上的分析案例很好发诠释了 5W1H 分析方法。通过 7 天流失用户特征、每日流失用户特征和电话回访结果三大块内容的分析，**为沈总和运营人员提供了以下信息。**

- 发生了什么（What），游戏公测 7 天流失率为 35%。
- 在哪里流失（Where），上海的上班族用户流失率最高，为 77%。15 级流失用户主要在海盗地图流失。
- 什么人流失（Who），新用户流失比较多，达到 79%。游戏中职业 1 和职业 2 的流失人数较多。上班族和学生的流失比例为 55∶45，上班族在周末的流失率较工作日减少 3%。
- 什么时候流失（When），主要是新手期用户和高等级用户流失，新手期用户流失等级主要集中在 6 级、15 级。高等级用户流失等级主要集中在 50 级。
- 为什么流失（Why），地图复杂、任务烦琐、任务目标指引不清楚是用户流失的主要原因。其中：新手期用户有 5%反映任务不会做，任务 A 和任务 B 给他们造成了困扰，另外打击感太弱、战斗节奏太慢、操作不流畅也是该阶段用户流失的原因；高等级用户主要是因为好友流失，游戏热情降低。职业 1 流失较多是因为防御能力较弱，职业 2 是因为该职业对用户站位的要求较高。调查用户中因为工作比较忙、没时间玩游戏而流失的用户占比超过 30%。

对策：项目团队将以上流失原因分析结果和用户建议反馈给日本研发方，希望今后的版本能更适应中国用户，减少流失。项目团队也针对这些问题做了一些运营活动，来弥补版本的缺陷，在第 7 章有详细的介绍。

6.6　流失用户特征分析

《烈日纷争》上线 4 个月，活跃用户还在缓慢流失，没有稳定下来。尽管运营活动在持续推出，从活动效果来看，无论是流失召回还是新用户都是"买单"而已，对送的东西或者活动激励并不是很在意，因此，这些活动也并没有有效阻止用户量的下滑趋势，只能一定程度缓解用户流失速度。在此期间已经更新了两个版本，版本更新后活跃用户有所上涨，但不到 10 天数据又开始下落了。

对于这一趋势，沈总对数据分析师说："我想找到这些下落数据的共性，比如流失用户的特征之类的，如果能找出这些，那么看看有没有办法延长版本更新带来的效果，从道理上讲应该都是有办法解决的。打个比方，就是两个流失曲线，一个是新用户的流失，一个是老用户的流失，这两条线里有一条上升了，我就能对症下药了。这个月月底就要更新版本了，我想最好能在这个月之前找到一些线索。1.1 版本更新的时候吸引了一部分人，那么剩下类似的这些人，我们在什么地方投放就要有讲究了，毕竟广告费不多。"

基于沈总提出的需求，数据分析师开始思考，怎么找到流失用户的特征，怎么找到用户目前在游戏中的共性数据，以帮助制定运营和市场策略。

考虑到副本是每次版本更新的必备内容，因此本次分析的主要围绕打副本的情况展开。同时，将用户切片，对比流失新用户、老用户、活跃用户和核心用户的各项游戏行为数据，分析目录如下：

1. 用户流失情况

2. 流失用户回归情况

3. 新版本上线后用户留存、流失情况

4. 游戏行为

（1）在线时长

（2）副本参与、通关情况

（3）打猎

（4）PVP 战场

（5）装备等级

（6）社会关系

5. 账号余额

6.6.1 详细分析过程

1. 用户流失情况

图 6-40 为公测第 1 天到目前 4 个月内每天的累计流失用户数，近 1 个月的流失趋势放缓，但仍有小幅下滑，没有完全稳定。

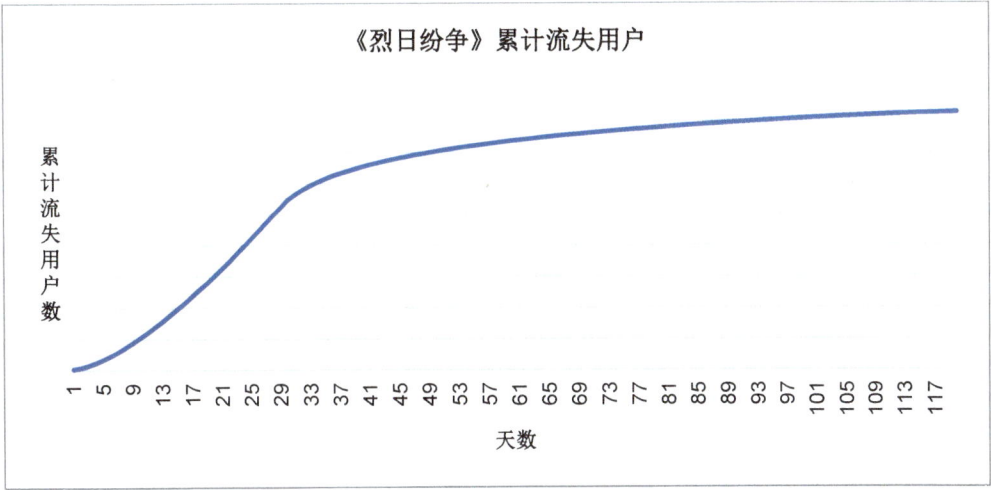

《烈日纷争》累计流失用户

累计流失用户数

天数

图 6-40

由图 6-41 可以看出，1.1 版本上线 8 天后流失率上升，人数开始下降。1.2 版本上线 14 天后流失率停止下降，人数缓慢下降。

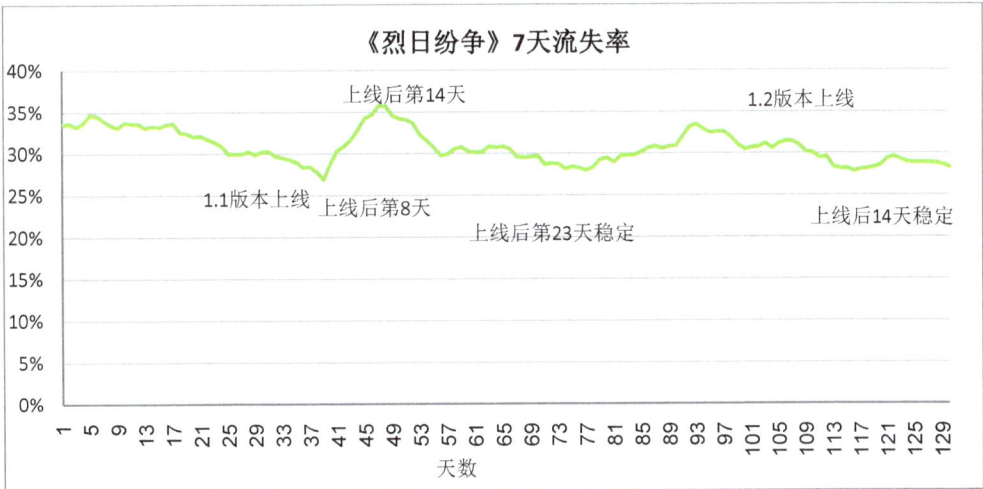

《烈日纷争》7天流失率

天数

图 6-41

1.1 版本更新期间，每日流失用户中新老用户比例约为 20：80，刚上线期间新用户流失比例更高。

1.2 版本更新期间，新老用户比例为 15：85，如图 6-42 和图 6-43 所示。

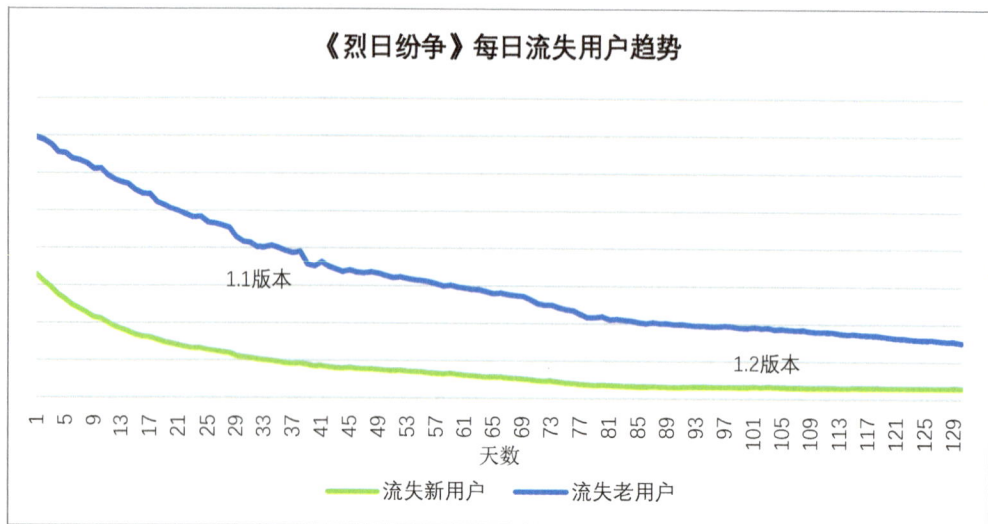

图 6-42

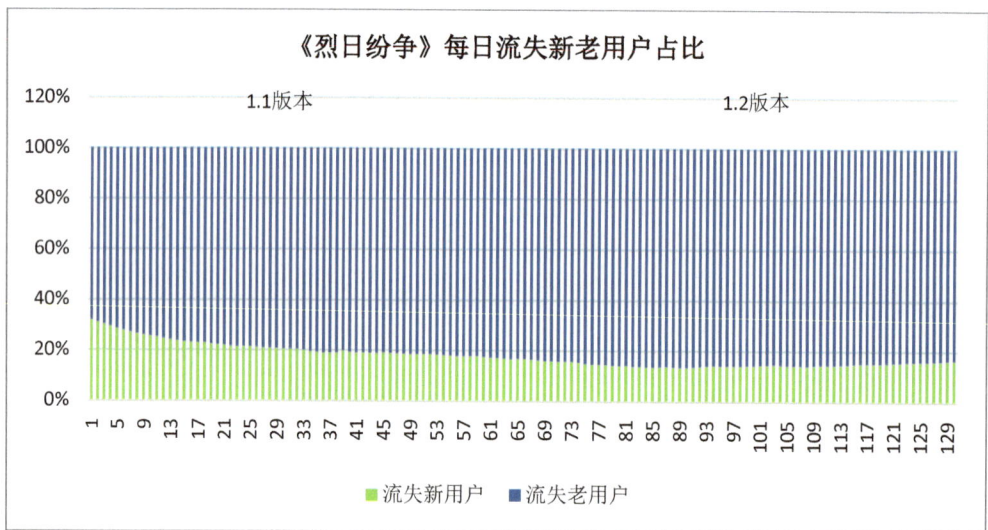

图 6-43

说明：

每日流失用户——历史登录，当天没有登录的用户；

每日流失新用户——流失用户中首次登录时间在 30 天内的用户。

每日流失老用户——流失用户中首次登录时间超过 30 天的用户。

2. 流失用户回归情况

用户流失 1 周（7 天）后的回归率为 23%，而目前 7 天流失率为 30%，算上回归用户，7 天流失率仍有 23%。按目前的活跃用户和新用户数计算，每天仍需要增加 1500 个新用户导入才能稳定每天的活跃用户数。

用户流失 18 周（126 天）后的回归率为 0.1%，流失 126 天后回归的概率接近 0，如图 6-44 所示。

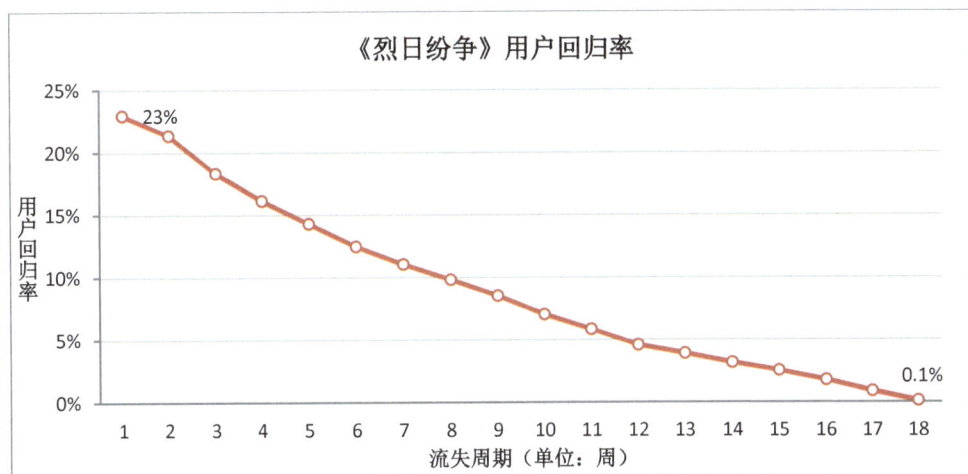

图 6-44

3. 新版本上线后用户留存、流失情况

随着版本的推进，用户流失率减少，1.2 版本 8 天流失率比 1.1 版本低 9%。其中新用户流失的比例也减少，老用户比例增加，和新用户数量减少有关，如图 6-45 和图 6-46 所示。

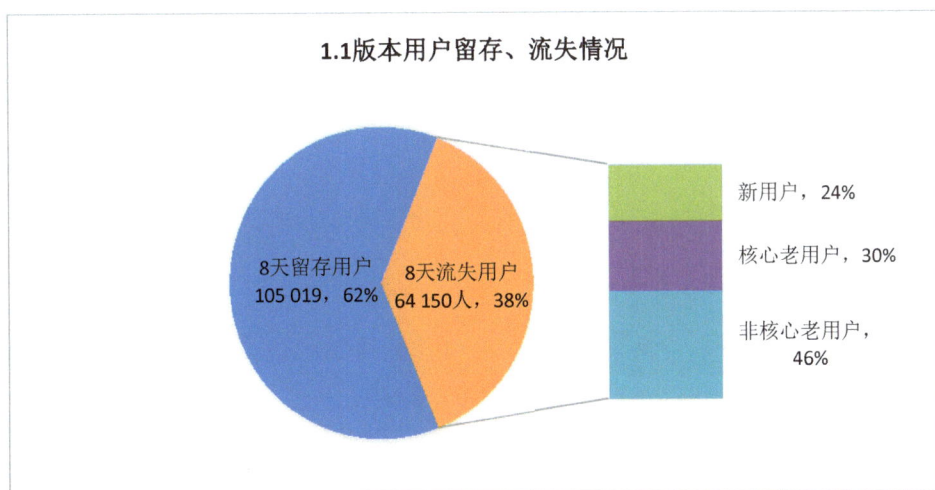

图 6-45

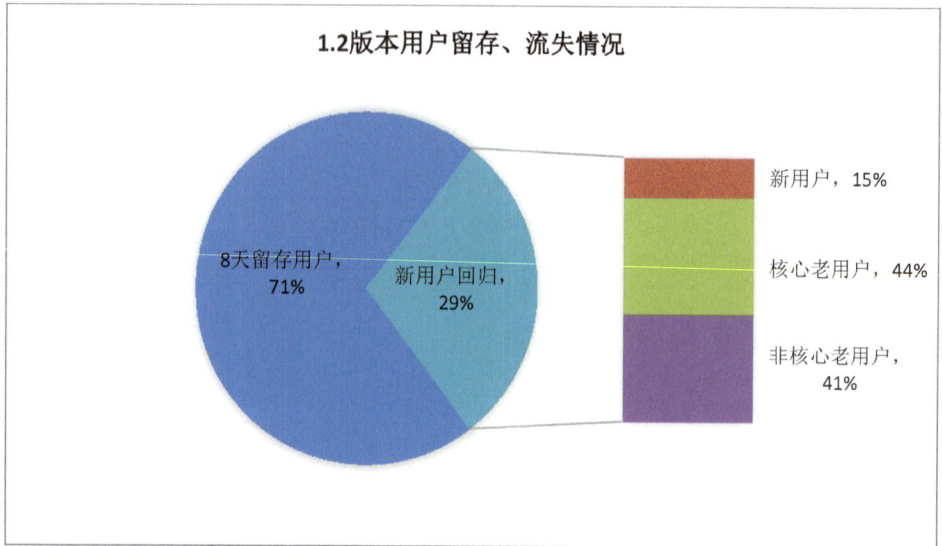

图 6-46

说明：

- 8天留存用户——新版本上线后第 1~8 天登录，第 9~16 天继续登录的用户，以下简称留存用户；
- 8天流失用户——新版本上线后第 1~8 天登录，第 9~16 天没有登录的用户，以下简称流失用户；
- 核心用户——累计登录天数大于 30 天，且平均每天在线时长超过 7 小时以上。
- 用户筛选——剔除使用外挂刷副本的账号；筛选条件：每天进入同一个副本的次数超过 50 次。

因 1.1 版本上线第 8 天后活跃用户开始下降，1.2 版本上线第 14 天后活跃用户开始缓慢下降，为了使两个版本对比时间段一致，本次分析均取新版本上线后 8 天内的活跃用户为样本进行分析。

4. 游戏行为

（1）在线时长。

留存用户在线时长明显高于流失用户。

流失用户打副本花费的时长占总在线时长比例较高，说明多数用户上线打完副本就下线，如表 6-10 所示。

表 6-10

用户类型	平均每天在线时长（小时）	打副本时长（小时）	打副本占总时长的比例
1.1 版本留存用户	5.9	2.2	36%
1.1 版本流失用户	2.6	1.6	62%
1.2 版本留存用户	6.7	1.8	27%
1.2 版本流失用户	2.5	1.7	68%

（2）副本参与、通关情况。

① 副本参与率。

流失用户副本参与率低，特别是 2.3 版本上线后，副本参与率更是大幅下降，比 2.2 版本低 14%，且不打副本的用户做任务、持有高等级装备的比例也很低，如表 6-11 所示。

表 6-11

用户类型	副本参与率	55 级用户比例	55 级用户副本参与率	没有打副本，但做任务的比例	没有打副本用户持有装备比例
1.1 版本流失用户	31%	38%	52%	16%	50～60 级装备：34%
1.1 版本留存用户	80%	73%	93%	53%	50～60 级装备：45%
1.2 版本流失用户	24%	44%	38%	9%	60～70 级装备：38%
1.2 版本留存用户	78%	77%	89%	19%	60～70 级装备：39%

② 各类型副本参与率。

1.2 版本上线后，流失用户打 1.1 版本副本的比例反而比 1.2 版本高 13%，如表 6-12 所示。

表 6-12

用户类型	新版本副本	1.2 版本上线后打 1.1 版本副本	低等级随机	高等级随机	无限次数副本	每周一次副本
1.1 版本流失用户	53%	/	76%	36%	55%	34%
1.1 版本留存用户	88%	/	97%	76%	87%	61%
1.2 版本流失用户	39%	52%	63%	24%	38%	3%
1.2 版本留存用户	82%	85%	89%	64%	74%	12%

③ 副本进度。

留存用户的版本进度高于流失用户，如图 6-47 和图 6-48 所示。

1.2 版本上线后，流失用户打 1.1 版本副本的比例高于 1.2 版本，主要是因为其 1.1 版本的内容没有完成，没有跟上新版本的进度。

且随着版本的推进，流失用户与留存用户完成版本的进度差距将越来越大。

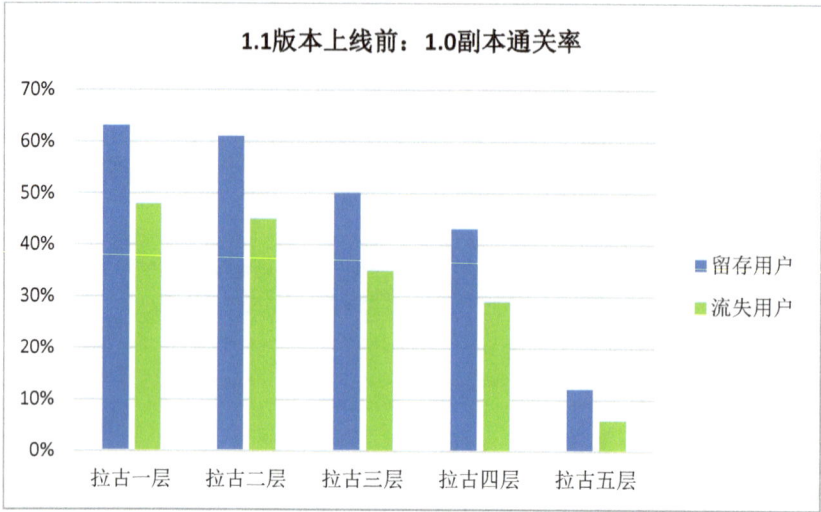

图 6-47

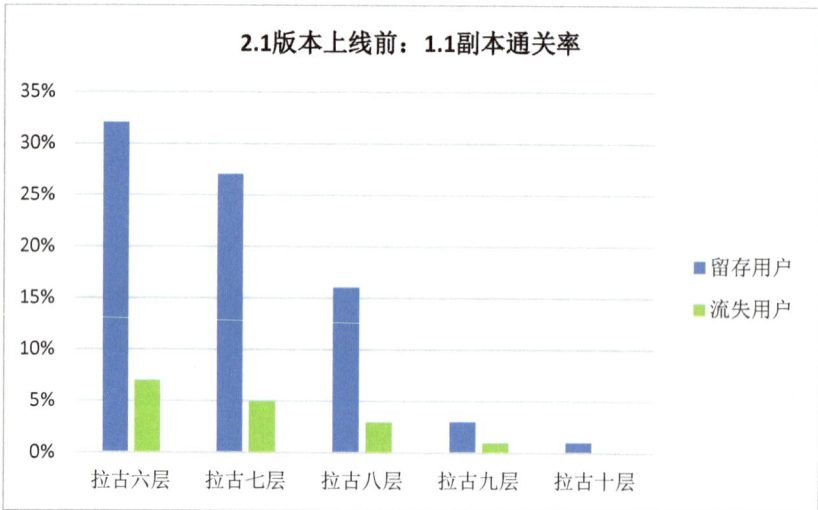

图 6-48

说明：以上用户指满级用户。

（3）打猎。

1.2 版本中，流失用户打猎的比例仅 4%，如表 6-13 所示。

表 6-13

用户类型	打猎人数（人）	占所有用户比例	打猎次数（次）	人均打猎次数（次）
流失用户	425	4%	4 128	10
留存用户	20 430	46%	754 578	37

（4）PVP 战场。

1.2 版本中，满级留存用户、流失用户参与 PVP 战场的比例分别为 9%、2%。

说明用户参与 PVP 战场的热情并不高。

（5）装备等级。

流失用户持有高等级装备的比例略低于活跃用户，需要打旧版本副本来提升装备，这是打旧版本副本的用户比新版本多的主要原因，如表 6-14 和图 6-49 所示。

表 6-14

用户类型	50 级	55 级	60 级	70 级	合计
1.1 版本流失用户	64%	2%	8%	/	74%（50～60 级）
1.1 版本留存用户	51%	4%	33%	/	87%（50～60 级）
1.2 版本流失用户	17%	1%	53%	12%	67%（60～70 级）
1.2 版本留存用户	11%	2%	48%	30%	80%（60～70 级）

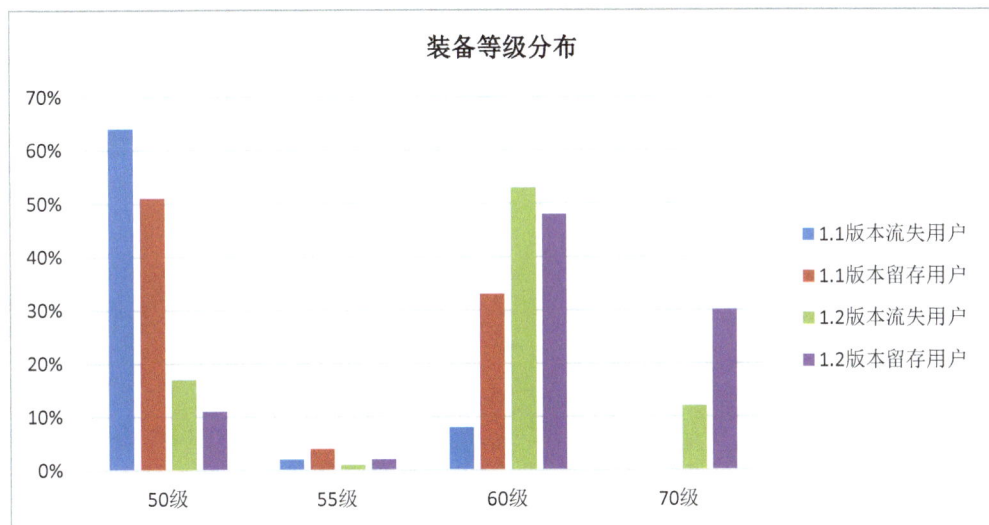

图 6-49

说明：以上等级指用户装备最高等级，55 级以下用户的装备持有率略。

（6）社会关系。

80%以上的留存用户有固定团队打副本，而流失用户有固定团队的比例不到6%，在1.2版本上线后，有固定团队的比例下降到1%，组队成员相互为好友和同一公会的比例也随之下降。

整体看来，流失用户在游戏内的社会关系薄弱，没有固定的人一起打副本是其流失的主要原因，如表6-15所示。

表6-15

用户类型	有固定团队的人数占比	平均组固定团队打副本次数	组队成员在同一个公会的比例（任意组队）	组队成员为好友的比例（任意组队）	组队成员在同一个公会且为好友的比例（任意组队）
1.1 版本留存用户	80%	30	67%	87%	65%
1.1 版本流失用户	6%	22	30%	36%	23%
1.2 版本留存用户	86%	26	74%	93%	73%
1.2 版本流失用户	1%	11	22%	21%	16%

固定团队判断条件：组队打高难度副本（拉古六至十层、拉姆）3次以上，5人以上（含5人）。

5. 账号余额

流失用户的账号余额主要集中在20～40元，约占50%。10元以下的用户比例为21%。近80%的流失用户余额较为充足，说明用户不是因为没有余额而流失的，如表6-16所示。

表6-16

用户类型	10 元以下	10～20 元	20～40 元	40～90 元	90 元以上
1.1 版本流失用户	17%	13%	50%	14%	6%
1.1 版本留存用户	21%	14%	29%	25%	13%
1.2 版本流失用户	18%	13%	46%	15%	8%
1.2 版本留存用户	22%	13%	28%	25%	12%

6.6.2 分析结论及对策

《烈日纷争》1.1、1.2版本的活跃用户数分别在上线后第8天、第14天开始下降，通过对游戏行为数据进行分析，流失用户的特征主要有：

（1）在线时长低，游戏内容以打副本为主，多数用户上线打完副本就下线，打副本时长占总在线时长的比例为65%。

（2）副本参与率低，特别是在1.2版本上线后尤为明显，且打1.1老版本副本的人数比新版本多，主要因为前一个版本的内容没有全部完成，装备等级没有完全跟上版本进度。

随着版本的推进，流失用户与留存用户完成版本的进度差距越来越大。

（3）参与 PVP、打猎的热情并不高，参与率分别为 2%、4%。

（4）80%以上的留存用户有固定团队打副本，而流失用户有固定团队的比例从 2.2 版本的 6%下降到 1.2 版本的 1%，组队成员相互为好友和同一公会的比例也随之下降。

整体看来，流失用户在游戏内的社会关系薄弱，没有固定的人一起玩游戏是其流失的主要原因。建议多增加一些线上活动，比如老用户带新用户，增进游戏社交互动。

此外，按目前用户流失、回归率，以及活跃用户和新用户数量计算，每天需要增加 1500 个新用户才能保持人数稳定。

对策：根据流失用户特征分析结果来看，没有固定团队打副本是用户流失的主要原因，对此，运营团队推出了老带新活动、新用户直升活动。促进了游戏活跃，游戏内生态也逐渐达到平衡。

6.7　新版本"消化"过快，人数持续下降

我们知道，游戏在开测或公测后需要持续地进行版本更新，若新版本的内容不出问题，则每次版本更新或多或少都会带来一些用户和收入的增长，因为游戏中有新的内容，有新的变化，所以用户对新版本非常期待，有期待就不会离开。

但是，在 6.6 节中提到，一般在版本更新后 10 天不到，数据就开始下落，我们找到了流失用户的部分特征，其中有一个明显特征是没有固定团队打副本，除此之外，我们还需要再来找一些共性的数据，比如：是否是因为版本内容消化过快，用户花了 10 天左右就把版本更新的内容都玩遍了，在接下来的时间没有内容可以玩了，导致活跃人数下降。下面我们来分析版本更新后的用户行为。

从图 6-50 所示，我们了解到 1.1 版本上线 8 天后流失率上升，人数开始下降。1.2 版本上线 14 天后流失率停止下降，人数缓慢下降。

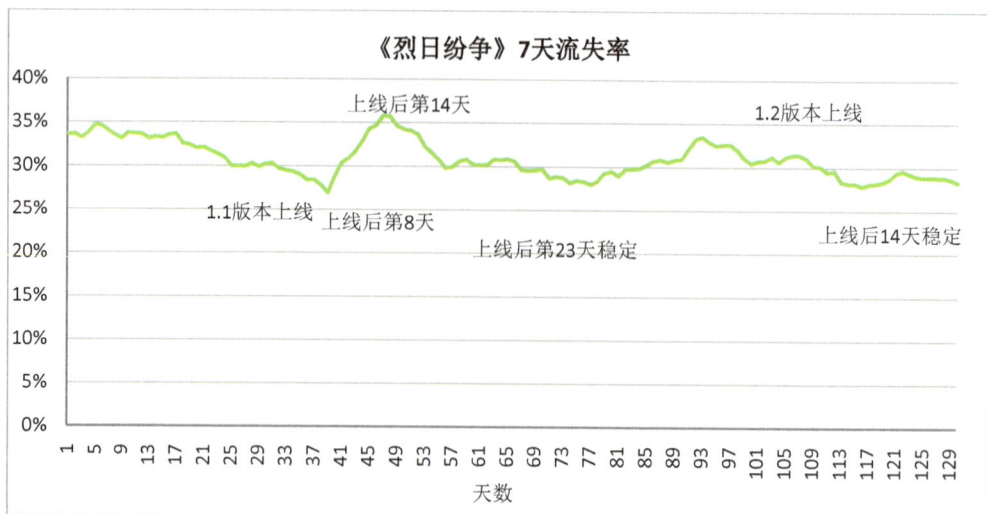

图 6-50

6.7.1　分析思路

　　要分析版本内容是否消耗过快，需要先定义一个标准，用户玩到什么程度能说明版本内容已经完全或者差不多消耗完。数据分析师和游戏运营人员共同协商探讨，确定按以下标准来评估。

1. 满级用户每日游戏内容

　　首先我们先确认满级用户在游戏中的日常游戏行为以及所需要耗费的时间。考虑到未满级的用户在游戏中的行为以做主线任务为主，因此，未将该部分用户考虑在内。

　　由表 6-17 可以看出，满级用户如果在游戏中把日常内容全部做完，大约需要花费120～360 分钟。

表 6-17

优先级	内容	耗时	备注
1	固定团队活动打副本	80～150 分钟	视团队进度而变，第一次玩耗时较长
2	每日高级随机副本	20～40 分钟	如果本周积分满了，则不做
3	日常任务	20 分钟	
4	生活职业每日筹备	20～40 分钟	
5	小号随机本	30～40 分钟	如果没时间，则可能会不做
6	挖宝藏	10 分钟	
7	每日低级随机副本	30～60 分钟	
	总时间	120～360 分钟	

2. 每个副本名称和 ID 确认

为了统计数据，分析师和运营人员确认了每个类型的副本 ID 以及对应的副本名称。以团队副本为例，如表 6-18 所示。

表 6-18

副本类型	副本 ID	副本名称
团队副本	101	拉古一层（1.1 版本副本）
	102	拉古二层（1.1 版本副本）
	103	拉古三层（1.1 版本副本）
	104	拉古四层（1.1 版本副本）
	105	拉古五层（1.1 版本副本）
	106	拉古六层（1.2 版本副本）
	107	拉古七层（1.2 版本副本）
	108	拉古八层（1.2 版本副本）
	109	拉古九层（1.2 版本副本）
	110	拉古十层（1.2 版本副本）

3. 版本消耗完的标准

《烈日纷争》每次版本更新的副本是在原来副本的基础上递增的，比如，以表 6-18 为例，1.1 版本的最高副本是拉古五层，1.2 版本的副本就从拉古六层开始。根据自身体验游戏的情况，并和运营人员确认，**要开始新版本的副本，除了完成拉古五层，其装备等级需要达到 50 级**，在此基础上，要完成 1.2 版本的拉古十层，其装备等级基本到达 70 级，也就是说，完成该版本最高能达到的装备等级为 70 级。因此，定义装备等级达到 60 级（含 60 级）视为新版本的内容消耗得差不多。如果单看拉古十层副本的通关率，有些不全面，因为有部分用户仅仅靠队友完成了该副本，但其没有完成其他内容导致装备等级处于较低水平。

6.7.2 详细分析

1. 14 天活跃用户分布

由于《烈日纷争》每个新版本内容需要在完成之前的版本内容的基础上才能进行，本次分析不考虑新用户，再加上新版本的副本需要有一定的装备等级基础才能完成，所以，本次分析的样本只考虑有装备基础的核心用户。以 1.2 版本为例，用户的装备等级在 50 级以上才能体验该版本的团队副本内容。

在分析用户消耗版本的情况之前，我们先对近 14 天的活跃用户情况进行分析。

按活跃用户的累计登录天数进行排序，根据二八定律，取累计登录天数前20%的用户为核心用户，其余为非核心用户。

如图6-51所示，近14天活跃用户占比54%，而非核心用户中，仅24%为新用户，说明该游戏目前的活跃用户中已经超过一半是核心用户在玩，且新用户数量较少。

根据该数据分布，我们确定了以14天内活跃的核心用户为样本进行分析。

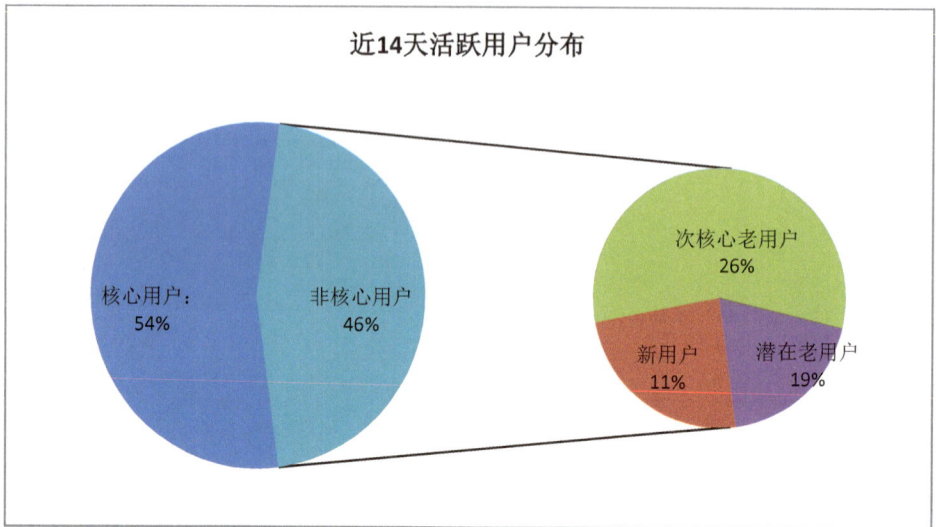

图6-51

说明：

核心用户——累计登录天数排名前20%的用户。

次核心用户——累计登录天数排名前21%~60%的用户。

潜在用户——累计登录天数排名前61%~100%的用户。

新用户——潜在用户中近14天新注册的用户。

以各个测试节点为区分，14天活跃的核心用户的分布为：CBT1测试期间导入的用户仅仅4 000人，因此其占比较低，仅1%。而CBT2期间导入12.6万个用户，和OBT期间相比，其用户总量只占到大约10%，但占据所有核心用户的22%。再次说明越早进来的用户越核心。

从14天活跃的核心用户注册来源分布看，大部分是HOPE工作室运营的其他游戏的老用户。从各个来源的游戏看，MMORPG和MMOARPG类型是其主要的用户来源，如图6-52所示。

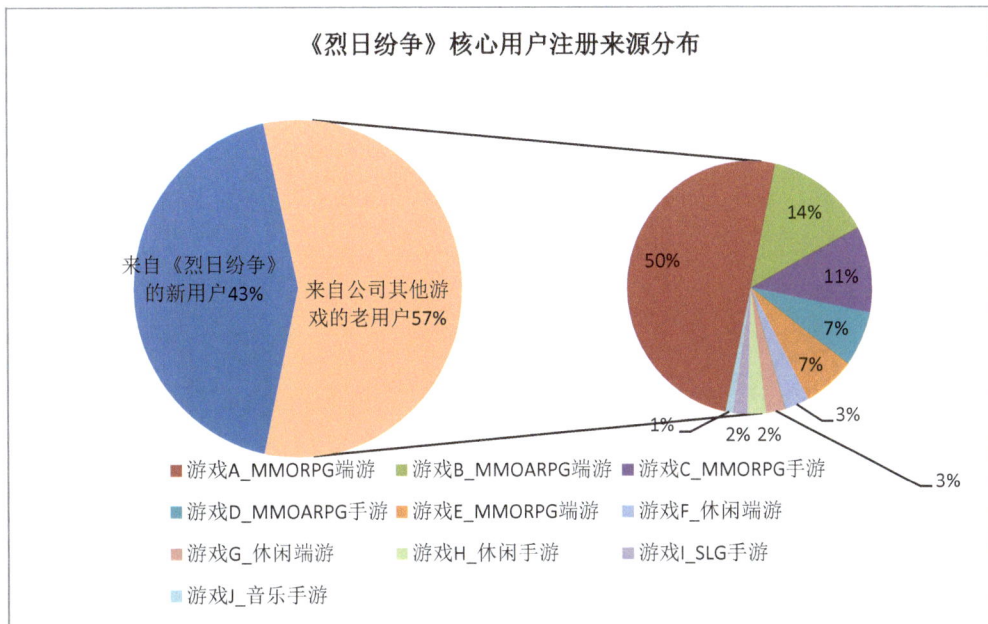

《烈日纷争》核心用户注册来源分布

图 6-52

2．副本参与情况

新版本的副本参与人数中，14 天活跃的核心用户参与率为 80%，说明新版本的内容主要是核心用户在玩，如表 6-19 所示。

表 6-19

副本名称	所有用户参与比例	所有核心用户参与比例	14 天内活跃的核心用户参与比例
拉古六层	7%	35%	46%
拉古七层	7%	32%	43%
拉古八层	5%	23%	31%
拉古九层	5%	23%	32%
拉古十层	2%	12%	17%
拉古六～十层	10%	70%	80%

3．装备等级分布

根据前面和运营人员讨论的结果，装备等级达到 55 级才能体验 1.2 新版本的内容。下面来看看不同用户群体的装备等级情况。

如图 6-53 所示，1.2 版本更新第 1～14 天内，所有用户中装备等级在 50 级以上的占 3%，所有核心用户中装备等级在 50 级以上的占 62%，近 14 天活跃的核心用户中装备等级在 50 级以上的占 73%。

该数据也验证了和运营人员的讨论结果，以 14 天活跃的核心用户为样本进行分析较为合适，达到 50 级的装备等级有 73%覆盖率，该用户样本的行为能体现新版本的消化情况。

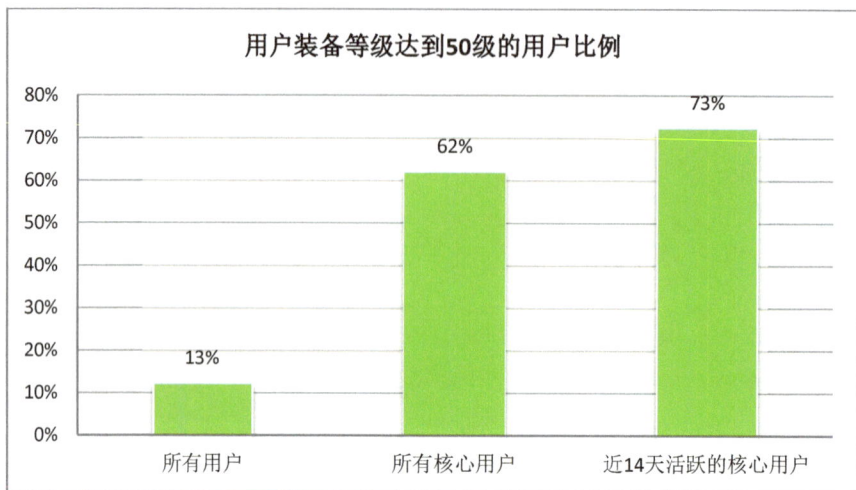

用户装备等级达到50级的用户比例

图 6-53

下面再细看各个装备等级的核心用户比例。

从图 6-54 可以看出，核心用户装备等级达到 60 级（含）以上的占据了 70%，按照和运营人员讨论的版本消耗的标准，在版本更新 14 天内，核心用户的版本消耗进度是 70%。

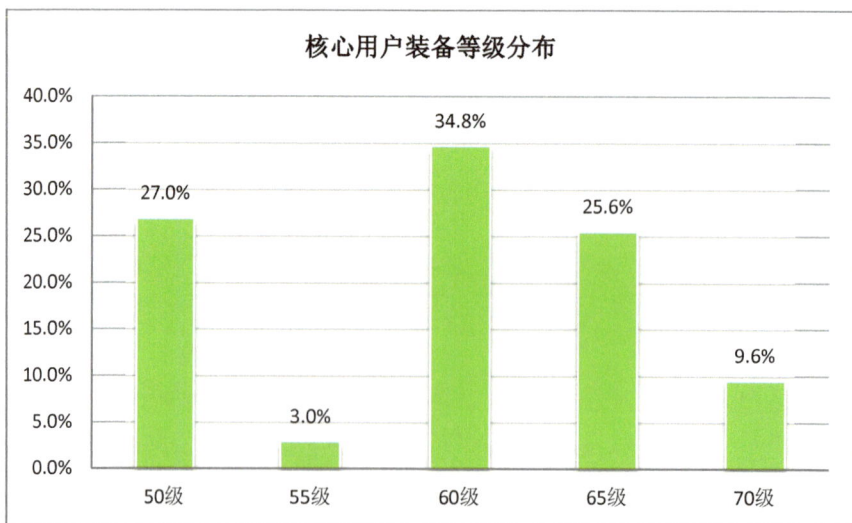

核心用户装备等级分布

图 6-54

4. 核心用户每天打副本的时长

从图 6-55 可以看出，核心用户的在线时长从版本更新后的第 10 天开始下降，也能侧面反应部分核心用户在版本更新的前 10 天已经把版本内容消耗得差不多了。

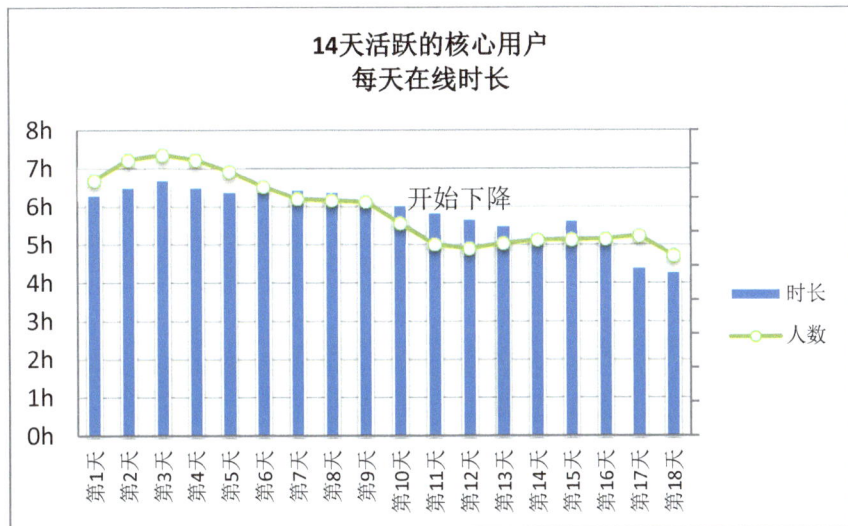

图 6-55

另外，从新版本的团队副本通关时长来看，从第 10 天开始也有明显下降，如图 6-56 所示。

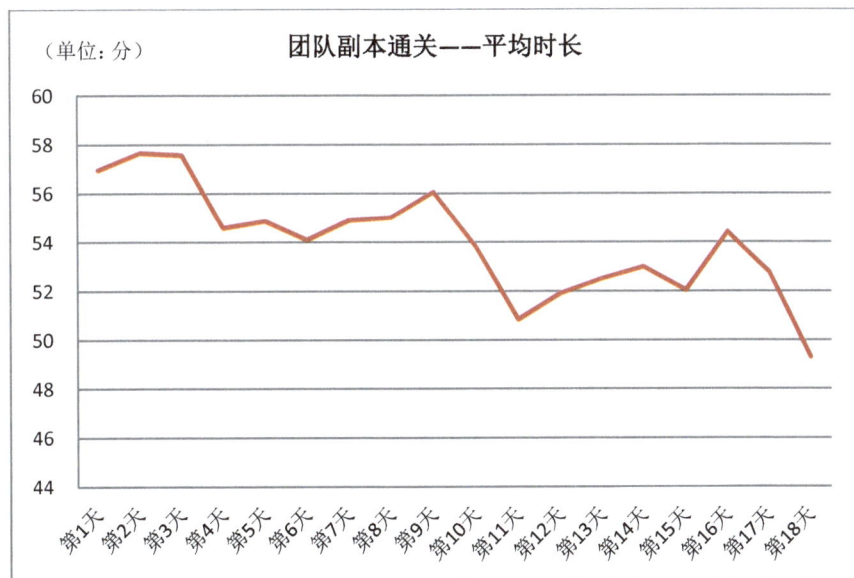

图 6-56

187

5. 核心用户整体时长

对比版本更新前后的核心用户在线时长，除了版本更新 14 天内的平均时长高于更新前和更新后，其平均最高在线时长高达 23.9 小时，说明版本更新期间部分核心用户愿意花更多的时间来玩游戏，因此版本消耗的时间比预想的要快，如表 6-19 所示。

表 6-19

1.2 版本	核心用户		
	版本更新前 14 天	版本更新期间 14 天内	版本更新期间 15～28 天
平均每天在线时长	4.3	6.3	5.1
平均每天最高在线时长	15.4	23.9	18.3

6.7.3　分析结论及对策

《烈日纷争》1.1、1.2 版本活跃用户数分别在上线后第 8 天、第 14 天开始下降，通过对 1.2 版本的用户打副本的时长及装备等级数据进行分析，主要结论如下。

（1）近 14 天活跃用户中超过一半用户是核心用户。

（2）在版本更新 14 天内，核心用户装备等级达到 60 级（含）以上的占据了 70%，可以认为核心用户的版本消耗进度是 70%。

（3）核心用户的在线时长从版本更新后的第 10 天开始下降，固定团队打副本的通过时间同样在第 10 天开始下降，说明核心用户的行为是影响整体活跃用户下降的主要原因。

（4）版本更新期间核心用户过"肝"是版本消耗过快的主要原因。

综上所述，版本消耗过快（在更新 14 天内的消耗进度为 70%）是活跃用户下降的主要原因，因为核心用户太"肝"（游戏时长高），导致版本消耗过快。**建议官方在 B 站等平台做相关内容的直播，让用户在不玩游戏时也有游戏相关的内容可以看，增加用户对游戏的期待，间接减少流失。**

对策：项目团队意识到版本消化过快问题的严重性，计划在直播网站进行游戏官方直播活动，包含版本、线下活动、PVP 相关的内容，以此来聚集人气，增加用户对游戏的期待，提升活跃。

6.8　数据持续低迷，市场费申请受阻

通过上面的分析，我们知道《烈日纷争》上线 4 个月后人数还在缓慢下滑，每日的新用户也越来越少，在当前的数据情况下，为了改变当前趋势，项目团队计划在 12 月 1 日推出 1.3 版本，并申请 100 万元市场费进行投放，希望更多的新用户和流失老用户体

验游戏，保持人数的稳定。但由于目前收入过低，投入后在短期内没法收回成本，该预算没有顺利申请下来。

6.8.1　数据分析师估算

1.3 版本作为《烈日纷争》首个资料片，其包含的内容十分庞大，对原先的游戏世界和玩法进行了大面积的扩展，在国际服上线后也获得了较好的反响，项目组也向日方提供了针对中国本地化的调整建议，在国服预热过程中目前的用户也报以较高的期待。本季度根据运营情况希望申请 100 万元市场预算来进行 1.3 版本资料片的推广，利用该资料片提升运营业绩。

在申请预算之前，数据分析师做了以下预估，作为项目团队申请市场费用的依据。

（1）根据目前广告投放的 CPL 和新用户的 LTV，预估若投入 100 万元市场费，则首月 ROI 为 30%、半年 ROI 为 81%。

（2）版本更新后预计季度日均收入××万元。

（3）版本更新期间如果不投入市场费，日均收入会比投入市场费的季度低 6%。

6.8.2　财务角度

根据数据分析师预估的结果，投放 100 万元市场费，日均收入达到××万元，这样的情况下：

（1）预计《烈日纷争》四季度现金流亏损 9.4 万元。

（2）预计《烈日纷争》四季度利润亏损 10.4 万元（主要成本在于服务器折旧费和版权金摊销）。

（3）若要达到现金流盈亏平衡，则日均收入需在原有的基础上多完成 2 万元。

6.8.3　运营角度

因新版本配合广告投放会使导入新用户的效果较好，所以希望在新版期间投入一定的市场费。

2015 年是《烈日纷争》相当艰难的一年，市场费的申请会让公司的运营成本增加，有机会也有风险，虽然短期内不可能有大规模的反弹增长，维持和品牌维护是目前的运营方针。

《烈日纷争》如今无论在游戏的玩法和游戏的运营方式都需要做出改变和尝试，随着用户接触的东西越来越多，类型化和固定人群的喜好特征会越来越明显，《烈日纷争》目前的设计下所能吸引的人群已较为固定，就算拥有了大规模的推广可能依然会固定在目前这个活跃人群中。这个是现状，项目组的目标则是在抓住每次版本更新的机会，投入一定的市场费做品牌维护，再通过运营手段增加用户人数，虽然进程可能是缓慢的，但仍然是充满希望的。

6.8.4　公司高层角度

公司高层不同意投放 100 万元市场费。原因如下。

（1）虽然公测首月已达成业务指标，但是后续人数下降导致未达成 Q3（第三季度）整体业务目标。

（2）Q4（第四季度）的业务目标相对来说比较宽松，即使投入 100 万元，Q4 的现金流盈亏仍不能平衡，作为一个亏损的项目，可以保证一定的基础投入，但申请 100 万元预算，是不能同意的。

（3）在基础投入上，可以投入 30 万元，做一些性价比高的老用户召回、社会化营销应该是够的；不认为再增加广告投入能有多大的效果。

根据市场投放数据，广告带来的用户成本越来越高，通过硬广带来的用户成本已经无法收回成本。如果新用户方面我们暂时没有办法突破，那么尽可能地留住老用户就是我们努力的方向。

6.9　用户画像，帮助制定营销策略

用户画像即用户信息标签化。网络游戏是精细化运营程度极高的领域，通过精细化运营，从了解用户的兴趣偏好→制定策略→精准触达→通过数据反馈的方式来指导和优化策略，形成一个完整的营销闭环，使得运营资源高效化，把每一份投入产出控制在最合理的有效区间。用户画像标签体系是做好精细化运营的重要一步。

本节通过收集与分析用户的注册、登录、消费和游戏行为等主要信息的数据，抽象出一个标签化的用户模型，如表 6-21 所示。

表 6-21

账号	城市	性别	年龄	支付方式	副本追求	登录时间喜好	时长	是否购买道具	购买道具频次	社交	是否组团	充值类型
A	一线城市	女性	80 后	支付宝	练级副本	晚上	高时长	购买	高额高频	正常	是	重要挽留
B	二线城市	男性	90 后	网银	高端用户	上午	高时长	购买	低频高额	话唠	否	重要发展
C	三线城市	女性	90 后	微信	练级副本	晚上	低时长	购买	低频低额	寡言	否	一般价值
D	一线城市	男性	70 后	微信	休闲用户	凌晨	中时长	购买	低额高频	话唠	否	重要价值
E	一线城市	男性	60 后	支付宝	中端用户	下午	高时长	购买	低频高频	正常	否	重要价值

账号	城市	性别	年龄	支付方式	副本追求	登录时间喜好	时长	是否购买道具	购买道具频次	社交	是否组团	充值类型
F	三线城市	男性	90后	支付宝	练级副本	上午	中时长	购买	低额高频	活跃	否	重要价值
G	一线城市	女性	90后	网银	练级副本	下午	低时长	没有购买	NULL	寡言	否	一般价值
H	二线城市	女性	90后	微信	练级副本	下午	中时长	购买	高额高频	正常	是	重要发展

6.9.1　详细分析

1．地域分布

广东人最爱玩《烈日纷争》，此外上海、江苏、北京亦有很多用户喜爱《烈日纷争》。

城市的经济与用户购买道具的金额成正比例，越发达则购买的金额越高，且购买道具的金额和频次也越高。如图 6-57 和图 6-58 所示。

北方用户在冬季的在线时长高于南方用户。

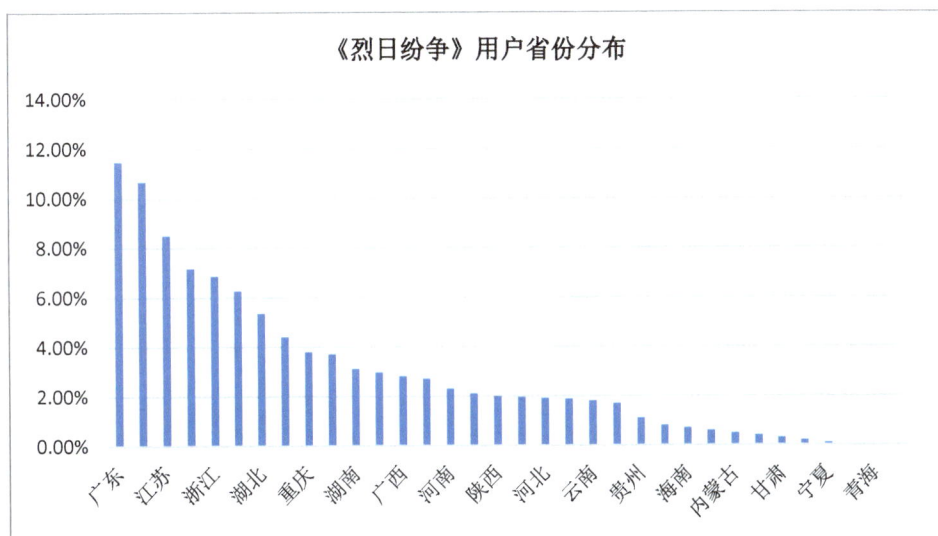

图 6-57

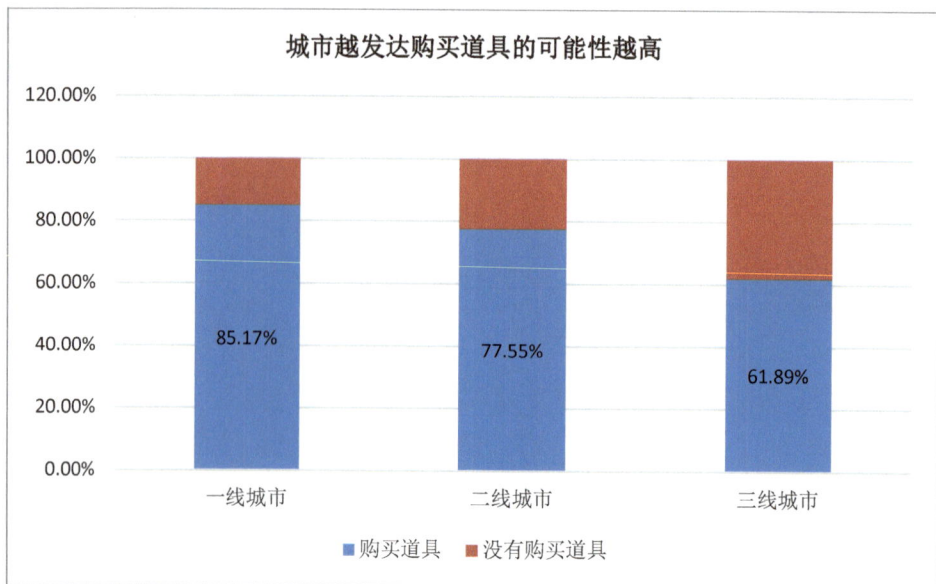

图 6-58

2. 性别和年龄

90 后是《烈日纷争》用户的主力军,游戏中用户男女比例为 6:4,如图 6-59 所示。

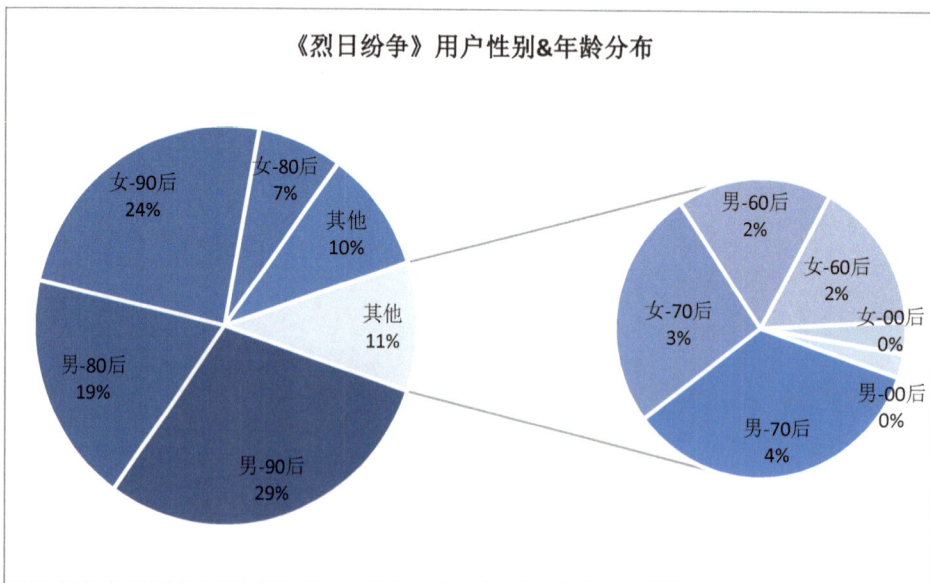

图 6-59

3. 游戏时长分布

低时长：用户平均每天在线时长<1 小时，占比 20%；

中时长：用户平均每天在线时长≥1 小时且<4 小时，占比 40%；

高时长：用户平均每天在线时长≥4 小时，占比 40%；

其中，北京、上海等地域的高时长用户占 20%，河南、山西等中部城市的低时长用户比例占 34%。

低时长用户倾向于使用网银支付，中高时长用户更倾向于便捷支付（支付宝等）。

低时长用户在副本中更多追求休闲副本，高时长用户更多是倾向于高端副本，如图 6-60 所示。

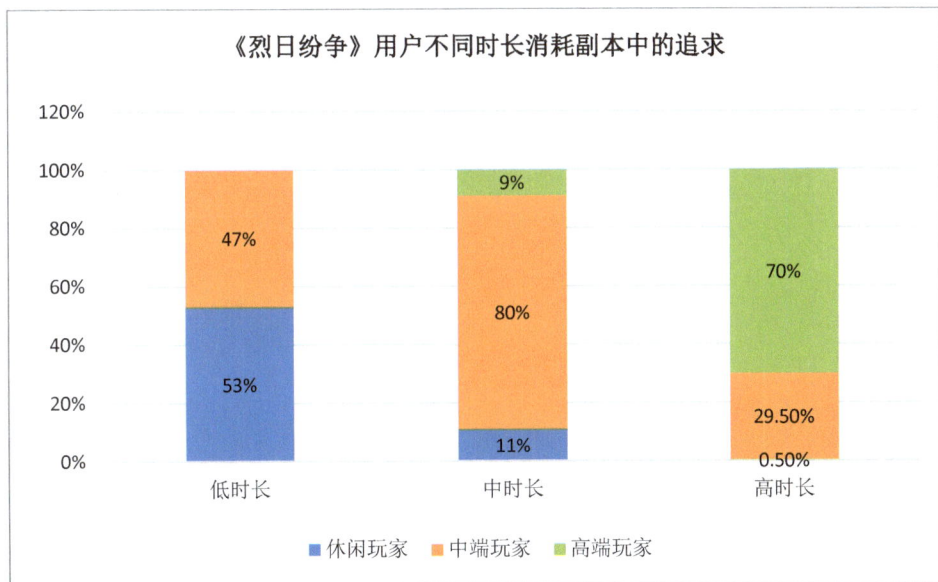

图 6-60

4. 用户支付方式分布

支付宝是最主流的支付方式，占 41.57%，其次是网银（37.92%）、微信（19.46%）。

5. 用户道具消费承受能力

整体上用户购买道具金额存在两个高点：148 元和 288 元，在购买道具的力度上，男性明显弱于女性用户。

道具消耗的 148 元、588 元是男性和女性用户的两个转折点，如图 6-61 所示。

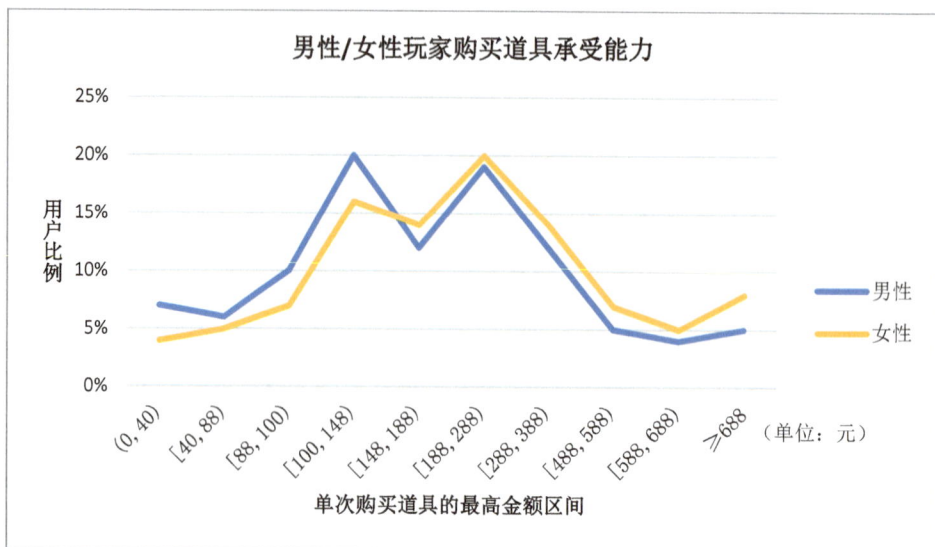

图 6-61

说明：用户购买道具承受能力指用户最高单次购买道具的最高金额。

女性用户比男性用户购买道具的比例高 7%，女性更倾向于购买道具，如图 6-62 所示。

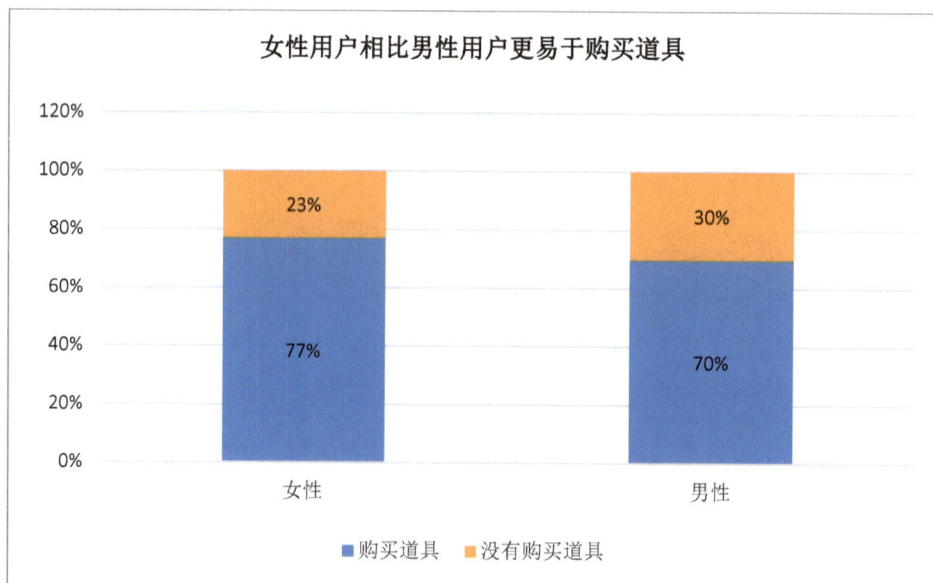

图 6-62

6. 用户购买道具能力和消费频次

用户对道具的消费有两个极端，高额度高频次，低额度低频次，细水长流型用户少，如图 6-63 所示。

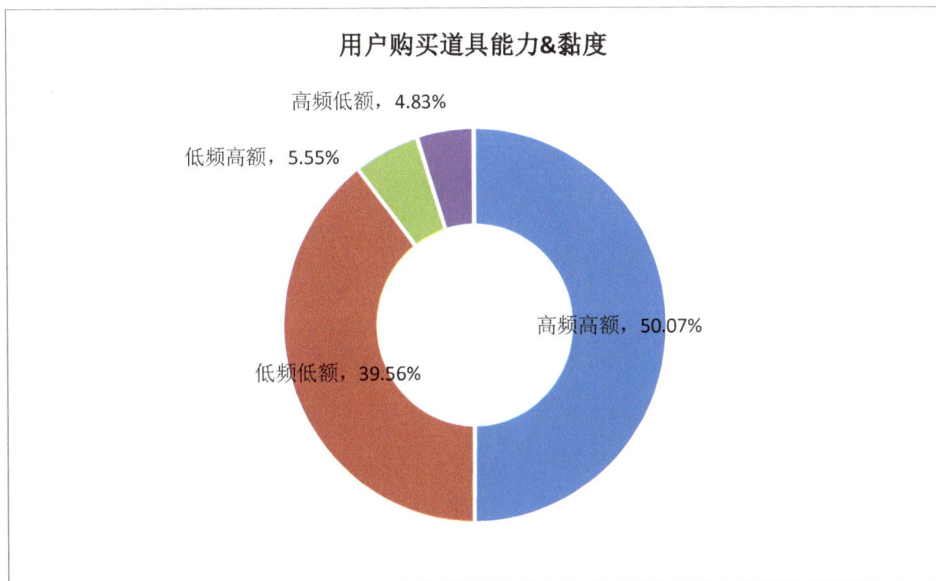

图 6-63

6. RFM 分析

RFM 分析就是根据用户活跃程度和交易金额的贡献，进行用户价值细分的一种方法。

根据用户最近一次充值时间（Recency）、充值频率（Frequency）、充值金额（Monetary），将用户分为（重要价值、重要发展、重要挽留、一般价值）四大类。

目前具有"重要价值"的用户占据 14%，"重要发展"类型用户占据 49%，如图 6-64 所示。

7. 用户登录时刻分布

13:00 和 20:00 是每日用户登录游戏的高峰时刻。

女性用户登录游戏的时间较为集中在下午，男性用户每天登录游戏的时间较为分散，各时间段比例均衡，无论是男性还是女性用户均不喜欢早起登录游戏。

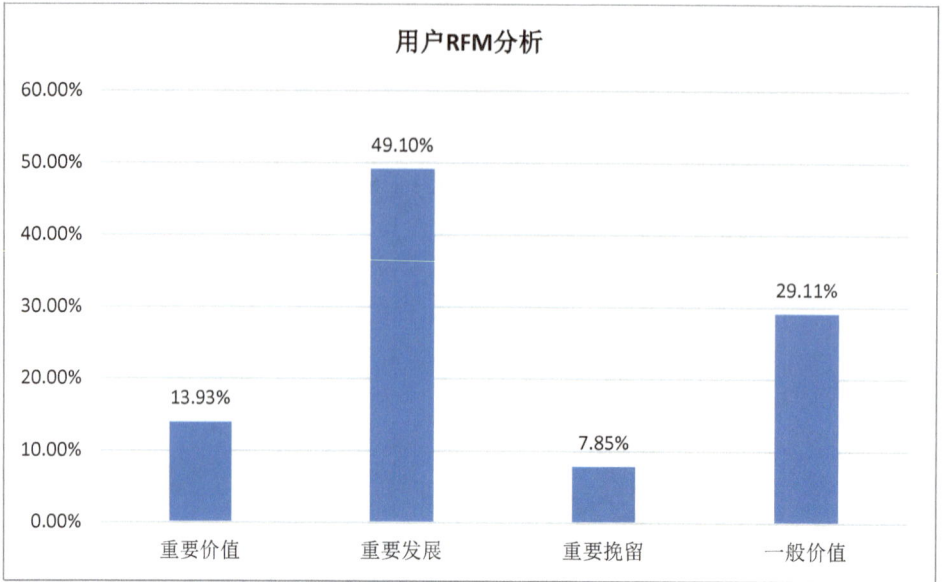

用户RFM分析

图 6-64

8. 用户游戏社交日均发言量&固定团队队数

游戏社交环境融洽，超过 80%的用户日均发言在正常水平（10 句）以上，16%的用户拥有固定团队队，如图 6-65 所示。

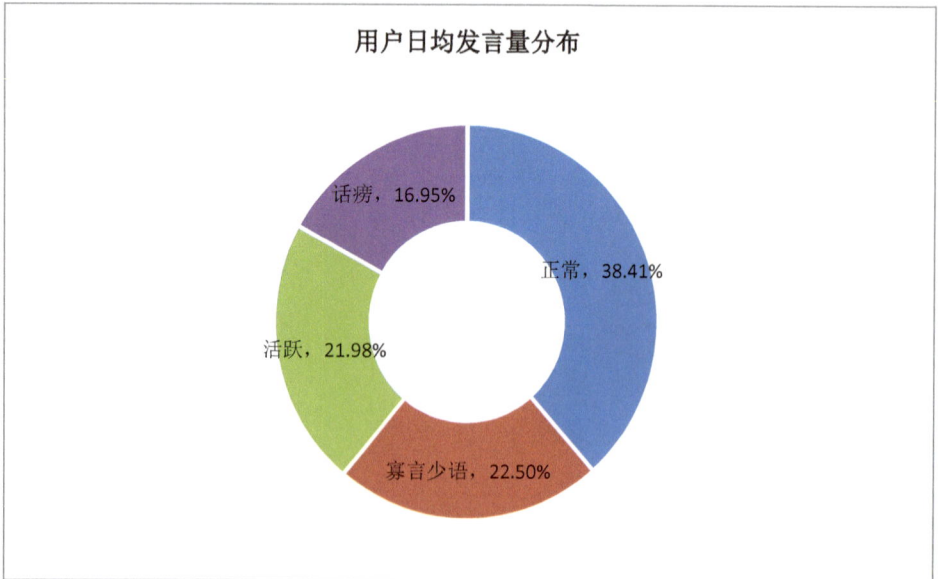

用户日均发言量分布

图 6-65

说明：

寡言——日均发言量<10

正常——50>日均发言量≥10

活跃——100>日均发言量≥50

话痨——日均发言量≥100

拥有固定团队的用户更容易成为"重要价值"用户，"重要价值"用户中有 63%拥有固定团队，比"重要发展"类型高 24%，如图 6-66 所示。

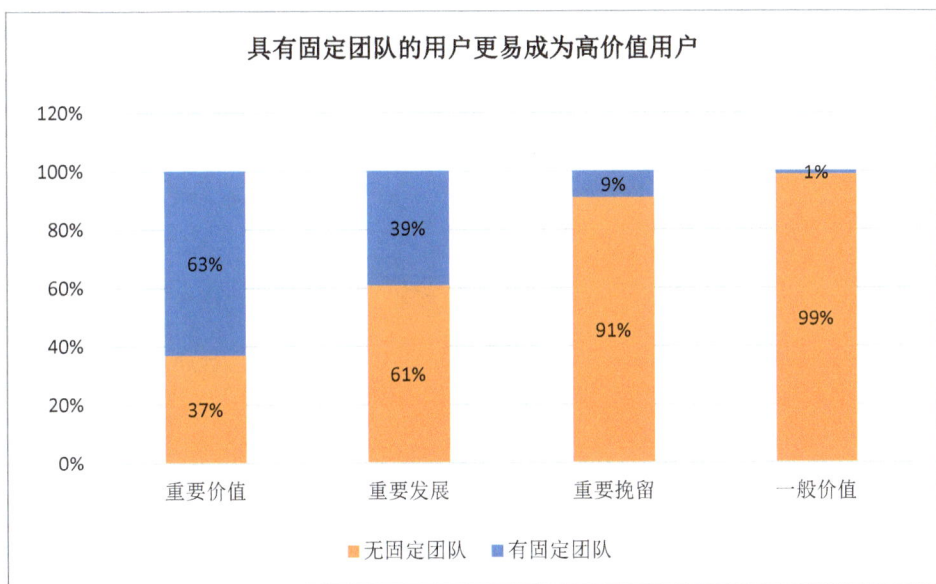

图 6-66

6.9.2　分析结论

（1）《烈日纷争》用户广东人居多，其次是江浙沪；城市的经济发展水平与用户购买道具的金额成正比例。

（2）90 后是《烈日纷争》用户的主力军，游戏中用户男女比例为 6∶4。

（3）目前用户购买道具的频次和能力分化明显，高频高额或者低频低额。

（4）用户购买道具承受能力有两个高点：148 元、288 元，男性和女性用户购买道具的力度差异明显，女性用户购买意愿强于男性用户。

（5）游戏社交环境融洽，16%的用户拥有固定团队队；拥有固定团队的用户更容易成为"重要价值"用户，"重要价值"用户中有 63%拥有固定团队，比"重要发展"类型高 24%。

（6）低时长用户在副本中更多追求休闲副本，高时长用户更多倾向于高端副本。

（7）目前具有"重要价值"的用户占据 14%，"重要发展"类型用户占据 49%。

6.9.3　策略制定

- 运营团队根据用户地域的分布数据，选择用户较多的城市开展线下活动和宣传。
- 对于用户购买道具高频高额、低频低额的明显分化，可以认为部分用户有较强的支付能力，运营团队在设置活动上限时，可以根据用户的最高承受限度来提高，但是考虑到也有一部分用户门槛较低，会根据这一部分人群来配置相关的活动。
- 基于 RFM 模型的划分标准来进行的用户细分数据，运营团队参考该数据设计了用户积分活动，构建用户权益体系，尊享福利社，维持当前状态并做好流失预警。
- 基于拥有固定团队的用户更容易成为"重要价值"用户，运营团队结合流失用户特征分析的结论，推出了老带新活动、新用户直升活动。促进了游戏活跃，游戏内生态也逐渐达到平衡，进一步提升"重要价值"用户比例，请详见第 7 章。

此外，因为用户画像会随着时间的变化而变化，运营团队会根据画像的变化来做活动的调整。

除了从游戏内部的数据分析得到用户画像，也可以从外部数据中获取用户画像信息，比如百度贴吧。通过关注《烈日纷争》百度贴吧的用户同时也关注了哪些其他的贴吧，运营和市场人员根据贴吧的用户画像数据，做了以下的市场和运营营销。

- 选择用户重合度高的贴吧做广告推广；
- 用户喜欢看 B 站，做 B 站推广直播并且请 UP 主做视频投放；
- 在贴吧用户关注较多的手机品牌中，选择关注度最高的手机品牌进行联动宣传，推出联动款手机。
- ××银行的用户较多，和××银行合作推出了《烈日纷争》联名信用卡，满足粉丝们的不同喜好和需求。
- 参考贴吧用户关注的电脑品牌排名，选择线下活动的电脑赞助品牌，比如：在粉丝节活动中得到宁美国度品牌的赞助，同时在活动中也为宁美国度提供了展示和宣传的平台，这种方式很好地实现了互惠互助、合作共赢。

第 7 章

公测：运营对策，数据反弹

《烈日纷争》于 2014 年 8 月 1 日正式公测，最高在线人数超过 35 万，在 2014 年实现了从最受期待到最受欢迎游戏的"完美转身"。立项信心十足、封测数据火爆、内测激活码 8 秒秒杀、公测人数爆发，一炮而红，一路高歌猛进。

然而，公测后用户开始流失，各项数据下滑，半年后才稳定下来。为了增加新用户数量、留住老用户、提升收入，项目组参考数据分析结论采取了运营对策，并且辅助版本更新，最终实现长尾反弹。

本章将重点阐述与数据分析结合形成的优化的运营方式。

此外，版本更新对《烈日纷争》的成功逆转有着至关重要的作用，由于这部分内容超出了本书讨论的范畴，在此虽已略去，但我们并不能因此忽略其产生的重大影响。

7.1　拉新——应对新用户付费门槛高的策略

拉新是指拉取新用户，最直接的指标是新增用户数。用户是产品生命的源泉，是产品价值的共同创造者，拥有源源不断的新用户才能提供持续的用户价值。

在前面几个章节的分析中，我们了解到，广告投放带来的能购买激活码的用户成本从预售阶段的 77 元/人上涨到公测节点的 97 元/人，在公测节点投入大量的市场费后吸引了大量的核心用户，而随着时间的推移，之后的投入吸引到的用户群体主要是泛用户，泛用户的成本只会越来越高，因为面对泛用户，需要多次广告宣传，多次影响，才会转换购买。随着时间的推移，越往后投入吸引泛用户的成本只会越来越高。如果为公测后的新版本投入硬广，预计半年 ROI 为 81%，也就是半年能收回投入成本的 81%。

对于任何一家公司来说，获取新用户都极为重要。但是，如果获取用户的成本超过了用户所能带来的收益，那就得不偿失了。

在这样的市场环境下，我们的确不适合再和公测节点一样，斥巨资吸引潜在新用户。项目团队不断进行新的尝试，尽可能提高获得新用户的成本收益率，并始终致力于树立良好的口碑，以降低新用户的获取成本。

因此，在游戏运营的不同阶段，项目团队采取的拉新方式也不一样。在公测期间除了大规模的市场投放，还通过电话、短信召回及限时降低付费门槛的运营活动来获得新用户；而在公测开始前半年的数据下滑期，市场费用受限，加上广告投放的用户成本提升，我们主要通过百度关键字投放及常规运营活动来获得新用户；在公测开始半年后的数据稳定期，直播平台、弹幕网站的视频投放成为该游戏的主要曝光途径，也是获取新用户的窗口。

项目团队尝试的拉新活动有诸如免费试玩、短信召回、KOL 视频投放、新人直升、直播、微博运营、线下活动等。考虑到部分活动既能拉新又能促活且提升收入，因此，将直播、微博运营放到 7.2 节。将线下活动放到 7.3 节来详细介绍。

7.1.1 短信召回：低成本获客

短信召回大家并不陌生，一个用户隔一段时间未登录就会被判定为是流失用户，可能会收到之前玩过游戏的召回短信，或者同一公司其他游戏的推荐短信。

当用户收到召回短信后，会不会继续玩这款游戏，基本会在第一时间做出决定。对于太忙而忘了登录游戏的用户来说，这时候的短信提醒可以说是恰到好处，也许用户还会感激项目组，还记得我曾经玩过或关注过这款游戏；对于暂时对这款游戏失去兴趣但没有彻底失去好感的用户来说，也许有部分用户会进入游戏看看，如果能找到之前的好友或者由于游戏版本等原因给用户带来好感，用户就会留下来，当然大部分用户并不会转化；而对这款游戏已经彻底失望的用户，收到召回短信就相当于骚扰，如果用户频繁收到类似的短信就会更加反感，甚至会投诉。因此在给流失用户发送短信时，需要把控好发送频率。

在《烈日纷争》公测期间，就采用了短信召回的方式。

在大规模的投入后，虽然该项目已经在业内取得了空前的市场规模，但是，HOPE 工作室希望在现有用户的基础上做进一步的提升，因此，也从市场投放预算中拿出了一小部分资金用于短信群发，短信群发的对象除了自身游戏的官网登录用户和预约用户以外，也给 HOPE 工作室其他游戏的流失用户发送了短信，数据分析师根据《烈日纷争》注册用户来源分布数据，选取来自 HOPE 工作室其他游戏的用户，筛选出流失用户作为召唤对象，提供给项目团队进行短信群发，召回至《烈日纷争》游戏。

整体思路及效果如下。

1. 发送目的

将目标游戏的流失用户和自身潜在用户进行召回，增加《烈日纷争》的新用户总量，提升最高在线人数，增加在行业内的影响力。

2. 召回方式

端游的流失用户召回，常见的触达方式有以下三种。

（1）邮件群发。

邮件群发推送成本低，而且可以发送大量的邮件，在早期是较为流行的召回用户的方法，但是，近几年国内用户使用较多的是 QQ、微信等在线社交工具，邮箱使用频率不高，再加上邮箱推送内容容易被系统屏蔽，如果通过邮件推送，则打开率很低。因此，我们在《烈日纷争》用户召回的过程中没有采用邮件群发的方式。

（2）手机短信通知。

短信推送的到达率高，成本相对邮件群发高，但相对广告投放的成本要低很多。对于用户来说，使用短信进行用户召回容易造成用户反感。短信通知内容仅限于文字+链接，比较单一，因此文案非常重要。

历史的数据证明，短信召回有一定效果，因此该方式是用户召回的常用手段。

（3）电话回访。

电话回访的优点是更加人性化，成功率高，缺点是效率低，人力成本高，对客服人员的话术、发音等要求较高。因此通常用该方法回访特定的人群，而不是针对广大的泛用户群体，适合面向小范围的用户。比如：超核心用户、进入购买页面但没有购买的用户等。

3. 召回对象

本次召回的对象主要有以下五类。

（1）目标游戏用户。

在 6.7 节的新版本消化过快的分析中，我们了解到《烈日纷争》的核心用户主要来源于游戏 A，说明游戏 A 的用户是《烈日纷争》的目标用户。在做流失召回时，我们主要对游戏 A 的流失用户进行了短信召回。而对于其他游戏，考虑到核心用户来源比例低，参考游戏 A 中不同类型的用户转化数据，我们在进行游戏 B 的流失召回时，仅仅筛选了付费流失用户召回，如图 7-1 所示。

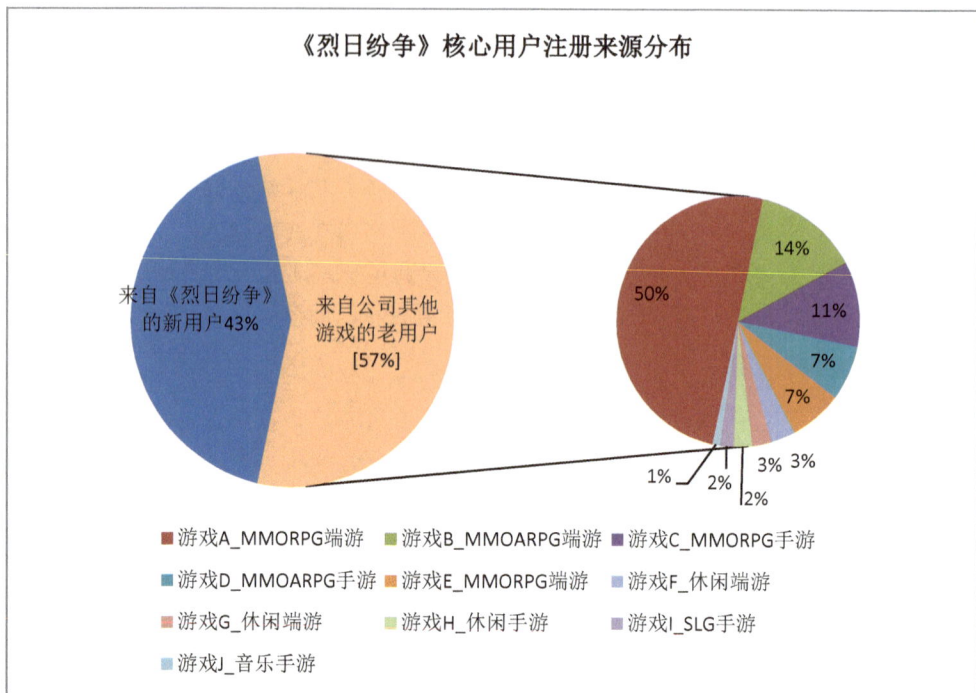

《烈日纷争》核心用户注册来源分布

来自《烈日纷争》的新用户43%

来自公司其他游戏的老用户[57%]

50%

14%

11%

7%

7%

1% 2% 2% 3% 3%

■ 游戏A_MMORPG端游   ■ 游戏B_MMOARPG端游   ■ 游戏C_MMORPG手游

■ 游戏D_MMOARPG手游   ■ 游戏E_MMORPG端游   ■ 游戏F_休闲端游

■ 游戏G_休闲端游   ■ 游戏H_休闲手游   ■ 游戏I_SLG手游

■ 游戏J_音乐手游

图 7-1

（2）预订未购买用户。

《烈日纷争》共有 300 万个预订用户,其中有 44 万人购买了激活码,转化率为 14.5%。另有 256 万个用户没有购买激活码。为了吸引更多预订用户购买,我们除了给部分用户打电话了解未购买的原因,还给所有预订但未购买的用户群发短信。因为预订本身是一种潜在用户的行为,预订用户本身就是游戏的目标用户群体,给这些用户发短信召回的转化率应该比未预订的泛用户要高。

（3）激活未登录用户。

从购买激活码到登录游戏也有一个转化过程,公测前累计售出激活码 57.9 万个,公测当天的登录率为 92%,推测是有部分用户忘记开测节点了,因此给已经购买激活码但没有登录的 4.6 万名用户发送短信,提醒登录游戏是很有必要的。

（4）进入官网支付页面未购买用户。

在第 6 章,我们结合用户从《烈日纷争》官网购买激活码漏斗图和科特勒的 5A 理论分析（见图 6-7）,在激活码售卖支付页面购买激活码,对应的是行动,表示"我要买",进入该环节的用户在获得足够量信息后,做出了购买选择。

然而,在此阶段,有 55% 的用户并未购买激活码,可能是因为有部分用户只是想了解购买详情，并没有做好购买的准备，也有可能是当天没想好，又或者可能是打算到第三方平台购买。

趁着公测阶段，我们对这些曾经进入支付页面但没有购买的用户进行召回，希望能提升激活码购买量，增加游戏人数。

说明：不是每个进入激活码售卖页面的用户都登录了网站，也不是每个账号都绑定了手机号码，因此，此次短信群发并不能覆盖所有未购买用户。

（5）《烈日纷争》0 元体验、10 元体验未购买激活码用户。

从第 6 章我们了解到，游戏的付费门槛把一部分用户挡在了门外，因此沈总决定限时降低和取消付费门槛，以此来吸引一部分免费用户试玩，提升在线人数。

从活动效果看，7 天内有 3.5 万个 0 元临时激活码（限时限量）被领取，其中有 1750人最终购买了正式激活码，付费转化率为 5%；售出 14 万个 10 元体验券（限时限量），其中有 7 万人购买了正式激活码，付费转换率为 50%。项目团队在活动结束第 1 天给仍未购买正式激活码的用户发送短信，希望提高付费转化率，提升购买量。

值得注意的是，每类用户都可能与其他类别的用户重复，因此，分析师在提取手机号码时，需要根据类别去重，确保用户不会收到重复短信，以免影响用户体验。

4. 召回效果

从 8 月 1 日公测当天起至 8 月 8 日，运营团队对《烈日纷争》流失用户，以及来自HOPE 工作室其他游戏的流失用户进行了短信群发，发送主题是"《烈日纷争》公测"，总共发送短信 392 万条，花费 16.4 万元，召回购买激活码用户 6.2 万人，7 天内召回率 1.89%，带来收入 200 多万元，平均召回用户成本为 2.7 元/人，ROI 为 1320%，其性价比远高于广告投放，如表 7-1 所示。

不同召回对象的效果分别如下。

（1）核心用户的主要来源游戏——游戏 A：短信发送数量 114 万条，带来激活账号1.1 万个，转化率 1%，激活用户成本 4.7 元/人，ROI 为 740%。其中，免费用户的转化率过低（低于 0.1%），其 ROI 低于 100%，为亏损。

考虑到付费用户召回效果远高于免费用户。在给游戏 B 发送短信召回时，我们仅选取了付费流失用户进行发送。

（2）核心用户的次要来源游戏之一——游戏 B：短信发送数量 10 万条，带来激活账号 949 人，转化率 1%，激活用户成本 5.1 元/人，ROI 为 690%。

（3）《烈日纷争》未转化的用户：短信发送数量 280 万条，带来激活账号 3.2 万个，转化率 0.3%，激活用户成本 12.2 元/人，ROI 为 286%。其转化率和 ROI 均低于游戏 A

和游戏 B 的整体数据，主要是因为预订未购买激活码用户数量较多，预订用户中可能存在小号、刷号，转化率较低，拉低了整体值。相对而言，之前有过付费行为或计划有付费行为的用户转化率较高，10 元体验未购买激活码用户和进入支付页面未购买激活码用户的转化率分别为 5%、50%。

表 7-1

发送日期	短信发送对象	短信发送对象	短信发送数量（条）	短信成功发送数量（条）	短信花费（5 分/条）	带来激活账号数（个）	7 日内回归率	激活成本（元/人）	付费金额（统一按 35 元计算）	ROI
8月1日—3日	游戏 A 流失用户	大 R 用户	3 000	2 970	149	891	30%	0.2	31 185	21000%
		中 R 用户	27 000	26 190	1 310	1 833	7%	0.7	64 165.5	4900%
		小 R 用户	270 000	259 200	12 960	7 776	3%	1.7	272 160	2100%
		免费用户且等级大于等于 30 级	**630 000**	**573 300**	**28 665**	**516**	**0.1%**	**55.6**	**18 058.95**	**63%**
		免费用户且等级小于 30 级	**210 000**	**189 000**	**9 450**	**95**	**0.05%**	**100.0**	**3 307.5**	**35%**
8月3日	游戏 B 流失用户	大 R 用户	3 000	2 940	147	118	4%	1.3	4 116	2800%
		中 R 用户	20 000	19 400	970	388	2%	2.5	13 580	1400%
		小 R 用户	77 000	73 920	3 696	444	0.6%	8.3	15 523.2	420%
8月1日	《烈日纷争》用户	预订未购买激活码用户	**2 640 000**	**2 059 200**	**102 960**	**2 677**	**0.1%**	**38.5**	**93 693.6**	**91%**
8月3日		购买激活码未登录游戏用户	46 320	45 857	2 293	22 928	50%	0.1		0%
8月1日		进入支付页面未购买激活码用户	50 000	49 500	2 475	2 970	6%	0.8	103 950	4200%
8月8日		0 元体验未购买激活码用户	8 250	8 085	404	32	0.4%	12.5	1 131.9	280%
8月8日		10 元体验未购买激活码用户	70 000	68 600	3 430	3 430	5.0%	1.0	120 050	3500%
合计			**4 054 570**	**3 378 162**	**168 908**	**44 098**	**1.31%**	**3.8**	**740 922**	**439%**

说明：

流失用户定义——根据每款游戏不同天数的流失率来定义流失用户。比如：游戏 A 在 6 个月的用户流失率和 9 个月、12 个月的流失率接近，因此取流失 6 个月的用户为游戏 A 的流失用户。而游戏 B 在 3 个月的用户流失率和 6 个月、9 个月的流失率接近，因此取流失 3 个月的用户为游戏 B 的流失用户。

ROI=付费金额/短信花费，当 ROI>100% 时，表示盈利，否则为亏损。

《烈日纷争》未转化的用户的数据计算时，未考虑"购买激活码未登录游戏用户"。

5．总结

本次短信召回的用户成本为 2.7 元/人，相比用户成本动辄上百元的常规市场投放，短信召回的性价比非常高。但是，本次短信群发触达的对象有一定的局限性，仅限于公司内部用户，和常规的广告投放相比，其受众面要小很多。因此，短信召回可以作为市场投放中的一种辅助方式，因为用户量级的局限性，不能作为市场投放的主要方式。此外，相比人工电话回访 70%的转化率，短信召回 1.89%的转化率还有很高的提升空间。

用户被成功召回，可能是因为近期没有关注到游戏，短信通知起到了很好的提醒作用；也有可能刚好切中了他的需求，愿意再给一次机会。让用户在游戏中体验愉快，是留住用户的最好办法。

7.1.2　UP 主视频首次投放：选择 UP 主

随着广告投放的用户成本提升，很多游戏公司开始改变市场策略，和 UP 主合作。UP 主是指在视频网站、论坛、FTP 站点上传音频/视频文件的用户，upload（上传）的简称。这种合作形式其实就是影响力营销，很多游戏都通过和 UP 主合作来提高游戏的影响力，通常将这一行为和版本更新节点等其他市场推广行为相互结合。《烈日纷争》也采用了影响力营销。

UP 主视频投放不是购买广告而是赞助内容创作，让 UP 主制作游戏独特的内容，并以真实的方式向他的粉丝告知，保持互动。如果运作良好，那这种营销可以给推广计划带来可信度，增强品牌属性，获得潜在客户。

在《烈日纷争》的用户调研结果中，我们了解到有 36%的用户是动漫爱好者，国内某知名的视频弹幕网站（以下称某站），是一个与 ACG 文化相关的新媒体平台，也是动漫爱好者的聚集地，并且从运营团队在该网站做的直播节目人气看，该网站的用户和《烈日纷争》的用户有较高的重合度，加之 UP 主的盛行，市场人员决定在某站请知名 UP 主做视频投放，展示游戏核心内容，促进品牌曝光及用户转化。

在市场人员了解的范围内可能知道某某某 UP 主的人气较高，为了客观地评估 UP 主的人气和价值，数据分析师收集并爬取了该网站热门 UP 主的公开信息，供市场投放选择 UP 主进行参考。

1．分析思路

该站视频的作者（UP 主）非常看重视频的弹幕、硬币、评论等数据，因为这些数据会影响系统的推荐次数，数据高的视频推荐次数也更多，能让更多的人看到。

该站用户也已经养成和视频作者互动的习惯，比如评论、弹幕、收藏、打赏，甚至私信交流。因此，数据分析师采用这些指标来综合评估 UP 主的人气，选取了 TOP30 的 UP 主，其分析思路如图 7-2 所示。

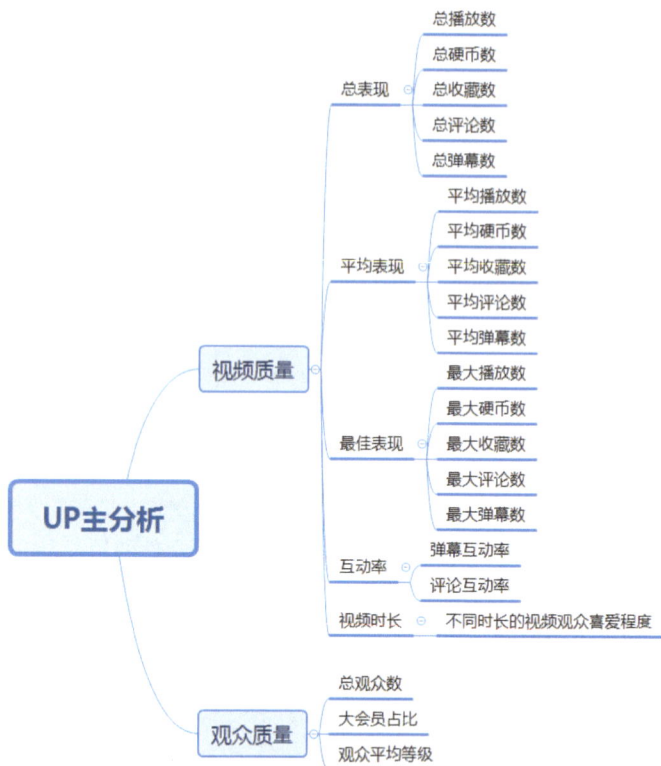

图 7-2

2. 总体情况

综合近 3 年的情况，30 名 UP 主分布于音乐、生活、动画、舞蹈、影视、游戏和鬼畜 7 个区，粉丝数在 28 万~434 万人之间，视频数量在 16~3 163 个之间。30 名 UP 主总计有 15 570 个视频，总播放量达到 55 亿次，弹幕总数 8 300 万条，评论数 2 554 万条，参与评论的用户共有 289 万人，近一个月参与评论的用户为 29 万人。

3. 视频质量

（1）总表现（各 UP 主视频累计表现）。

因各 UP 主开始活跃的年份不同，所以取近两年的视频进行统计和分析，较有参考价值。

通过对比各个 UP 主的总播放数、总硬币数、总收藏数、总评论数、总弹幕数，得出，UP 主 22 总播放量最高（5.4 亿次）、UP 主 3 的总硬币数最多（1 454 万个）、UP 主 11 的总评论数最多（154 万条）、UP 主 7 的总弹幕数最多（652 万条）、UP 主 9 的总收藏数最多（369 万次），这 5 名 UP 主的视频累计表现较好。

（2）平均表现（各 UP 主平均每个视频表现）。

通过对比各个 UP 主的平均播放数、平均硬币数、平均收藏数、平均评论数、平均弹幕数，得出 UP 主 1 的各项指标远远领先其他所有 UP 主，视频平均质量最好。

（3）最佳表现（各 UP 主表现最好的视频）。

通过对比各个 UP 主的最多播放数、最多硬币数、最多收藏数、最多评论数、最多弹幕数，得出，UP 主 1 和 UP 主 6 的视频播放数和评论数最多（分别为 2191 万次、9.9 万条）、UP 主 3 的硬币数最多（138 万个）、UP 主 7 的弹幕数最多（46 万条）。

（4）互动率：以"弹幕数/播放数"表示弹幕互动率，"评论数/播放数"表示评论。互动率高的视频，观众参与度更高，具有更好的吸引力。

弹幕互动率前三为：UP 主 7（41‰）、UP 主 9（39‰）、UP 主 30（35‰）。

评论互动率前三为：UP 主 17（9.3‰）、UP 主 9（8.8‰）、UP 主 27（6.7‰）。

4. 观众质量

取近 3 年视频中的评论用户作为观众进行统计和分析。

（1）总观众数：所有 30 名 UP 主视频中共有 289 万名用户进行过评论，UP 主 6 视频评论中的用户数达到 46 万，覆盖用户数的 15.2%。

（2）大会员占比：评论用户中会员占比均达到 50% 以上，平均会员占比 64%，会员最多的为 UP 主 26（78%）。

（3）观众平均等级：总平均等级为 4.4。UP 主 25 的视频评论用户平均等级最高，为 4.75。综合观众会员率和观众平均等级，UP 主 26、UP 主 27 和 UP 主 25 这 3 位 UP 主的观众质量略高于其他 UP 主。

5. 视频时长

表 7-2 比较了大于 30 分钟与小于 30 分钟视频的平均数据，可以看出短视频在 5 项指标中除了弹幕数，其他指标都领先于长视频，说明时长较短的视频更容易受到观众的喜爱。图 7-3 为该站前 30 位 UP 主原创视频长度变化折线图，可以看出从 2011 年开始，原创视频的长度整体上呈现缩短的趋势，近 3 年平均每个视频的长度稳定在 20 分钟左右，这 30 位 UP 主作为该站流行文化的风向标，都在压缩自己的视频时长，同样也说明了长度较短的视频更容易受到观众的喜爱。

表 7-2

视频时长	大于 30 分钟	小于 30 分钟
平均评论数	888	1053
平均硬币数	3 872	5684
平均弹幕数	7 838	3861
平均点赞数	1 136	2340
平均收藏数	2 026	3740

图 7-3

说明：为了让读者看到最新的趋势，将该数据更新到了 2018 年。

6. 热门 UP 主人气综合评估

采用综合评价法，取近 3 个月视频的平均视频播放量、平均硬币数、平均弹幕数和近 3 个月评论过的评论用户数 4 个指标，主观赋予权值，计算一个 UP 主的综合得分，综合得分越高，表明 UP 主成绩越好，按得分降序排名的结果如表 7-3 所示。

表 7-3

UP 主名称	粉丝数（万人）	区域	视频数量	总播放量（万次）	排名
UP 主 1	321.0	鬼畜	16	8 353	1
UP 主 2	196.3	生活	100	12 946	2
UP 主 3	434.4	游戏	119	25 986	3
UP 主 4	410.0	生活	147	25 129	4

续表

UP 主名称	粉丝数（万人）	区域	视频数量	总播放量（万次）	排名
UP 主 5	163.5	游戏	298	16 446	5
UP 主 6	378.9	动画	175	25 414	6
UP 主 7	319.8	游戏	125	15 983	7
UP 主 8	210.6	舞蹈	31	8 983	8
UP 主 9	203.8	游戏	136	16 063	9
UP 主 10	251.3	游戏	156	13 837	10
UP 主 11	237.4	游戏	666	31 346	11
UP 主 12	169.6	生活	265	13 618	12
UP 主 13	153.2	游戏	428	37 435	13
UP 主 14	207.2	游戏	757	36 220	14
UP 主 15	197.4	动画	160	10 620	15
UP 主 16	184.4	游戏	163	6 173	16
UP 主 17	179.4	游戏	734	14 965	17
UP 主 18	219.3	游戏	157	9 973	18
UP 主 19	221.6	影视	727	26 268	19
UP 主 20	167.5	游戏	202	7 444	20
UP 主 21	170.6	生活	217	8 891	21
UP 主 22	230.4	游戏	724	50 928	22
UP 主 23	157.9	游戏	149	9 399	23
UP 主 24	214.0	生活	605	19 188	24
UP 主 25	114.2	游戏	500	17 322	25
UP 主 26	107.5	游戏	500	6 145	26
UP 主 27	155.9	游戏	218	6 675	27
UP 主 28	129.2	科技	2932	20 185	28
UP 主 29	28.1	影视	3163	5 899	29
UP 主 30	33.4	科技	2932	4 185	28

7. 分析总结

（1）UP 主 22、UP 主 3、UP 主 11、UP 主 7、UP 主 9 的视频累计表现较好。

（2）UP 主 1、UP 主 8、UP 主 3、UP 主 4 的视频平均质量较好，其中 UP 主 1 在近两年仅发布 16 个原创视频，平均每部作品可以获得 522 万次播放，可以说是该站作品平均质量最高的 UP 主。

（3）UP 主 7、UP 主 9、UP 主 30 的弹幕互动率为前三。

（4）UP 主 17、UP 主 9、UP 主 27 的评论互动率为前三。

（5）高得分 UP 主分析如下。

- UP 主 1：视频数量呈现明显的下降趋势，但视频热度却依然在上升，视频平均质量不断上升，目前处于"低产高效期"。

- UP 主 9：视频发布数量稳定，视频热度近年来不断上升，被该 UP 主"吐槽"过的游戏，热度反而会突增，正效应>负效应。

建议：根据 UP 主历史发布的作品来看，综合排名 TOP10 的 UP 主中，UP 主 3、UP 主 5、UP 主 7、UP 主 9、UP 主 10 的作品和《烈日纷争》相关度高，建议从以上 UP 主中选择进行投放。

7.1.3 UP 主视频首次投放效果

市场人员通过上面的分析报告，对 UP 主的各个维度的情况有了比较清楚的认识，再结合各个 UP 主的报价和档期，最终选择了 UP 主 9 为《烈日纷争》制作了一期视频节目。

投放结束后分析师对本次投放进行了分析，为了更好地评估视频投放的效果，与之前做过的博主 A 微博投放的数据进行对比。

1. 投放情况一览

UP 主 9 的视频节目带来新用户 5 144 人，CPL 为 48.6 元。博主 A 微博上线后，带来新用户 467 人，CPL 为 32.1 元。

从新用户数量来看，视频投放带来的新用户数量远高于微博投放，因微博投放的金额较低，新用户成本（CPL）低于视频投放，如表 7-4 所示。

表 7-4

日期（可修改）	投放金额	投放内容&标题	投放后14天新用户增长量	投放后14天较投放前14天新用户变化幅度	投放14天CPL（元）	视频观看量（万次）	弹幕数/评论数/转发数（条）	粉丝数（万人）
2016年10月18日	250 000	【UP主9】视频"……"	5 144	▲27%	48.6	130	1.8 万（弹幕数）	180
2016年5月15日	15 000	微博【博主A】微博"……"	467	▲16%	32.1	/	1 618（评论数）3 209（转发数）	70

说明：

因视频、微博投放的效果数据无法被直接监控，因此，投放后 14 天新用户增长量计算方式为：投放后 14 天的新用户数量–投放前的新用户数量。

2. 广告投放期间新用户变化趋势

视频投放后，新用户数量有明显的上涨趋势，如图 7-4 所示。14 天内新用户较前 14 天增加 1.3 万人，涨幅 30%。

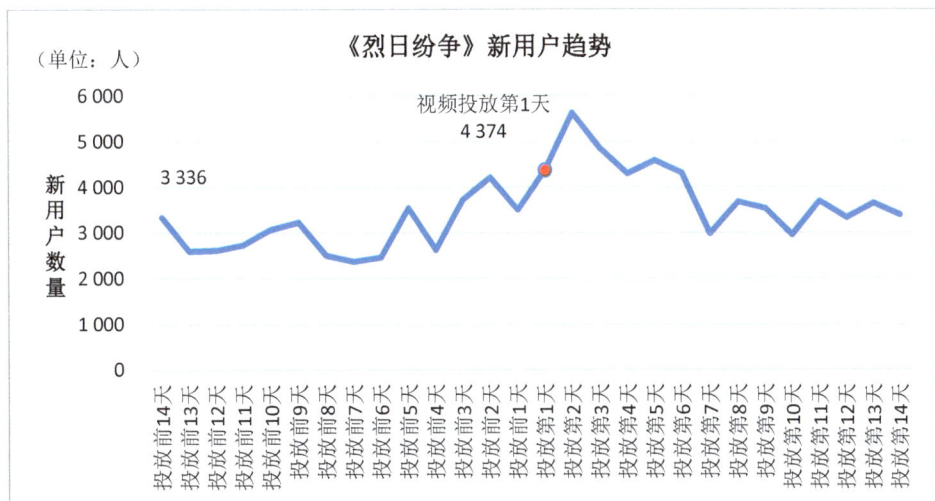

图 7-4

视频投放后 7 天内新用户增长明显，7 天后逐渐回落至投放之前的水平，如图 7-5 所示。

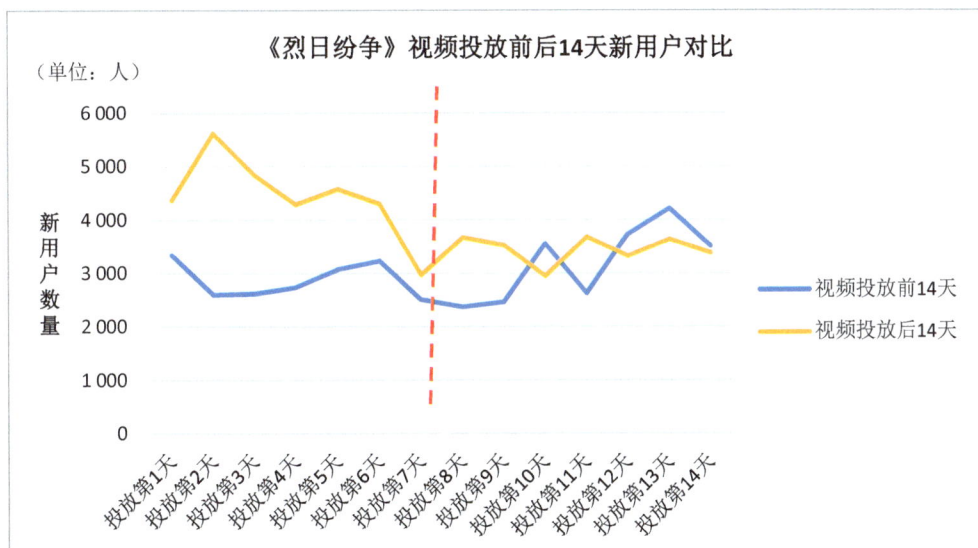

图 7-5

3. 在线人数变化趋势

UP 主 9 视频上线当天（周六）的在线人数和上周六同期对比，16:00～18:00 的在线人数多 700 人，20:00～23:00 的在线人数多 1000 人。说明 UP 主 9 视频节目的传播促进了人数的增长，如图 7-6 所示。

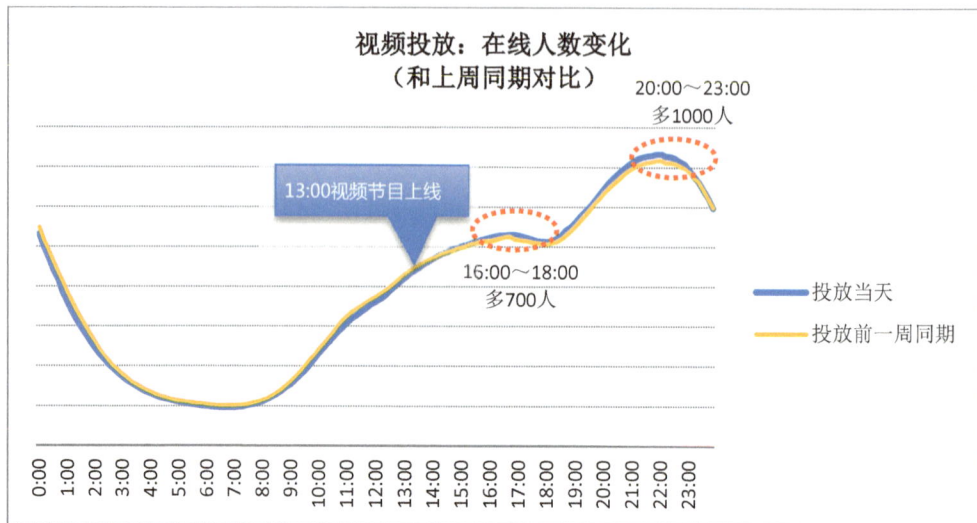

图 7-6

4. 投放前后用户质量对比

用户质量有所提高，游戏体验程度加深。从注册账号到创建角色转化率为 95.4%，相比投放前一周提升 1%；50 级以上用户占比 44.9%，相比投放前一周提升 6%，用户游戏体验度有所加深、整体更偏核心。

付费率 34%，相比投放前一周提升 4%；累计 ARPPU 为 53.5 元，下降 2 元。付费率提升明显，但整体付费深度有所下降。

留存未出现明显下滑。加权次留 41%，相比投放前一周增长 1%；7 留 18.4%，下降 1%。在人数增长 7 000 人的同时，加权留存率较为接近，均相差 1% 左右，说明推广导入的新用户质量较好，定位较为精准（见表 7-5）。

表 7-5

新用户分组	创建角色转化率	付费率	累计 ARPU（元）	累计 ARPPU（元）	加权次留	3 留	4 留	5 留	6 留	7 留
投放前一周新用户	94.34%	30.05%	16.60	55.24	40.07%	29.89%	25.09%	22.23%	20.12%	19.43%
投放后一周新用户	95.36%	34.04%	18.21	53.49	41.01%	29.24%	24.58%	21.12%	19.60%	18.42%

5. 视频播放量、微博评论数变化趋势

UP 主 9 视频上线 3 天的播放量稳步增长，上线当天播放为 50.5 万次，到第 3 天播放量达到 97.9 万次，如图 7-7 所示。视频第 3 天的弹幕数最多为 1.4 万条，弹幕内容和游戏匹配度高。

微博博主 A 的微博评论时效性高，微博发布第 1 天的评论数占整体的 88%，第 3 天后几乎没有评论，如图 7-8 所示。

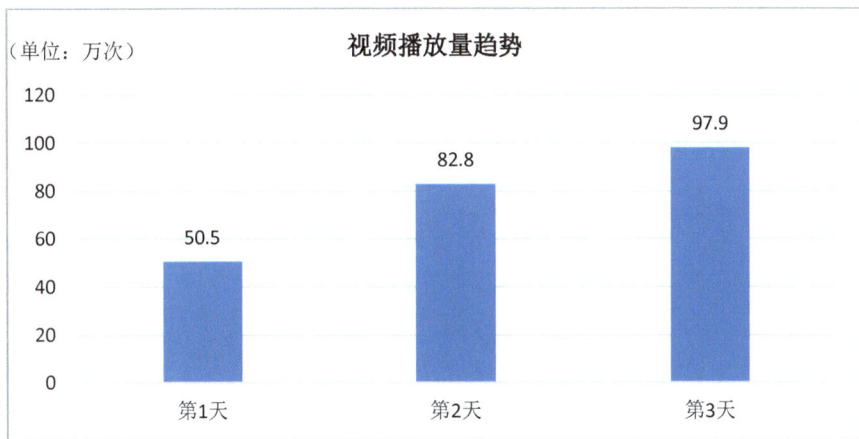

图 7-7

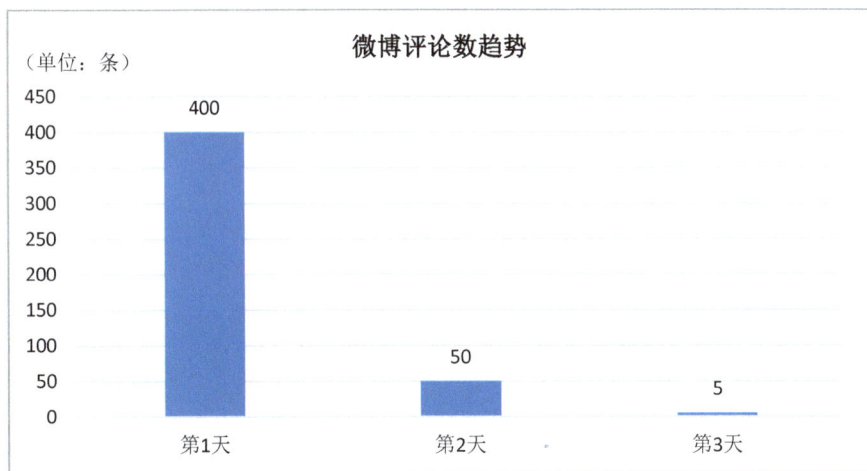

图 7-8

6. 广告带来的用户来源分布

广告投放期间，新用户中来自 HOPE 工作室老用户的比例为 9%，非广告投放期间的比例为 11%。说明广告投放能带来更多非公司内部的新用户，如图 7-9 所示。

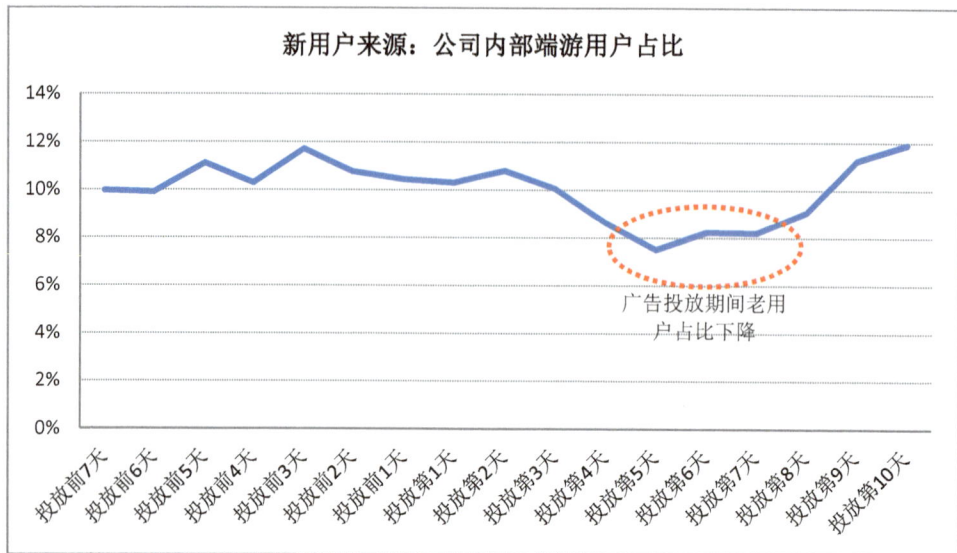

图 7-9 新用户来源：公司内部端游用户占比

图 7-9

博主 A 的微博带来的新用户排名首位的是江苏省，未投放期间新用户排名首位的是广东省，说明博主 A 的粉丝主要聚集在江苏省。

UP 主 9 的视频带来的新用户排名首位的是广东省，虽然其排名和未投放之前一致，但是广东省用户数是江苏省（排名第二）的 2.2 倍，比投放之前高出 1 倍。结合 UP 主 9 的特点（二次元的卖萌装扮），说明广东省的二次元人群较多（见图 7-10）。

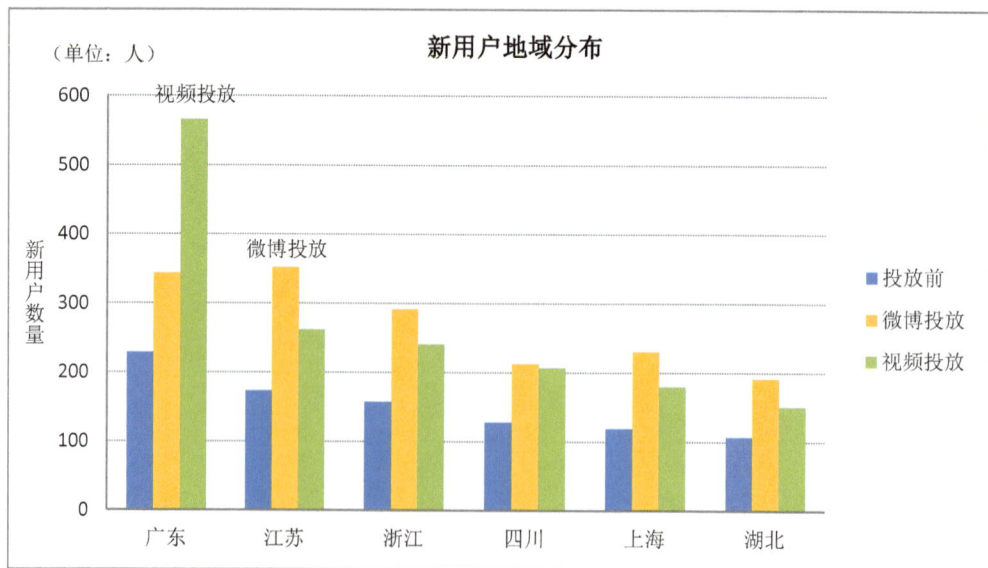

图 7-10 新用户地域分布

图 7-10

7.　投放效果总结

《烈日纷争》于 2017 年 1 月 18 日在 B 站进行了视频投放，UP 主 9 为《烈日纷争》制作了一期视频节目，投放金额 25 万元，14 天 CPL 为 48.6 元。和投放前相比，新用户数量有较为明显的提升，且推广导入的新用户质量较好，定位较为精准。详情如下。

（1）视频上线促进了人数的增长，效果优于微博投放。

a.视频投放后 14 天累计新增比投放前 14 天同期多 5 144 人，14 天整体 CPL 为 48.6 元，效果优于之前的硬广投放（投放之前 CPL 为 100 多元）。

b.视频上线当天，16:00—18:00 的在线人数比上周同期多 700 人，20:00—23:00 的在线人数比上周同期多 1 000 人。

c.和微博投放相比，视频投放带来的新用户数量远高于微博投放，因微博投放的金额较低，新用户成本（CPL）低于视频投放。

（2）视频投放带来了更多非公司内部的新用户，新用户主要集中在广东省。

a.视频投放带来了更多非公司内部的新用户比非广告投放期间提高 2%，说明广告投放能带来更多非公司内部的新用户。

b.UP 主 A 的视频带来的新用户排名首位的是广东省，是江苏省（排名第二）的 2.2 倍，比投放之前高出 1 倍。结合 UP 主 1 的特点（二次元的"卖萌"装扮），说明广东省的二次元人群较多。

（3）视频投放带来的新用户质量较好。

a.创建角色转化率为 95.4%，相比投放前一周提升 1%；50 级以上用户占比 44.9%，相比投放前一周提升 6%，用户游戏体验度有所加深、整体更偏核心。

b.留存未出现明显下滑。加权次留 41%，相比投放前一周增长 1%；7 留 18.4%，相比投放前一周下降 1%。在人数增长 7000 人的同时，加权留存率较为接近，均相差 1% 左右，说明推广导入的新用户质量较好，定位较为精准。

c.付费率 34%，相比投放前一周提升 4%；累计 ARPPU 为 53.5 元，下降 2 元。付费率提升明显，但整体付费深度有所下降。

（4）视频播放量稳步增长，微博评论时效性更高。

a.视频上线 3 天的播放量稳步增长，上线当天播放 50 万次，到第 3 天播放量达到 100 万次。视频第 3 天的弹幕数最多为 1.4 万条，弹幕内容和游戏匹配度高。

b.微博评论时效性高，微博发布第 1 天的评论数占整体的 88%，第 3 天后几乎没有评论。

7.1.4 UP 主视频再次投放：选择 UP 主

鉴于之前的 UP 主视频投放效果较好，在后面有新的版本更新时，市场人员希望选择其他 UP 主继续做视频投放，因为投放的主要目的是吸引新用户，所以在选择 UP 主时，两次投放的 UP 主不应有太高的重合度，以吸引到更多的新用户。因此，数据分析师提取了热门 UP 主所有视频的评论和弹幕用户，得出每个 UP 主的观众重合率，并给出了投放建议，如图 7-11 所示。

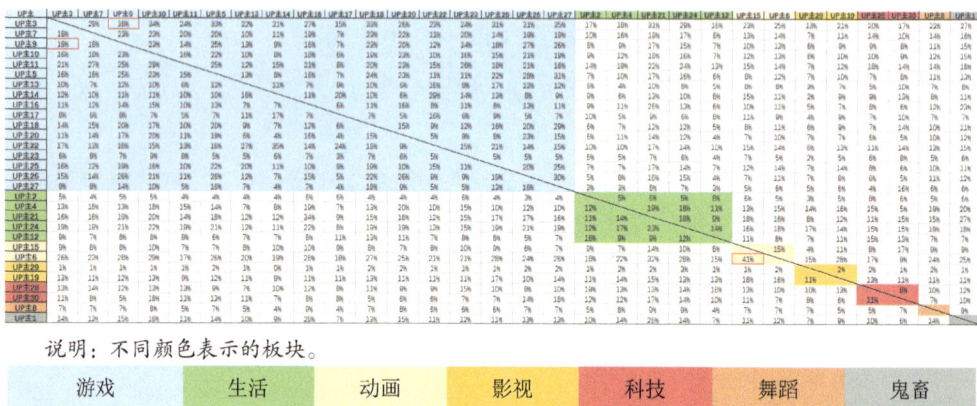

说明：不同颜色表示的板块。

游戏	生活	动画	影视	科技	舞蹈	鬼畜

图 7-11

1. 观众重合率定义

针对各 UP 主视频评论下的用户，观察其重合情况，将 UP 主 1 与 UP 主 2 重合的用户数除以 UP 主 1 的评论用户数，得到 UP 主 1 对于 UP 主 2 的观众重合率。即 UP 主 1 对于 UP 主 2 的观众重合率=UP 主 1 / UP 主 2 重合用户数/UP 主 1 评论用户数。

通过图 7-11 可以看出，同类型（用相同颜色表示）的 UP 主之间重合率较高。同类型的 UP 主之间重合率平均达到 15%，而非同类类型 UP 主之间的平均重合率仅 11%，同类型 UP 主的重合率显著大于非同类型 UP 主的重合率。

2. 上次投放的 UP 主观众重合率

从观众重合率矩阵表中可以明显看出，UP 主 9 对于 UP 主 3 的观众重复率为 38%，UP 主 3 对于 UP 主 9 的观众重复率为 18%，可以理解为 UP 主 9 有 38%的观众也是 UP 主 3 的粉丝，UP 主 3 有 18%的观众是 UP 主 9 的粉丝（见图 7-11，按行来看即为右边 UP 主的重合率，按列来看即为上边 UP 主的覆盖率）。

3. 高粉丝覆盖率 UP 主

UP 主 3 的粉丝覆盖其他 UP 主程度最高，其他所有 UP 主视频下的评论用户有 25%是 UP 主 3 的粉丝（即在 UP 主 3 视频中有过评论），其次是 UP 主 6（24%）和 UP 主 11

（18%），其中 UP 主 6 对另一位动画区域的 UP 主 15 的覆盖率达到惊人的 41%，说明 UP 主 15 有 41%的粉丝也是 UP 主 6 的粉丝，如果我们需要投动画区 UP 主的广告，UP 主 6 会是一个不错的选择。

4. 影视区 UP 主

影视区 UP 主 29 的粉丝平均仅覆盖了其他 UP 主 1.5%的评论，而被覆盖率（7%）也为 30 位 UP 主中最低。这可能存在两个原因：一是 UP 主 29 的粉丝数量较小，难以覆盖其他 UP 主视频；二是其粉丝接受能力较差，指向性较强，只在影视圈小范围内活动。

5. 生活区 UP 主

生活区（绿色部分）作为第二大板块，各 UP 主的平均用户重复率（12%）显著低于游戏区（15%），这说明生活区 UP 主之间的相关性较弱，不宜将他们作为一个整体去投入广告，应各个分析 UP 主受众再进行决策。

6. 再次投放 UP 主选择

上次市场投放，项目团队选择了 UP 主 9 进行投放。考虑到 UP 主 9 有 38%的观众也是 UP 主 3 的粉丝，因此，下次投放时，不建议选择 UP 主 3 进行投放。

通过以上 UP 主重合率分析，给市场人员提供了很好的参考，在下一次的版本投放过程中，选择了 UP 主 7 进行视频投放。选择理由：UP 主 7 的粉丝数量多、综合排名高，且游戏区其他 UP 主的观众重合度较高，但和之前投放的 UP 主 9 的观众重合率较低。

7.1.5　新人直升：优化新用户体验

《烈日纷争》自官网正式上线以来，开展了大大小小各种活动，其中有成功的，也有失败的。活动成功与否，用户才是真正的裁判。什么活动参与最广泛？什么活动令用户印象深刻？玩过《烈日纷争》的用户都会毫不犹豫地回答——新人直升活动。

在第 6 章 6.5 节的"用户流失原因分析"中，已经提到新手期的流失用户占总流失用户的 96%，在流失用户特征分析中，流失用户有固定团队的比例仅为 1%，在游戏中社会关系薄弱，没有固定的人一起玩游戏是新用户流失的主要原因。

针对以上数据反映的问题，沈总召集运营人员开会，讨论具体的对策。

沈总（总经理）："从数据分析师反馈的数据看，《烈日纷争》流失的主要群体是新手期用户，他们没有融入用户群体是主要流失原因。你们说说有什么办法可以减少流失，提高留存？"

大俊（产品经理）："和国内其他大多数节奏比较快、快餐化现象严重的网络游戏相比，《烈日纷争》前期的慢节奏会让这些用户无法适应。我们也一直在找寻这其中的平衡点，让用户能尽快地融入游戏并且留下来。目前的方案是充值赠送55级（最高等级）直升礼包，帮助用户快速体验游戏，吸引新用户尽快转为付费用户，尽快跟上版本和大部队。"

沈总（总经理）："如果一味地揠苗助长也会导致新用户无法完全适应《烈日纷争》，使用户快速流失，毕竟这是一款需要一定学习期，比较慢热的 MMORPG 类游戏。"

桓桓（项目运营人员）："为了保证新人入驻质量和留存，可以做老用户招待新人活动，新人是否可以获得55级直升礼包的权利掌握在老用户手中，老用户帮助新人（指未满级的用户）成长到满级，双方可以获得一定奖励。"

沈总（总经理）："在一个长期稳定成熟运行的大区内，老用户招待新人系统可以快速建立起新老用户之间的联系，提高新人留存，保证老用户活跃。但是，在全新的服务器，老用户太少，对于泛用户理解成本太高，泛用户会在看到广告宣传后直接体验，而不会先去融入用户群体再去体验游戏。你们认为呢？"

桓桓（项目运营人员）："嗯，的确是这样。"

沈总（总经理）："这样吧，在全新服务器开放初期，采取充值赠送直升礼包活动，吸引新用户快速转化为付费用户，减少新人流失；在老区做老用户招待新人活动，老用户为了获得奖励，在社交媒体上可以帮助宣传，这样既能拉新，又能促活。"

大俊（产品经理）："可是……有一个问题，新区开到一定时间也会成为老区，在老区持续做充值赠送直升礼包活动，而没有招待新人活动，对老用户来说就没有办法拿到带新人的奖励了，这个区的游戏氛围可能也不如有招待新人活动的老区。"

沈总（总经理）："你说的对，我们可以开发一个设置为季节活动模式的新人直升领取活动，后台可以开启和关闭，这样你们就可以在不同的服务器，根据具体的数据情况来执行。这样操作，是将选择权交于用户，用户按照自己的行为习惯来决定，喜欢慢节奏的就让用户自己慢慢玩，喜欢快节奏的就可以领取直升快速成长。"

大俊（产品经理）："这个办法太好了，我们就按沈总说的来执行，先拟定一份详细的活动策划案，然后把需求提交给日本研发公司。"

沈总（总经理）："活动上线后，数据分析师分析一下该活动对用户留存率的影响。"

小黎（数据分析师）："没问题。"

1. 新区充值就送等级直升礼包活动

51%的新用户购买了55级直升礼包。使用55级礼包的新用户次留高达81.76%，相对未使用的用户，每日留存率提升49%～53%，如图7-12所示。

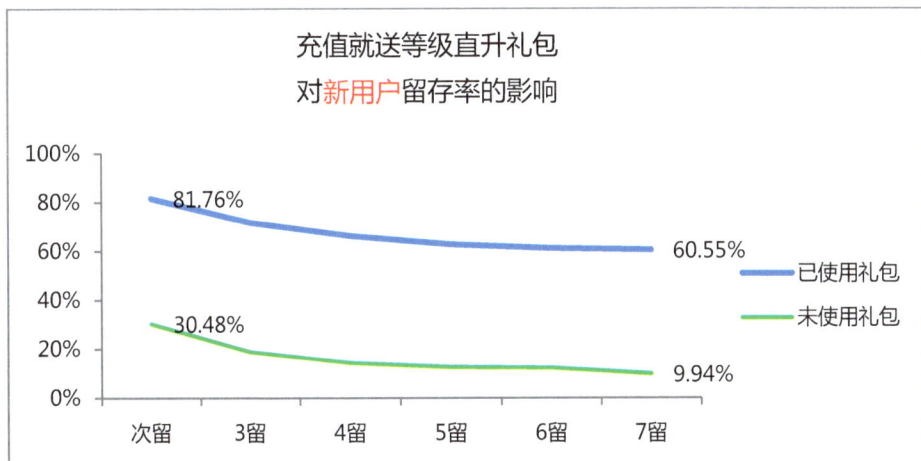

充值就送等级直升礼包
对新用户留存率的影响

81.76%

60.55%

已使用礼包

30.48%

未使用礼包

9.94%

次留　　3留　　4留　　5留　　6留　　7留

图 7-12

2. 老区老用户招待新人送等级直升礼包活动

75%的用户领取了被老用户招待的 55 级直升礼包。其中，未满级的老用户和新用户各占一半，未满级的老用户中，流失回归用户占 70%。

使用被老用户招待后送 55 级直升礼包的流失回归用户次留高达 79.16%，相对未购买的用户，每日留存率提升 35%～41%，如图 7-13 所示。

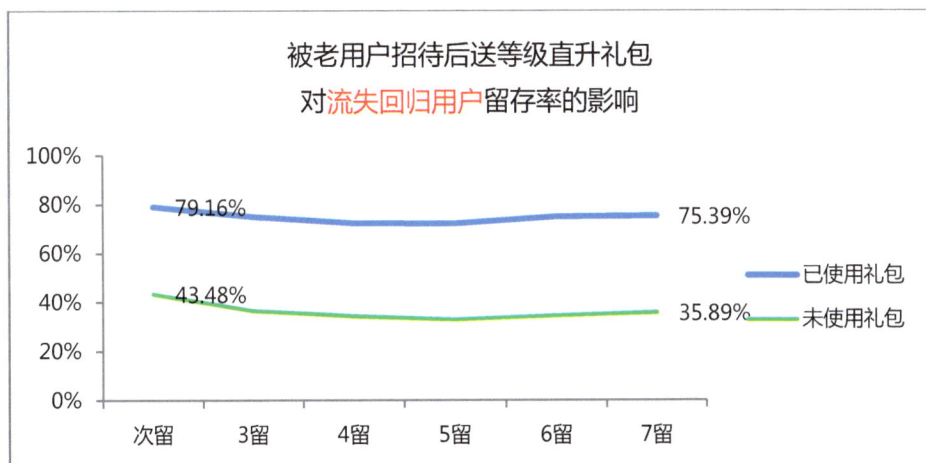

被老用户招待后送等级直升礼包
对流失回归用户留存率的影响

79.16%

75.39%

已使用礼包

43.48%

35.89%

未使用礼包

次留　　3留　　4留　　5留　　6留　　7留

图 7-13

活动说明：新用户（未满级用户）需要被老用户招待后，先送等级直升礼包，在主线成长到一定阶段后可再获得某主线礼包，满级之后可以领取进一步的奖励。

参与活动的老用户包含流失回归用户和未流失用户，由于两者留存率数据相差不大，此处只列举了流失回归用户的数据做参考。

使用被老用户招待后送 55 级直升礼包的新用户次留高达 86.90%，相比未购买的用户，每日留存率提升 41%～50%，如图 7-14 所示。

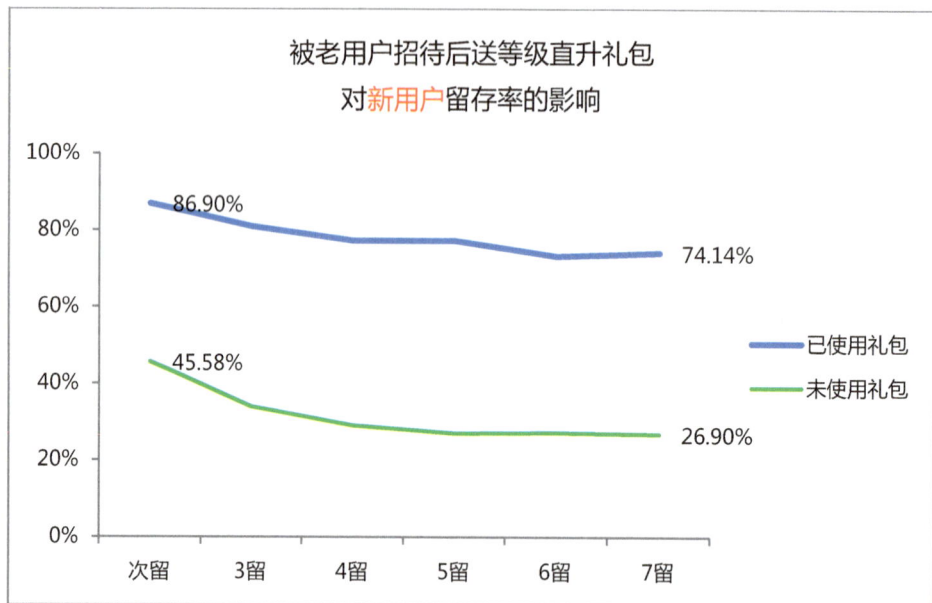

被老用户招待后送等级直升礼包
对新用户留存率的影响

图 7-14

3. 两种活动对比

参与活动的用户留存率比未参与活动的用户提高两倍以上，有老用户带的用户留存率高于没有老用户带的用户。

具体来看，新区参与活动的用户次日留存率较高，但 7 天留存率下降最快，其中是否参与充值就送等级直升礼包活动的用户留存率差距最大。说明使用直升礼包虽然可以让用户快速成长，但是在没有老用户带的前提下，后期流失较快。

参与被老用户招待后送直升礼包的用户 7 日留存率反弹，高于 6 留，一方面是因为用户有 7 天为一周期的登录习惯（尤其是周末），另一方面，有老用户带的新用户已经融入游戏，有坚持登录游戏的习惯。

流失回归用户中使用了和未使用礼包的留存率差距最小，说明回归用户中已经有部分用户适应了游戏，礼包的作用相对新用户来说效果不够明显。

沈总和项目团队看到用户这个数据后树立了这次活动的信心，在后面的运营过程中也不断进行调优，比如将活动形式改为无门槛领取直升包，后续的任务奖励包需要老用户招待才能获取，通过这样的手段更进一步促进了老用户和新用户的绑定关系，提升用户体验。虽然直升礼包不能在短期内快速提示活跃用户数，但经过长达 1 年多的发酵和传播，游戏氛围越来越好，用户口碑越来越好，在三周年大版本更新时，助推人数上涨反弹。

7.2　促活——应对流失严重的问题，止跌维稳

促活是指促进用户的活跃度，直接指标是活跃用户数，活跃用户数上一般会加一个周期，一天的活跃用户数叫作日活（DAU），类似地，还有周活（WAU）、月活（MAU）。

另一个重要的指标是留存率，也是做运营时经常提到的，有些人会把促活和留存率分开来讲，但我认为用户活跃度和用户留存率之间是高度相关的，要做的事情也是高度重合的，所以这里放在一起分析。

留存率的稳定，意味着已经获得了一批认可产品价值的用户。

做好促活和留存率的根本，还是在于产品对于用户要有价值，在这个基础上，运营的各种方法才有效。

拉新是开源，留存率是节流，就像一个水池里，拉新是不断注入新水源，留存率是控制从中漏掉的水，如果留存率不好，拉新也是白费，所以没有留存率的拉新是毫无意义的。

7.2.1　每日一喊话，传播正能量

在第 6 章 6.5 节的"用户流失原因分析"中，了解到第 1～30 级的新手期用户的流失用户占总流失用户的 96%，且主要是持有任务 A 和任务 B 的用户。有 7 854 个用户接受任务 A 后多次登录游戏，但仍未完成，说明该任务对部分用户造成了一定困扰。

我们认为，解决第 1～30 级用户的流失问题是一个长期过程，目前看游戏本身机制固然是一个很难改变的现实，但也希望在不断和日本研发方沟通中得到对方的理解和支持。

假如这个游戏机制的问题解决不了，如何引导用户越过这个坎？什么样的做法可以真正帮助用户？还需要全工作室所有的力量来研究并通过与用户的交流逐步改善。

对此，目前运营人员尝试通过三条途径去解决此类问题。

（1）开发机器人喊话工具。

（2）在游戏内举办"每天一喊话，传播正能量"的在线活动。

（3）整理所有卡在任务 A 的账号信息，并提取手机号进行回访，采集到有效数据以后再与日方深入探讨，沟通顺利的情况下我们会敦促日方在新版本中改善这方面的问题。

针对新手期用户流失严重的问题，运营人员在游戏内开展了 "每天一喊话，传播正能量"的活动，活动时间为一个月。该活动除了鼓励用户每天登录，还指定了固定地点、固定喊话内容，希望通过此种方式间接帮助新手用户。

1. 活动规则

在指定地图喊话指定内容，该任务无须在游戏中领取，游戏服务器会自动记录用户每天的喊话内容。

2. 活动奖励

完成不同天数的喊话内容可获得不同的道具，奖励将于活动结束后第 1 天统一发放。

3. 活动内容

每日一喊话传播正能量：任务 A 怎么做，旁边就能买装甲（地图坐标 110×110 买装甲）

每日一喊话传播正能量：任务 B 怎么做，神之地图找大拿（大拿是 NPC）

每日一喊话传播正能量：遇到困难怎么办，服务台里问问看

每日一喊话传播正能量：陌生好友请勿加，私聊提示不相信

每日一喊话传播正能量：神级队友怎么找，招募板里任你挑

每日一喊话传播正能量：杂乱订单在哪里，屋后山坡上房顶

每日一喊话传播正能量：私聊提示都是假，活动信息官网准

每日一喊话传播正能量：空等治疗干着急，按 U 排本边练级

4. 活动效果

（1）活动参与率：活动推出首日参与率为 21%，之后每日的参与率虽有下降，但活动期间整体的参与率高达 30%（活跃用户中有 30%参与了每日一喊话活动），参与活动的人数占到聊天人数的 50%。从活动参与的时间分布来看，非高峰时间用户的喊话也非常积极，说明用户的参与热情非常高。

（2）喊话次数：参与活动的用户平均每天喊话 1.5 次。喊话机器人每隔 30 分钟自动喊话一次。

（3）喊话最多的内容：参与"任务 A 怎么做"喊话的人数最多，其次是"任务 B 怎么做"。可能用户也意识到该任务在游戏中给自己造成困扰。

（4）任务持有率：任务 A 完成率提升 10%；任务 B 完成率提升 7%。（完成率=任务完成人数/接收人数）

（5）活跃用户变化：活动推出后活跃用户没有明显上涨，但最高在线人数、在线时长和平均登录次数均有提升。说明该活动一定程度上刺激了用户的活跃度。

7.2.2　流失预警，用户维系

随着市场竞争的日趋激烈，拉新成本的不断提高。对于一款成熟的产品和饱和的市场而言，获取一个新用户的成本是留住一个老用户的数倍，流失率的降低意味着收入的增加。在《烈日纷争》公测后的数据下滑阶段，工作重心从拉新转移到了留存，提升老用户活跃度和留存率变得越来越重要，项目团队希望通过精细化、个性化运营等手段留住用户，提升用户活跃度，在这种条件下，流失研究的价值是显而易见的。

很多时候，当用户已经离开了游戏时，就已经非常难被挽留了。所以我们更希望能够在现有用户成为流失用户之前，根据他的自身属性或行为特征识别出流失风险，进而采取针对性的保有措施，这就是流失预警。

在《烈日纷争》公测下滑阶段，数据分析师根据用户游戏行为数据建立了流失预警模型，来预测用户未来的流失概率，从中识别出潜在高危用户，并定期输出可能流失的用户，项目团队联合 CRM 部门对这些用户进行干预，对减少流失起到了一定的辅助作用。

1. 流失预警的原理

流失预警是提取历史数据后，通过观察特定窗口期的各种相关数据评估用户在表现窗口内流失的可能性，从而预测当前用户在未来的表现。

历史数据就是评估流失概率所需的数据源，包含登录、充值、消耗等，通过观察窗口的各种相关数据评估用户在表现窗口内流失的可能性，从而预测当前用户在未来的表现。再应用流失预警模型，根据当前的数据预测未来是否流失。流失预警模型如图 7-15 所示。

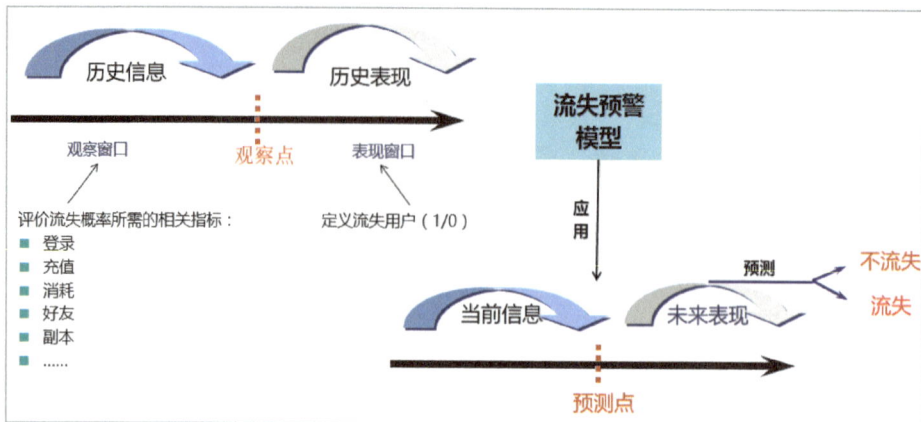

图 7-15

2. 流失预警模型的方法论

流失预警模型属于监督学习中的分类与预测问题，常用的建模方法包括决策树、随机森林、Logistic 回归模型等。我们采用了 Logistic 回归模型，它可以预测出每条观测的概率值。

图 7-16 为决策树和 Logistic 回归示意图。

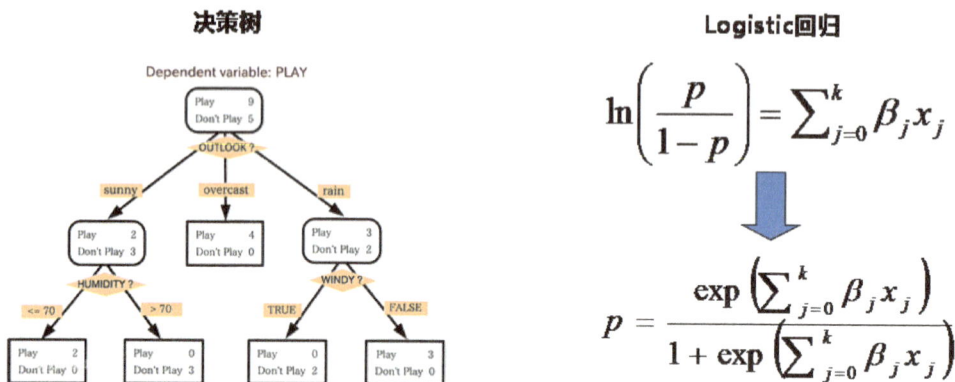

图 7-16

评定模型（Logit Model，也译作分类评定模型，又叫作 Logistic Regression——逻辑回归）是离散选择法模型之一，属于多重变量分析范畴，是社会学、生物统计学、临床、数量心理学、计量经济学、市场营销等统计实证分析的常用方法。逻辑分布（Logistic Distribution）公式为：$P(Y=1 \mid X=x)=\exp(x'\beta)/(1+\exp(x'\beta))$，其中参数 β 为常用极大似然估计。

经数学变换可以得到：

$$\ln \frac{p}{1-p} = \beta_0 + \beta_1 x_1 + \beta_2 x_2 + \beta_3 x_3 + \cdots + \beta_n x_n = \text{logit}（P）$$

其中 P 为事件发生的概率，1-P 为事件未发生的概率，事件发生的概率与事件未发生的概率的自然对数，称为 P 的 logit 变换，记为 logit（P）

3. 流失的定义及时间窗口的选择

关于流失用户的定义，重要的是选择合适的时间跨度，尽量准确地识别出将要流失的用户。具体的定义方法，下面将一一阐述。

（1）模型处理时间长度的选择。

图 7-17 统计的是 10 月 1 日起 60 天内用户登录《烈日纷争》的记录，由此可以看出在此时间段内最大登录间隔时间在 30 天以上的用户数量变化不大。

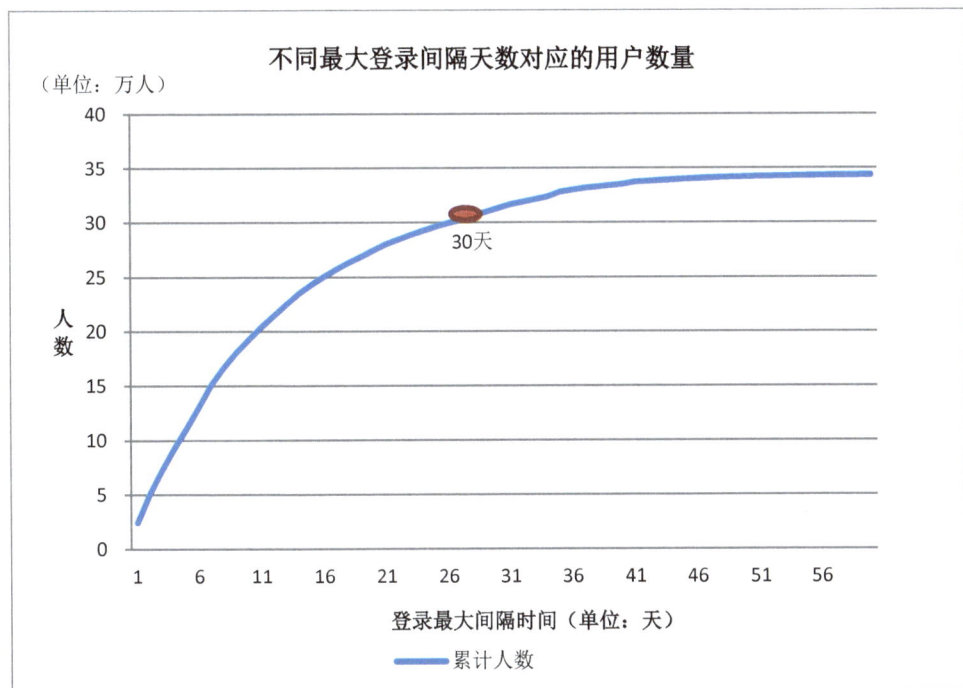

图 7-17

将图 7-16 的数据分类汇总，可以看出登录用户最大登录间隔时间在 30 天以上的用户占 9%（登录间隔时间小于或等于 30 天的用户占 91%），如图 7-18 所示。因此，选择 30 天为模型处理时间可覆盖绝大多数用户。

玩家的登录天数间隔分布

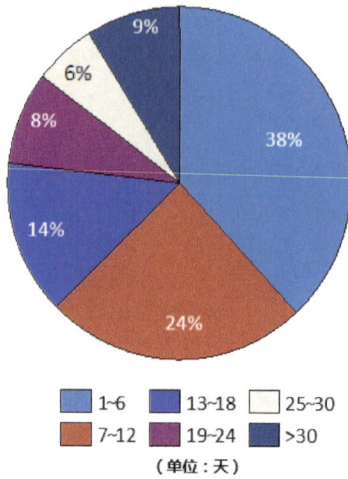

图 7-18

（2）用户登录天数与流失比例之间的关系。

由图 7-19 可以看出，30 天内登录次数多于 3 天的用户，流失概率已降到 50%以下，且概率趋于平缓，如图 7-19 所示。所以将登录 3 天以内（含 3 天）的用户，定义为预流失用户。

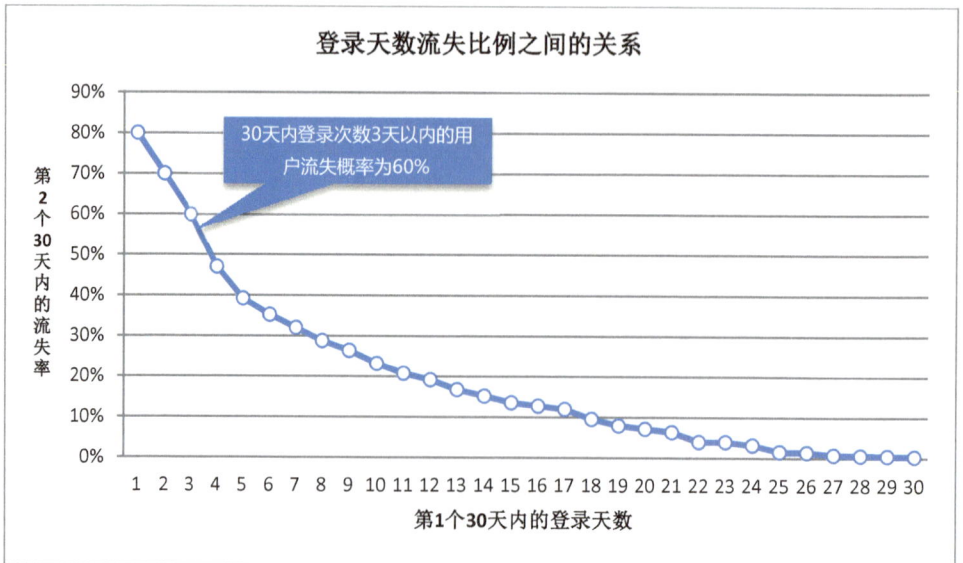

图 7-19

说明：如果游戏的付费和非付费用户，或者高端付费和非高端付费用户的流失率差别很大，那么统一建模会影响模型的准确度，建议按不同类型的人群分开建模。考虑到《烈日纷争》是时长收费游戏，且商城道具数量较少，人均 ARPU 差别不明显，其流失率受用户付费金额的影响较小，因此本次采用统一建模。

（3）预流失模型时间窗口选择模式。

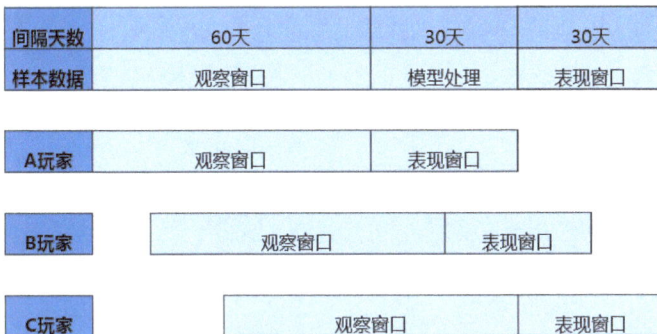

观察窗口是用来收集用户行为特征变量的时间窗口，这些变量会作为模型的参考输入变量（预测变量），即通常所说的 *X*。

表现窗口是定义用户是否流失（即业务定义的流失）的时间窗口，**表现期确定目标变量**，即通常所说的 *Y* 值。根据前面的分析，用户流失可定义为：在表现窗口 30 天内的登录天数少于 4 天。

我们取建模时间点前 60 天为样本观察窗口，建模时间点后 30 天为表现窗口（见图 7-20），即观察前 60 天登录过的用户在后 30 天内的登录天数是否少于 4 天，如果没有，则记为流失。

预流失模型时间窗选择模式

间隔天数	60天	30天	30天
样本数据	观察窗口	模型处理	表现窗口

A玩家	观察窗口	表现窗口

B玩家	观察窗口	表现窗口

C玩家	观察窗口	表现窗口

图 7-20

4. 建模选取的变量

表 7-7 列出与流失可能相关的指标，包含用户基本信息、登录、消耗、充值、金币获得、死亡、经验获得、好友、副本、讨伐战、任务，总共 59 个变量。有兴趣的读者可以拓展到游戏的其他模块指标，不同类型的游戏可能选取的指标会有所差异。

表 7-7

类型	变量名	变量解释
基本信息	juese_num	角色数量
	play_time	游戏时长
	character_level	最高职业等级
	character_var	角色最大职业等级方差
	chongwu_flag	宠物标识
	create_day_now	角色创建时间距今天数
	Yue	余额
登　录	login_cnt	累计登录次数
	login_cnt_wk1	上周登录次数
	login_cnt_wk2	上上周登录次数
	login_day	累计登录天数
	login_day_wk1	上周登录天数
	login_day_wk2	上上周登录天数
	login_first_day_now	首次登录距今天数
	login_last_day_now	末次登录距今天数
	login_times	累计登录时长
消　耗	con_amt	累计消耗金额
	con_amt_wk1	上周消耗金额
	con_amt_wk2	上上周消耗金额
	con_cnt	累计消耗次数
	con_cnt_wk1	上周消耗次数
	con_cnt_wk2	上上周消耗次数
	con_first_day_now	首次消耗距今天数
	con_last_day_now	末次消耗距今天数
充　值	dep_amt	累计充值金额
	dep_amt_wk1	上周充值金额
	dep_amt_wk2	上上周充值金额
	dep_cnt	累计充值次数
	dep_cnt_wk1	上周充值次数
	dep_cnt_wk2	上上周充值次数
	dep_first_day_now	首次充值距今天数
	dep_last_day_now	末次充值距今天数
金币获得	coin_amt	累计获得金币数
	coin_amt_wk1	过上周获得金币数
	coin_amt_wk2	上上周获得金币数

类型	变量名	变量解释
死亡	death_cnt	累计死亡次数
	death_cnt_wk1	上周死亡次数
	death_cnt_wk2	上上周死亡次数
经验获得	exp_get_total	累计获得经验值
	exp_get_wk1	上周获得经验值
	exp_get_wk2	上上周获得经验值
好　友	friend_hy_num	活跃好友数
	friend_hy_ratio	活跃好友占比
	friend_num	好友数
副　本	fuben_cnt	累计副本次数
	fuben_cnt_wk1	上周副本次数
	fuben_cnt_wk2	上上周副本次数
讨伐战	monster_cnt	累计讨伐战次数
	monster_cnt_wk1	上周讨伐战次数
	monster_cnt_wk2	上上周讨伐战次数
	monster_exp	累计讨伐战经验获得
	monster_exp_wk1	上周讨伐战经验获得
	monster_exp_wk2	上上周讨伐战经验获得
	monster_seal	讨伐战累计获得军票数量
	monster_seal_wk1	上周讨伐战获得军票数量
	monster_seal_wk2	上上周讨伐战获得军票数量
任　务	renwu_complete	累计完成任务次数
	renwu_complete_wk1	上周完成任务次数
	renwu_complete_wk2	上上周完成任务次数
衍生变量	……	变化率

5. 模型中各变量的重要性

从图 7-21 可以看出，con_amt_wk1（过去第一周消耗金额）的重要度最高，其次是 login_day_wk1（过去第一周登录次数）。

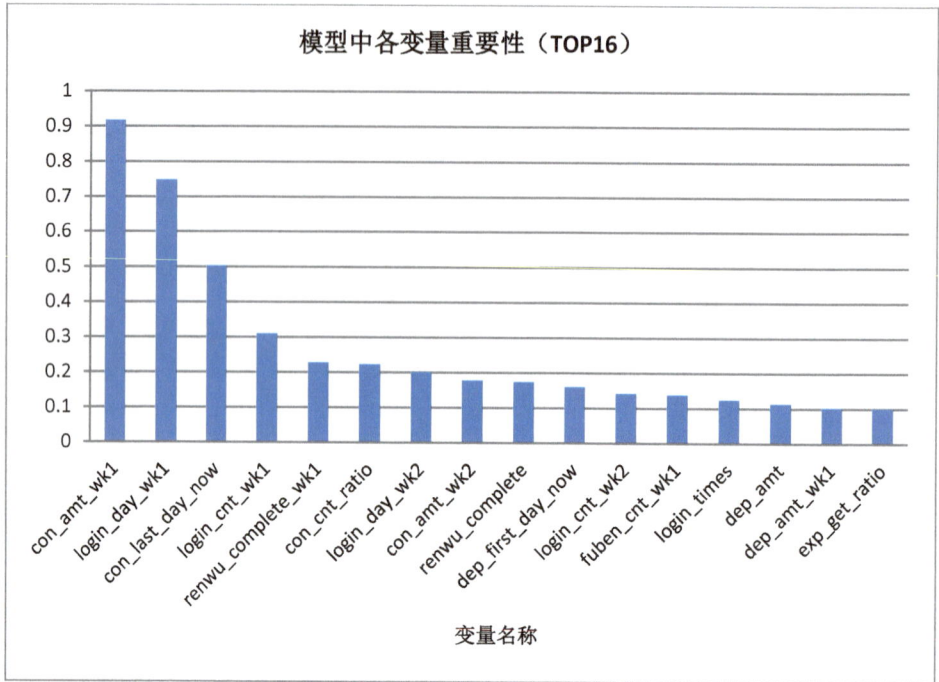

图 7-21

6. 模型的形式

二元逻辑回归模型在 Python、R、SPSS 中均可实现，具体的实现方法可以参考《游戏数据分析实战》一书中的"高端用户预流失模型"，本次将不再做详细介绍。

我们采用逻辑回归建模得出回归方程如下：

回归议程

$$\text{logit}(P) = 1/(1+\exp(-(1.3067 - 0.0045 \cdot \text{login\_times} - 0.0294 \cdot \text{login\_cnt\_wk1} - 0.2694 \cdot \text{login\_day\_wk1} + 0.0134 \cdot \text{login\_cnt\_wk2} - 0.0825 \cdot \text{login\_day\_wk2}$$
$$+ 0.0583 \cdot \text{dep\_cnt} - 0.00212 \cdot \text{dep\_amt} - 0.00389 \cdot \text{dep\_amt\_wk1} - 0.0694 \cdot \text{con\_amt\_wk1} + 0.015 \cdot \text{con\_amt\_wk2} - 0.00581 \cdot \text{friend\_num} + 0.000919 \cdot \text{renwu\_complete}$$
$$- 0.00394 \cdot \text{renwu\_complete\_wk1} + 0.00439 \cdot \text{fuben\_cnt\_wk1} + 0.000003699 \cdot \text{coin\_amt\_wk2} - 0.00531 \cdot \text{death\_cnt} + 0.00777 \cdot \text{death\_cnt\_wk2}$$
$$- 0.0204 \cdot \text{dep\_first\_day\_now} + 0.0085 \cdot \text{dep\_last\_day\_now} + 0.1107 \cdot \text{con\_last\_day\_now} - 0.4323 \cdot \text{con\_cnt\_wk1\_ratio} + 0.3093 \cdot \text{con\_cnt\_ratio}$$
$$- 0.1798 \cdot \text{con\_amt\_wk2\_ratio} - 0.0972 \cdot \text{friend\_hy\_ratio} - 0.2376 \cdot \text{fuben\_cnt\_wk1\_ratio} - 0.1264 \cdot \text{exp\_get\_ratio} - 0.0476 \cdot \text{monster\_exp\_ratio})))$$

7. 模型的评估

逻辑回归可以很方便地得到最后的分类结果，因为输出的是每个样本的概率分数，我们可以很容易地对这些概率分数进行 cutoff（临界），也就是划分阈值（大于某个阈值的是一类，小于某个阈值的是一类），阈的意思是界限，故阈值又叫临界值，是指一个效应能够产生的最低值或最高值。

根据业务需求，在尽量提高命中率的前提下兼顾覆盖率，所以将临界值选择为 0.6，即模型预测概率在 0.6（含 0.6）以上的用户，定义为预流失用户，如图 7-22 所示。

流失概率	10月1日建模数据			10月15日测试数据			11月1日测试数据		
	流失用户数	总用户数	流失比例	流失用户数	总用户数	流失比例	流失用户数	总用户数	流失比例
0.45~0.5	210	81 620	0.3%	340	79 800	0.43%	360	88 130	0.4%
0.5~0.55	3,500	115 120	3.0%	3 770	115 990	3.25%	4 190	112 780	3.7%
0.55~0.6	9,920	34 570	28.7%	9 440	34 700	27.20%	10 660	30 550	34.9%
0.6~0.65	13,290	21 670	61.3%	12 720	20 150	63.13%	12 210	18 630	65.5%
0.65~0.7	10,650	13 480	79.0%	9 700	12 570	77.17%	9 170	11 210	81.8%
0.7~0.75	7,130	8 070	88.4%	8 130	9 100	89.34%	7 520	8 290	90.7%
0.75~0.8	3,330	3 430	97.1%	4 070	4 150	98.07%	3 360	3 410	98.5%
总计	48,030	277 960	17.3%	48 170	276 460	17.42%	47 470	273 000	17.4%

图 7-22

说明：此处的流失用户数指的是 30 天内登录少于 4 天的用户数

取 2014 年 10 月 1 日的数据作为训练集建模，测试数据取 10 月 15 日和 11 月 1 日，假定预测概率的临界值为 0.6，本例中模型的准确率、命中率、覆盖率分别如图 7-23 所示。

流失预警模型通常从准确率、命中率、覆盖率 3 个维度去评估。

- 准确率=（正确预测为流失的用户数+正确预测为不流失的用户数）/总用户数
- 命中率=正确预测为流失的用户数/预测为流失的用户数
- 覆盖率=正确预测为流失的用户数/实际为流失的用户数

10月1日建模		预测				准确性度量	
		不流失	流失	总计			
实际	不流失	21 768	1 225	22 993		准确度	90.69%
	流失	1 363	3 440	4 803		命中率	73.74%
	总计	23 131	4 665	27 796		覆盖率	71.62%

10月15日测试		预测				准确性度量	
		不流失	流失	总计			
实际	不流失	216 940	11 350	228 290		准确度	90.99%
	流失	13 550	34 620	48 170		命中率	75.31%
	总计	230 490	45 970	276 460		覆盖率	71.87%

11月1日测试		预测				准确性度量	
		不流失	流失	总计			
实际	不流失	216 250	9 280	225 530		准确度	91.03%
	流失	15 210	32 260	47 470		命中率	77.66%
	总计	231 460	41 540	273 000		覆盖率	67.96%

图 7-23

从图 7-23 中可以看到，尽管模型的准确率较高，超过 90%，但模型的覆盖率不算太高，在 67%～72% 之间。也就是说在 100 位实际流失用户中，有 67～72 位用户被我们的模型正确预测。因此该模型还存在优化空间，我们希望追求更高的准确率，以及更高的覆盖率。

8. 用户维系效果

CRM 部门对预流失的用户进行不同方式的干预，包含策略干预和人工干预。策略干预包含普发短信、机器人的语音电话；人工干预包含人工电话、微信、短信。以下是普发短信的部分文案。

尊敬的会员，即刻起至×月×日 24:00，只需登录，即可在活动结束后领取坐骑长尾豹。

尊敬的会员，即刻起至×月×日 24:00，只需登录，即可在活动结束后领取滴答帽。

尊敬的会员，即刻起至×月×日 24:00，只需登录，即可在活动结束后领取恐龙帽。

尊敬的会员，圣诞节火热进行中，超萌节日装扮大放送，武神远征军集结，收获神秘大礼。

尊敬的会员，万圣节火热进行中，限定装扮大放送，1.2 更新在即，登录即有机会得 PS4。

尊敬的会员，复活节火热进行中，限定装扮大放送，1.3 更新在即，登录即有机会得 PS4。

尊敬的会员，新版本更新在即，现在登录游戏，在线满足条件即可获得飞行鸟。

CRM 干预并挽留用户分类：多为策略短信用户，比例最高为 57.89%，如图 7-24 所示。

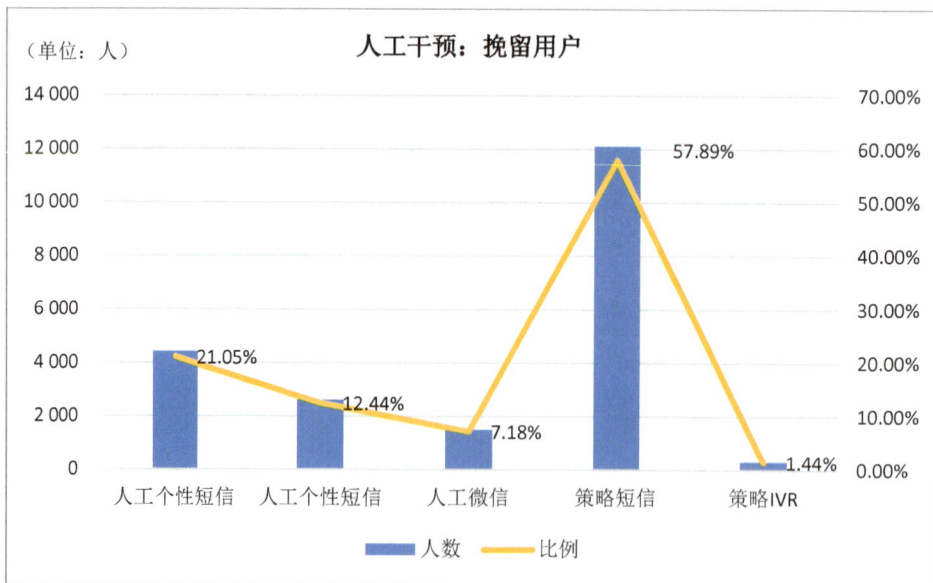

图 7-24

CRM 干预并挽留用户分渠道对比：从整体上看，人工干预的效果优于策略干预。从细分来看，人工干预的用户月消耗比例高于策略干预，尤其是人工微信，挽留后的消耗人数比例是挽留前的 3 倍，如图 7-25 所示。　人工微信渠道后续续费能力强，较干预前上涨 233%，如图 7-26 所示。

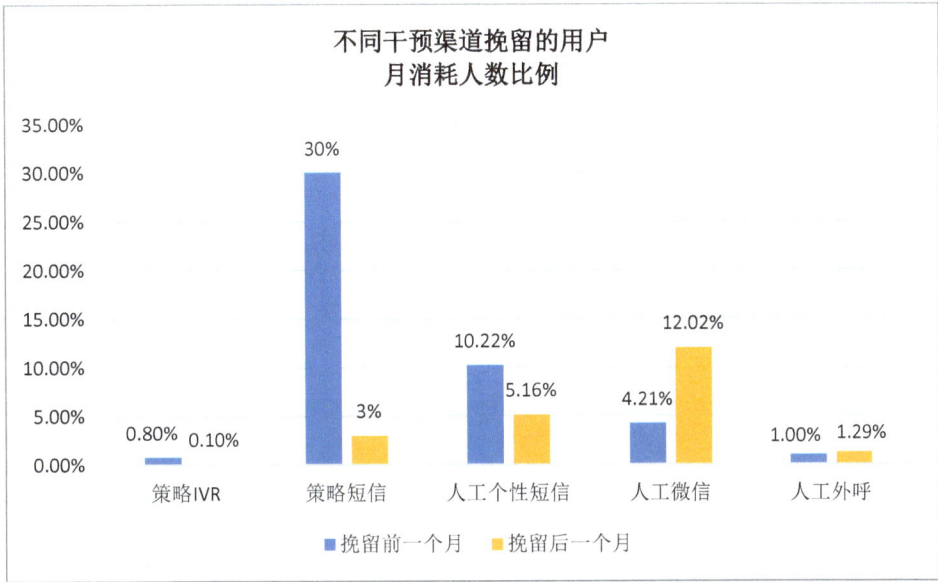

图 7-25

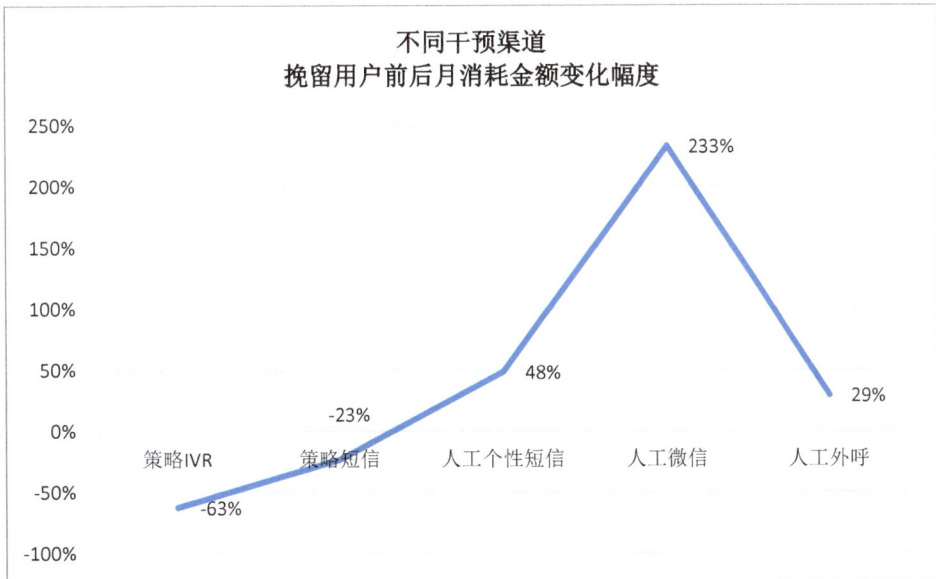

图 7-26

说明：消耗人数比例指购买道具的人数比例；消耗金额包含每天的登录时长消耗以及道具消耗。

总结：CRM 干预预流失用户是配合运营人员维系用户的长期过程，能在一定程度上缓解用户流失，促进用户活跃度，起到锦上添花的效果。但是，没有办法从根本上保证游戏用户的增长趋势，整体上仍需要版本和运营长期的努力。

7.2.3　版本更新：持续发力、长尾反弹

《烈日纷争》在公测 1 年内，平均间隔 2～3 个月才有一个版本更新，根据分析我们已经知道：用户平均游戏时间长较高，版本消耗过快。因此运营团队和日方沟通，希望加快版本更新进度，保持每隔一个月一个小版本、三个月一个大版本的更新频率，和国际服版本同步，双方在这一点上达成了共识。版本同步后能在游戏内容上保持新鲜度、拉长国服版本消耗的时间，并且也获得了非常好的市场宣传点。

《烈日纷争》每次版本更新或多或少都会带来一批新用户以及收入的增长。其中一个重要的里程碑是 3.9 版本的更新，随着这次更新，活跃用户趋势发生反弹，其背后的原因不仅是这个版本的内容跟之前相比有很大的变化，同样不可忽视的是随着项目团队的持续运营，游戏口碑越来越好，老用户大量回归，线下活动又助力爆发，形成趋势反弹，在之后较长时间也一直保持稳定。

那么，3.9 版本更新后的数据有哪些变化？带来了多少新用户？新用户来自哪里？增加了多少收入？有多少老用户回归？新用户的留存情况如何？市场投放的新用户成本是多少？用户对新内容的认可程度如何？用户的流失原因是什么？带着这些问题，我们梳理了以下分析思路。

1. 版本更新分析思路

版本更新思路如图 7-27 所示。

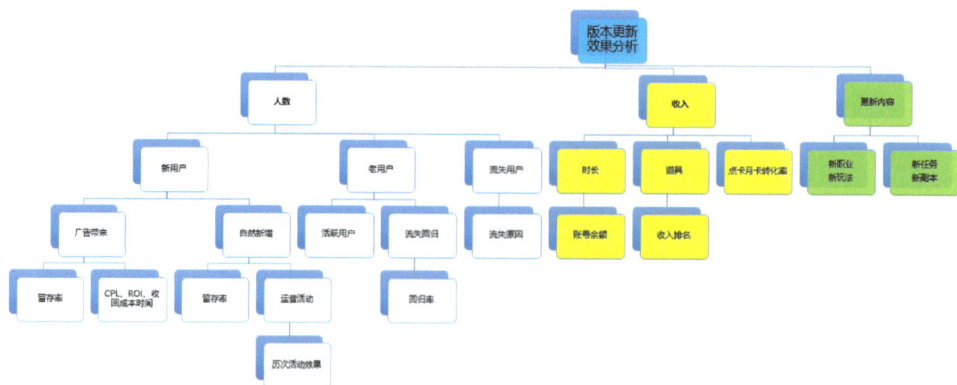

图 7-27

版本更新效果好不好，主要看两个数据，人数和收入，人数和收入有没有增加以及增加了多少是运营最关心的问题。那么由人数和收入展开来分析，就有很多细分维度。

比如：

若人数上涨了（这里的人数是指活跃用户），那么是新用户涨了还是老用户涨了？如果是新用户，那么是广告带来的还是自然增长的？广告带来的用户和自然新增的用户留存率是多少？对比可分析出广告用户的质量，广告带来的用户 CPL 和 ROI 是多少？多久能收回成本？自然新增用户是否有除版本以外的运营活动刺激？如果有，那和历次活动效果对比有哪些差异？老用户里面，有多少是活跃的老用户？有多少是流失回归的老用户？回归率是多少？跟之前短信召回、版本相比，回归率是否有提升？

收入方面，主要看收入的构成，如果是时长收费游戏，则看时长和道具收入的比重，道具这块，看道具收入的排名，看哪个道具、礼包最受用户青睐。

除了人数和收入，版本更新的内容也值得去分析。比如，新的职业、新的玩法、新的任务和副本用户的参与度，甚至更系统的分析；这个新版本，用户消耗了多少内容。比如，在第 6 章 6.7 节的"新版本消耗过快分析"中也了解到一个版本预设用户可以体验一个月，结果更新 14 天的时候，就有部分用户体验了 80% 的内容，说明用户比较"肝"，针对这个情况，就可以加快更新进度了。

2. 版本更新效果分析

根据以上的分析思路，我们来分析在四周年之际发布的 3.9 版本更新的效果。

（1）新用户趋势。

8 月 1 日至 6 日，3.9 版本更新并推出新用户限免活动，用户数较版本更新前 7 天增长 960%，增长量和比例均超过前两次活动，如图 7-28 所示。

（2）活跃用户趋势。

3.9 版本上线期间，最高日活跃用户数 24 万，PCU 为 12 万人，ACU 为 7 万人，活跃用户数超过 3.8 版本，回到公测第 3 个月的水平，如图 7-29 所示。

《烈日纷争》新登录用户数

3.9版本 新用户送时
长活动，新用户较前
五天增长**1485%**

3.7版本5月25日—28日新
用户送时长活动，新用户
较前四天增长**717%**

3.8版本6月20日—25日新
用户送时长活动，新用户
较前五天增长**488%**

2017/5/15　2017/5/22　2017/5/29　2017/6/5　2017/6/12　2017/6/19　2017/6/26　2017/7/3　2017/7/10　2017/7/17　2017/7/24　2017/7/31　2017/8/7

图 7-28

说明：新用户限时免费，即新用户登录不需要购买点卡，可以免费试玩。

《烈日纷争》活跃用户趋势

（单位：人）

活跃用户数

700 000
600 000
500 000
400 000
300 000
200 000
100 000
0

回到公测、
第3个月水平

3.9版本更新
活跃用户数24万

2014/8/1　2014/10/1　2014/12/1　2015/2/1　2015/4/1　2015/6/1　2015/8/1　2015/10/1　2015/12/1　2016/2/1　2016/4/1　2016/6/1　2016/8/1　2016/10/1　2016/12/1　2017/2/1　2017/4/1　2017/6/1　2017/8/1

图 7-29

（3）活跃用户构成。

活跃用户既包括新用户也包括老用户，游戏刚上线时新增用户占活跃用户的比例会较大，因为老用户积累相对较少。随着游戏生命周期的成熟，一个成长健康的游戏应该拥有较高比例的活跃老用户，活跃老用户越多表示用户的黏性越高。

在 3.9 版本更新前，老用户占比在 98%～99%之间，而版本更新后吸引了一大批新用户，第 1 天老用户占比下降至 92%，第 2 天下降至 81%。

版本更新后由于大量新用户的涌进，老用户的比例下降了，但用户数量并没有下降，因为在吸引新用户的同时也吸引了一批流失的老用户回归。

现在，我们来细分 3.9 版本更新期间的活跃用户构成。

3.9 版本更新期间新老用户的占比为 42∶58，一个月以上流失但回归的用户共 5.5 万人，占老用户的 19%，是 2.9 版本的 10 倍。如表 7-9 所示。

表 7-9

版本	用户总数（人）	新用户（人）	一个月以上流失回归用户（人）	新用户占所有用户比例	流失回归用户占所有用户比例	流失回归用户占老用户比例
3.9 版本（2017 年 8 月 1 日—7 日）	500 000	210 000	55 000	42%	11%	19%
3.8 版本（2017 年 6 月 20 日—25 日）	108 528	10 868	5 597	10%	5%	6%

考虑到 3.9 版本更新期间的流失回归用户较多，因此我们有必要再细分一下流失回归用户的构成。

由图 7-30 可以得出，流失 6 个月以内的用户回归率占到 96%，其中，2 个月以内的用户回归率相对较高，占 44%。

流失 6 个月及 6 个月以上的回归率差距较大，我们可以将 6 个月作为流失用户回归的分水岭，流失 6 个月以上的用户回归的概率很低。

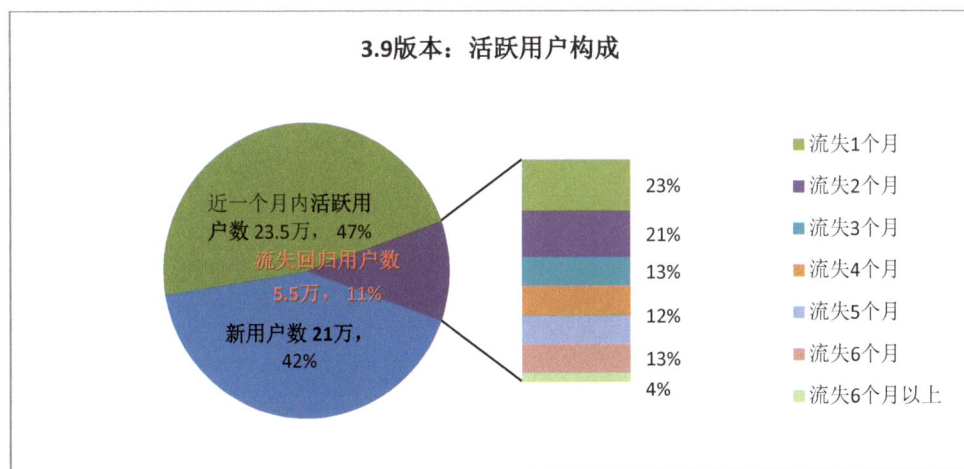

图 7-30

（4）新用户付费转化漏斗。

限时免费活动总共进行了 3 次，对比历次活动的数据，本次活动的新用户留存率、付费转化率、充值 ARPU 和购买月卡的比例均高于前两次活动，在线时长低于第 2 次活动但高于第 1 次活动，如表 7-10 所示。

表 7-10

日期	次日加权留存率	平均在线时长（小时）	付费转化率	充值 ARPU（元）	付费用户购买月卡比例
本次活动：3.9 版本（4 月 24 日—30 日）	27%	7.0	6.4%	109	61%
第 2 次活动：3.8 版本（6 月 20 日—25 日）	23%	8.7	6.0%	62	16%
第 1 次活动：3.7 版本（5 月 25 日—28 日）	22%	5.6	5.3%	55	15%

说明：表 7-10 中次日加权留存率指免费活动期间次日加权留存率。

将用户"注册→创建角色→留存→付费→购买月卡"的每一步转化做成漏斗图，可以直观看出每一步的转化率，通过漏斗各环节业务数据的比较，能够直观地发现问题所在，从而加以完善。

3.9 版本新用户付费转化漏斗图，如图 7-31 所示。

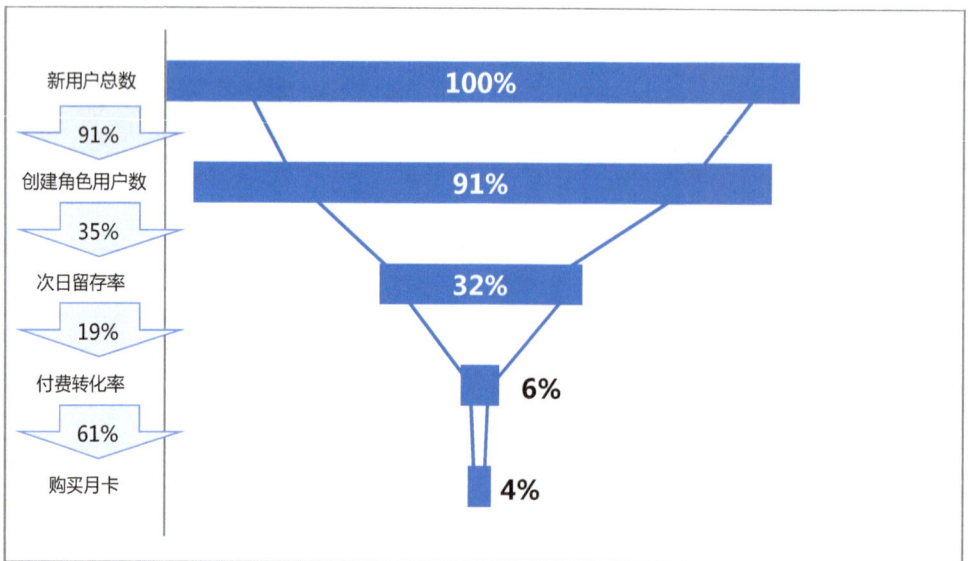

图 7-31

说明：图 7-30 中次日留存率指 4 月 24 日—30 日登录超过 1 天的用户，接近 100% 的付费用户登录天数 >1。

首次登录游戏的新用户创建角色的转化率为 91%，新用户次日留存率为 32%，新用户付费转化率为 6%，新用户购买月卡的比例为 4%。

以下环节的主要问题在于次日留存率较低，即用户创建角色后在第 2 天继续登录游戏的比例只有 35%。因为是时长收费游戏，所以提高用户的存留时间，就是提高收入的重要环节。

（5）用户留存率。

留存率是游戏公司非常关注的指标之一，在这里我们将用户分为广告用户、非广告用户和付费用户三类，并和 3.8 版本的用户留存率进行对比。

3.9 版本非广告带来的首日新用户次日留存率为 40%，广告带来的首日新用户次日留存率为 52%。从整体上来看，广告带来的新用户质量较好，留存率高于非广告新用户。如表 7-11 和表 7-12 所示。

表 7-11

新登录日期	3.9 版本非广告带来的新用户第 1 天留存率	第 2 天留存率	第 3 天留存率	第 4 天留存率	第 5 天留存率	第 6 天留存率
2017/8/1	40%	29%	21%	19%	19%	13%
2017/8/2	29%	18%	13%	12%	9%	
2017/8/3	26%	16%	13%	9%		
2017/8/4	26%	17%	9%			
2017/8/5	24%	12%				
2017/8/6	19%					

表 7-12

新登录日期	3.9 版本广告带来新用户第 1 天留存率	第 2 天留存率	第 3 天留存率	第 4 天留存率	第 5 天留存率	第 6 天留存率
2017/8/1	52%	33%	27%	25%	24%	19%
2017/8/2	35%	23%	18%	16%	13%	
2017/8/3	38%	24%	22%	15%		
2017/8/4	42%	25%	17%			
2017/8/5	39%	22%				
2017/8/6	41%					

3.8 版本首日新用户次日留存率为 31%，3.9 版本新用户留存率整体高于 3.8 版本，如表 7-13 所示。

表 7-13

新登录日期	3.8 版本新用户第 1 天留存率	第 2 天留存率	第 3 天留存率	第 4 天留存率
2017/6/20	31%	20%	16%	15%
2017/6/21	21%	14%	12%	
2017/6/22	22%	16%		
2017/6/23	22%			

说明：3.8 版本限时免费活动只进行了 5 天，因此只对比了 5 天的数据。

新付费用户留存率对比如表 7-14 和表 7-15 所示，3.9 版本的新付费用户留存率整体高于 3.8 版本。

将表 7-14、表 7-15 与表 7-11、表 7-13 相比，付费用户次日留存率比新用户约提高 35%～45%，大约 1 倍。

表 7-14

3.9 版本新登录日期	新增费用户第 1 天留存率	第 2 天留存率	第 3 天留存率	第 4 天留存率	第 5 天留存率
2017/8/1	78%	68%	62%	60%	58%
2017/8/2	73%	67%	64%	64%	
2017/8/3	78%	72%	71%		
2017/8/4	78%	69%			
2017/8/5	80%				

表 7-15

3.8 版本新登录日期	新增费用户第 1 天留存率	第 2 天留存率	第 3 天留存率	第 4 天留存率
2017/6/20	76%	60%	59%	49%
2017/6/21	71%	56%	53%	
2017/6/22	67%	64%		
2017/6/23	71%			

（6）市场投放。

本次周年庆版本市场投放包含硬广、短信召回、UP 主视频投放，关于 UP 主视频投放的效果分析在前面的章节有专门的介绍，所以本次将重点分析硬广和短信群发的效果。

a.市场投广告总效果。

本次版本更新 5 天内投放广告共花费 150 万元，总 CPL 为 66 元（包含短信群发带来的流失回归用户），5 天内 ROI 为 9%，预计首月 ROI 为 23%，半年 ROI 为 60%，如

表 7-16 所示。

表 7-16

日期	投放金额（万元）	付费率	付费 ARPU（元）	CPL（元）	ROI	预计首月 ROI	预计半年 ROI
8 月 1 日—7 日	150	7%	83	66	9%	23%	60%

注释：ROI=广告带来的用户付费金额/广告投放金额。

b.硬广投放效果。

本次版本更新硬广投放共花费 130 万元，CPL 为 128 元，5 天内 ROI 为 5%。如表 7-17 所示。

表 7-17

硬广投放时间	投放金额（万元）	广告带来的新用户次日留存率	CPL（元）	ROI
8 月 1 日—7 日	100	40%	128	5%

c.流失用户召回短信群发效果。

本次版本更新，短信群发共花费 20 万元，流失用户回归率为 5%，回归率相对其他游戏较高，CPL 为 8 元，5 天内 ROI 为 77%，如表 7-18 所示。

表 7-18

短信发送时间	短信发送金额（万元）	流失用户回归率	CPL（元）	ROI
8 月 1 日	20	5%	8	77%

d.各媒体投放效果。

本次硬广投放的媒体主要有 17173、bilibili、百度、360 搜索、搜狗。通过对比 CPL 和 ROI 数据得出，17173 的 CPL 最高，高达 1512 元，5 天 ROI 为 0.05%。搜索类媒体的效果相对较好，其中搜狗的 CPL 最低，为 22 元，百度的 ROI 最高，为 67%。如表 7-19 和图 7-32 所示。

考虑到 3.9 版本新用户较多，新用户涨幅达 1485%，而广告带来的新用户仅占 4%，且 CPL 较高，尤其是 17173 效果较差，因此推测可能是因为 KOL 传播，以及广告辐射效果导致的。

表 7-19

媒体	投放金额（元）	CPL（元）	付费率	付费 ARPU（元）	ROI
17 173	852 908	1 512	2%	48	0.05%
bilibili	523 716	438	9%	77	1.5%
百度	58 598	23	15%	98	66.8%
360 搜索	49 628	76	9%	114	13.7%
搜狗	15 150	22	11%	86	44.8%

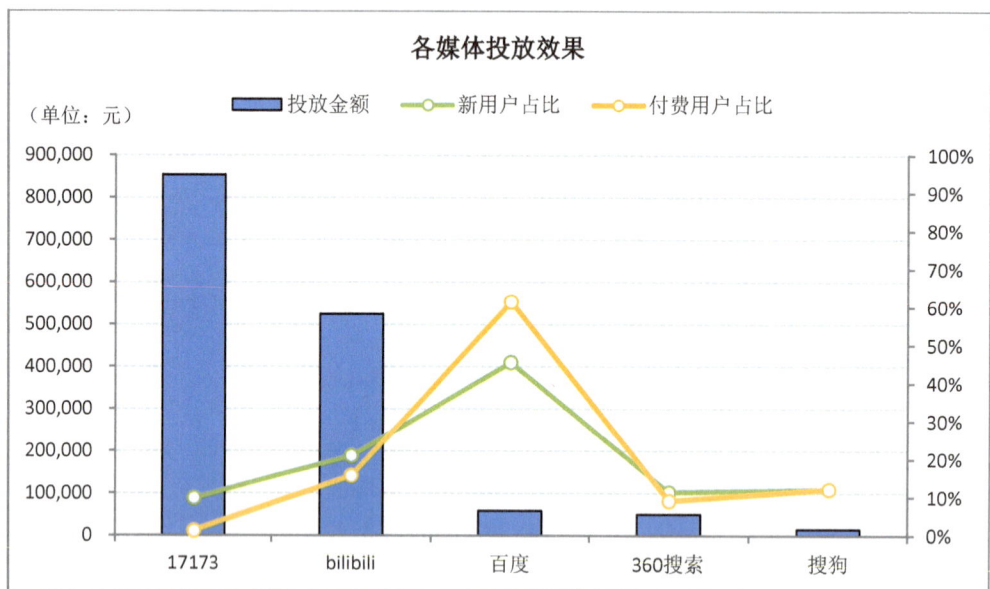

图 7-32

注释：此处的广告辐射是指，用户看到广告方了解到这款游戏，但由于下载游戏时没有点击广告链接到达下载页面，而是直接进入官方网站下载游戏，导致没有数据监控记录，因此这部分用户被视为广告辐射带来的用户。

（7）新用户选择的游戏服务器。

根据新用户进入各个区服的情况，可以判断哪个区服最受欢迎。

图 7-33 为 8 月 1 日—4 日新用户创建角色所在的区服 TOP10。

新用户进入最多的服务器：电信三区的服务器 A，这是最新开放的服务器，因此说明新用户更倾向于选择最新开放的服务器。

新用户数TOP	区	服	最高在线	平均在线	日均活跃用户	4月24日—28日新用户总数	新用户占比	
1	电信三区	服务器A	2 997	1 465	9 468	17 778	8%	推荐服
2	电信一区	服务器B	10 724	5 187	19 921	17 109	8%	
3	电信三区	服务器C	2 111	1 060	6 002	11 371	5%	
4	电信四区	服务器D	383	163	3 014	10 518	5%	
5	电信五区	服务器E	1 806	824	5 941	9 960	5%	推荐服
6	电信一区	服务器F	443	172	2 887	9 435	4%	
7	电信一区	服务器G	11 223	5 294	18 188	9 135	4%	
8	电信四区	服务器H	585	277	3 187	8 919	4%	
9	电信一区	服务器I	417	176	2 595	8 310	4%	

图 7-33

（8）新职业。

3.9 版本开放了新职业"弓箭手"，用户对新职业的认可程度如何，我们来分析一下。

在活跃用户中，有 22%的用户选择了新职业"弓箭手"，其中新用户和老用户选择"弓箭手"职业的比例分别为 3%、35%。说明新职业更受老用户追捧。

选择"弓箭手"职业的用户达到 50 级后可以转成新职业"武者"，"弓箭手"转"武者"的比例为 15%，如表 7-20 所示。

表 7-20

日期	活跃用户总数（人）	选择"弓箭手"用户数（人）	选择"弓箭手"用户比例	"弓箭手"：新用户数（人）	"弓箭手"：老用户数（人）	新用户中选择"弓箭手"的比例	老用户中选择"弓箭手"的比例	"武者"用户数（人）	"弓箭手"转"武者"比例
8 月 1 日—7 日	500 000	107 753	22%	5 391	102 362	3%	35%	3 789	15%

在本次版本的新用户中，1 级用户占所有新用户比例的 35%，比上次新用户限免活动低 3%（此处省略了上次版本更新的等级分布图）。本次限免活动配合版本新职业更新，用户留存率提升，因此等级高于上次限免活动，如图 7-34 所示。

选择"弓箭手"职业的用户包含老用户，因《烈日纷争》的老用户均为付费用户（时长收费游戏），加之付费用户留存率比所有新用户高出 1 倍，和图 7-34 对比发现，选择"弓箭手"职业的用户整体等级明显高于所有新用户，其中，有 10%的用户到达 60 级。如图 7-35 所示。

新用户等级分布

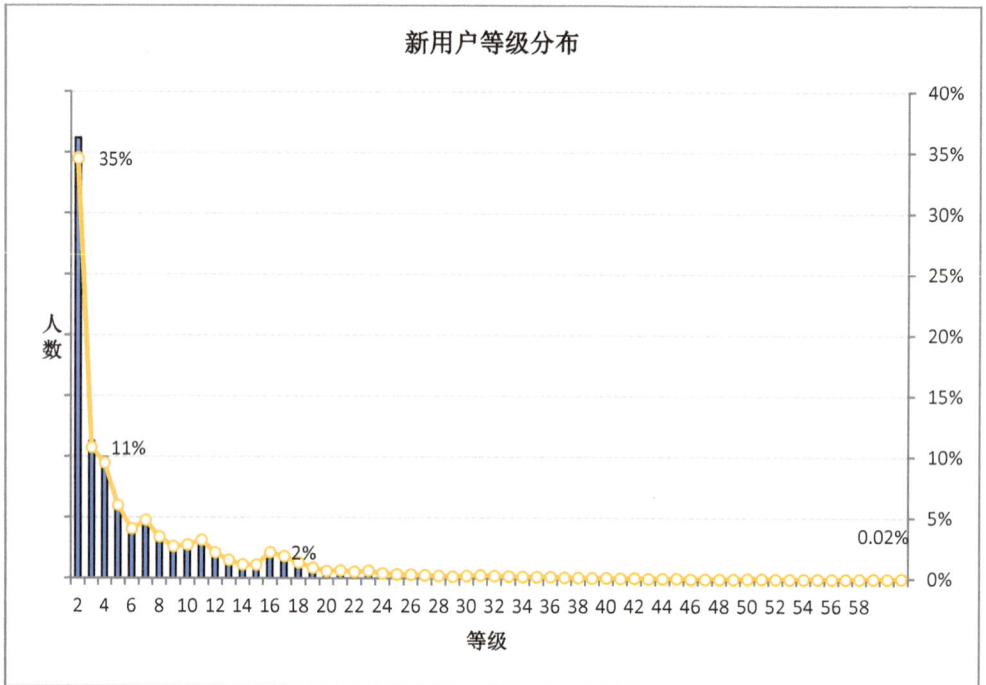

图 7-34

"弓箭手"职业：用户等级分布

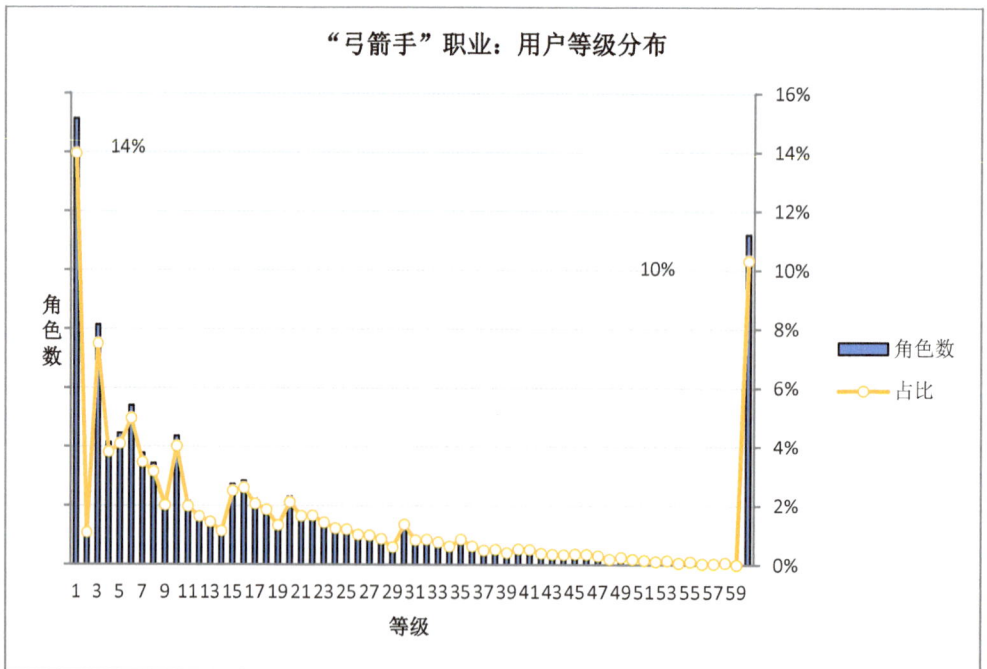

图 7-35

（9）免费新用户的账号余额。

新用户限免期间，游戏会赠送给新用户价值 30 元的免费时长，这些时长的使用情况如何，我们来分析一下。

将免费用户的剩余时长转化成金额后（即余额），统计不同金额区间的人数分布，如图 7-36 所示。

免费用户账号余额全部用完的仅占 1%，91%的用户余额在 20 元以上，其中 12%的用户没有消耗任何时长，无消耗时长用户中 55%的用户没有创建角色。

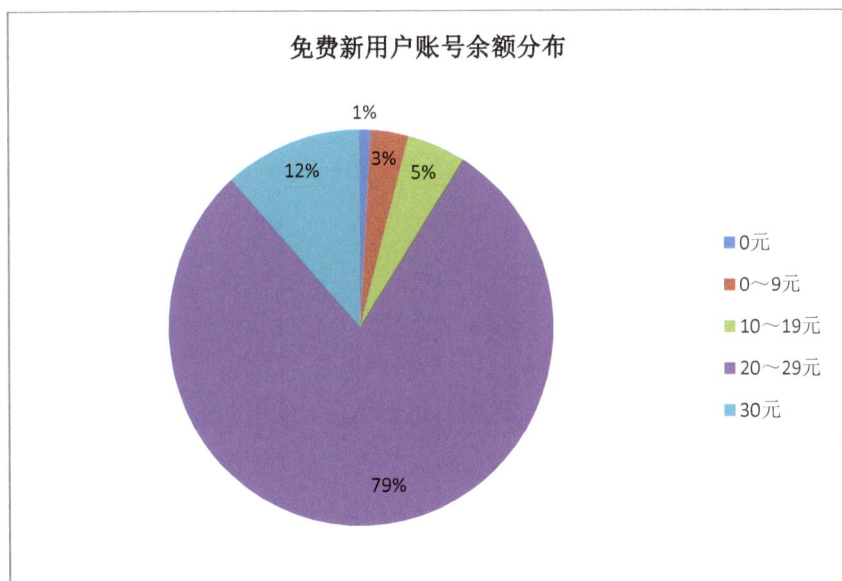

图 7-36

（10）新用户来源。

3.9 版本新用户中，有 57%的用户来源自身新用户，比 3.8 版本提高 2%，和本次版本有广告投放有关；有 45%的用户来自公司其他游戏的老用户（指在其他游戏登录过），分布比例和之前基本一致，主要来自 ARPG 游戏，如图 7-37 所示。

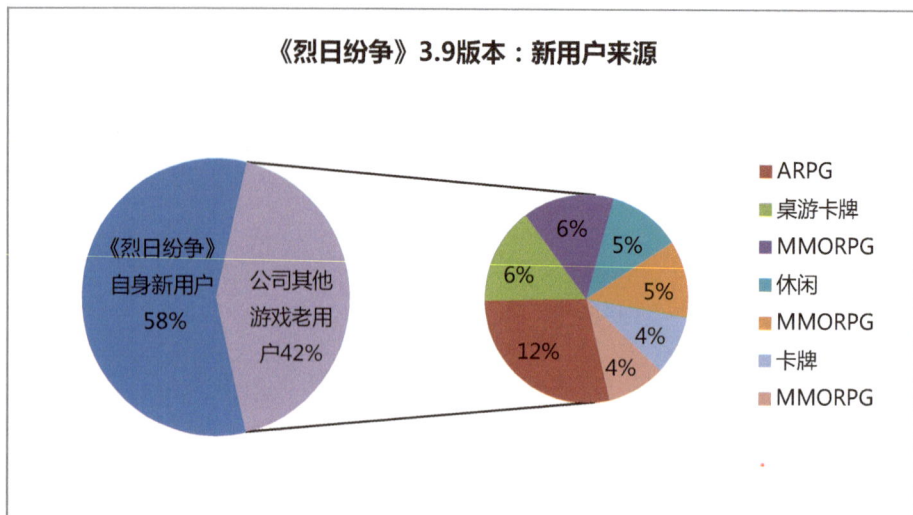

《烈日纷争》3.9版本：新用户来源

图 7-37

（11）卸载客户端原因。

卸载客户端的用户一般是真正流失了，回流的可能性很小，因此在做流失原因分析时，定位卸载客户端用户的流失原因是非常准确的。

以下提取了 4 月 24 日—30 日用户提交的客户端卸载原因的部分内容。

很喜欢这个游戏，被游戏画面和风景吸引，所以第一次评论。感觉操作太难了，怎么都解决不了"手残"的问题。地图感觉没有方向。不会合理设置键盘。感觉花费太贵了。

地图太大，懒得跑。

游戏核心需要花费大量时间，理应改成商城制。

操作太烦琐，操作方式不习惯，任务太分散，前期任务过多，还没有熟悉游戏就有一大堆的任务，也没有导航，找个 NPC 都要半天。Windows8 下 directx 一直显示要安装最新版本，无法进入游戏。

无线网不能玩吗？总是显示 90002 错误，连上线了还不如无线网。

机器太次，带不动；"优越党"太多，尤其是刚进入游戏不久的玩家第一次打副本的时候，经常嘲讽侮辱其他玩家。

上来就是迷宫一样的房子，做任务太烦人，根本找不到北。任务烦琐没有连贯性。

游戏任务设置拖沓，游戏主线混乱，人物攻击体验感差，攻击动作速度迟缓，任务单调而且浪费时间，画面感场面华丽，但没有充实的感觉，总是要浪费大部分时间在跑跑跑，经常使人心情很差，一进去，任务找人难找。不舒服。

（12）分析结论。

《烈日纷争》3.9 版本 8 月 1 日—7 日期间共带来新用户 21 万人，充值金额 320 万元，活跃用户数较更新版本前增加 3 倍，回到公测后第 3 个月的水平，活动效果明显高于历次活动和版本。详细情况如下。

- 运营数据：

日均新用户 4.2 万人，较前 5 天增长 966%，日最高活跃用户 24 万人，PCU 为 12 万人，ACU 为 7 万人，因本次版本内容丰富，平均在线人数较高，回到 4 个月前的水平。

付费转化率为 6%，充值 ARPU 为 109 元，付费用户中有 61%的用户购买月卡，购买月卡用户的比例是 3.8 版本的 4 倍。

新用户次日留存率为 27%，付费新用户次日留存率为 77%，比 3.8 版本高 4%。

本次版本流失回归用户比例较高，共回归 1.2 万人，占老用户的 19%，是 3.8 版本的 2 倍。

从各区服新用户人数看，新用户更倾向于选择最新开放的服务器来体验游戏。

- 市场投放：

共投入市场费 150 万元，登录成本 CPL 为 66 元（含回归老用户），ROI 为 9%，CPL 相对较高，靠广告用户收回成本时间较长，如果按目前总的收入计算，那么收回市场费成本的时间约为 3 天 。

3.9 版本新用户较多，而广告带来的新用户仅占 4%，可能是因为广告辐射效果较强导致的。

广告带来的新用户质量较好，次日留存率为 40%，远高于非广告新用户。

- 3.9 版本内容体验情况：

22%的活跃用户选择了新职业"弓箭手"，其中新用户和老用户选择"弓箭手"的比例分别为 3%、35%。新职业更受老用户追捧。

- 新用户来源：

57%的用户来源于自身新用户，比 3.8 版本高 2%，和本次版本有广告投放有关；老用户主要来自 ARPG 类游戏，分布比例和之前基本一致。

- 账号余额：

免费新用户账号余额充足，仅 1%的免费用户账号余额用完，91%的用户余额在 20 元以上，其中 12%的用户没有消耗任何时长，无消耗时长用户中有 55%没有创建角色。

- 流失原因：

根据客户端卸载原因调查结果显示，新手用户不适应游戏是其流失的主要原因：

a. 操作太难了，怎么都解决不了"手残"的问题，地图感觉没有方向，不会合理设置键盘快捷键。

b. 地图太大，难得跑。

c. 操作太烦琐，操作方式不习惯，任务太分散，前期任务过多，还没有熟悉游戏就有一大堆的任务，也没有自动寻路功能，找个 NPC 都要半天。

3. 小结

以上内容从多个角度较为全面地分析了新版本效果，涉及内容包含用户数量、用户构成、新用户付费转化、用户留存、市场投放、新用户选择的游戏服务器、新职业、账号余额、新用户来源、客户端卸载原因这十个方面。通过和前几个版本、活动数据对比，也说明了新版本内容越丰富，活动效果越好。版本更新效果分析能为项目组今后的版本和活动规划，以及市场投放提供有效的数据参考。

在实际应用中，需灵活运用多种分析方法，根据各个版本的情况从不同角度切入，可以根据版本内容做有针对性的分析，比如新道具、新玩法等。如果是手机游戏，则可以重点分析版本更新前后渠道导入量的变化。

7.2.4 微博运营

虽然近几年微博的活跃用户量呈下降趋势，但用户规模仍然较大，是头部社交巨头软件之一，在所有高使用率的社交应用中，是唯一具备强媒体属性的平台。微博的用户群偏年轻，与二次元文化的主流群体存在一定程度上的重合。问卷调查结果显示《烈日纷争》的用户也偏年轻，二次元用户群体比例较高，喜欢浏览微博。

1.《烈日纷争》微博运营策略

相比官方平台，微博平台对《烈日纷争》用户来说更开放，互动性更强，对于官方来说，通过微博能直接面向用户，做用户运营，也是非常有意义的事情。具体表现为以下几点。

（1）聚集核心用户中比较喜欢发声、喜欢使用社交应用的那部分，通过转发等行为可以起到跨圈的宣传作用（包括口碑还有同人等）。

（2）因为是运营直接把控的渠道，所以能更快更直接地了解用户舆论，应对各种问题。

（3）在回应用户反馈、公事公办的发布信息、转发同人创作，以及和用户互动的过程中营造良好的运营形象。

（4）在和用户互动的过程中可以知道用户的心思，如果某个活动导致用户不满，项目团队就会反思怎么弥补和挽救错误，经过后续的操作和调整，得到用户的认可。

2.《烈日纷争》微博运营数据

《烈日纷争》官方微博自 2014 年建立至 2019 年 1 月，项目团队累计发送原创微博超过 5 000 条，累计评论 25 万条，转发 70 万次，点赞 30 万个。拥有 5 万个进行过互动的粉丝，平均每条微博转发 140 次，平均每条微博获得 60 个赞。在 HOPE 工作室的各个游戏官方微博中，属于活跃粉丝数最多、转发量最多、平均获赞数最多的微博。

根据 2014～2018 年《烈日纷争》夺官博各年的表现，用户转发趋势和游戏人数趋呈正相关，因此，微博人气一定程度上能反映游戏人气，如图 7-38 所示。

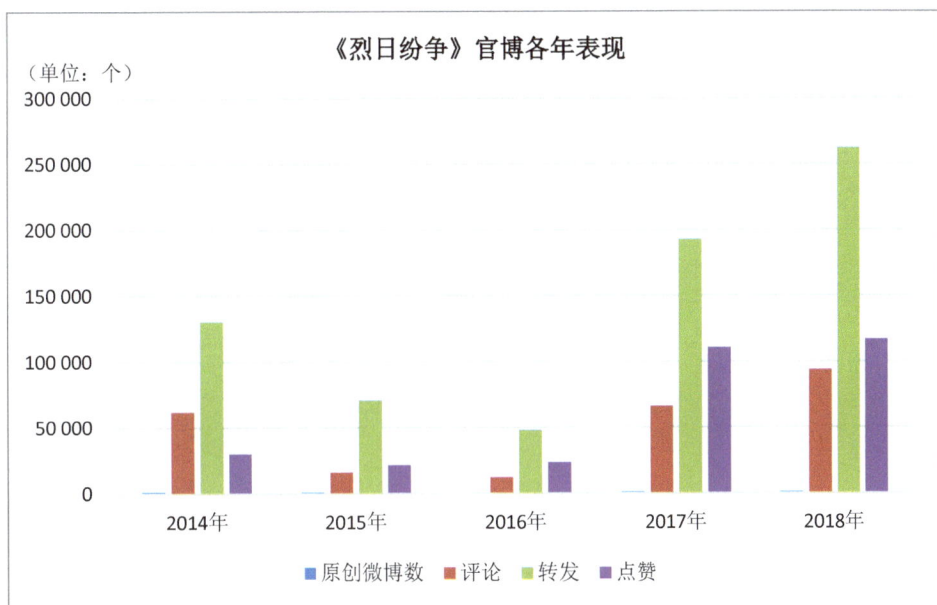

图 7-38

2018 年 8 月为微博互动最高峰，获得 19 352 条评论，如图 7-39 所示。

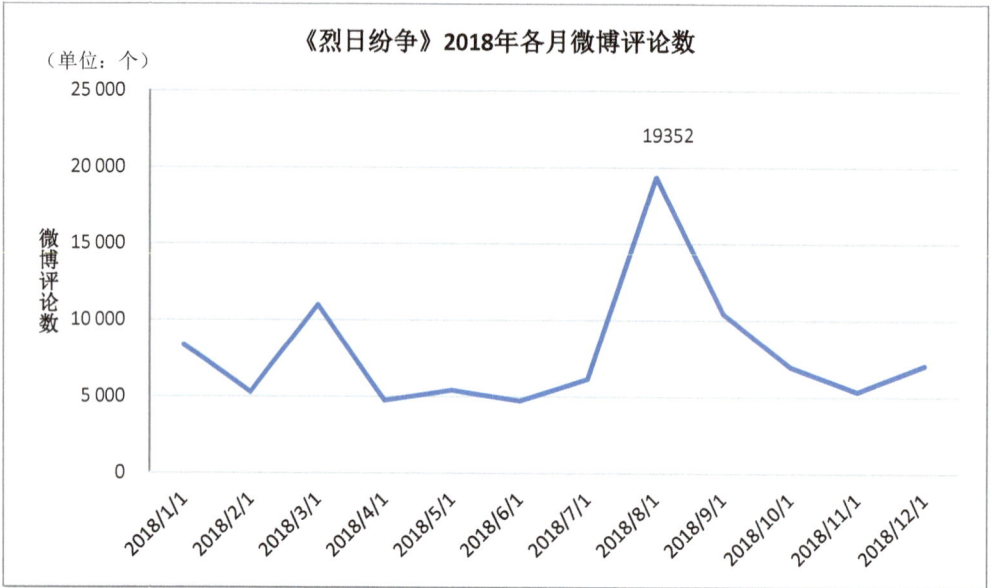

《烈日纷争》2018年各月微博评论数

（单位：个）

图 7-39

原创微博和转发微博的比例为 1：1，用户最爱在 16:00 评论，其次为 20:00—21:00，如图 7-40 所示。

有 1 112 位用户在 2018 年发表超过 100 条评论，较 2017 年提升 23%，较 2016 年提升 21 倍。

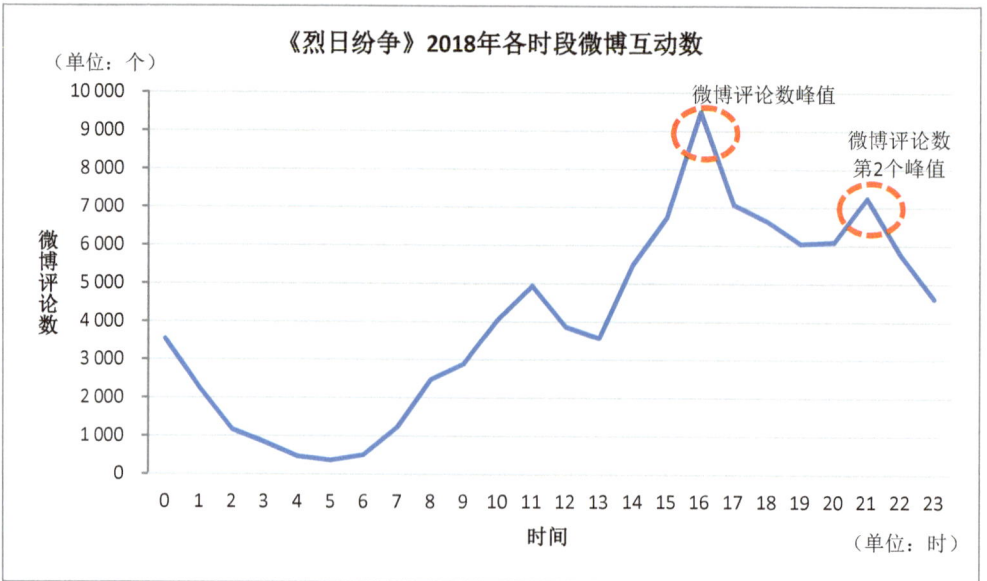

《烈日纷争》2018年各时段微博互动数

（单位：个）

图 7-40

7.2.5　直播

《烈日纷争》为代理游戏，在 2014 年公测初期，版本更新进度较慢，从项目团队做的几个活动的情况来看，主要是核心用户在参与。由于活动数量有限，数据分析师建议在官网和微信中增加新闻推送的数量；在官方论坛、百度贴吧增加一些娱乐性的内容；在视频网站如 YY、B 站、斗鱼增加用户直播视频，在 B 站做官方直播，让一些用户在不便登录游戏的时候有游戏内容可看。

为了增加活动内容，运营团队于 2014 年 9 月 9 日开始在 B 站做《烈日纷争》的 Live 活动，从首播到 2019 年初的 4 年多时间内，共进行了 80 次官方直播，每次直播时长 2 小时左右，直播内容和版本、线下活动、PVP 相关。从首播的几万人做到四周年时上百万人观看，获得了近 30 倍的增长。在直播人气上涨的背后凝聚的是项目团队的汗水，是项目团队的不抛弃和不放弃，让每期节目的质量不断提高，Live 节目观看人数增长的同时也促进了游戏人数的增长。

恰逢新年即将来临之际，项目团队邀请沈总参加了直播，该期节目的反响强烈，人气飙升，超过历次直播。

数据分析师通过爬取每次直播的数据，分析了人气、收入、用户互动、用户诉求、用户评价等方面的情况，项目团队根据数据分析师的反馈结果，逐渐完善每一期的直播，除直播外，也通过贴吧、微博、QQ、微信、官方社区平台回应用户需求。

下面我们就以 2019 年新年的直播数据为样本，来分析相关数据。

1. 游戏内日活跃&PCU

1 月 1 日直播当天，最高在线人数同比前一周增加 11%，如图 7-41 所示。

图 7-41

2. 直播收视数据

（1）直播人气值高峰出现在 20:08，约 184 万人；在 9:37—22:29，人气值变化较小，维持在 160 万～180 万人之间，如图 7-42 所示。与四周年庆典相比，人气值峰值增加 10 万人，如图 7-43 所示。

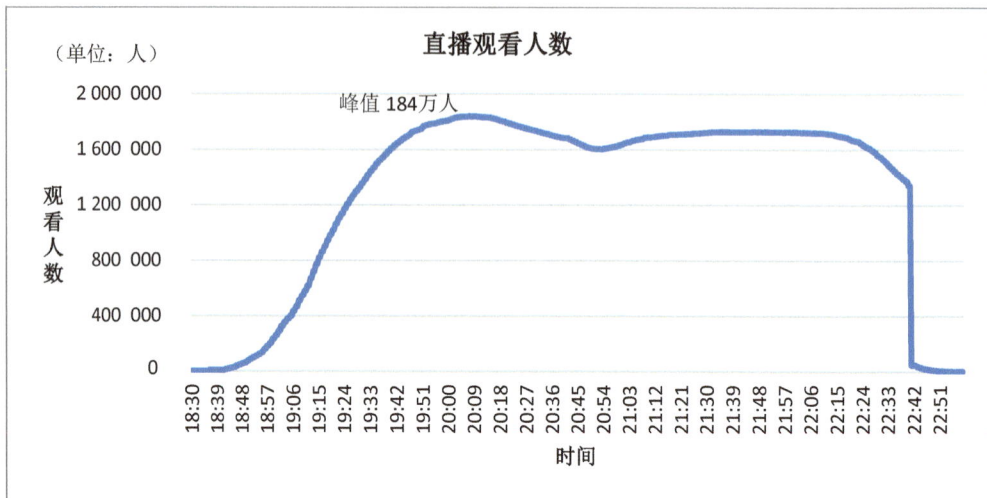

图 7-42

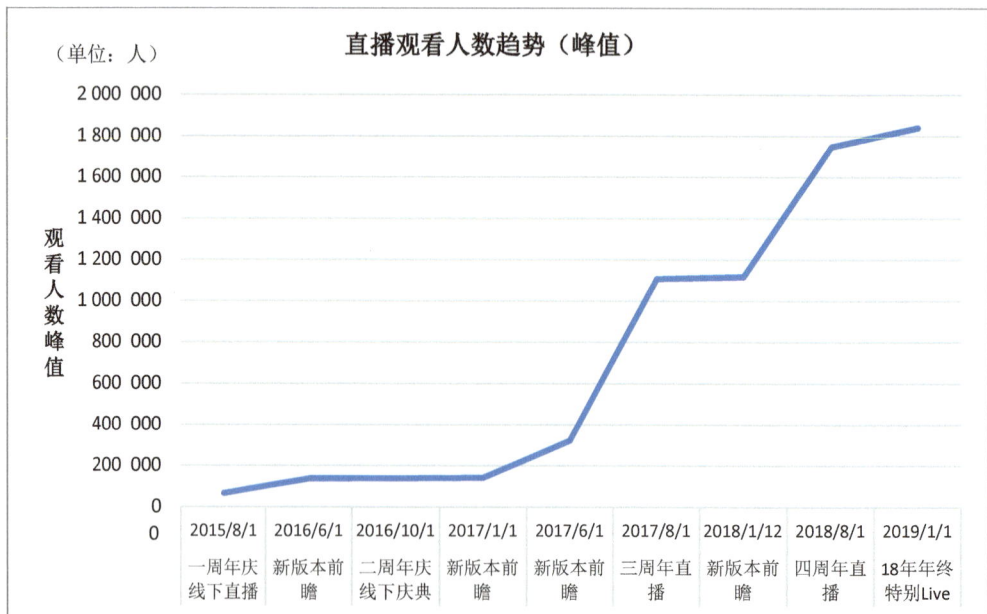

图 7-43

说明：以上仅选取了部分直播的观看人数。

（2）直播期间共有 3 万观众与主播互动，发送 18 万条弹幕；相比四周年庆典，互动账号数增加 56%，弹幕量增加 37%。

（3）直播活动对百度指数也有一定的影响，直播当天《烈日纷争》百度指数较直播前一天上涨 1 倍。

3. 弹幕

（1）发送弹幕数量（见图 7-44）。

① 发送弹幕的观众中有 41% 仅发送 1 条，占比最多，发送 2～5 条的占 37%，超过 6 条的占 25%，其中有 7 名观众超过了 200 条，弹幕量高于 100 条的观众仅占 0.3%。

② 与四周年庆典对比，一条弹幕的比例下降 34%；单人发送弹幕量增加 148%。

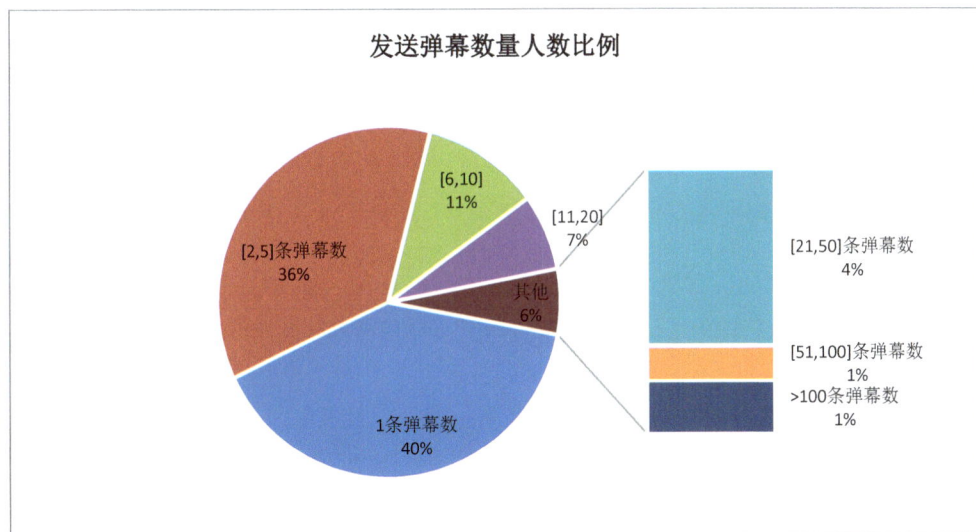

图 7-44

（2）用户弹幕诉求：我们根据弹幕词频分布 TOP20（见图 7-45），分析了解到用户希望可以中奖、新版本何时更新、增加联动、了解广州漫展进展；有 0.3% 的弹幕提到联动。

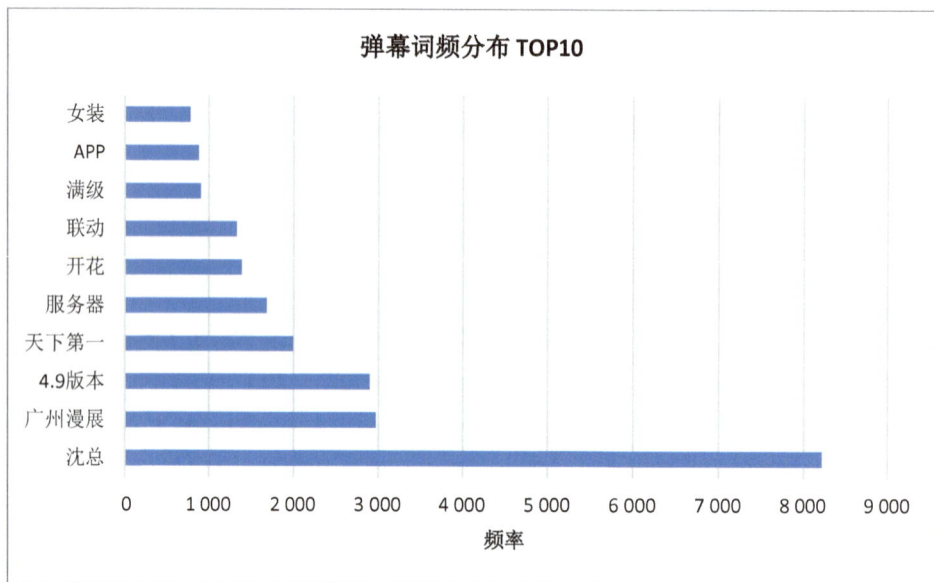

图 7-45

（3）其他 UP 主粉丝重合度：发送弹幕的观众也关注了其他 UP 主，粉丝重合度 TOP3 分别是神奇陆夫人、STN 工作室、LexBurner（见图 7-46）。

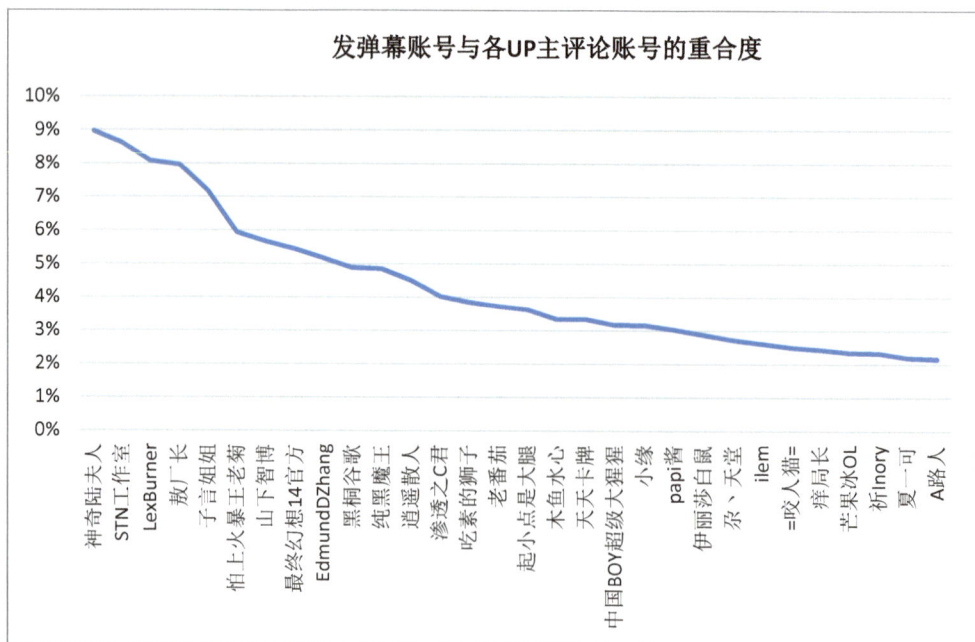

图 7-46

① 观看年末 Live 直播的粉丝中有 9%（3 861 人）观看过神奇陆夫人的视频，该 UP 主的视频中有 66% 为单机游戏，其次是电子竞技，占 20%。

② 与四周年庆直播相比，粉丝观看的其他 UP 主基本无变化，STN 工作室取代了敖厂长成为第二名，该 UP 主的独立评论账号数与本次弹幕账号重合度为 8.6%。

（4）与沈总相关：10% 的弹幕提及沈总；这些弹幕阐述"直播氛围更加愉悦、表情丰富、圈粉"，粉丝希望沈总常来直播间做客（见图 7-47）。

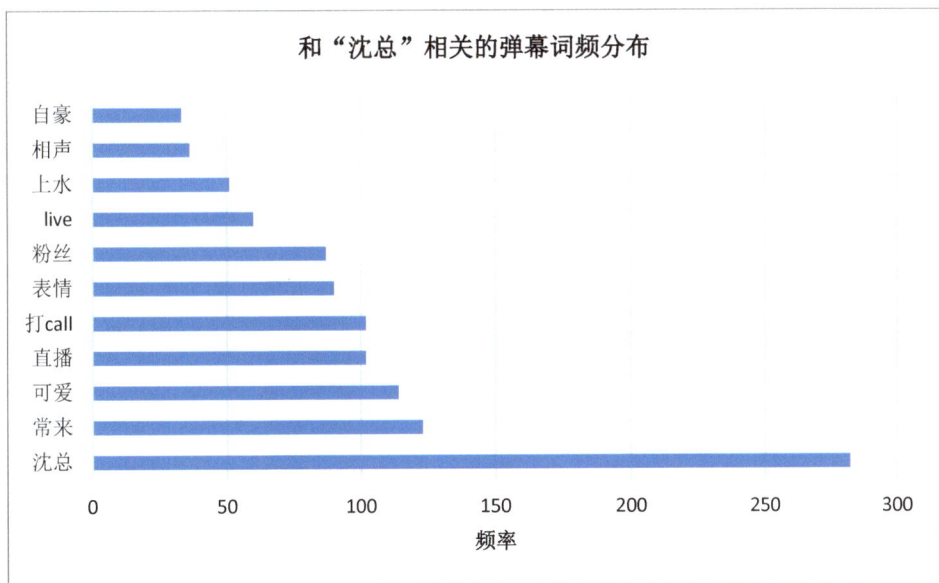

图 7-47

4. 数据总结

《烈日纷争》于 2019 年 1 月 1 日下午 6:30 举行年末 Live 活动，直播活动礼物收入 10 万元；直播人气峰值出现在 20:00，约 120 万人，17:00—22:00《烈日纷争》人气值保持排名第一；总计有 3 万人发送了 18 万条弹幕，平均每人发送 6 条，最高单人弹幕为 800 条，用户弹幕主要诉求是"新版本开启时间""广州漫展进展""游戏联动"等。具体如下。

（1）直播活动带来游戏的人数和收入增长，DAU、PCU、收入同比前一周均分别增加 7%、11%、18%。

（2）直播弹幕数据。

① 直播人气值上升很快，人气值排名第一持续时间长；《烈日纷争》直播人气在 20:07 分别达到峰值 120 万人，19:51—22:31 人气值持续保持在 100 万～110 万人之间；人气

值排名持续保持在第一名位置 4 小时（19:00—22:00）。

② 弹幕互动参与率不高，观看直播的账号中仅有 1.71%发送了弹幕；发送弹幕为 1 条的观众占 38%，发送 2～5 条的占 37%，超过 6 条的占 25%，其中有 87 名观众超过了 200 条。

③ 剔除不相关词语后，29%的弹幕内容与直播"抽奖"相关，多为"大鲶鱼保佑""抽奖在线"。

④ 用户弹幕诉求主要有"新版本开启时间""广州漫展进展""游戏联动"等。

⑤ 10%的弹幕提及沈总；弹幕主要表达直播氛围愉悦，粉丝希望沈总常驻直播。

（3）此次直播礼物总收入 42 370 元，与 B 站 50%分成后收入为 21 185 元；用户发送礼物数量的 TOP3 是"凉了""爆米花""吃瓜"。

（4）观看年末 Live 直播的观众曾观看其他 UP 主视频的比例较少，为 8%；其他 UP 主 TOP3 为神奇陆夫人、STN 工作室、LexBurner，其中神奇陆夫人发布的视频有 66%为单机游戏。

（5）与四周年庆典直播对比。

① 年末 live 直播人气值变化更加稳定，长时间持续在高水平，人气值峰值无差距。

② 与主播互动的独立用户数、弹幕量分别上涨 56%、37%；单条弹幕的用户占比从 63%降到 38%；最高单人弹幕量增加 148%。

③ 直播期间的礼物收入增加 101%。

7.3 营收——应对收入低的问题，提高营收

时长收费游戏创造的营收并不高，特别是在人数下滑阶段，其营收无法支持市场费的投入，没有市场费就没有办法通过市场投入吸引新用户，游戏人数随着老用户的流失而下滑，形成恶性循环。

在公测后的人数下滑阶段，项目团队背负了巨大指标的压力，在第一次虚拟道具销售活动中，由于担心道具定价过低会损失利润，同时还希望通过高价来突显道具的稀缺性，在确定价格之前又没有进行充分的分析，所以这次活动的单个虚拟道具定出了近千元的价格。活动推出后，遭到用户的强烈不满，明显超出了市场的支付意愿水平。很多核心用户表示活动太"坑"，将不再玩这款游戏，严重影响了口碑，事后运营团队为此次活动道歉，并对用户补偿后终于平息了这次"动乱"。对于用户来说，只要运营团队能认真对待这件事情，给出一个让人满意的说法，被高价吓跑的用户仍会回到游戏。

运营在吸取了道具定价过高的教训后，在给后续的商品定价时，都特别谨慎。在给

实物商品定价时，会考虑商品的成本，再加上适当的利润。在给虚拟道具定价时，会在用户中开展问卷调查，通常会按照下面这个顺序向用户提出 4 个问题。

- （道具）在哪个价位会让你觉得太贵而绝不会购买？
- （道具）在哪个价位会让你觉得略贵，但你还会考虑购买？
- （道具）在哪个价位会让你觉得购买很划算？
- （道具）价格低到哪种水平会让你开始怀疑产品质量？

有人认为直接向用户询问价格问题只能带来"低价"的回答，因为用户总是想怎样对他们最有利。但是，即使是那些认为不能直接根据用户反馈来决定价格的人，大多数也会同意通过调查问卷和采访获得的用户反馈至少可以为商品定价提供参考，而且还能了解到目标用户中哪些人愿意出这个价格。

为了提升游戏人气，使工作室给企业带来更多的利润，延长游戏生命周期，在不影响游戏平衡的前提下，项目团队推出了一系列的营收活动，其中比较有代表性的是线上商城、线下道具售卖、道具打折、满额送券活动。

7.3.1　线上商城：根据用户喜好开发道具

在《烈日纷争》的收入构成中，线上商城收入占有一定的比重。但是相比道具收费的网游，其 ARPPU 值远远不及。在用户量有限的前提下，提高 ARPPU 值是提高收入的根本。然而，目前商城中的部分道具是可以在游戏中通过花费时间获得的，而且有一部分比从商城购买的道具更受用户欢迎，再加上商城道具总体数量有限，对用户 ARPPU 的提升帮助并不大。因此，运营团队希望根据用户喜好推出适合中国用户的道具，比如服装道具，以此提升收入。

从第 6 章的 6.9 节"小结"的用户画像数据中已经了解到用户购买道具承受能力的高点，以及用户购买道具的频次，但是要获得用户对道具更深层次的需求，需要通过问卷调研来了解。

1. 问卷调研需求

数据分析师和运营人员沟通后，明确了运营需求，通过问卷调研，主要想从中了解以下几点。

（1）被访者中有多少是商城常客？他们消费的动机是什么？不去商城消费的原因是什么？

（2）道具是否应该根据角色种族和职业做出调整？

（3）用户喜欢什么样的服装、宠物、坐骑？

（4）用户希望《烈日纷争》和什么 IP 做联动？

（5）商城用户画像。

2. 问卷设计

数据分析师通过调研需求，设计了一份问卷，其中：

道具是否应该根据角色种族和职业做出调整？这项需求将通过用户对服装道具的满意度和搭配度来了解。比如，问卷题目设计为：

【单选题】您是否遇到喜欢的道具与自身角色种族不搭配？

【单选题】您是否遇到喜欢的道具与自身角色职业不搭配？

用户喜欢什么样的服装、宠物、坐骑？这项需求将通过用户喜欢的服装搭配、服装题材、服装风格、服装款式，以及喜欢的宠物、坐骑类型以及原因来了解，比如：

【多选题】请问以下服装款式，您喜欢的色调是？

贵族宫廷（亮色调、暗色调）

骑士侠客（亮色调、暗色调）

宗教魔法（亮色调、暗色调）

3. 问卷分析

为调研《烈日纷争》用户服装道具的喜好，设计了"《烈日纷争》服装道具调查问卷"，在《烈日纷争》官网投放。回收问卷 9 955 份，人口属性矛盾清洗后有效问卷 9 899 份，总结如下。

（1）商城用户群和消费动机。

- 商城用户：90%的用户曾在商城消费，13%的用户是商城常客。最受欢迎的商城产品是服装。
- 消费动机：六成用户因为有喜欢的道具和改善形象的道具而消费，另外四成用户是因为想要收藏。而用户不消费的原因主要是商城中没有喜欢的道具或者游戏中获取的道具足够满足。
- 刺激消费：服装是最能刺激消费的商品，而且，游戏中获得的道具要与商城中的有所区别才能创造更多消费点。

（2）服装道具与种族、职业搭配满意度。

服装道具大部分是各种族、职业通用，有些道具会根据角色不同进行调整。

- 种族搭配度：约四成用户认为经常遇到道具与种族不搭配的情况。例如，战马会根据角色身形调整大小，矮人族骑战马被嘲笑像驴。所以，不同的道具要考虑到不同种族的特征，做出合适的调整。

- 职业搭配度：约六成用户认为经常遇到道具与职业不搭配的情况。相比种族，用户更加在意道具与职业的搭配程度，超过半数用户对道具与职业的搭配度不满。所以，道具要进一步不同职业做出合理调整。

（3）服装、宠物、坐骑设计参考。

① 服装参考。

- 约 46%的用户不在乎是否套装，32%的用户希望能够自己搭配，22%的用户喜欢套装。
- 总体上受用户欢迎的题材地域搭配是西方近现代（87%）、东方古代（78%）、西方神话传说（75%）。
- 总体上用户在可爱、性感、冷酷的风格设计搭配中偏好非常明显，大于 70%的用户都喜欢简约设计。
- 总体上受用户欢迎的款式色调搭配是暗色宗教魔法（80%）、暗色骑士侠客（71%）、亮色宫廷贵族（69%）。

注：以上调查的问题，常逛商城的用户与总体用户选择的比例基本一致，但明显比总体用户对各系列搭配的接受度高。

② 宠物参考。

- 最受欢迎的宠物种类是可爱的小动物，受到 70%总体用户和 77%常逛商城用户的喜欢。
- 最受认可的宠物属性是可爱和互动性，受到 75%、50%总体用户和 90%、57%常逛商城用户的认可。

③ 坐骑参考。

- 最受欢迎的坐骑种类是魔法生物和神奇物品，受到 52%、36%总体用户和 58%、38%常逛商城用户的喜欢。
- 最受认可的宠物属性是增快行走速度和增强视觉效果，受到 78%、58%总体用户和 87%、68%常逛商城用户的认可。

（4）IP 联动。

服装道具设计可以与其他 IP 联动，最受用户喜爱的联动 IP 的前三位是：《尼尔：机械纪元》《FATE 系列》《碧蓝幻想》。

（5）用户画像。

性别年龄职业：总体上男女近乎各占一半（49：51），但是商城消费用户中，男性多于女性（55：45）；用户年龄集中在 18～25 岁的学生和上班族。

收入学历情况：用户主要为月收入在 5 000 元以下的本科学历人群。

（6）总体结论。

① 调查对象 51%是女性，90%曾在商城消费，13%是商城常客。

② 服装是最能刺激消费的商品，而且游戏中的道具与商城中的有区别能创造更多消费点。

③ 40%的用户认为道具与自身种族不搭配，60%认为与自身职业不搭配。

④ 大体来讲，用户偏爱西方近现代题材，可爱、性感、冷酷的风格设计搭配，暗色宗教魔法服装；偏爱可爱、可以互动的小动物宠物；偏爱速度快、视觉效果好的魔法生物、神奇物品坐骑。

⑤ 用户最希望《烈日纷争》能与《尼尔：机械纪元》《FATE 系列》《碧蓝幻想》联动。

以上的用户调研结果，为项目团队优化商城商品提供了有价值的数据支持，为了创造和满足更多的用户需求，项目团队向日本研发公司提出了开发适合中国用户的特色服装、宠物和坐骑的需求，新道具上线后反响热烈，提升了用户的 ARPPU，促进了收入增长。

7.3.2 线下周边产品的销售：根据南北用户喜好差异制订销售计划

《烈日纷争》的线上商城收入对整体收入有很大的贡献，而线下的周边产品的售卖则不仅能贡献收入，还能在一定程度上提升游戏人气和品牌知名度。

周边产品售卖活动大多以线下活动的形式出售，数据分析师对每次的售卖数据进行分析，得出总体的销售情况、每款和每类周边产品的受欢迎程度，以及用户的付费情况等。

《烈日纷争》线下周边产品售卖活动分别在上海、北京、广州、成都和武汉进行，数据分析师根据这些周边产品售卖的数据，进行了分析和总结，每次的数据结论都为下次的周边产品售卖提供了很好的参考，比如，根据南方用户和北方用户对周边产品的喜好差异，制订了不同地区和城市的周边产品销售计划，详情如下。

1. 线下周边产品售卖第一站：上海

《烈日纷争》线下周边产品售卖第一站在上海举行，数据分析师分析了上海的周边产品售卖的数据，供项目团队参考，为下一站周边产品的售卖备货等做准备。

（1）整体售卖情况。

根据后台售卖数据统计，本次漫展超过 90%的商品售罄，未售罄的商品主要为衣服、挂扣，以及少量的玩偶，其中挂扣主要是由于总量较大，而衣服则是由于定价过高而未能售完。其余商品均无剩余。

徽章、挂扣类商品销售情况最佳，因数量多且价格相对较低。玩偶和服饰数量不多但单价较高，销售金额占比分别达到 12%和 8%。手办和原画集商品由于数量较少，最先售罄，如图 7-48 所示。

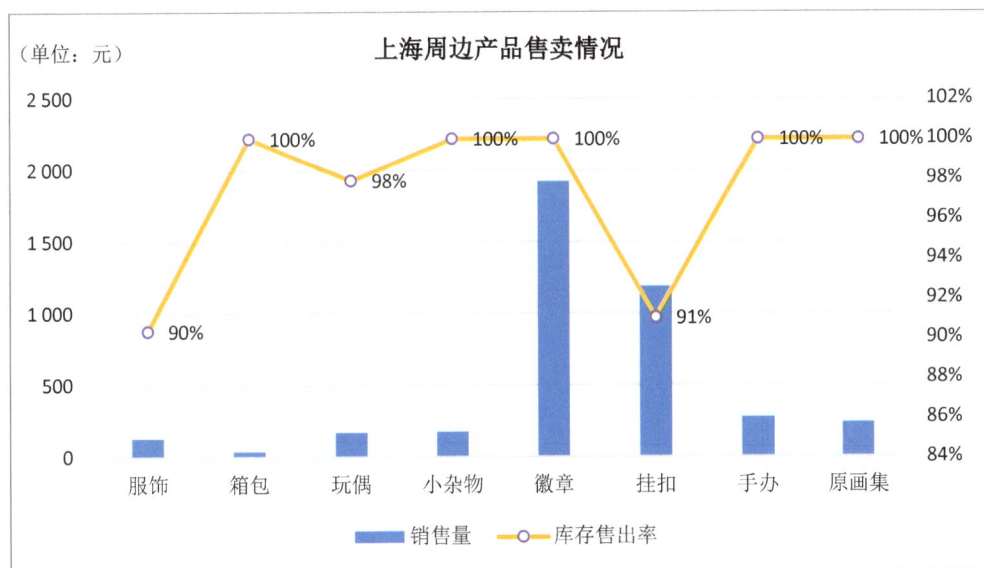

图 7-48

售卖商品数量占比 TOP3：徽章（占 41%）、挂扣（占 25%）、小杂物（占 9%），如图 7-49 所示。

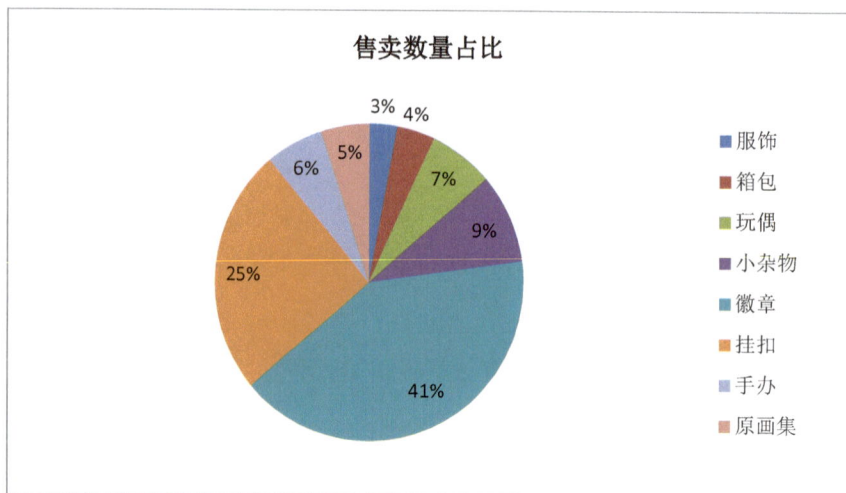

图 7-49

售卖商品金额占比 TOP3：手办（占 31%）、徽章（占 20%）、玩偶（占 12%），如图7-50 所示。

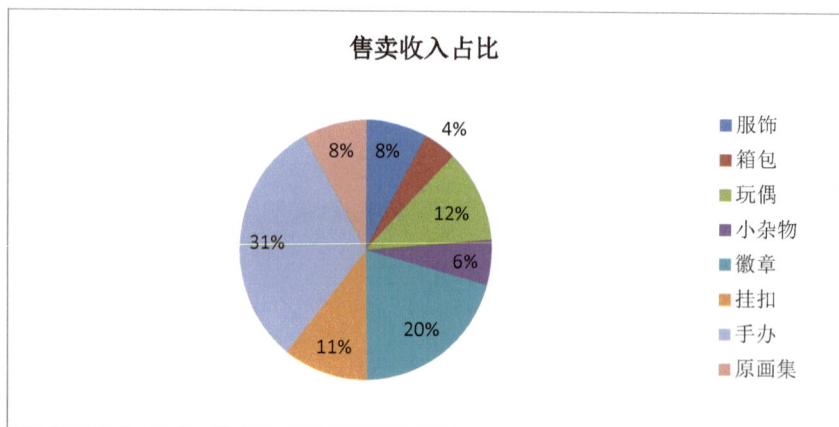

图 7-50

（2）受欢迎程度。

小矮人金属挂饰、猫太胖毛绒玩偶，以及小鸟背包这三款周边产品是本次漫展最受欢迎的。

各类商品中，相同数量和时间内，以上三种商品售出所用时间最短，均在开售半小时内售完。

单个商品平均售出时间：以每类商品平均售出一个的时间为基准进行比较，以上三种商品排名前三，售卖一个的平均时间分别为 99 秒、130 秒以及 155 秒。排名最后的为小杂物分类：烈日毛巾（见图 7-51）。

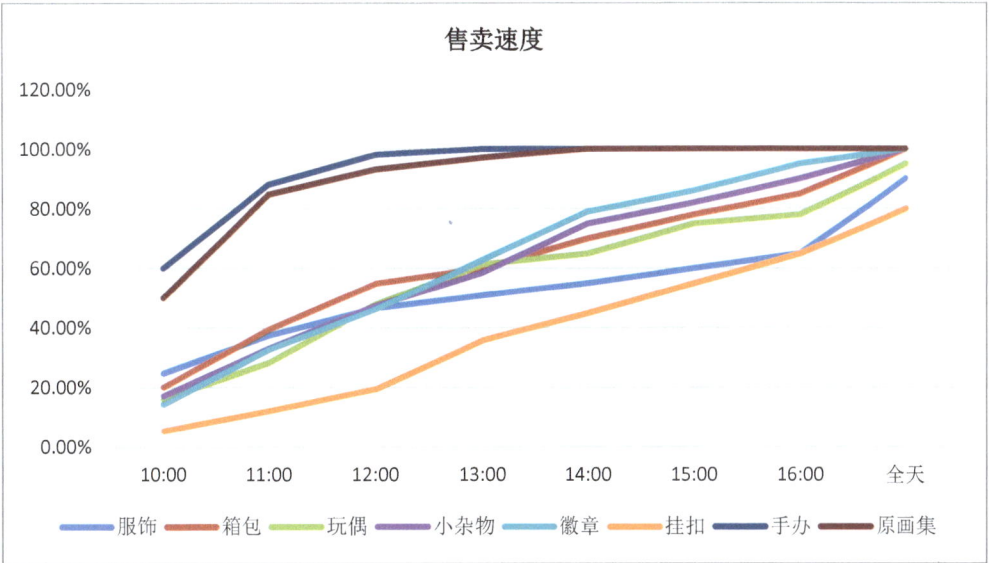

图 7-51

（3）顾客付费情况。

付费额区间分布：付费 50～200 元的用户最多，达到 37%；200～500 元的占 34%，小于 50 元的占 20%，大于 500 元的仅为 9%，如图 7-52 所示。

单个用户最高付费金额为 2 093 元，最少的为 39 元（即一个小矮人金属挂饰）。

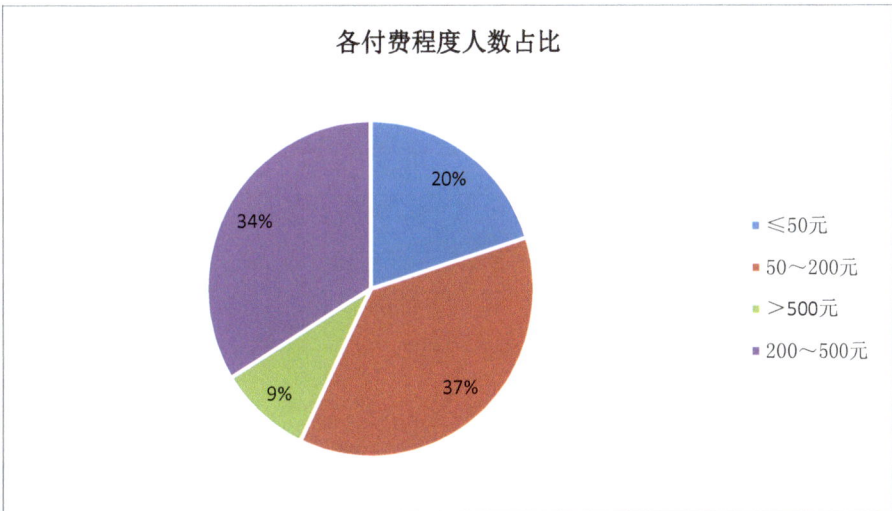

图 7-52

共有 4 000 个订单号，8 000 多件商品，有 38%的顾客仅购买了一件商品，接近 50%的顾客购买的商品数量大于或等于三件，如图 7-53 所示。

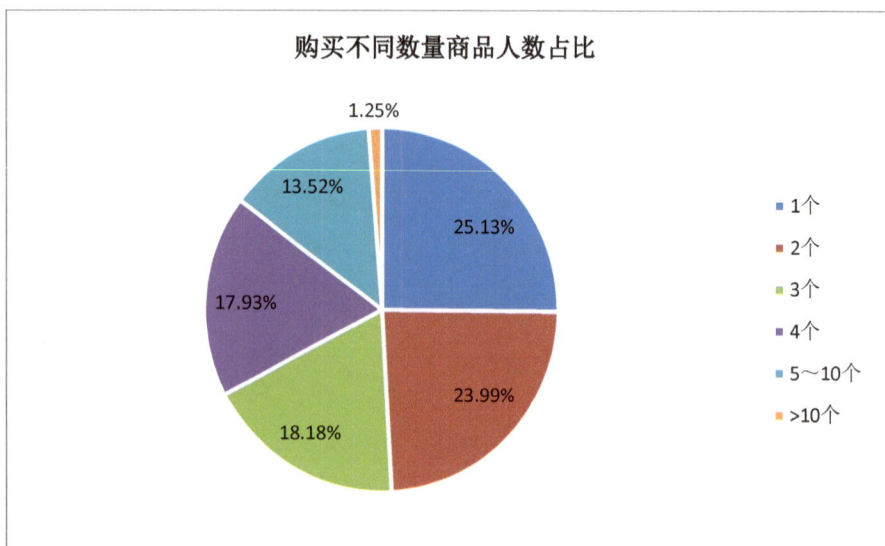

图 7-53

（4）搭配购买情况。

因徽章、挂扣类销售情况最佳，因此以购买徽章、挂扣的用户为基础，看这些用户同时还购买的其他商品。从表 7-21 可以看出，有 29%的顾客在购买玩偶的同时会选择购买徽章、挂扣类周边产品。

另外，购买手办和原画集的用户重合度很高，高于 50%。

表 7-21

搭配购买情况人数占比	服饰	箱包	小杂物	玩偶	手办	原画集
徽章、挂扣类	17%	5%	24%	29%	11%	15%

2. 上海站的售卖数据为下一站的准备

项目团队整理和分析上海站的周边产品销售数据，为下一站做了如下准备。

（1）根据各个类型的售卖情况准备商品数量。

① 挂扣类虽然受欢迎，但因为数量太多没有售完，未售完的物品再转入仓库会增加物流成本，因此在下一站中根据展会的人流量预计适当调整挂扣类的数量。

② 衣服类因定价过高不受用户欢迎，在下一站的活动中公布限量××份的消息，引起用户关注，并营造短缺感，提升售卖速度。

（2）根据各个周边产品的受欢迎程度调整策略。

① 小矮人金属挂饰、猫太胖毛绒玩偶以及小鸟背包这三款是热卖周边产品，在下一站中增加了其数量，并开发受欢迎图案的其他类型产品，尽可能让用户买到自己喜欢的商品。

② 对于销售排名最后的小杂物品类：如透明胶带等，将适当减少备货量。

（3）根据用户付费区间以及搭配购买情况组合商品礼包

用户购买周边产品付费区间在 200 元以上的占 43%，50%的顾客购买的商品数量大于或等于三件，29%的顾客在购买玩偶的同时会选择购买徽章、挂扣类周边产品。对于这三项数据结论，我们根据用户付费和购买喜好组合了周边产品礼包，比如，徽章、挂扣、玩偶礼包；徽章、挂扣、家居用品礼包；手办、原话集礼包，方便用户直接选择，减少工作人员配货时间及用户排队时间，提升购买效率。

3. 从各个城市的售卖数据，总结南北用户特点差异，调整销售方案

在各个城市的线下周边产品售卖活动中，我们在售卖前都做了经验总结，尽量在每次销售中让更多的用户买到自己想要的周边产品，同时提高总体的售卖量和收入。但是，不同城市的用户喜好以及付费能力方面存在一定的差异，项目团队也不断地积累数据并进行总结，其中很明显的特点就是南方和北方的用户差异。

根据《烈日纷争》活跃用户所在的城市分布，项目团队选取了排名靠前的城市进行线下周边产品售卖，考虑到杭州、苏州、南京、无锡和温州距离上海较近，因此选取上海作为代表城市；在展会中进行周边产品售卖的城市有：广州、上海、北京、成都、武汉、天津和青岛，其中广州、上海、武汉和成都为南方城市代表，北京、青岛和天津为北方城市代表。各城市的售卖数据对比如下。

（1）销售量。

周边产品总销售量排名从高到低依次是：广州、北京、上海、成都、武汉、青岛和天津。整体来看，南方城市的周边产品售卖量比北方高。上海的销售量排名靠后，仅高于青岛和天津，可能是因为在上海举办的线下活动次数较多，用户比较容易购买到周边产品，反而没有很好地珍惜这次机会。

不同类型商品的售卖数量排序，为：挂扣>徽章>小杂物>玩偶>手办>原画>箱包>服饰。

（2）售卖速度。

服饰类、小杂物如胶带在南方和北方城市的售卖时长差异较大，服饰类尤其是短袖T 恤，可能在北方城市的适用性不强，北方城市的用户对服饰周边产品不太感兴趣，因此售卖速度较慢，平均每隔 70 分钟售出一件，而南方城市平均每隔 20 分钟售出一件。

胶带在北方城市平均售出时长是 67 分钟，而在南方城市只需要 40 分钟。除此之外，其余周边产品售完所需时长区别不大。

挂扣、徽章类周边产品售卖速度整体上是最快的，各个城市的售卖速度为：北京>武汉>广州>天津>青岛>上海>成都。

（3）付费情况。

南方城市单个订单平均购买的周边产品数量比北方城市多 1 个，单个订单最多付费金额比北方城市多 877 元。

用户对新增周边产品期待度非常高，售出一个最热销的新周边产品的平均用时为 90 秒，已打破原有热销产品的纪录。

（4）最受欢迎的周边产品。

第一名：7 个城市最受欢迎周边产品第一名均是单价最低（39 元）的挂扣类周边产品：小矮人金属挂饰，单价相对低的周边产品销售情况最佳。

第二名：在北京、青岛、天津和武汉展会中人气排名第二的周边产品是徽章，在广州、上海和成都展会中人气排名第二的周边产品是毛绒玩偶。整体看来，南方和北方用户的差异在于南方用户喜欢毛绒玩偶，北方用户喜欢徽章。

第三名：南方城市展会中人气排名第三的是小杂物里面的酒杯，广州用户尤为突出，北方城市是小杂物中的眼罩，北京用户尤为突出。

（5）相同类型不同造型物品的喜好差异。

小矮人和大巨人是《烈日纷争》周边产品中不同的造型，在不同的 5 个类型的周边产品中，均有这两个造型。对比不同城市购买同类但造型不同的周边产品数据，发现南方城市的用户更喜欢小矮人造型的周边产品，北方城市的用户更喜欢大巨人造型的周边产品。

（6）搭配购买情况。

不同类别组合购买偏向有差异，南方城市用户购买小杂物和徽章、挂扣类组合多，北方城市用户购买玩偶和徽章、挂扣类组合最多。

南方和北方用户差异如表 7-22 所示。

表 7-22

	销量最高城市	销量最低城市	最受欢迎周边产品 TOP3	售卖速度	相同类型不同造型的喜好差异	单个订单平均购买的周边产品类型数量（个）	单个订单最高付费金额（元）	搭配购买喜好
南方	广州	上海	小矮人金属挂饰、毛绒玩偶、酒杯	短袖 T 恤平均每隔 20 分钟售卖一件	小矮人	3.5	3 997	挂扣+徽章+小杂物
北方	北京	天津	小矮人金属挂饰、徽章、眼罩	短袖 T 恤平均每隔 70 分钟售卖一件	大巨人	2.5	3 120	挂扣+徽章+玩偶

7.3.3　打折 PK 送券，怎么做收益最大化?

《烈日纷争》具有良心的收费模式：时长收费，随着版本的更新，在日服版本中上架过的道具也陆续在国服上架，当然，这些道具大多都是时装、宠物、坐骑等，均不影响游戏数值。为了激励更多的用户购买，运营团队想做促销活动，之前已尝试做过直接打折的活动，现在想试试满额送券活动，并对比哪种活动方式带来的收入更好，因此，需要数据分析师通过分析数据来评估哪种促销方式更为合适。

1. 分析思路

数据分析师根据历史的道具销售记录，做了以下 6 个步骤的分析，如图 7-54 所示。

- 分析用户消费特征。
- 确定"满额"的基数。
- 确定"送券"的额度。
- 对比"满额送券"和"道具打 8 折"活动的道具购买人数
- 对比"满额送券"和"道具打 8 折"活动的收入
- 确定活动方案

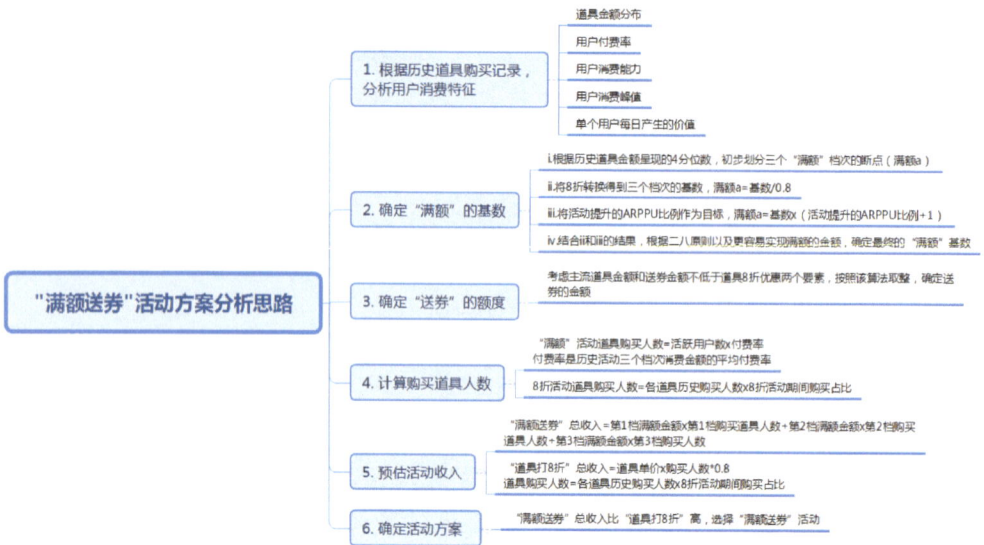

图 7-54

2. 详细分析过程

（1）用户消费记录描述性统计。

从图 7-55 可以看出，用户消费能力呈右偏态分布。

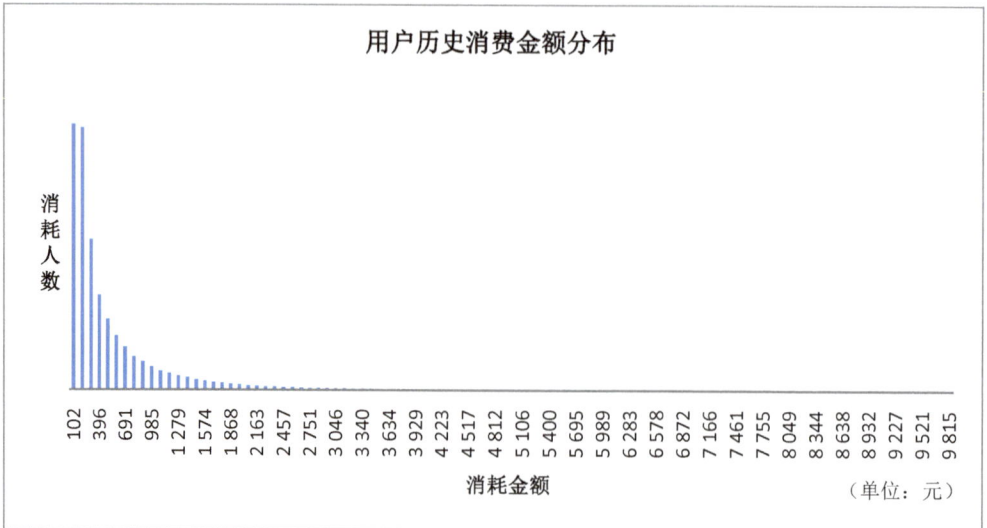

图 7-55

进一步汇总统计得出，57%的用户消费次数小于 3 次，56%的用户累计消费金额小于 300 元，用户属于低频低额消费群体。

根据用户历史消耗金额，用四分位数求出第一四分位数为 128 元，第二四分位数为 256 元，第三四分位数为 584 元。

（2）用户购买频数&平均购买金额区间分布。

根据图 7-56 所示的用户累计消费次数分布，可得出 57%的用户消费次数小于 3 次，31%的用户只进行一次消费，累计消费 10 次以上的用户占比 15.69%，累计消费 15 次以上的用户占比 10.04%。

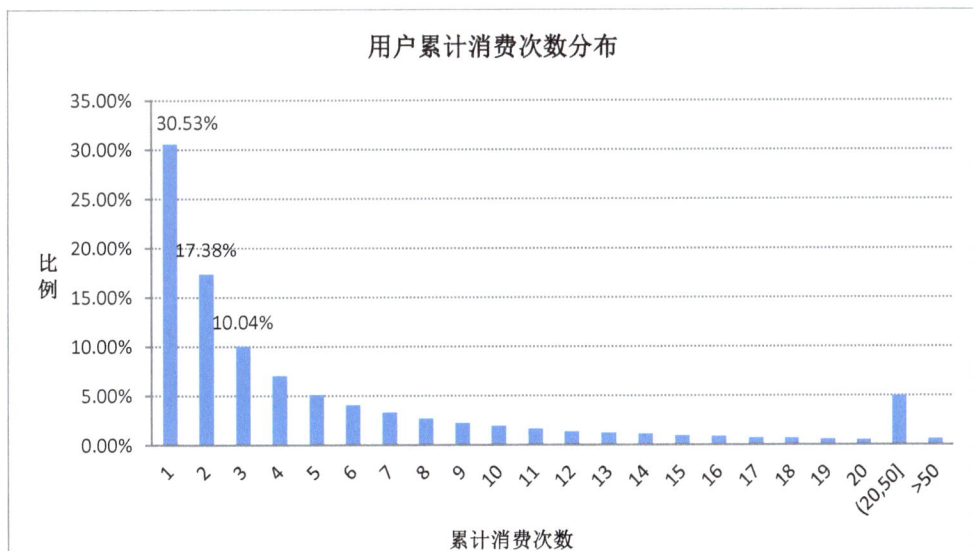

图 7-56

细看累计消费次数大于 15 次的用户购买的道具类型，TOP3 的道具为时装、功能道具和等级直升，如图 7-57 所示。

[85,95]、[125,135] 是用户消费均值的两个峰值，如图 7-58 所示。

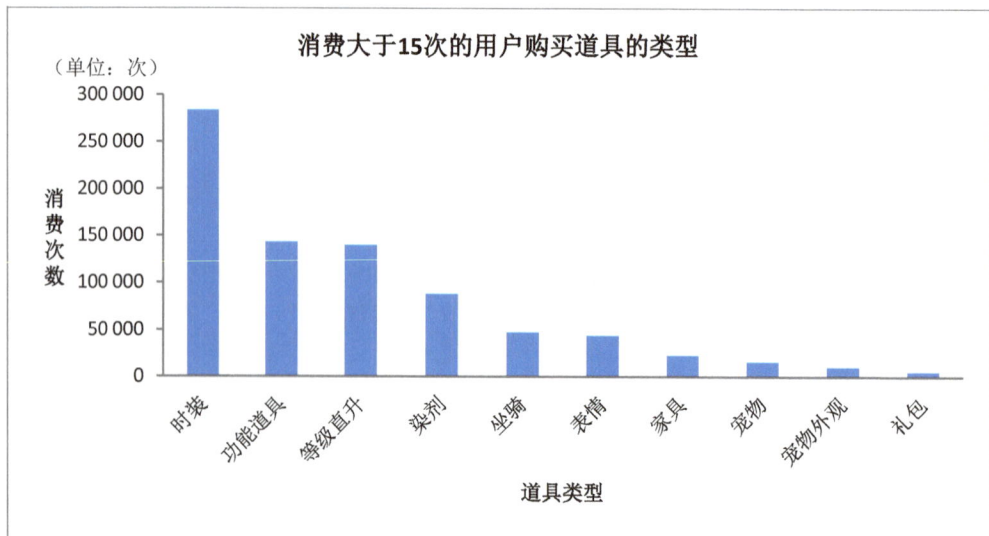

图 7-57

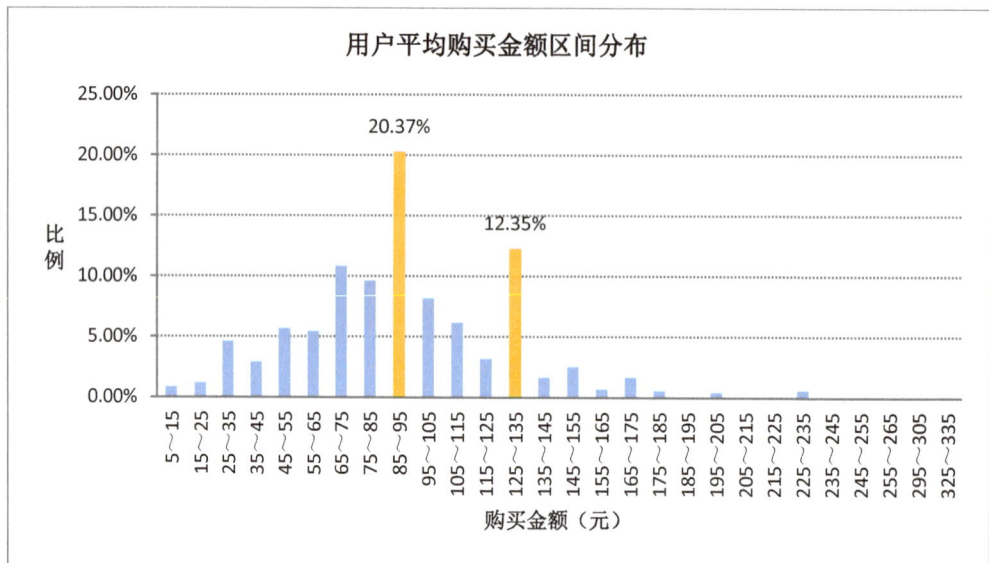

图 7-58

（3）畅销道具 TOP30。

目前畅销的 TOP30 道具中， 128 元、88 元和 70 元的道具数量最多，如图 7-59 所示。

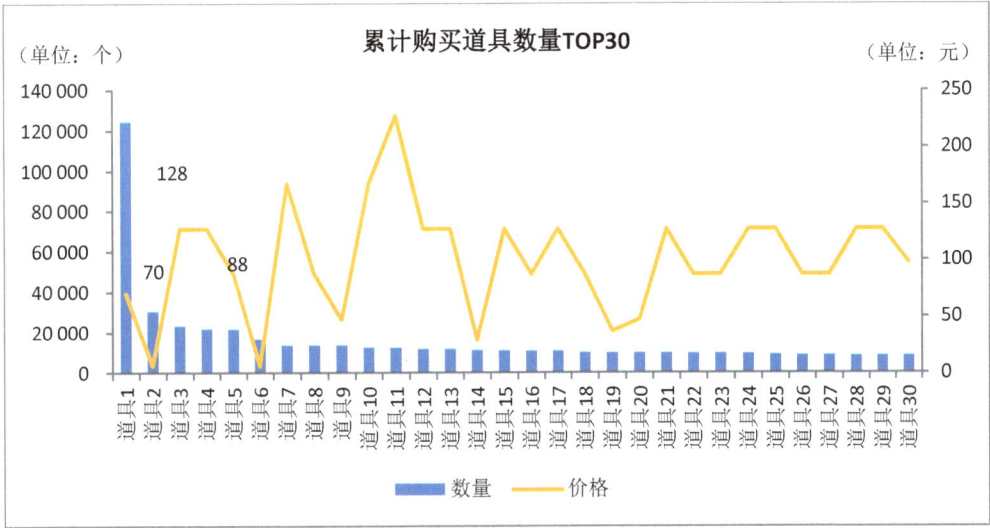

图 7-59

（4）单个用户每日平均 ARPPU 为 100 元，除了个别的活动时间之外，其余时间均比较稳定，如图 7-60 所示。

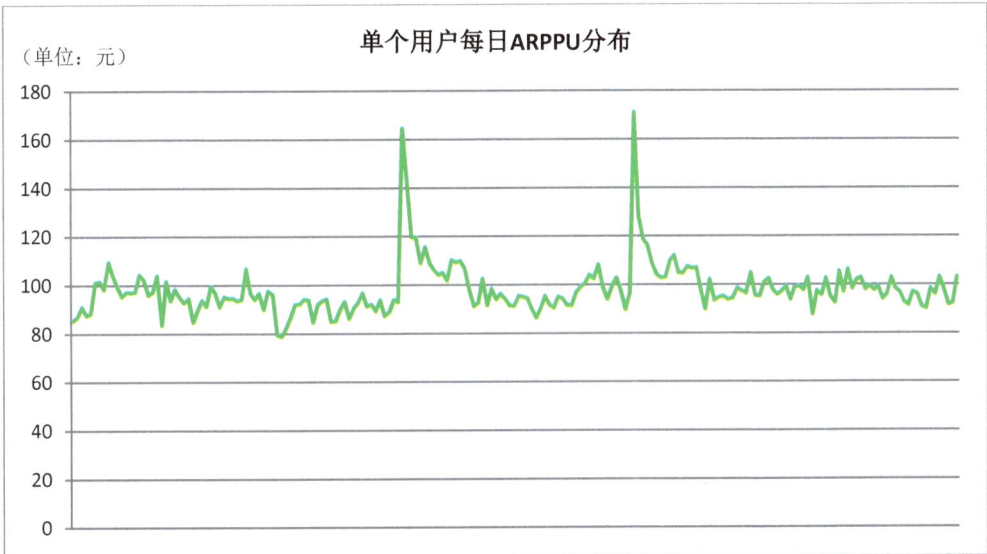

图 7-60

（5）从历史数据看，用户平均每天购买次数的道具金额集中在[90,130]区间，如图 7-61 所示。

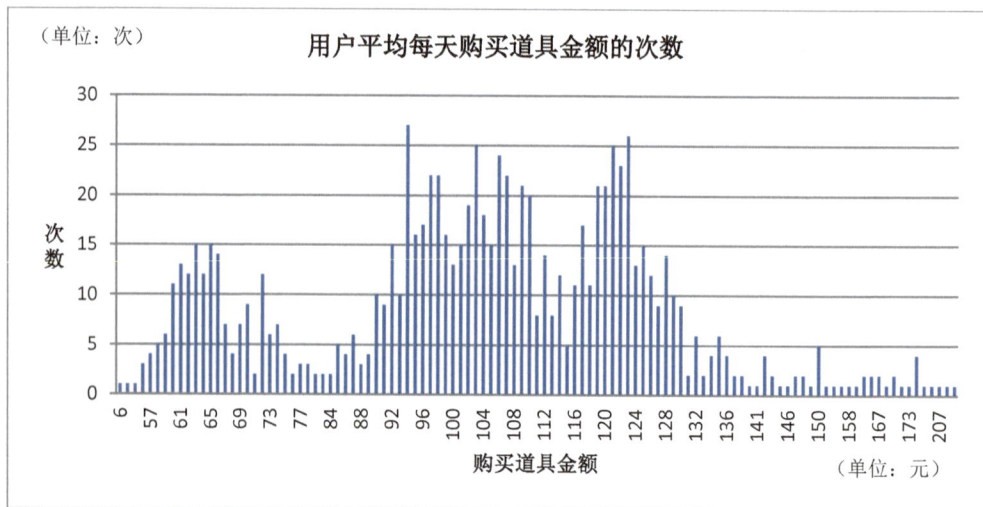

（单位：次）

用户平均每天购买道具金额的次数

次数

购买道具金额

（单位：元）

图 7-61

（6）历史活动效果。

《烈日纷争》之前做过部分道具打折活动，折扣范围在 7～8 折之间，本次满减送券活动的折扣范围也希望保持在 7～8 折之间，因此历史活动的数据有很好的参考性。

道具打折活动，共有 12 837 名用户参与了折扣购买行为，图 7-62 是打折活动期间的道具购买数量分布，表 7-23 是打折道具的购买人数情况，此次活动累计创造收入 235 万元，活动期间每个用户平均付费金额（ARPPU）为 183 元，**比未进行满减活动的单个用户 ARPPU 提高 47%。**

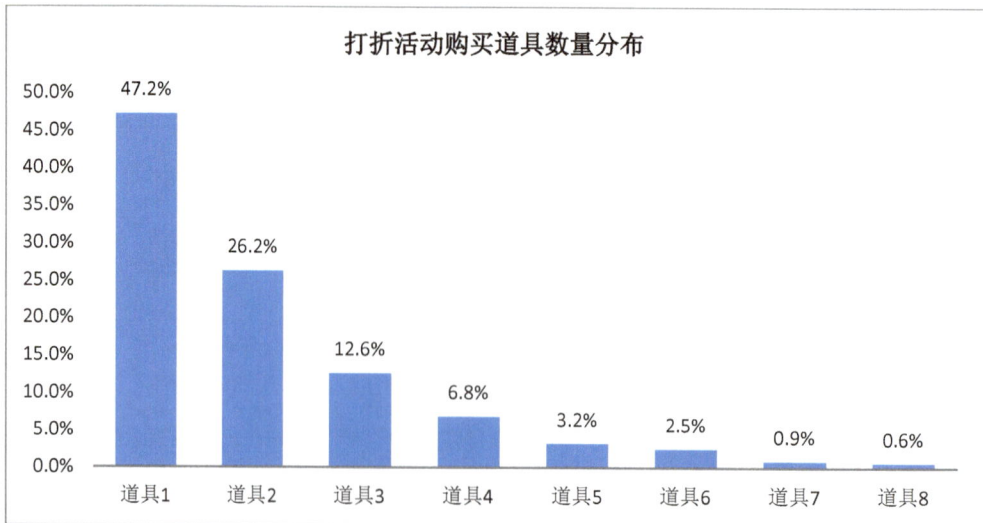

打折活动购买道具数量分布

道具1	道具2	道具3	道具4	道具5	道具6	道具7	道具8
47.2%	26.2%	12.6%	6.8%	3.2%	2.5%	0.9%	0.6%

图 7-62

表 7-23

折扣道具	原价（元）	折扣价（元）	折扣	历史购买人数（人）	折扣活动期间购买人数	占比
道具 1	98	78	20%	18 682	5 363	28.71%
道具 2	128	102	20%	11 478	1 133	9.87%
道具 3	138	78	20%	12 664	1 140	9.00%
道具 4	168	128	24%	12 576	1 423	11.32%
道具 5	198	158	20%	14 207	1 264	8.90%
道具 6	228	158	20%	1 373	182	13.26%
道具 7	288	158	20%	13 576	1 848	13.61%
道具 8	320	178	22%	1 178	129	10.95%

（7）对比两种方案。

参考之前的 8 折活动数据，即满额 a，按照历史的 8 折得到三个档次的基数（根据用户消费能力得出的 1/4 分位数 128 元，1/2 分位数 256 元，3/4 分位数 584 元），那么满额 a=基数/0.8（分别为 160 元、320 元、730 元）。

参考活动时期 ARPPU 提升 47% 作为目标，即满额 a，按照现在的基数提升 47%，那么满额 a=基数×1.47（分别为 188 元、376 元、858 元）。

应用二八原则，80% 的收入来源于 20% 的高端用户，累计消耗大于 730 元的比例为 19.8%，大于 858 元的比例为 16.5%，730 元相比 858 元更加合理，因此定 730 元为满额送券的第三个档次。

目前主流道具的金额在 128 元、88 元、70 元，如果满额的基数定位 160 元，则这三个道具的差额分别为 32 元、72 元、90 元，根据道具的定价以及用户购买道具的历史数据，预计凑单率分别为 79%、55%、41%（188 元满额基数下同理计算）。对比 160 元和 188 元两种方案，如果用户分别购买了这三个主流道具， 160 元相比 188 元用户更容易选择其他金额的道具来实现满额，提升幅度分别为 20%、18%、4%，如表 7-24 所示。

表 7-24

已购买额度（元）	与 160 元的差额（元）	预计凑单率（基数定位 160 元）	与 188 元的差额（元）	预计凑单率（基数定位 188 元）	160 元相比 180 元的提升幅度
128	32	79%	60	59%	20%
88	72	55%	100	37%	18%
70	90	41%	118	37%	4%

说明：凑单率是指用户愿意凑单到满减价格的比例。参考了道具价格和历史购买该道具的比例。

（8）商城经历的 7 次历史活动时间段，按照目前的满额送券活动效果。

历史道具商城经历 7 次大型活动，第 3 次活动是分水岭，前两次活动中商城道具数量较少，活跃用户处于较低的水平，从第 3 次活动开始，道具数量增加，对应期间的活跃和付费人数增加，直到第 7 次均属于比较稳定的水平。因此，采用历史上第 3 次至第 7 次的数据为参考数据，来确定不同消耗档次的用户比例，第一档 55%，第二档 25%，第三档 20%（尽量取整数原则）。**并将 5 次活动的付费率均值作为本次活动的付费率即为 14.34%。**

表 7-25 为 7 次活动不同档次的消耗金额占比和付费率。

表 7-25

历史活动内容	活动期间不同消耗金额占比				付费率
	第一档 <160	第二档 [160,320)	第三档 [320,730)	第四档≥730	
上新时装	40.00%	54.00%	6.00%	0.00%	14.30%
上新套装	58.00%	29.00%	12.00%	1.00%	14.12%
上新坐骑	52.00%	27.00%	18.00%	3.00%	14.23%
上新坐骑	54.00%	27.00%	16.00%	2.00%	12.44%
上新时装	65.00%	24.00%	11.00%	1.00%	13.10%
上新时装	60.00%	25.00%	13.00%	2.00%	10.74%
部分道具打折	51.00%	28.00%	18.00%	3.00%	21.18%

说明：默认本次活动和历次活动的活动周期接近，均在 15 天左右。

（9）预估活动期间收入。

① 满额送券活动。

根据目前两周的活跃用户量，再根据历史 5 次活动处于三个档次消费的人数比例：55%、25%、20%，可以得出购买三个档次的人数（$n1, n2, n3$），$n1$=活跃用户量×55%；$n2$=活跃用户量×25%；$n3$=活跃用户量×20%。

计算本次活动的总收入，总收入=160×$n1$+320×$n2$+730×$n3$

② 道具打折活动。

若所有的道具均为 8 折，计算活动期间商城中每种道具的购买人数。

因历史的商城活动中做过部分道具打折活动，所以先求出 8 折折扣道具的购买人数占该道具历史购买人数的比例，将该比例作为本次活动道具的购买人数。

根据历史数据得出：道具单价小于 160 元，购买人数占比 9.98%；单价在 160～320 元之间的道具购买人数占比 17.10%，单价大于 320 元的道具购买人数占比 16.29%。

道具购买人数=各道具历史购买人数×8 折活动期间购买占比

总收入=单价×购买人数×0.8

对比满额送券和道具打折活动的收入，得出道具打折比满额送券带来的收入低 128 万元。

3. 分析结论

根据《烈日纷争》用户购买道具的数据分析，建议本月道具销售满额送券活动方案为：满 160 元送 50 元券，满 320 元送 120 元券，满 720 元送 300 元券，预计该活动能带来 630 万元的收入，比直接打 8 折的收入高 30 万元。分析步骤及结论如下。

（1）根据历史道具购买记录，分析用户消费特征。

① 畅销 TOP30 的道具金额主要为 128 元、88 元、70 元。

② 用户属于低频低额消费群体，31%的用户只进行一次消费，57%的用户消费次数小于 3 次，消费 10 次以上的用户累计占比 15.69%，时装是用户主要购买的道具类型；85～95 元和 125～135 元是用户消费均值的两个峰值。

③ 其消费能力呈右偏态分布，56%的用户累计消费金额小于 300 元，众数 128 元。

④ 单个用户每日产生的价值（道具购买金额）为 100 元，除了个别的活动时间之外，其余时间均比较稳定。

说明：用户消费特征和道具定价和道具属性（是否能重复购买）有关。

（2）确定"满额"的基数。

① 将历史消费金额呈现的 4 分位数，初步划分三个"满额"档次的断点（满额 a）：1/4 分位数 128 元，1/2 分位数 256 元，3/4 分位数 584 元。结合道具单价可以看出，128 元为众数和 1/4 分位数主要是由于商城道具的单价决定，且 128 元处于用户消费均值的峰值区间内，因此作为第一个基数具有合理性。

② 参考历史道具 8 折销售活动，即满额 a，按照历史消费情况 8 折转换得到三个档次的基数，那么满额 a=基数/0.8（分别为 160 元、320 元、730 元，考虑到 730 是奇数，因此选择与之接近的偶数 720 元）。

③ 将历史道具销售活动提升的 ARPPU 值作为目标（上涨 47%），即满额 a，若按照现在的基数提升 47%，那么满额 a=基数×1.47（分别为 188 元、376 元、858 元）。

④ 假设用户分别购买三个主流道具（128 元、88 元、70 元），对比以上第②点和第③点的"满额"基数，160 元相比 188 元的用户更容易选择其他畅销道具来实现满额，提升幅度分别为 20%、18%、4%。

⑤ 根据二八原则（80%的收入来源于 20%的高端用户），累计消耗大于 720 元的比例为 19.8%，大于 858 元的比例为 16.5%，因此定义 720 元相比 858 元更加合理。

结合以上 5 点，确定"满额"的基数为：160 元、320 元、720 元。

（3）确定"送券"的额度。

考虑主流道具金额和送券金额不低于道具 8 折后优惠两个要素，再按照该算法取整，确定送券的金额分别为：满 160 元送 50 元券，满 320 元送 120 元券，满 720 元送 300 元券。

（4）"满额送券"和"道具打 8 折"活动收入预估。

① 根据"满额送券"活动，估算本月活动期间收入 1 630 万元。

总收入$=160×n1+320×n2+730×n3$。其中 n 是购买道具人数=周活跃人数×付费率，根据历史 7 次活动处于三个档次消费的人数比例：55%、25%、20%，因此得出 $n1$、$n2$ 和 $n3$ 的值，最终得出总收入。

② 根据"打 8 折"活动，估算活动期间收入 1 500 万元。

总收入$=\sum$道具单价×购买人数×0.8。其中道具购买人数=各道具历史购买人数×8 折活动期间购买占比。

综上所述，预计本月进行的"满额送券"活动比"道具打 8 折"活动带来的收入高 130 万元。

7.3.4 "满额送券"活动效果分析

通过以上的分析可知"满额送券"方案比"打 8 折"带来的收入更高，因而项目组采用了此"满额送券"活动方案，该活动在当月上线，带来了收入增长。活动结束后数据分析师做了一次分析，对比实际收入和预估收入的差异，并总结其活动效果，为下一次类似的活动做参考。

1. 分析思路（见图 7-63）

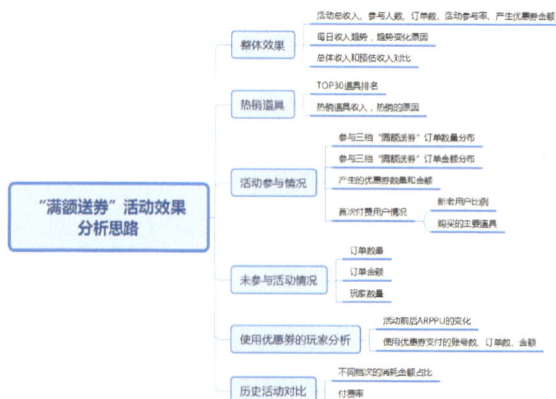

图 7-63

2. 详细分析过程

（1）整体效果。

活动持续 15 天，累计商城收入 1 680 万元（比预估值高 50 万元），参与活动账户 14 万个，占活动期间总用户账号数 28%，累计订单量 29 万个。详情如下。

活动期间商城累计收入 1 680 万元，用户购买道具的热情主要体现在前两天，活动前两天的收入占据总收入的一半以上，如图 7-64 所示。

活动第 1 天用户主要购买的是本次新上的道具 1，有 69% 的用户购买，贡献了 35% 的收入。

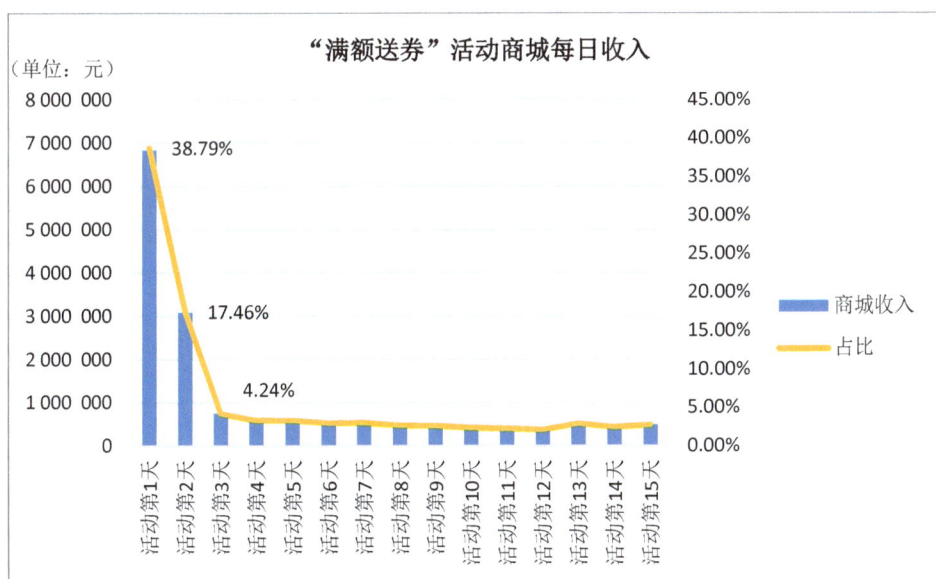

图 7-64

（2）售卖道具 TOP30。

本次活动销量最好的是道具 1，为本次活动的新道具（见图 7-65）。活动期间有 26.1% 的用户购买，贡献了 25.8% 的收入。

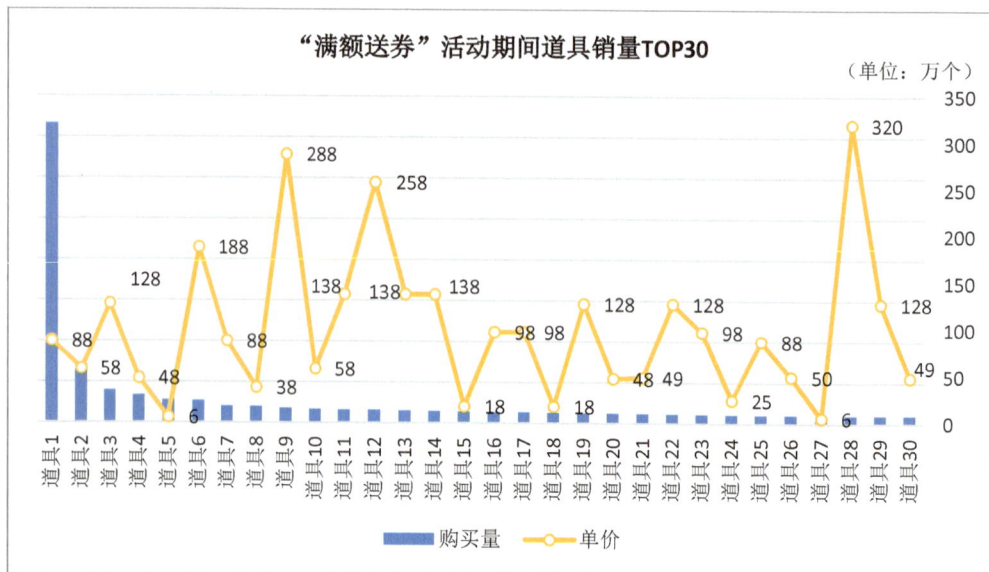

"满额送券"活动期间道具销量TOP30

（单位：万个）

图 7-65

（3）三档满额送券活动的参与情况。

66%的订单满足满额送券，共产生 440 万元优惠券，该类订单产生了 88% 的总商城收入。

20%的用户消耗没有达到满额标准，该类用户发起的订单量占据总订单的 34%，如图 7-66 所示。

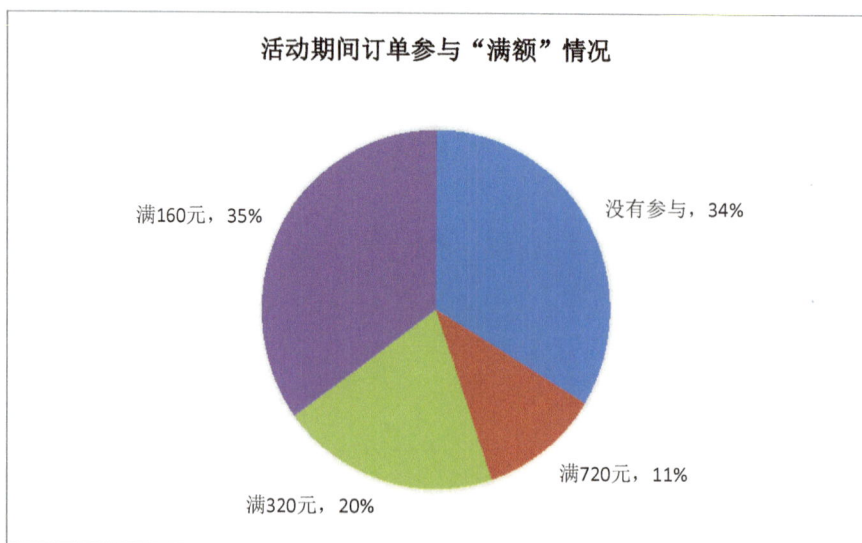

活动期间订单参与"满额"情况

满160元，35%

没有参与，34%

满720元，11%

满320元，20%

图 7-66

（4）使用优惠券的用户分析。

优惠券刺激用户的平均消耗金额提升，用户平均消耗提升，促使商城每日的人均消耗金额大幅上涨。

① 101 858 个账号使用了优惠券，占总购买账号数的 54%；累计产生支付金额 1 008 万元，占据总支付金额的 60%。

② 69% 的订单使用了优惠券。

③ 10% 的订单由于使用了优惠券，使得用户支付金额为 0。

④ 用户平均消耗金额在活动前是左偏态，活动中是右偏态分布，说明优惠券刺激用户提升了平均消耗金额，活动后用户平均消耗在 (150,300] 的比例比活动前高 30%，如图 7-67 所示。

⑤ 活动当天的商城人均消耗为 365 元，同比 1 月 24 号、2 月 14 号 活动，分别提升 52%、103%。

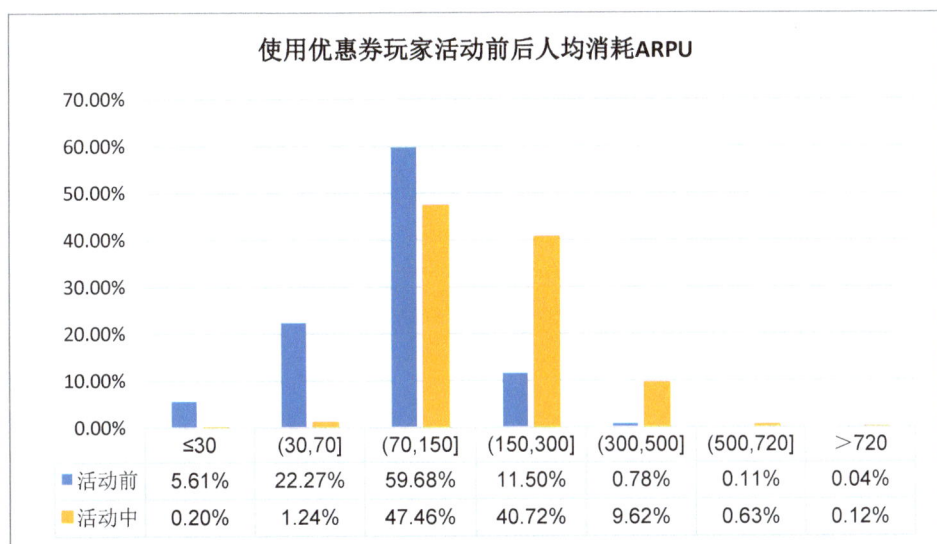

	≤30	(30,70]	(70,150]	(150,300]	(300,500]	(500,720]	>720
活动前	5.61%	22.27%	59.68%	11.50%	0.78%	0.11%	0.04%
活动中	0.20%	1.24%	47.46%	40.72%	9.62%	0.63%	0.12%

图 7-67

（5）与历史活动对比。

与历史活动相比，高额消耗的用户数明显增加，整体付费率明显提升（见表 7-26）。

表 7-26

历史活动	活动期间消耗金额占比				付费率
	第一档 <160	第二档 [160,320)	第三档 [320,730)	第四档 ≥730	
上新时装	40.00%	54.00%	6.00%	0.00%	14.3%
上新套装	58.00%	29.00%	12.00%	1.00%	14.1%
上新道具	52.00%	27.00%	18.00%	3.00%	14.2%
上新时装	54.00%	27.00%	16.00%	2.00%	12.4%
部分道具打折	65.00%	24.00%	11.00%	1.00%	13.1%
上新时装	60.00%	25.00%	13.00%	2.00%	10.7%
部分道具打折	51.00%	28.00%	18.00%	3.00%	21.2%
满额送券活动	34.32%	29.88%	27.51%	8.28%	28.1%
满额送券活动与上一次活动对比	-32.71%	6.71%	52.83%	176.00%	32.72%

3. 分析结论

为感谢各用户对《烈日纷争》的支持，在国服 2.3 版本更新期间进行了满额（支付金额）送券活动，活动共分为三个档次分别是满 720 元送 300 元，满 320 元送 120 元，满 160 元送 50 元。活动持续 15 天，累计收入 1 680 万元（比预估值高 50 万元），参与活动账号 14 万个，占活动期间总用户账号数 28%，累计订单量 29 万个，达到送券金额的订单占 66%，产生优惠券金额 440 万元，详情如下。

（1）活动期间 39%的用户使用了优惠券。

（2）优惠券刺激用户提升了平均消耗金额，在活动期间使用优惠券的用户平均消耗在(150,300]的比例比活动前高 30%。

（3）活动当天商城人均消耗为 365 元，同比之前的两期活动，提升幅度分别为 52%、103%。

（4）活动期间新增付费用户 16 961 人，其中 88%为老用户，该类用户购买道具 TOP3 为道具 1、道具 2、道具 3。

（5）不同方案对比。

满额送券具有滞后消费作用，刺激用户高额消费，相比历次活动具有较好的效果。

假设活动道具均为 7.3 折（满额送券换算成折扣），则本次活动商城收入比 7.3 折高 74 万元，主要原因：

- 优惠券刺激更多的用户将道具 1 加入订单，道具 1 订单中 47%均用了优惠券。
- 优惠券具有延后性，用户后期使用不必在活动期间屯货，具有更高的灵活性。
- 与最近的一次活动对比，高额消耗的用户比例增加明显，其中消耗金额大于 730 元的比例提升 176%。

7.4　总结

《烈日纷争》从公测至今已经超过 5 年，历经高开局、暴增、下滑、上升、上升、再上升的过程，完美实现了三连跳，当前人数已经超出公测期间的最高水平，这在中国网游史上是罕见的。

要说其原因，最重要的是《烈日纷争》在经过多次的版本更新后，逐步成为一款好产品，并且是仍在持续更新、经得住考验的好产品。人们常常认为有一种能够获取流量、实现病毒式增长的法宝存在，但是如果没有好的产品，这一切都是不可持续的。《烈日纷争》的教训正说明了这一点，即使在公测初期取得暂时的病毒式增长，但是如果想要维护长期的用户增长，首先必须有个好产品。

其次，市场环境也是一个重要因素。虽说《烈日纷争》在 2014 年上线时正好赶上了手游爆发式的增长，客户端游戏市场份额下降的关口，市场环境限制了《烈日纷争》的表现。但是，到 2019 年，经过长达 5 年的洗礼，在中国端游市场仍然表现良好的游戏已经寥寥无几，在有限的选择范围内，投奔《烈日纷争》的用户越来越多。所以说，败也环境，成也环境。

运营团队在其中的作用当然也是不忽视的。在《烈日纷争》的人数下滑至低谷期间，项目团队承担并挺过了巨大的压力，团队的坚持给了这款游戏证明自己的机会。如果对这款游戏没有爱，也许早已经放弃了，而这款游戏可能就停服了，是爱创造了增长，而不是增长创造了爱。在整个运营过程中，坚持为用户提供有可玩性的游戏体验基础上，充分利用数据分析得出的结论，推动市场、运营和研发持续改良。也许有人会认为这些工作是运营的日常工作，不值一提，但是对于亲历这个项目的人来说，每一步都是艰辛的，但每一步也都是坚实的。

《烈日纷争》目前收获了良好的口碑、逐渐形成了用户群体和游戏文化圈。用户对这款产品有极高的忠诚度，这对于游戏未来的长期运营是一个重要的条件。

最后，请看《烈日纷争》上线 5 年的活跃用户趋势图（见图 7-68）。

图 7-68